◇高等学校经济与工商管理系列教材

保险学原理

（第 3 版）

杨忠海　编著

清华大学出版社
北京交通大学出版社
·北京·

内容简介

本教材共 15 章内容,全面阐述了保险学的基本理论和主要实务,包括风险管理与保险、保险概述、保险合同、保险的基本原则、财产保险、人身保险、再保险、农业保险、银行保险、网络保险、社会保险、保险费率、保险经营、保险市场、保险监管等。每章开头设有学习目标,每章后有小结、主要名词和复习思考题,便于读者掌握各章主要内容。通过本教材的学习,读者可以系统地理解和掌握保险学的基本理论、保险实务和保险经营等方面的基本知识,为学好其他保险业务课程打下良好的基础。本教材内容先进,结构体系合理,理论与实践相结合,语言通俗易懂,可读性强,突出"以学生为本"的思想。

本教材既可作为本科院校金融、保险专业的专业基础课教材,也可作为经济管理类、法律专业学生扩大知识面或选修课的教材,还可作为保险行业从业人员和自学者的参考用书。

本书封面贴有清华大学出版社防伪标签,无标签者不得销售。
版权所有,侵权必究。侵权举报电话:010-62782989 13501256678 13801310933

图书在版编目(CIP)数据

保险学原理/杨忠海编著.—3 版.—北京:北京交通大学出版社:清华大学出版社,2018.7(2020.1重印)
(高等学校经济与工商管理系列教材)
ISBN 978-7-5121-3534-5

Ⅰ.①保… Ⅱ.①杨… Ⅲ.①保险学-高等学校-教材 Ⅳ.①F840

中国版本图书馆 CIP 数据核字(2018)第 079984 号

保险学原理

BAOXIANXUE YUANLI

责任编辑:	赵彩云
出版发行:	清华大学出版社 邮编:100084 电话:010-62776969 http://www.tup.com.cn
	北京交通大学出版社 邮编:100044 电话:010-51686414 http://www.bjtup.com.cn
印 刷 者:	艺堂印刷(天津)有限公司
经 销:	全国新华书店
开 本:	185 mm×260 mm 印张:18.5 字数:462 千字
版 次:	2018 年 7 月第 3 版 2020 年 1 月第 2 次印刷
书 号:	ISBN 978-7-5121-3534-5/F·1784
印 数:	2 001~4 000 册 定价:45.00 元

本书如有质量问题,请向北京交通大学出版社质监组反映。对您的意见和批评,我们表示欢迎和感谢。
投诉电话:010-51686043,51686008;传真:010-62225406;E-mail:press@bjtu.edu.cn。

第 3 版前言

《保险学原理》(第 2 版)在 2011 年出版以后,受到了广大读者的欢迎和肯定,被全国许多高等院校的财经类专业作为"保险学"课程的首选教材。由于教材出版之后的几年中,我国保险业快速发展,保险法律法规不断完善,一些有利于促进保险业发展的政策不断出台,所以对原教材的部分内容和有关章节的更新显得十分必要和迫切。为此,在广泛征求了使用本教材的师生及相关专家的建议,并应清华大学出版社、北京交通大学出版社的要求,对该教材进行了全面的修订、更新并补充了大部分内容,力图更全面、更及时地反映我国保险业发展的成就和研究成果,更有效地保证和提高我国高等院校"保险学"课程的教学质量,进一步促进对保险业的研究。

第 3 版在保持原书基本框架和体系的前提下,除了第 11 章做了简单的删减外,对其他各章的内容均根据新的《保险法》《保险公司管理规定》等相关的保险法律法规及政策的要求,对各章涉及的法律法规条款均做了校正与更新。同时,也对我国保险业的最新发展资料进行了补充和更正。本教材在修订中参考了相关的国内外文献资料和有关研究机构的研究报告,并得到了有关专家、学者和业内人士的指点,在此表示衷心的感谢。第 3 版教材仍然保持了原教材结构体系先进合理、内容新颖、表达准确的特点。尽管如此,书中难免有疏漏之处,真挚地希望各位读者朋友对教材中存在的问题给予指正,多提宝贵的建议。

杨忠海
2018 年 3 月

第 2 版前言

《保险学原理》于 2008 年出版后受到了广大读者的欢迎和肯定，被全国许多高等院校列为该专业的首选教材。但是，由于近几年我国保险业发生了一些新变化，特别是 2009 年新的《保险法》《保险公司管理规定》和 2011 年《社会保险法》的颁布和实施，使原书部分内容和有关章节的更新显得十分必要。为此，广泛征求了使用本教材的师生及相关专家的建议，并应清华大学出版社、北京交通大学出版社的要求，对该书进行了修订和内容的增补，力图更全面、更及时地反映我国保险业发展的成就和研究成果，更有效地保证和提高我国高等院校"保险学原理"课程的教学质量，进一步促进对保险业的研究。

第 2 版在保持原书基本框架和体系的前提下，在第 1 章、第 5 章、第 6 章和第 11 章补充了新的内容和数据；根据新的《保险法》和《保险公司管理规定》的要求，对除了第 7 章、第 10 章第 14 章以外的各章涉及的法律条款均做了更新。同时，也对我国保险业的最新发展情况的资料进行了补充和更正。虽然在第 11 章没有引用我国《社会保险法》的具体条款，但在社会保险险种的内容中，已经充分反映了其规定与要求。第 2 版仍然保持了原书结构体系先进合理，内容新颖，表达准确的特点。尽管如此，书中难免有疏漏之处，真挚地希望各位读者朋友对书中存在的问题给予指正，多提宝贵的建议。

编者　杨忠海
2011 年 8 月

前言

保险业作为现代金融的三大支柱之一，是现代经济的重要领域。改革开放近30年来，我国保险业保持了30%以上的年平均增长速度，是国民经济中发展最快、最具活力的朝阳行业之一。特别是在我国加入WTO以后，国内的保险业加快了国际化步伐。保险业是知识密集型产业，国际化保险市场的竞争，归根到底是高素质人才的竞争。人才是保险业发展的第一重要资源，起着基础性、战略性和决定性的作用，能否拥有优秀的人才，从某种意义上讲，决定着保险企业甚至是整个行业的兴衰。

目前，人才短缺在保险业是一个普遍现象，保险公司各级管理人员、销售人员和各种专业技术人员等都存在着较大的需求缺口。有关的统计资料表明，我国保险业的人才需求严重失衡，供需比例约为1∶4。为了缓解保险市场对人才的大量需求，一大批金融、保险及相关专业应运而生。本教材正是为顺应市场需求和发展而编写的。

针对金融、保险专业学生的教学特点和保险公司从业人员培训的需要，以及为适应读者的要求，本教材在编写时侧重以下几个方面。

第一，注重基础性。鉴于金融学、保险学所具有的专业基础课性质，在注重理论体系完整性的同时，按照理论够用、突出应用的原则，重点向学生介绍保险学的基础知识。

第二，注重通俗性。现代保险理论内容博大精深，本教材力求通过通俗易懂的语言、丰富翔实的数据资料，深入浅出地向学生系统地介绍保险学知识。

第三，注重适用性。针对金融、保险专业的学生毕业后主要从事管理、营销等实务性工作的特点，本教材在编写中努力突出内容的适用性，为学生将来顺利走向工作岗位打好基本理论基础和应用基础。

第四，注重时代性。近年来随着我国保险业的高速发展，保险行业的经营理念和保险市场的格局状况都发生了很大变化。本教材努力做到博采众长，力求将最新数据资料、国内外保险业界和学术界的最新研究成果呈现给读者，为学生奉献最新鲜的知识。

本书共分15章，注重吸收国内外优秀的保险教材成果，坚持创新设计。全书采用一体化的格式设计，包括每章学习目标、正文、小结、主要名词、复习思考题等。本书定位准确，理论适中，知识面宽，操作性强，贴近实际，适用范围宽泛，体现了金融、保险学专业教育的教材特色，既可作为本科院校金融、保险专业的专业基础课教材，也可作为经济管理类、法律专业学生扩大知识面或选修课的教材，还可作为保险行业从业人员和自学者的参考用书。

本书在编写过程中参考了国内外大量的书刊资料，并得到了有关专家、学者和保险业界人士的指点与帮助，在此一并表示衷心的感谢。由于时间紧、作者水平有限，书中难免有疏漏，因此真挚希望读者对教材中存在的问题给予指正。

编　者
2008年3月

目 录

第1章 风险管理与保险 ... 1
- 1.1 风险 ... 1
- 1.2 风险管理 ... 7
- 1.3 风险管理与保险的关系 ... 11
- ◇ 本章小结 ... 13
- ◇ 复习思考题 ... 13

第2章 保险概述 ... 14
- 2.1 保险的概念与分类 ... 14
- 2.2 保险与其他类似制度及行为的比较 ... 21
- 2.3 保险的职能与作用 ... 24
- ◇ 本章小结 ... 28
- ◇ 复习思考题 ... 28

第3章 保险合同 ... 29
- 3.1 保险合同概述 ... 29
- 3.2 保险合同的要素 ... 34
- 3.3 保险合同的订立、效力和履行 ... 40
- 3.4 保险合同的变更、解除与终止 ... 45
- 3.5 保险合同的解释与争议处理 ... 49
- ◇ 本章小结 ... 52
- ◇ 复习思考题 ... 52

第4章 保险的基本原则 ... 54
- 4.1 最大诚信原则 ... 54
- 4.2 保险利益原则 ... 58
- 4.3 近因原则 ... 62
- 4.4 损失补偿原则 ... 64
- 4.5 重复保险分摊原则 ... 67
- 4.6 保险代位原则 ... 68
- ◇ 本章小结 ... 71
- ◇ 复习思考题 ... 72

第5章 财产保险 ... 74
- 5.1 财产保险概述 ... 74

5.2	火灾保险	78
5.3	运输保险	84
5.4	工程保险	93
5.5	责任保险	98
5.6	信用保证保险	105
◇	本章小结	113
◇	复习思考题	114

第6章 人身保险 115
6.1	人身保险概述	115
6.2	人寿保险	125
6.3	人身意外伤害保险	135
6.4	健康保险	140
◇	本章小结	146
◇	复习思考题	147

第7章 再保险 148
7.1	再保险概述	148
7.2	再保险的种类	153
7.3	再保险合同	157
◇	本章小结	160
◇	复习思考题	161

第8章 农业保险 162
8.1	农业保险概述	162
8.2	农业保险的种类	169
8.3	国外农业保险制度	171
8.4	我国的农业保险制度	174
◇	本章小结	177
◇	复习思考题	178

第9章 银行保险 179
9.1	银行保险概述	179
9.2	银行保险的产品种类	184
9.3	欧美与中国银行保险的发展状况	187
◇	本章小结	190
◇	复习思考题	190

第10章 网络保险 191
10.1	网络保险概述	191
10.2	网络保险业务	195
10.3	中外网络保险的发展状况	196
◇	本章小结	198
◇	复习思考题	198

第 11 章　社会保险 · 199
11.1　社会保险概述 · 199
11.2　社会保险的类型与结构 · 203
11.3　社会保险基金 · 218
◇ 本章小结 · 221
◇ 复习思考题 · 222

第 12 章　保险费率 · 223
12.1　保险费率概述 · 223
12.2　财产保险费率的厘定 · 227
12.3　人寿保险费率的厘定 · 229
◇ 本章小结 · 234
◇ 复习思考题 · 234

第 13 章　保险经营 · 236
13.1　保险经营概述 · 236
13.2　保险展业 · 241
13.3　保险承保 · 244
13.4　保险防灾防损 · 249
13.5　保险理赔 · 251
13.6　保险投资 · 255
◇ 本章小结 · 261
◇ 复习思考题 · 262

第 14 章　保险市场 · 263
14.1　保险市场概述 · 263
14.2　保险市场的供求与均衡 · 267
◇ 本章小结 · 272
◇ 复习思考题 · 272

第 15 章　保险监管 · 273
15.1　保险监管概述 · 273
15.2　保险监管的内容 · 278
◇ 本章小结 · 286
◇ 复习思考题 · 286

参考文献 · 287

第1章 风险管理与保险

学习目标

了解风险的概念、要素、特征及分类,掌握风险管理的概念和管理目标,理解风险的管理程序、方法及其可保风险的条件,熟悉风险管理与保险的关系。

无风险则无保险,风险是保险产生和发展的基础,是保险存在的前提。保险是人们用来对付风险和处理风险发生后所造成的经济损失的一种有效手段,是最有效的风险管理方式。建立保险制度的目的是应付自然灾害和意外事故的发生。

1.1 风 险

1.1.1 风险的概念和要素

1. 风险的概念

风险这个词在日常生活中经常用到。"天有不测风云,人有旦夕祸福。"现实生活中可能会出现一些意想不到的风险,人们在生产和生活中可能遭受自然灾害和意外事故而蒙受损失。风险在日常的生产与生活中无时无刻不客观存在着。

风险是指在特定的客观情况下,在特定的期间内,某种损失发生的不确定性。风险由风险因素、风险事故和风险损失等要素组成。换句话说,风险是在某一个特定时间段里,人们所期望达到的目标与实际出现的结果之间产生的差异。

风险包含两层含义。一是风险总是与损失和不确定性相关联。离开了可能发生的损失,谈论风险就没有任何意义了。二是这种损失是不确定的。如果损失肯定发生则不存在风险,因为其结果是确定的,人们可以采取准确无误的方法来应付它们;如果损失肯定不会发生,也就不存在风险,因为其结果也是确定的。只有当损失可能发生也可能不发生时才存在风险。或者说,只有当损失是无法预料、具有不确定性的时候,才有风险存在。不确定性使得人们对未来存在疑虑,也正是损失的不确定性,才使得人们对未来产生忧虑,被保险人才有保险的需要,而保险人才会承保。

2. 风险的要素

一般而言，风险是由风险因素、风险事故和损失三个要素构成的。

1) 风险因素

风险因素也称风险条件，是指引起或增加风险发生的机会或扩大损失程度的原因和条件，它是导致风险发生的潜在原因，是造成损失的内在或间接原因。根据其性质，风险因素可分为物质风险因素、道德风险因素和心理风险因素。

① 物质风险因素，又称实质风险因素或有形风险因素，是指有形的并能直接影响事物物理功能的因素，即某一标的本身所具有的足以引起或增加风险发生的机会和损失幅度的客观原因。如地壳发生异常变化、疾病传染、恶劣的气候等。

② 道德风险因素是指与人的品德修养有关的无形因素，即由于个人不诚实、不正直或不轨企图，促使风险事故发生，引起社会财富损毁和人身伤亡的原因或条件。如欺诈、纵火等。

③ 心理风险因素是指与人的心理状态有关的无形因素，即由于人的不注意、不关心、侥幸，或存在依赖保险心理，导致增加风险事故发生的概率和损失幅度的因素。如投保人投保后忽视对财产的保护、自己身体的健康等。

2) 风险事故

风险事故也称风险事件，是指造成生命、财产损失的偶然事件，是造成损失的直接或外在原因，又是风险因素所诱发的直接结果。只有通过风险事故的发生，才能导致损失，风险事故是损失的媒介物。如火灾、爆炸、车祸、疾病、暴雨等，都是风险事故。

3) 损失

在风险管理中，损失是指非故意的、非预期的和非计划的经济价值的减少，即狭义的损失。显然，风险管理中所指的损失必须满足两个条件：一是非故意的、非计划的、非预期的；二是经济价值或经济收入的减少。两者缺一不可。

损失又可分为直接损失和间接损失。直接损失是指承保风险造成的财产本身的损失；间接损失是指由于直接损失而引起的损失，它包括收入、责任损失以及额外费用损失等。

风险因素、风险事故和风险损失三者之间存在着因果关系：风险因素引发风险事故，而风险事故导致风险损失，如图1-1所示。

图1-1 风险因素、风险事故和风险损失三者之间的关系

1.1.2 风险的特征

风险的特征是指风险的本质及其发生规律的外在表现。正确认识风险的特征，对于建立和完善风险应对机制、加强风险管理、减少风险损失具有重要意义。风险具有以下特征。

1. 客观性

风险的客观性是指客观存在着的某种自然现象、生理现象或社会现象，是独立于人的意志之外的客观事实。客观存在着的自然现象如台风、地震、雷电、洪水、火山爆发、泥石流等；客观存在着的生理现象如人一生中经历的生、老、病、死等生命运动的自然表现；客观存在着的社会现象如战争、冲突、抢劫、绑架、政变、暴乱及各种意外事故等。

风险是一种不以人们意志为转移的客观存在，无论人们是否意识到，它都存在着。例如，儿童血铅含量的增高会诱发一系列疾病，如多动症。血铅含量的增高是由于平时接触铅而产生的，如含铅的玩具，应尽量让孩子远离铅环境，远离汽车尾气等大气污染源。以前这种情况并没有被人们所重视，然而人们对此缺乏了解并没有改变铅从一开始就能致病这一事实，也不会影响其风险的大小。

总之，风险的存在是客观的，人们只能采取相应的风险管理方法，在有限的空间和时间内控制风险，降低风险发生的频率和风险的损失程度，但不能彻底消除风险。

2. 普遍性

风险无处不在，无时不有。风险无时无刻不围绕在我们周围，它渗透到社会、企业、家庭、个人生活的方方面面。在经济生产和生活中，人们面临着各种各样的风险，如自然灾害、疾病、失业、意外伤害等。随着科学技术的发展和生产力的提高，人们面临着更多前所未有的新的风险，如核能应用在解决了能源短缺的同时也带来了核辐射、核污染的风险；航天技术的运用、载人航天梦想的实现却产生了巨额损失的风险；家庭电脑、手机的普及，其辐射会给人的身体带来不良影响等风险。风险渗透到社会的生产和生活方方面面，风险事故造成的损失也越来越大。

3. 偶然性

风险是客观的、普遍的，但就某一具体风险而言，其发生是不确定的、偶然的，是一种随机现象。人们无法准确预测风险何时会发生、风险发生的后果，即何时、何地、发生何种风险、损失程度如何等都是不确定的。例如，飞机失事是一种意外，是客观存在的风险。但哪一航班会发生事故，则是不确定的、不可预知的。风险发生的偶然性意味着在时间上具有突发性，在后果上往往具有灾难性。

4. 损失性

风险的损失性是指风险发生后给人们造成的经济损失及对人们的生命和身体的伤害。风险的存在，不仅会造成人员伤亡，而且会造成生产力的破坏、社会财富的灭失和经济价值的减少，始终使人们处于担惊、忧虑之中，因此使得人们寻求分担、转嫁风险的方法。对风险的损失性的理解应把握以下几点。

① 在时间上是发生在将来并且是非预料之中的事件；
② 在质上损害程度可以用货币计量，即只是体现为经济损失；
③ 在量上是比较大的经济损失，并非正常经济消耗。

风险的损失性也是保险需求产生的原因。离开了可能发生的损失，谈论风险就没有任何意义了。风险是与损失相联系的，风险是与人们的经济利益密切相关的。

5. 社会性

风险与人类社会的利益密切相关，即无论风险源于自然现象、社会现象还是生理现象，它都必须是相对于人身及其财产的危害而言的。就自然现象本身而言无所谓风险，如地震对大自然来说只是自身运动的表现形式，也可能是自然界自我平衡的必要条件，只是由于它对人们的生命和财产造成损害或损失，所以对人类来说才成为一种风险。因此，风险是一种社会范畴，而不是自然范畴。没有人，没有人类社会，就无风险可言。

6. 可测性

某一风险的发生具有不确定性，是不可预知的，但是总体风险事故的发生是具有规律性和可测性的。保险学运用概率论和大数法则原理对大量相互独立的随机事件，在服从于一定概率分布的条件下，测量出其发生的频率和损失率，从而反映风险发生的规律。风险发生的规律性、可测性是观察全体标的的结果。正是这种单一标的风险发生的不确定性及总体标的风险发生的规律性和可测性，构成了保险经营风险的质的规定性，两者缺一不可。风险的可测性为保险费率的厘定提供了科学依据。

7. 不确定性

风险的不确定性具体表现为：损失是否发生是不确定的，损失发生的时间是不确定的，损失发生的地点是不确定的，损失的程度是不确定的，损失的承担主体是不确定的。风险的存在是客观的，但风险发生后所导致损失的程度是不确定的，如我国沿海地区几乎每年都要遭受台风袭击，但台风所导致的灾害损失程度是无法确定的。客观存在的损失的不确定性是风险固有的内在本质。

8. 可变性

风险的可变性是指在一定条件下风险可转化的特性。世界上任何事物都处于运动与变化之中，这些变化必然会引起风险的变化。风险在一定条件下是变化的，表现在以下几个方面。

① 风险的性质是可变的。在汽车出现初期，因车祸发生风险损失的可能性很小，这种风险仅仅是特定风险。而现在汽车已成为人们出行的主要交通工具，交通事故时有发生，这种风险成为人类社会的基本风险。

② 风险的种类是可变的。随着科学技术的飞速发展及广泛应用，新的风险因素也在增加。例如，原子能的应用产生了令人畏惧的核泄漏风险和可能导致人类巨大灾难的核战争风险。风险从发展趋势上看不是一成不变的。

③ 风险发生的概率和损失程度是可变的。由于人们识别风险、抵御风险的能力和技术不断增强，某些风险在一定程度上得以控制，从而减少了风险发生的频率，降低了损失程度，甚至使某些风险不复存在或为人们所控制。例如，随着医学水平的提高，许多曾威胁人们生命的疾病，如天花、麻风病已被医学所控制，逐步减少甚至消失。

就整体而言，随着社会经济的发展、科学技术的进步，人们所面临的风险越来越多，风险发生的频率愈来愈高，风险事故所造成的损失也愈来愈大。

1.1.3 风险的分类

依据不同的标准对风险进行分类，以利于人们对风险的认识，这对于做好风险管理工作具有重要意义。

1. 按风险损害的对象分类

按风险损害的对象分类，可分为财产风险、人身风险、责任风险和信用风险。

① 财产风险是指可能导致财产发生毁损、灭失和贬值而使财产的所有权人遭受损失的风险。如建筑物有遭受火灾、地震、爆炸、台风、洪水等损失的风险；船舶有遭受沉没、碰撞、搁浅等损失的风险；机动车辆存在被盗的风险等，这些均属于财产风险。

财产风险所造成的损失既有直接的，也有间接的。例如，某人的汽车在碰撞事故中受损，修理费用就是直接的损失，而为修理汽车所花费的时间和可能的误工等，都属于间接损失。又如车间、机器设备等，因火灾风险事故的发生，一方面直接导致车间、机器设备毁损，经济价值减少；另一方面使企业不能再凭借这些车间、机器设备获取正常的经济利益而造成损失。

② 人身风险是指人们因早逝、疾病、残疾、失业或年老无依无靠等原因而导致经济损失的风险。如人的生、老、病、死虽然是自然规律，但人何时生病、何时死亡，伤残、失业在何时发生，谁都无法预知，一旦发生，将会给本人或家属在生活中造成困难，带来经济上的损失，导致经济生活的不安定。由于所有的损失最终都是要由个人来承受的，因此在某种意义上可以说，全部的风险损害对象都是个人。

③ 责任风险是指个人或团体因疏忽、过失而造成他人的财产损失或人身伤害，根据法律规定或合同约定，应负经济赔偿责任的风险。任何个人都应依法对其给他人所造成的损害负赔偿责任。如未按合同约定按时完工，要承担违约责任；汽车不慎将行人撞伤，如果属于驾驶人的过失，要承担经济赔偿责任；医生在手术中将纱布留在病人体内，给病人造成身体和精神上的伤害，要承担法律赔偿责任等。

④ 信用风险是指在经济交往中，权利人因义务人违约而遭受经济损失的风险。如出口方因进口方拒收货物、拒付货款等，给出口方造成损失的风险。

2. 按风险的性质分类

按风险的性质分类，可分为纯粹风险和投机风险。

① 纯粹风险是指风险所导致的结果只有两种，即损失或无损失，均无任何获利的可能。例如，一个人买了一辆汽车，他立即就会面临一些风险，如汽车碰撞、丢失等。对这个车主来说，结果只可能有两种：或者发生损失，或者没有损失。又如火灾、车祸及地震、洪水等各种自然灾害，会给人们的生产、生活带来损失；由于意外事故或疾病造成的非正常死亡等。一旦风险发生，只有损失的机会而无获利的可能。

② 投机风险是指风险导致的结果有三种，即损失、无损失和盈利。投机风险是既有损失可能性，也有获利可能性的风险。例如，人们购买股票以后，必然面临三种结果之一：股票价格下跌，持股人遭受损失；股票价格不变，持股人无损失但也不获利；股票价格上涨，持股人获利。又如赌博、新产品的研制与生产、商品价格的涨落及企业经营决策等所面临的风险都属投机风险。

纯粹风险总是不幸的，事故发生可能带来损失，故为人们所畏惧和厌恶；投机风险由于有可能获利，具有诱惑力，故有些人为了获利，甘愿冒这种风险。投机风险产生的根源在于从事高风险活动可能获得超常的预期利益。

区别纯粹风险与投机风险的意义在于：在保险活动中，保险公司承保的只是纯粹风险，而不承保投机风险。

3. 按损失发生的原因分类

按损失发生的原因分类，可分为自然风险、社会风险、经济风险、技术风险和政治风险。

① 自然风险是指由于自然现象或物理现象，所导致物质毁损或人员伤亡的风险。如地震、火灾、雷击、洪水、暴雨、暴风雪、泥石流、海啸、旱灾、瘟疫等造成的人身伤亡或财产损失的风险。自然风险的特征是其产生具有不可抗性，发生具有周期性，且一旦发生，波

及范围广。

② 社会风险是指由于个人行为的反常或不可预料的团体行为所导致损失的风险。社会风险的产生有两种原因：一是由于个人行为失常，如盗窃、抢劫、疏忽等引起损失的风险；二是由于不可预料的团体行为，如战争、罢工等引起损失的风险。

③ 经济风险是指人们在从事经济活动过程中，由于经营管理不善、市场预测失误、价格波动、消费需求发生变化、通货膨胀、汇率变动等所导致经济损失的风险。

④ 技术风险是指伴随着科学技术的发展与生产方式的改变而发生的风险。如核燃料的出现，伴随而来的是核辐射风险；汽车的出现，伴随而来的是车祸、空气污染、噪声污染等风险。

⑤ 政治风险是指由于政治原因，如政局的变化、政权的更替、政府法令和决定的颁布实施，以及种族和宗教冲突、叛乱、战争等引起社会动荡而造成财产毁损、人员伤亡的风险。如以色列与巴勒斯坦的冲突；伊拉克国内的社会动荡等。

4. 按风险产生的环境分类

按风险产生的环境分类，可分为静态风险和动态风险。

① 静态风险是指在社会经济环境正常的情况下，由于自然力的不规则运动或人们的错误行为所导致的风险。前者如地震、雹灾、暴风、洪水等；后者如人的盗窃、欺诈行为等。静态风险一般与社会经济和政治变动无关，在任何社会经济条件下都是不可避免的。此类风险大多在社会经济结构未发生变化的条件下发生，因此是静态风险。

② 动态风险是指由于社会经济或政治变动而导致的风险。如政府经济政策的改变、国民经济的繁荣与萧条、生产方式和生产技术的变动、新技术的运用、人们消费观念的变化、产业结构的调整、政治经济体制的改革及军事政变等所导致的风险。此类风险多与经济及社会变动密切相关。

上述两种风险的区别表现在以下几个方面。

● 静态风险是自然力或人为因素造成的；动态风险是由经济及社会变动引起的。

● 静态风险的涉及面较小，只涉及少数个体；而动态风险的涉及面较广泛，会对整体发生作用。

● 静态风险一般均为纯粹风险，无论是对于个体还是对于社会来说，静态风险都只有损失机会，而无获利的可能；动态风险既可能是纯粹风险，也可能是投机风险。动态风险对于一部分个体可能有损失，但对于另一部分个体则可能获利。如消费者爱好的转移，会使部分商品失去销路，同时也会增加对新产品的需求。

5. 按风险影响的范围来划分

按风险所影响的范围来划分，可分为基本风险和特定风险。

① 基本风险是指影响整个社会或社会主要部门，由非个人的或至少是个人往往不能阻止的因素所引起的风险。损失波及的范围通常很广，即全社会普遍存在的风险。如失业、战争、通货膨胀、地震和洪水等都属于基本风险。基本风险不仅仅是影响一个群体或一个团体，而是影响到很大的一组人群。

此类风险的形成通常需要较长的过程，一旦形成，任何特定的个体都很难在较短的时间内遏制其蔓延。这些风险中，可能有与社会、政治有关的风险，如战争、失业、罢工、通货膨胀等；也可能有与自然灾害有关的风险，如地震、洪水等。与经济失调、政治变动、特大自然灾害相联系的风险都属于基本风险。

由于基本风险主要不在个人的控制之下，又由于在大多数情况下它们并不是由某个特定的个人的过错所造成的，因此应当由社会而不是个人来应付它们，这就是社会保险存在的必要性。基本风险包括纯粹风险和投机风险。

② 特定风险是指由特定的因素所引起的、与特定的社会个体有因果关系的风险，是影响个人、家庭或企业并由其来承担损失的风险。如某人被医生诊断患有艾滋病，就属于特定风险。由于特定风险通常被认为在个人的责任范围以内，因此个人应当通过保险、损失防范和其他风险管理方法来应付这一类风险。特定风险通常为纯粹风险。

1.2 风险管理

1.2.1 风险管理的概念

风险管理是指经济单位通过风险识别、风险估测、采用合理的经济和技术手段，对风险实施有效的控制，以最小的成本获得最大安全保障的管理活动。

风险管理是研究风险发生规律和风险控制技术的一门新兴管理学科，各经济单位通过风险识别、风险估测、风险评价并在此基础上优化组合各种风险管理技术，对风险实施有效的控制和妥善处理风险导致损失的后果，期望达到以最小的成本获得最大安全保障的目标。

风险管理是个人、家庭、企业或其他组织在处理面临的风险时所采用的一种科学方法。

1.2.2 风险管理的目标

风险管理目标是科学地处置风险、控制损失，以最小的成本付出获得最大限度的安全保障。风险管理目标可分解为两部分。

1. 损失发生前的风险管理目标

在损失发生前，要充分考虑到所面临的各种风险，设法减少风险因素，消除隐患，采取防范措施以减少风险事故的发生。

2. 损失发生后的风险管理目标

① 企业生存目标。企业生存是最重要的损后目标，在损失发生后，努力使损失的标的恢复到损失前的状态，维持企业生存或经营，渡过难关。

② 持续经营目标。为了企业生存，要做到持续经营。

③ 收入稳定目标。保持企业服务承诺的正常履行，采取积极有效的措施，减少风险损失，力争达到收入的稳定性增长。

④ 社会职责目标。该目标是尽可能减少损失对他人和社会的影响，充分考虑到企业的社会职责和社会良好形象。

以上构成完整而系统的风险管理目标。在现代社会，风险管理已在许多国家广泛运用。风险管理部门已成为企业中的一个重要职能部门，它与企业的计划、财务、会计等部门一道，共同为实现企业的经营目标而努力。

1.2.3 风险管理的作用

从人类历史看，随着社会的发展和经济环境的变化，风险会不断增加，可能会给个人、企业、政府带来更多的潜在风险。因而，风险管理对整个经济社会和企业具有重要作用。

① 有助于消除风险给整个经济社会带来的灾害损失及其他连锁反应，从而有利于经济的稳定发展。

② 有助于创造一个有利于经济发展和保障人民生活的良好的社会经济环境。

③ 有助于提高企业经济效益。

④ 提供稳定的生产经营环境。

1.2.4 风险管理程序

风险管理的基本程序分为确立风险管理的目标、风险识别、风险估测、风险评价、选择风险管理技术和评估风险管理效果六个环节。

1. 确立风险管理的目标

风险管理的第一个环节就是要制定风险管理的计划，确定风险管理的任务和目标。风险管理的目标是选择最经济和最有效的方法使风险成本最小。风险管理的目标由两部分组成，包括损失发生前的风险管理目标和损失发生后的风险管理目标。

2. 风险识别

风险识别是指对企业、家庭或个人面临的和潜在的风险加以判断、归类和对风险性质进行鉴定的过程，即对尚未发生的、潜在的和客观存在的各种风险，系统地、连续地进行识别和归类，并分析产生风险事故的原因。风险识别主要包括感知风险和分析风险两方面的内容。存在于企业、家庭或个人周围的风险多种多样、错综复杂，有潜在的，也有实际存在的；有静态的，也有动态的；有内部的，也有外部的。所有这些风险在一定时期、某一特定条件下是否客观存在，存在的条件是什么以及损害发生的可能性等，都是风险识别阶段应予以解决的问题。

3. 风险估测

风险估测是在风险识别的基础上，通过对所收集的大量资料进行分析，利用概率统计理论，估计和预测风险发生的概率和损失幅度。风险估测主要包括损失概率的估测和损失程度，即损失金额概率分布、损失期望值、损失幅度等的估测。风险估测不仅使风险管理建立在科学的基础上，而且使风险分析定量化，为风险管理者进行风险决策、选择最佳管理技术提供了科学依据。

4. 风险评价

风险评价是指在风险识别和风险估测的基础上，对风险发生的概率、损失程度，结合其他因素全面考虑，评估发生风险的可能性及其危害程度，并与公认的安全指标相比较，以衡量风险的程度，并决定是否需要采取相应措施。处理风险需要一定的费用，费用与风险损失之间的比例关系直接影响风险管理的效益。通过对风险的定性、定量分析和比较应对风险所支出的费用，来确定风险是否需要处理和需要处理的程度，以判定为处理风险所支出的费用是否有效益。

5. 选择风险管理技术

根据风险评价结果，为实现风险管理目标，选择最佳风险管理技术是风险管理中最为重要的环节。风险管理技术分为控制型和财务型两大类。前者的目的是降低损失频率和减少损失幅度，重点在于改变引起意外事故和扩大损失的各种条件；后者的目的是以提供基金的方式，对无法控制的风险做财务上的安排。

6. 评估风险管理效果

评估风险管理的效果是指对风险管理技术的适用性及收益性情况的分析、检查修正和评估。风险管理效益的大小取决于能否以最小风险成本取得最大安全保障，同时，在实务中还要考虑风险管理与整体管理目标是否一致以及具体实施的可行性、可操作性和有效性。风险处理对策是否最佳，可通过评估风险管理的效益来判断。

1.2.5 风险管理的方法

风险管理的方法取决于所要管理风险的性质及面临风险的个人、公司或组织的不同情况。主要有以下几种方法。

1. 避免风险

避免风险是指设法避免损失发生的可能性，避免风险可使损失降为零。避免风险的方法简单易行，如不与信誉不好的对方合作，以避免经济上受损；将房屋建在地势较高地段，以避免洪水风险；一个怕坐飞机发生空难的人，可以一生不乘飞机从而逃避此种风险。但是，避免风险是一种消极的方法，因为有些风险无法回避；避免风险可能造成利益受损，如开发某种新产品肯定会面临风险，但避免风险的同时也意味着放弃了新产品开发成功可能带来的巨额利润；回避某一种风险有可能面临新的风险。因此，避免风险的方式适用范围有限，一般只适用于损失频率高、损失程度大的风险。

2. 防损与减损

1）防损

防损是指保险人和被保险人在风险发生前，为了消除或减少可能引发损失的风险的发生，通过对风险的分析而采取的预防措施。防损的目的在于努力减少发生损失的可能性。如防沙造林以减缓沙漠化的形成；加固高楼广告牌以防大风时发生风险；兴修水利以保证水源的供应；加强防火结构设计和防盗装置的设置以减少火灾与盗窃风险发生；加强汽车年检制度、消防安全检查制度以减少事故等。

2）减损

减损是指风险事故发生时或发生后，为了尽量减轻损失的程度，采取各种措施以防止损失扩大的控制风险方式。减损是处理风险的有效技术。

防损减损的目标是将损失减少到最低限度，以便使其与人类活动和经济承受能力相适应。我国的《保险法》第五十七条规定："保险事故发生时，被保险人应当尽力采取必要的措施，防止或者减少损失。保险事故发生后，被保险人为防止或者减少保险标的的损失所支付的必要的、合理的费用，由保险人承担；保险人所承担的费用数额在保险标的的损失赔偿金额以外另行计算，最高不超过保险金额的数额。"

3. 自留风险

自留风险是指经济单位或个人自己承担全部风险损失的风险管理方式。导致自留风险的情况有：没有其他处理风险的方式可以选择；人们对风险的严重性估计不足；认为风险可能造成的损失不大；认为自己采取相应措施来承担风险比购买保险更经济。

自留风险可以节省开支。由于风险自担，企业会积极主动地对风险进行控制，使风险降低至最低水平。当然自留风险也有缺陷，其自留的可行程度取决于损失预测的准确性。企业的保险技术和分散风险的能力不如专业保险公司，因此一旦发生巨灾，就可能导致更大的损失。所以，自留风险适用于损失频率低、损失程度小的企业，损失在短期内可以预测，其最大损失在企业财务平衡之内，不会产生企业财务危机的风险损失。

4. 转移风险

转移风险是指一些单位或个人，为避免承担风险损失，而有意识地通过一定的方式，将风险从一个主体转移到另一个主体的风险管理方法。主要可以通过购买保险、合同安排、签订免除责任协议、委托保管等形式转移风险。

1.2.6 可保风险的条件

可保风险是指可以通过保险方式转移的风险，即符合保险人承保条件的风险。可保风险是风险的一种形式。可保风险必须具备以下几个条件。

1. 风险必须具有偶然性

偶然性是指对某一具体的保险标的来说，事先无法知道其是否会出现风险、发生损失，以及发生损失的时间和损失程度如何。如果风险必然发生，保险人只有赔付的机会，则其无法维持经营，将不予以承保。如汽车已经发生碰撞再去上保险，保险公司当然是不能承保的。但如果风险肯定不会发生，也就没有必要保险了。偶然性使保险人的经营成为可能。保险人集中具有偶然性风险的大量独立标的，运用大量统计资料分析其规律性，据以预测损失率。

2. 风险必须是意外的

风险必须是意外且非故意的。风险发生的意外性是指风险导致的损失后果必须是在被保险人意料之外的，是非故意行为导致的风险损失和非必然发生的风险损失。

"风险必须是意外的"有两层含义。一是风险应具有偶然性。标的损失是非必然的，必然损失不能以保险方式转移风险，不是可保风险。二是风险不能是被保险人故意行为所造成的。假如被保险人能在一定程度上控制损失发生与否或损失的严重程度，就有可能产生道德风险。故意行为属于道德风险，且发生的损失是可以预知的，这与法律和保险风险的规定相违背。如故意纵火烧毁财产是不可保的，但为了抢救被保险财产，而不得不损坏灾害发生时尚未波及的财产所造成的损失，那么保险人要予以承保。

3. 风险必须是纯粹风险

可保风险是指只有损失机会而无获利可能的纯粹风险，即风险发生后，可能会给人们带来痛苦与不幸，是值得同情的。如火灾、爆炸、轮船沉没、飞机坠毁等。而对既有损失机会又有获利机会的投机性风险，在一般情况下保险人不予承保，如股票投机、货币升值或贬值等。

保险人只承保纯粹风险,而不承保投机风险。这是因为承保投机风险会使整个社会失去发展的动力,会使被保险人因投保而获得额外收益,违反了保险的原则。

4. 风险必须是大量标的均有遭受损失的可能性

这是因为风险发生的概率和损失率是保险人计算保险费率的依据。计算风险发生的概率和损失率需要搜集大量的同质风险损失资料并进行统计分析。数量的充足程度关系到实际损失与预期损失的偏离程度,影响保险经营的稳定性。某一风险损失的发生具有普遍性,才能产生大量共同转移风险的保险需求,形成一定规模;才能将某一风险损失的不确定性在同质风险的总体样本中进行分散。由此测算出的保险费,既能使投保人有支付能力,又能满足保险人建立充足保险基金的要求。

没有大量的风险数据做基础就难以确定保险费率,精确度也就难以保证。此时会有两种情况:一是保险费率定得太高,被保险人无力支付;二是保险人无偿付能力。显然这是不科学的。

5. 风险事故造成的损失有重大性

重大性是指风险发生后可能给人们带来难以承受的经济损失或长时期的不良影响。只有当风险的发生可能造成重大或较大损失时,保险才有必要。这样的风险才能促使多数单位或个人有参加保险的欲望。如果风险造成的损失程度轻微,选择保险方式则是不经济的,也就无须通过保险的方式来获取经济保障,对于这类风险,一般采用自留风险的管理方式。如人们日常的感冒发烧,就不需要保险,因为这样做既不经济,也与保险的本质相悖。重大或较大损失是相对企业或个人能够并愿意承担多大损失的风险而言的,不是绝对的。

6. 风险的损失必须能用货币计量

保险是一种经济补偿行为,并且补偿的形式只有货币形式。若风险导致的损失不能用货币计量,保险就无法补偿,也就无法保险。因此,不能用货币计量的风险损失不能作为可保风险。财产保险的标的可以用价值来衡量,但对人身保险来说,虽然人的身体和生命不能以货币来衡量其价值,但因人身保险不是补偿性的,而是给付性的,是为满足人们特定的经济需要,是可以合理确定的,因而人的生命和身体可以保险。因为人身因伤残程度或死亡所蒙受的损失难以用货币来衡量其价值,因此在保险实务中采用定额保险合同方式,以双方事先约定的明确的保险金额作为给付标准。

以上六个可保风险的条件是相互联系、相互制约的,确认可保风险时,六个条件必须综合考虑、全面评估,以免发生承保失误。

应当指出,可保风险是个相对的概念。随着保险市场需求的不断扩大、保险技术的日益进步及社会法律制度的健全等,可保风险的条件会随之调整,可保风险的范围也会随之改变,以前不可保的风险会变为可保风险。如人的精神损失费用补偿问题,在保险实践中已经给予适当的经济补偿,突破了可保风险的条件,虽然理论尚未突破,但实践已经尝试。

1.3 风险管理与保险的关系

深入正确地认识两者的关系,并在实践中互相配合,互相补充,对于风险管理和保险都有十分重要的意义。两者之间的关系主要表现为以下几个方面。

1. 保险是风险管理产生和发展的基础

从风险管理的产生和发展历程来看，现代风险管理是在保险的基础上发展起来的，但又不同于保险。保险的风险转嫁、风险评估和风险分散原理为风险管理提供了理论基础，现代风险管理是在保险和企业管理相结合的基础上发展而成的。

2. 保险是风险管理的有效手段，风险管理又促进了保险的发展

保险是风险管理最重要、最基本的技术，是风险管理过程最有效的手段。这是因为保险机制解决了人们在风险管理过程中碰到的最大难题——风险的不确定性。保险能够以收取保险费为代价，最大限度地集中尽可能多的风险单位，运用概率统计原理进行准确预测，将单个风险单位面临的风险的不确定性转化为总体上损失的相对确定性，实现了风险损失的均摊。

保险虽然有很大的优越性，但也有局限性，如可保风险有很多条件，保险的成本较高等。因此，虽然现代保险业已经非常发达，但风险管理仍然不可或缺。从一定意义上讲，现代风险管理正是为了弥补保险的局限性而产生的。风险管理的产生和发展，使人类认识和处理风险的活动达到了一个科学化、系统化的新阶段。同时，风险管理的发展，会对保险提出更高层次的要求，促进保险的险种多样化和服务质量的提高，使保险业不断发展。

3. 保险经营过程蕴含着风险管理

保险的经营对象就是风险，本质上是一种集散风险的机制，因此，从这个意义上来看，保险经营过程也可视为一种风险管理过程，风险管理贯穿于保险经营的始终。例如，保险企业应用风险识别的方法分辨可保风险与不可保风险，科学地划定其责任范围，保证承保业务的质量；利用风险估测的方法来合理地厘定费率，使保险费率达到公平、合理、稳定，这必然会推动保险业务的发展，并有利于财务的稳定性；科学地制定保险条款，避免被保险人的道德风险及逆选择。对风险管理方法，保险更是可以综合利用：可以用避免风险的方法拒绝接受或注销不良风险；用自留风险的方法确定合理的自留限额，以免承担巨额风险；也可用转移的方法安排好分保，以分散风险，稳定经营。

另外，保险对投保人而言，是风险的转移；而对保险人而言，则是风险的集中处理。虽然保险能够分散风险，补偿经济损失，却并不能完全避免风险事故的发生。为减少赔款支出，提高自身经济效益和社会效益，保险企业有必要也有责任搞好防灾防损、减少损失、运用损失管理技术控制风险。同时，保险企业在长期经营中，积累了处理风险的丰富经验，了解各种风险发生的规律，掌握了有关风险的大量资料信息，拥有大批高素质的专业人才，完全有条件为企业提供风险管理的指导和咨询服务，并可配合有关部门对保险标的进行防灾检查，及时发现问题，提出整改建议，消除隐患。保险企业还可给予防灾防损专业部门和保户以财力和物力资助，提高其防灾抗灾能力；资助科研部门加强对风险管理的研究，并利用其研究成果做好防灾防损工作，减少社会财富损失。因此，保险的经营效益要受风险管理技术的制约。

综上所述，风险管理与保险相互配合，相互渗透，相互促进，成为社会风险管理的有机组成部分。

本章小结

1. 风险是指在一定客观情况下和一定时期内，某种随机事件的发生，给人们经济利益造成损失的不确定性。损失的不确定性是风险的本质。风险是由风险因素、风险事故和损失三个要素构成的，风险因素包括物质风险因素、道德风险因素和心理风险因素，损失包括直接损失和间接损失。风险具有以下特征：客观性、普遍性、偶然性、损失性、社会性、可测性、不确定性、可变性。风险的种类有：静态风险与动态风险；纯粹风险与投机风险；自然风险、社会风险、经济风险、技术风险和政治风险；财产风险、人身风险、责任风险和信用风险。

2. 风险管理是指经济单位通过风险识别、估测和评价，对风险实施有效的控制和妥善处理，以最小成本取得最大安全保障的管理方法。风险管理的程序分为确立风险管理目标、风险识别、风险估测、风险评价、选择风险管理技术和评估风险管理效果六个环节。风险管理的方法主要有避免风险、防损与减损、自留风险和转移风险等。

3. 转移风险是风险管理的一种方式。保险是风险管理中一种行之有效的方法，保险与风险管理之间是一种互补关系。可保风险必须具备的条件：风险必须具有偶然性、风险必须是意外的、风险必须是纯粹风险、风险必须是大量标的均有遭受损失的可能性、风险事故造成的损失有重大性、风险的损失必须是可以用货币计量的。

风险管理与保险的关系表现在：保险是风险管理产生和发展的基础；保险是风险管理的有效手段，风险管理又促进了保险的发展；保险经营过程蕴含着风险管理。

复习思考题

1. 简述风险的概念、要素和风险的特征。
2. 风险有哪些分类？
3. 简述风险管理的概念和目标。
4. 风险管理的方法有哪些？
5. 可保风险应具备哪些条件？
6. 试说明风险管理与保险的关系。

第 2 章 保险概述

学习目标

掌握保险的概念、特点、要素和对象,了解保险的分类及险种特性,从保险与类似制度的比较中理解保险的本质,把握保险的职能与作用。

2.1 保险的概念与分类

2.1.1 保险的概念

保险的一般概念可概括为:保险是集合具有同类风险的众多单位或个人,以合理计算分担金的形式,实现对少数成员因约定风险事故所致经济损失或由此而引起的经济需要进行补偿或给付的行为。现代各国学者大都从经济与法律两个角度对保险进行解释。

1. 从经济角度看

作为一种经济制度,保险是指人们为了保障生产、生活的顺利进行,将具有同类风险保障需求的个体集中起来,通过合理的计算建立风险准备金的经济补偿制度或给付安排。

① 保险是一种经济行为。从需求角度看,整个社会存在着各种形态的风险,与之有利害关系的主体愿意付出一定的代价将风险转移给保险人,从而获得损失补偿或资金给付,保证经济生活的稳定;从供给角度看,保险人通过概率论、大数法则的科学手段可以在全社会范围集中和分散风险,提供风险保障服务。

② 保险是一种金融行为。保险人通过收取保险费聚集了大量资金,对这些资金进行运作,实际上在社会范围内起到了资金融通的作用。

③ 保险是一种分摊损失的财务安排。保险的运行机制是全体投保人缴纳保费,共同出资组成保险基金,当某一被保险人遭受损失时,由保险人从保险基金中对其进行补偿。因此,受损人实际获得的是全体投保人共同的经济支持。

经济学意义上的保险具有以下要件。

① 必须有大量同类风险个体的存在。只有这类风险个体的大量存在,建立相应的经济补偿制度才能成为可能。例如,对于某一地区的房屋火灾风险,如果投保的房屋距离很近,虽然数量较多,但如果发生火灾,这些房屋全部失火的可能性较大,这种情况就不能视为大

量的风险个体。风险是指损失发生的不确定性，这里的不确定性既包括单个风险发生风险事故的概率不确定，也包括风险事故发生时间的不确定。

② 合理的计算。在经营过程中，保险计算的数理基础是概率论和大数法则。通过将大量的同类风险进行集中，运用大数法则的原理，得出该风险集合发生的概率，并在此基础上计算出保险保费，从而实现了将单个风险的不确定性损失转化为确定的小额保费支出。

③ 经济补偿或给付。保险是对损失进行补偿的制度，也就是说保险给付不可能超出损失的数额。例如，对于损坏的汽车，即使保险金额大于损失额，其赔付额也只是以损失为限。由于自身的特性，人身保险并不是经济补偿，而是保险给付。

2. 从法律角度看

保险是指当事人双方通过订立合同的方式规定双方的权利义务，依此建立起风险的保障机制。

① 保险是一种合同行为。投保人与保险人是在平等自愿的基础上通过要约与承诺，达成一致并签订合同。

② 保险双方的权利义务在合同中约定。投保人的义务是依照合同约定缴纳保险费，权利是在合同约定的风险事故发生后要求保险人进行赔偿或给付保险金。保险人的义务是按合同约定在事故发生后向被保险人支付赔款或保险金，权利是向投保人收取保险费。

③ 保险合同中所载明的风险必须符合特定的要求。在保险合同中保险人所承保的风险一般是在概率论和数理统计的基础上可测算的且当事人双方均无法控制风险事故发生的纯粹风险。

我国《保险法》第二条对保险是这样定义的："本法所称保险，是指投保人根据合同约定，向保险人支付保险费，保险人对于合同约定的可能发生的事故因其发生所造成的财产损失承担赔偿保险金责任，或者当被保险人死亡、伤残、疾病或者达到合同约定的年龄、期限等条件时承担给付保险金责任的商业保险行为。"

2.1.2 保险的特点

保险发展至今已有几百年的历史，它自身作为一种制度已渐成一个完整的体系。总结起来，保险有以下特性。

1. 经济性

从根本上来说，保险是一种经济行为，它从萌芽状态到现在对人们的生活影响越来越大，其迅猛发展说明社会对保险产品的需求是不断增大的。从保险需求来看，随着社会的发展和不断进步，人们所面临的风险有增无减，并且新的风险在不断出现，而单个个体面对风险时也更加脆弱。他们迫切希望通过某种方式将损失的不确定性（即风险）转移出去，甚至宁愿付出一定的成本。从保险供给来看，从早期的基尔特制度到现代化的商业保险，其经营的基本理念是不变的，都是保险人通过集合大量的同质风险，运用大数法则和概率论等相关技术进行合理定价，设计出将不确定的风险损失转化为确定的小额费用支出的保险产品。于是在保险经营中，投保人通过缴纳保费，购买保险产品，将自身所面临的风险损失转嫁给了保险人；保险人收取保费，形成保险基金，用于未来的赔付。

2. 商品性

保险体现了一种等价交换的经济关系，也就是商品经济关系。这种商品经济关系直接表现为个别投保人与个别保险人之间的交换关系，间接表现为在一定时期内全部投保人与全部保险人之间的交换关系，即投保人购买保险商品，保险人出售保险商品的关系。

3. 互助性

这是从众多被保险人的角度来看保险的。保险的运行机制是大家共同出资，通过保险人建立保险基金，当有的被保险人遭受损失时，就可以从共同的保险基金中提取资金对其进行损失补偿。这就意味着一个人的损失由大家来共同承担，体现了"人人为我，我为人人"的互助共济的精神。在保险的组织形式中，至今仍然存在的相互制保险公司就深刻地体现了保险的互助性特点。

4. 契约性

从法律关系的角度来看，保险是一种合同行为。保险双方当事人通过合同的形式约定双方的权利义务，并且合同的履行及变更等都要受到相关法律的制约。我国《保险法》第十三条规定："投保人提出保险要求，经保险人同意承保，保险合同成立。"第二十三条规定："保险人收到被保险人或者受益人的赔偿或者给付保险金的请求后，应及时作出核定；情形复杂的，应当在三十日内作出核定，但合同另有约定的除外。保险人应当将核定结果通知被保险人或者受益人；对属于保险责任的，在与被保险人或者受益人达成赔偿或者给付保险金额的协议后十日内，履行赔偿或者给付保险金义务。"因此，保险双方当事人的意愿通过履行保险合同而体现，双方意愿的改变通过合同的变更而实现。保险的契约性是保险的一个重要性质。

5. 科学性

保险的健康快速发展离不开相应的技术。在保险经营过程中，保险人运用概率论和大数法则等工具，通过将大量的面临相同风险的个体集中起来，对整体风险发生的概率进行测算，计算出保险产品的价格，从而建立起科学的保险基金，保证保险业的稳健发展。保险经营雄厚的数理基础正是保险科学性的体现，而随着保险精算技术的发展与应用，保险自身的经营将更加稳健和科学。

2.1.3 保险的分类

通常我们按保险的性质、实施方式、保险标的和风险转移层次等不同的标准把保险分成不同的类型。

1. 按保险性质分类

以保险的性质为标准分类，保险可分为商业保险、社会保险和政策保险。商业保险体现的是保险经济领域中的商品性保险关系，社会保险和政策保险则体现的是保险经济领域中的非商品性保险关系。

1）商业保险

也称自愿保险或合同保险，是指保险双方当事人自愿订立保险合同，由投保人缴纳保险费，以建立保险基金，当被保险人发生合同约定的财产或人身事件时，保险人履行赔偿或给付保险金的义务。

2) 社会保险

社会保险是指国家通过立法的形式，为依靠工资收入生活的劳动者及其家属提供基本生活条件，促进社会安定而举办的保险。主要险种有社会养老保险、失业保险、医疗保险、工伤保险和生育保险等五种。社会保险是社会保障制度的一个最重要的组成部分。

3) 政策保险

政策保险是政府为了政策上的目的，运用一般保险的技术而开办的一种保险。政策保险的种类包括社会政策保险和经济政策保险两大类。具体项目有：① 为实施社会保障政策目的而举办的社会保险，如养老保险、医疗保险、工伤保险、失业保险、生育保险、疾病保险等；② 为实现国民生活安定的政策目的而举办的国民生活保险，如劳动者财产损失保险、汽车赔偿责任保险、地震保险、住宅融资保险等；③ 为实现农业增产增收政策目的而举办的农业保险，如种植业保险、养殖业保险等；④ 为实现扶持中小企业发展政策目的而举办的信用保险，如无担保保险、能源对策保险、预防公害保险、特别小额保险等；⑤ 为实现促进国际贸易目的而开办的输出保险，如出口信用保险、外汇变动保险、出口票据保险、海外投资保险、存款保险等。

2. 按实施方式分类

以实施方式为标准分类，保险可分为自愿保险和强制保险。

1) 自愿保险

也称为合同保险或任意保险，是指保险双方当事人通过签订保险合同或是需要保险保障的人自愿组合而实施的一种保险。如商业保险、营利性保险等就是保险双方通过签订保险合同而实施的，相互保险、合作保险等就是通过需要保险保障的人自愿组合、实施的一种保险。自愿保险的保险关系是当事人之间自由决定、彼此合意后所成立的合同关系。投保人可以自由决定是否投保、向谁投保等，也可以选择所需保障的类型、保障范围、保障程度和保障期限等。保险人也可以根据情况自愿决定是否承保、以怎样的费率承保及以怎样的方式承保等。

2) 强制保险

强制保险也称法定保险，是指国家对一定的对象以法律、法令或条例规定其必须投保的一种保险。法定保险的保险关系不是产生于投保人与保险人之间的合同行为，而是产生于国家或政府的法律效力。法定保险的范围可以是全国性的，也可以是地方性的。法定保险的实施方式有两种选择，或是保险对象与保险人均由法律限定；或是保险对象由法律限定，但投保人可以自由选择保险人。不论何种形式的法定保险，大都具有下列特征。一是全面性。法定保险的实施以国家法律形式为依据，只要属于法律规定的保险对象，不论是否愿意，都必须参加该保险。二是统一性。法定保险的保险金额和保险费率不是由投保人和保险人自行决定的，而是由国家法律统一标准规定的。

3. 按保险标的分类

以保险标的为标准分类，保险可分为财产保险、责任保险、信用保证保险和人身保险。

1) 财产保险

财产保险是指以财产及其相关利益为保险标的，保险人对因保险事故发生而导致的财产损失给予补偿的一种保险。财产保险有广义和狭义之分。广义的财产保险是人身保险之外的一切保险业务的统称；狭义的财产保险也可称为财产损失保险，是指以有形的财产物资及其相关利益为保险标的的一种保险。此处的财产保险是狭义的财产保险，通常根据保险标的来划分，按照属性相同或相近归属成火灾保险、运输保险、工程保险、农业保险，每一业务种类又由若干具体的保险险种构成。

2）责任保险

责任保险是以被保险人依法应负的民事损害赔偿责任或经过特别约定的合同责任为保险标的的一种保险。可见，责任保险承保的责任主要包括侵权责任和违约责任两种。企业、团体、家庭和个人在各种生产活动或日常生活中由于疏忽、过失等行为对他人造成人身伤亡或财产损害而依法应承担的经济赔偿责任，可以通过投保有关责任保险转移给保险人。责任保险属于广义的财产保险范畴。

3）信用保证保险

属于广义的财产保险范畴，是一种以经济合同所制定的有形财产或预期应得的经济利益为保险标的的保险。信用保险是指权利人（债权人）向保险人投保债务人的信用风险的一种保险。信用保险的主要险别包括一般商业信用保险、投资保险（也称政治风险保险）和出口信用保险。保证保险是被保证人（债务人）根据权利人（债权人）的要求，请求保险人担保自己信用的保险。保证保险的保险人代被保证人向权利人提供担保，如果由于被保证人不履行合同义务或者有犯罪行为而使权利人受到经济损失的，由其负赔偿责任。保证保险主要包括合同保证保险、产品质量保证保险和忠诚保证保险。保证保险一般由商业保险公司经营，但有些国家规定必须是由政府批准的具有可靠偿付能力的专门保险公司经营。

4）人身保险

人身保险是以人的寿命和身体为保险标的的一种保险。根据保障范围的不同，人身保险可分为人寿保险、意外伤害保险和健康保险。人寿保险是以人的生命为保险标的，以人的生死为保险事件，当发生保险事件时，保险人履行给付保险金责任的一种保险。人寿保险包括死亡保险、生存保险和生死两全保险。意外伤害保险是以被保险人因遭受意外伤害造成死亡、残废为给付保险金条件的一种人身保险。健康保险是以人的身体为对象，保证被保险人在疾病或意外事故所致伤害时的费用或损失获得补偿的一种保险。

4. 按风险转移层次分类

按风险转移层次分类，保险可分为原保险、共同保险、重复保险和再保险。

1）原保险

它是相对于再保险而言的，是指投保人与保险人直接签订保险合同而成立保险关系的一种保险。

2）共同保险

是指投保人与两个以上保险人之间就同一保险利益、同一保险标的，对同一保险事故共同缔结保险合同的一种保险。在实务中，数个保险人可能以某一个保险公司的名义签发一张保险单，然后每一保险公司对保险事故损失按比例分担责任。

3）重复保险

是指投保人以同一保险标的、同一保险利益、同一风险事故同时向两个或两个以上的保险人订立保险合同，且保险金额总和超过保险标的的价值的一种保险。

4）再保险

也称分保，是指保险人将其承担的保险业务部分或全部转移给其他保险人的一种保险。

5. 按投保单位分类

以投保单位为标准分类,保险可分为团体保险与个人保险。

1)团体保险

团体保险是指以投保人为集体,投保的团体与保险人签订一份保险总合同,向集体内的成员提供保险,保险费率要低于个人保险。团体保险多用于人身保险。

2)个人保险

个人保险是指投保人是单个的自然人,是以个人的名义向保险人购买的保险。

6. 按保险价值确定方式分类

以保险价值确定方式为标准分类,保险可分为定值保险与不定值保险。

1)定值保险

定值保险是指在保险合同订立时由当事人双方确定好保险标的的保险价值,并以此作为保险金额,载明于保险合同的保险。当保险事故发生时,不论保险标的的损失时的市场价值如何,即不论保险标的的实际价值大于或小于保险金额,保险人均按保险价值十足赔付。

2)不定值保险

不定值保险是指在保险合同中事先不列明保险标的的保险价值,仅列明保险金额作为赔偿的最高限度,等到保险标的发生保险事故之后再确定其保险价值的保险。当保险事故发生时,先按照保险金额与损失当时保险标的物的实际价值计算出保障程度,再按照损失额的相应比例赔偿。

7. 按保险金额与保险价值之间的关系分类

以保险金额与保险价值之间的关系为标准分类,保险形态可分为足额保险、不足额保险和超额保险。

1)足额保险

足额保险是指保险合同中约定的保险金额与保险价值相等的保险。当保险事故发生时,如果保险标的物全部受损,保险人按照保险金额全部赔偿;如果保险标的物一部分受损,保险人则以实际损失为准支付赔偿金。

2)不足额保险

不足额保险也称部分保险,是指保险合同中约定的保险金额小于保险价值的保险。产生不足额保险的原因有:一是投保人为了少交保险费或认为标的物发生全损的可能性非常小,没有必要足额投保,因而仅以保险价值的一部分投保;二是因为保险标的发生风险事故的可能性非常大,保险人为控制风险,只接受保险价值的一部分作为保险金额,要求投保人自己也要承担一部分,从而增强其防灾防损意识;三是保险合同签订以后,保险标的物的价值上涨,导致最初的足额保险变成了不足额保险。对于不足额保险,其赔偿金的计算要分两种情况:一种是保险标的发生全损时,保险人根据保险合同中确定的保险金额赔偿,不足部分由被保险人自行承担;另一种是保险标的发生部分损失时,保险人按照保险金额与保险价值的保障比例承担损失。

3)超额保险

超额保险是指保险合同中约定的保险金额大于保险价值的保险。产生超额保险的原因有:一是在订立保险合同时,保险双方确定的保险金额就大于保险价值;二是签订保险合同后,保险标的物的价值下跌,导致保险金额超过保险价值,使之成为超额保险。当保险事故发生时，除了投保人或被保险人有欺诈行为使保险合同无效外，保险人只按照保险标的物的实际价值赔偿。

2.1.4 保险的要素

1. 可保风险的存在

风险的客观存在使人们产生对保险的需求。尽管保险是人们处理风险的一种方式，它能为人们在遭受损失时提供经济补偿，但并不是所有破坏物质财富或威胁人身安全的风险，保险人都承保。可保风险是保险人可以接受承保的风险，它是有条件、有范围的。一方面，从社会效益、保险企业效益和经营技术考虑，只能选择可保风险，即承保特定的灾害事故或事件作为保险责任；另一方面，投保人从自身利益考虑，对其所面临的风险也要经过分析和筛选，有选择性地进行投保，从而降低成本。

可保风险一般具有以下几个特性：一是风险必须具有偶然性；二是风险必须是意外的；三是风险必须是纯粹风险；四是风险必须是大量标的均有遭受损失的可能性；五是风险造成的损失具有重大性；六是风险损失必须能用货币计量。

2. 多数人同质风险的集中与分散

保险过程既是风险集中的过程，又是风险分散的过程。众多投保人将其所面临的风险转嫁给保险人，保险人通过承保而将众多风险集中起来。当发生保险责任范围内的损失时，保险人又将少数人发生的风险损失分摊给全部投保人，也就是通过保险补偿行为分摊损失，将集中的风险予以分散转移。故保险以多数经济单位的结合为必要条件。具体地讲有两种结合方式：一是直接结合，即在一定范围内，处在同类风险中的多数经济单位，为一致的利益组成保险集合体；二是间接结合，即由第三者充当保险经营主体，使处在同类风险中的多数经济单位，通过缴纳保险费的形式，由保险经营主体（即保险公司）促成其结合。

3. 保险费率的厘定

保险在形式上是一种经济保障活动，而实质上是一种商品交换行为，保险人承保某一特定风险，必须在保险合同期间内收取足够数额的保费，以聚集资金支付赔款和各项费用开支，并获得合理的利润。因此，厘定合理的费率（即分担金），便构成了保险的基本要素。保险费率要依据概率论、大数法则的原理进行科学计算。保险费率过高，就会增加投保人和被保险人的负担，保险需求会受到抑制；反之，费率厘定得过低，保险供给得不到保障，又无法为被保险人的损失提供可靠的足额补偿。因此，费率厘定必须合理。

费率的厘定一般遵循两个原则。一是区别对待的原则，即根据每个投保人的保险标的的风险程度来核定差别费率。如果对所有投保人实行相同费率，必然导致风险低者为风险高者进行补贴，最后致使一部分风险较小的人退出保险，而剩下风险较高的对象，这样每人的分担金额必然过大，以致无法分担。二是收支平衡的原则，保证被保险人和保险人之间保费与赔偿、给付总额的平衡。

4. 保险基金的建立

保险的分摊损失与补偿损失功能是通过建立保险基金实现的。保险基金是用以补偿或给付因自然灾害、意外事故和人体自然规律所致的经济损失和人身损害的专项货币基金，它主要来源于开业资金和保险费。无保险基金的建立，就无保险的补偿与给付，也就无保险可言。

5. 保险合同的订立

保险是一种投保人与保险人之间的经济关系，这种经济关系是通过合同的订立来确定的。保险是专门对意外事件和不确定事件造成的经济损失给予赔偿的，风险是否发生、何时发生，其损失程度如何，均具有较大的随机性。保险的这一特性要求保险人与投保人应在确定的法律或契约关系约束下履行各自的权利与义务。如果不具备在法律上或合同上规定的各自的权利与义务，那么，保险经济关系就难以成立。因此，订立保险合同是保险得以成立的基本要素，也是保险成立的法律保证。

2.1.5 保险的对象

保险的对象是保险人在观察大量风险现象的基础上，承担保险责任的各类风险客体，如房屋、货物、车辆、船舶、农作物、牲畜、责任、信用、债权及人的生命和身体机能等。归纳起来，保险的对象主要是两类标的物：一是物质标的物，其承保对象是被保险人享有绝对的所有权与支配权的物质标的物的经济价值，物质标的物有两种存在形态，即有形标的物和无形标的物；二是人身标的物，其承保对象就是被保险人的生命和身体机能。

物质标的物与人身标的物的区别在于：第一，人的生命和身体机能，不能像非人身标的物那样准确地估价，因此人身标的物的保险金额没有具体的标准；第二，人一旦死亡或身体机能发生永久性伤残、衰老，则无法恢复，而非人身标的物的损失一般可以得到复原；第三，人的生命和身体机能是不能转让和出卖的，而多数非人身标的物可以转让和出卖。

2.2 保险与其他类似制度及行为的比较

2.2.1 保险与社会保险

社会保险是指国家通过立法采取强制手段，对依靠劳动收入生活的人员因年老、疾病、生育、伤残、死亡等原因丧失劳动能力或因失业而中止劳动，本人及其家庭失去收入来源时，由政府保障其基本生活条件、促进社会稳定的保障制度。

保险与社会保险有以下相似之处。

① 它们都具有社会经济互助性质，都运用大数定律对风险损失进行预计，都是对特定风险事故的风险分摊；

② 二者都用于处理不可预知的偶然性损失；

③ 二者均须缴纳保险费，建立保险基金；

④ 二者的基本目的都是保障人们经济生活的安定。

保险与社会保险的区别在于以下几个方面。

① 实施方式不同。保险一般采取自愿原则，投保人是否投保、投保什么险种、投保多少等，由投保人自行决定。社会保险采取强制方式实施，凡属于社会保险范围内的保险对

象，无论其是否愿意，都必须参加并缴纳保费，当被保险人在遇到生育、年老、疾病、伤残、失业等情况而没有收入时，政府必须按法定标准给付。

② 保险关系建立的依据不同。保险中的保险人和投保人之间的保险关系以保险合同为依据，通过保险合同确定双方的权利义务关系。社会保险中的保险人与被保险人之间的保险关系主要以有关的社会保险法律法规和社保政策为依据，双方当事人不能另有约定。

③ 经营主体及经营目的不同。保险一般由依法设立的保险公司经营，保险公司作为自负盈亏的经济实体，以赢利为主要目的。社会保险作为政府的一项社会政策，一般由政府部门或其设立的社会保险机构经营，其基本目的在于使劳动者的生活获得基本保障，不以赢利为目的。

④ 权利与义务对等关系不同。保险的权利义务建立在合同关系上，保险公司与投保人之间的权利与义务关系是一种等价交换的对等关系，表现为多投多保，少投少保，不投不保。社会保险的权利与义务关系建立在劳动关系的基础之上，社会保险的权利与义务关系并不对等，每个人缴纳保费的多少并不取决于将来给付的多少或风险程度的高低，而是决定于投保人当时的工资水平。

⑤ 资金来源不同。保险的资金只能来源于投保人所交保险费，虽然保险公司通过对保险资金的运用可以获得一定的投资收益，但是管理费用却需要保险客户承担。社会保险的资金来源有政府财政拨款、企业缴纳保险费、劳动者个人缴纳保险费三个渠道，是集国家、企业、个人等社会各方面力量来保障社会成员的基本生活要求。

⑥ 给付标准依据和保障水平不同。保险的给付标准与投保人所交保费的多少之间有密切联系，奉行多投多保、少投少保的原则，保险水平高低悬殊，明显有利于高收入阶层巩固自己的生活保障。社会保险的给付标准主要取决于能提供满足基本生活需要的保障水平，其保障水平一般在贫困线以上、一般水平以下，保障水平统一，有利于低收入阶层、不幸者及退休者。

⑦ 参保对象不同。保险的参保对象灵活，不论是劳动者还是非劳动者，都可由个人根据需要投保，但事实上，劳动者尤其是低收入的劳动者往往难以参加保险。社会保险的保险对象是社会保险法律法规规定的劳动者，有的国家扩展到全体公民，社会化程度高。

2.2.2 保险与救济

救济是指用金钱或物资帮助灾民或生活困难的人。

保险和救济有以下相似之处。

① 二者都是针对损失而言的，都能减轻灾害事故所造成的损失；

② 二者均以补偿损失为宗旨，不论是被保险人还是被救济方，都不可能从保险或救济中获得超过其损失的收益。

保险和救济的主要区别在于以下几个方面。

① 给付对象的确定方式不同。保险给付的对象以保险合同中规定的被保险人或受益人为准；救济金的给付对象则具有不确定性，原则上所有的受灾者或生活有困难者均在受救济之列。

② 提供给付的主体不同。保险金的给付由特定的保险公司来履行；而救济金的提供者

可以是政府、企业或公民个人，具有一定的不确定性。

③ 权利与义务对等关系不同。保险双方当事人是一种合同关系，它们的权利义务明确地写入合同，双方只有履行了相应的义务才能享有对应的权利；而救济则是一种单方的施舍行为，被救济方在接受救济的同时无须承担任何义务。

2.2.3 保险与储蓄

保险和储蓄有以下相似之处。
① 二者均以现在的积累来满足未来的不时之需，共同体现了有备无患的思想；
② 二者在实际运行中均受到利率因素的影响。

保险和储蓄的主要区别在于以下几个方面。
① 经济关系不同。保险使用众人的积累来补偿少数人的损失，体现了一种互助合作的关系；而储蓄则纯属单个储户的自主行为。
② 目的不同。保险的目的是应付一些意外灾害事故所导致的损失；而储蓄主要是用于一些预计的费用支出。
③ 支付与反支付对等关系不同。保险的保费支付换取的是对未来的风险保障，如果约定时间里发生了保险事故，则被保险人将获得大大高于保费的补偿；如果约定的事故未发生，则被保险人将得不到任何补偿。储蓄则不同，储户的支付与反支付基本上是对等和确定的，二者的差额只是利息随时间长短而不同。

2.2.4 保险与赌博

保险与赌博有以下相似之处。
① 二者均以特定事件发生的不确定性为前提。保险所承保的风险事故的发生必须不为被保险人所控制，其发生与否是不确定的，赌博更是如此。
② 二者均具有支付的确定性和反支付的不确定性。保险费的缴纳是保险成立的重要条件，而保险金的给付与否则取决于特定事件的发生与否；赌博中下赌注则是参与赌博的前提，而赌博过程中是否会赢则是不确定的。

保险与赌博的主要区别在于以下几个方面。
① 与标的是否有关系。保险经营中所要遵循的重要原则之一是可保利益原则，它要求投保人必须对保险标的具有可保利益，否则保险合同无效；而赌博中则不存在这样的规定，赌博双方可以与标的无任何关系。
② 从涉及的风险来看，保险是一种对付纯粹风险的方法，它用一个确定金额的给付换得对不确定损失的保障；而赌博行为则产生出一种新的投机风险。
③ 从社会利益的角度来看，保险具有较大的社会效应。在保险经营中，保险人与被保险人都有防灾防损的利益要求，对全社会防范风险起到了重要作用；而赌博则是一种非生产性行为，赌博中赢的一方是以对方赌输为前提和代价的，具有较大的社会负面影响，因此大部分国家并不提倡赌博行为，有的国家甚至以立法的形式予以取缔。

2.3 保险的职能与作用

2.3.1 保险的职能

保险的职能是保险本身所具有的内在功能，它由保险的根本特性和地位决定，客观地反映了保险的本质，即保险的本质决定了保险的职能。根据其内在稳定性的不同，具体可分为基本职能和派生职能。基本职能是指保险在一切经济条件下均具有的职能，是保险的原始职能与固有职能，它不因时间的推移和社会形态的不同而改变；而派生职能是指随着社会生产力的发展、社会经济制度的演进，从保险的基本职能中逐渐衍生出来的职能。保险的基本职能是经济补偿，通过分摊损失来补偿损失；保险的派生职能是资金融通和社会管理。

1. 保险的基本职能

1）分摊损失

从本质上来说，保险是一种分摊损失的机制。这种机制建立在灾害事故的偶然性和必然性这种矛盾对立统一的基础上。对个别投保单位和个人来说，灾害事故发生是偶然的和不确定的，但对所有投保单位和个人来说，灾害事故发生却是必然的和确定的。保险机制之所以能运转自如是因为被保险人愿意以交付小额确定的保险费来换取大额不确定的损失补偿。保险组织通过向众多的投保成员收取保险费来分摊其中少数不幸成员遭受的损失。

保险分摊损失职能的关键是预计损失，运用大数法则可以掌握灾害事故发生的规律，从而使保险分摊损失成为可能，大数法则是保险合理分摊损失的数理基础。

大数法则在保险经营中的意义是：风险单位的数量越多，其实际损失的结果越接近从无限风险单位数量得出的预期损失可能的结果。据此，保险公司能使其收取的保险费和进行的损失赔偿及其他费用开支平衡。

2）补偿损失

保险通过将参加保险的全体成员所交保费建立起的保险基金用于对少数成员因遭遇自然灾害或意外事故所受到的损失给予经济补偿，从而有助于人们抵抗灾害、保障经济活动的顺利进行及帮助人们在受难时获取经济援助。

保险损失补偿的功能在不同情况下和不同险种中表现为不同的形式。在财产保险中表现为补偿被保险人因灾害事故所造成的经济损失，在责任保险中体现为补偿被保险人依法应负担的对第三方的经济赔偿，在人身保险中体现为对被保险人或其指定的受益人支付约定的保险金。虽然具体表现形式可以多种多样，但实质都是对被保险人遭遇灾害事故后给予一定的经济补偿，减少风险事件给被保险人带来的损失。保险损失补偿功能作用的发挥基于人们对分散风险的需要和对安全感的追求，因此，这一功能是保险最本质的功能，也是保险的最终目的。

保险的两个基本职能是相辅相成的，分摊损失是达到补偿损失的一种手段。而补偿损失是保险的最终目的。没有损失分摊就没法进行损失补偿，两者相互依存，体现保险机制运行中手段与目的的统一。

2. 保险的派生职能

1）融通资金职能

现代金融最基本的功能就是对储蓄资源进行时间上和空间上的配置，实现储蓄向现实投资的转化。作为金融产业中的重要组成部分，保险也同样表现出资金融通的功能。从保险进行资金融通的可能性来看，保险机构能够通过收取保险费而聚集起规模庞大的保险基金。一方面，保险机构收取保险费、建立保险基金与保险补偿和给付保险金的发生有一定的时间差；另一方面，保险赔付事故不可能都同时发生，保险基金也不可能一次性地全部赔偿出去，因此，有相当数额的保险基金被沉淀了下来而处于闲置状态，这就为保险资金进行资金流通提供了可能性。从保险公司进行资金融通的必要性来看，保险机构为了确保保险经营的持续与稳定，必须保证保险基金能够保值增值；此外，保险机构作为商业性的营利性组织，从自身利益最大化角度出发，也愿意通过保险基金的合理投资获取更高的收益。所以，保险资金的运用也是必需的。

保险的资金融通功能主要体现在两个方面：一方面，保险公司通过开展承保业务，将社会中的闲散资金汇集起来，形成规模庞大的保险基金，即将各经济主体和个人的可支配收入中的一部分以保费的形式聚集起来，能够起到分流部分社会储蓄的作用，有利于促进储蓄向投资的转化；另一方面，保险公司通过投资将积累的保险资金运用出去，以满足未来支付和保险基金保值增值的需要。保险基金的资金来源稳定、期限较长、规模庞大，通过持股或者相互参股的形式，成为资本市场上重要的机构投资者和资金供应方，是金融市场中最为活跃的成员之一，同时由于要考虑到未来对被保险人的偿付，因此投机程度不强，也是资本市场上重要的稳定力量。

2）社会管理职能

保险社会管理功能的内涵是随着保险实践的发展而不断发展和丰富的，从现阶段来说，社会管理功能主要包括四个方面的内容。一是社会保障管理，即现代商业保险是社会保障体系的重要组成部分，它可以为没有参加社会基本保险制度的成员提供保险保障，并且凭借其产品的多样性和灵活性，在完善社会保障体系方面发挥重要作用。二是社会风险管理，即由于保险公司长期从事有关风险的经营活动，积累了大量的风险损失资料和识别、衡量、分析风险的能力，可以为全社会风险管理和采取差别费率提供有力的数据和智力支持，鼓励投保人和被保险人主动做好各项预防风险的工作，实现对风险的控制和管理。三是社会关系管理，即由于保险公司在事故查勘和灾害处理及赔付过程中会涉及诸多的社会经济主体，通过保险公司的协调和管理，有利于维护政府、企业和个人之间的正常社会关系和秩序，能够减少社会摩擦，起到"社会润滑剂"的作用。四是社会信用管理，即由于保险公司经营的产品是一种以信用为基础、以法律为保障的服务，其对于社会公众的诚信建设可以起到推动作用，同时凭借在经营过程中收集和记录的有关企业和个人的信用状况，为社会信用体系的建立提供重要的信息来源，有助于改善和推动社会信用制度建设。

2.3.2 保险的作用

保险的作用是指因保险职能发挥而产生的影响和效果，这可以从微观经济和宏观经济两方面进行分析。

1. 保险的微观作用

保险的微观作用是指保险对作为经济个体的单位或个人产生的影响和效果。

1) 有利于受灾企业及时恢复生产

在社会生产中,风险事故如自然灾害和意外事故是客观存在和不可避免的,不是人所能控制的,极具不确定性。人们对于风险事故何时何地发生、损失程度等问题很难给出确定的答案。事故一旦发生,就会给企业造成巨大损失,单凭企业自身力量很难在短时间内恢复到受灾前的生产水平。若参加保险,就可在最短的时间内获得经济上的补偿,把生产中断造成的损失降到最低。

2) 有助于企业加强风险管理

保险所承保的风险是纯粹风险,也就是社会财富的减少;同时,保险补偿的是企业所遭受的财产损失,不可能通过保险来获得额外的收益。在保险合同的履行过程中,投保的企业必须在其风险增加时及时通知保险人,否则保险人可以拒赔。这又引起投保企业对风险管理的高度重视。保险公司在经营过程中积累了丰富的风险管理经验,不仅可以向企业提供各种风险管理经验,而且通过承保时的风险调查与分析、承保期内的风险检查和监督等活动,尽可能地消除风险的潜在因素,达到防灾防损的目的。

3) 有助于安定人民生活

家庭是社会的基本单位,家庭的稳定是人们安心从事社会生产的重要前提,对社会的稳定具有重要意义。同企业一样,家庭也会面临自然灾害和意外事故的威胁,且相对企业来说家庭对风险的承受能力要弱得多,所以在事故发生后,家庭对外来经济补偿的需求也要比企业迫切得多。人身保险和家庭财产保险等针对家庭的保险产品在这方面起到了积极的作用,对人民生活起到了保障作用。

4) 有助于均衡个人财务收支

这一点主要针对人身保险而言,因为很多人身保险兼具保险性和储蓄性。将现在的财富通过保险这种方式累积下来用于满足未来经济上的需要,实际上是让渡现在的消费权利,获得未来的消费权利。通常,在整个生命周期内人的收入的波动幅度是比较大的,消费支出的波动幅度并不很大。要实现不同时期的收入和消费的平衡,保险是一种很好的理财工具。分期缴纳保费的人身保险对保费的定期支付规定,使投保人更容易坚持"财富储备"。

5) 有助于民事赔偿责任的履行

人们在日常生产活动和社会活动中不可能完全排除民事侵权而发生的民事赔偿责任或民事索赔事件。具有民事赔偿责任的单位或个人可以通过缴纳保险费的办法将此风险转嫁给保险公司,有助于维护被侵权人的合法权益,使其顺利获得民事赔偿。有些民事赔偿责任由政府采取立法的形式强制实施,如机动车第三者责任险等。

2. 保险的宏观作用

保险的宏观作用是指保险对全社会和整个国民经济产生的影响和效果。

1) 有利于社会再生产的顺利进行

保险最基本的职能是进行风险损失补偿,当一家企业因发生保险事故而使生产受到影响时,通过保险可以及时获得经济补偿,以最快的速度恢复生产。在现代经济社会中,各生产部门之间保持着精确、合理的规模比例,各经济主体之间存在着千丝万缕的联系,一家企业能否稳定生产不仅对其自身至关重要，而且对与之有密切经济联系的其他企业也有非常大的影响，从而也能够使其对别的企业的影响降到最低点。

2）有利于社会的稳定

自然灾害和意外事故可能给人类带来突然的财产损失和人员伤亡。突如其来的灾害事故完全有可能使企业生产和人民生活陷入困境，给社会带来许多不安定因素。但是，有了保险保障，情况就会发生根本变化。保险人是专门承担风险和处理风险的部门，保险人与被保险人在经济上有着共同的利益。因此，保险人对保险财产和人身安全有着不容推卸的防灾减损义务。保险人在大量日常业务赔案处理中掌握了许多资料和防灾减损经验，并能拨出相当一部分资金增强防灾减损的能力，采取切实措施降低灾害事故发生的可能性和破坏性。保险金赔偿能在最短的时间里帮助企业恢复生产，帮助居民重建家园，解除人们在经济上的各种后顾之忧，这能从根本上稳定企业、稳定家庭，消除一些社会不安定因素。

3）有利于推动社会经济交往

现代社会的经济交往主要表现为商品的买卖和资金的借贷，商品可分为有形商品和无形商品。不论是商品买卖还是资金借贷，都涉及一个关键问题——信用。作为经济社会中的个体而言，企业或个人掌握的信息都是不完全的，不可能深入了解每一个与之联系的经济主体，那么是否与其进行经济交往就取决于对方的信用度，显然信用越好，交往的可能性就越大。保险作为经济补偿制度，在一定程度上消除了经济主体对信用的考虑，客观上起到了提高信用的作用。例如，出口信用保险中，出口商如果因进口商违约而遭受损失，保险公司将负担债权损失的经济补偿责任。又如，保证保险中，资金借贷对信用的要求最为严格，使得债权人可以较为放心地把资金借给他人，因为他的利益有保障。

4）有利于科学技术的推广应用

当今科学技术对经济发展的促进作用体现得越来越明显，科技进步逐渐成为经济发展最主要的推动力。采用新技术可以提高企业的劳动生产率，使产品升级换代，扩大市场份额，企业发展的一个趋势就是把新产品的开发研究摆在最重要的位置上。但新技术的开发往往面临着较大的投资风险，面向高新技术的风险投资，其成功率约为1/3。保险会给企业带来保障，促使企业开发新技术、新产品，推动科技的发展，促进经济发展。

5）有利于增加外汇收入，增强国际支付能力

保险在对外贸易和国际经济交往中是必不可少的环节。在当今国际贸易中，进出口贸易都必须办理保险，保险费、商品的成本价和运费是国际贸易商品价格的三个主要组成部分。一国出口商品时争取采用到岸价格，即由己方负责保险，则可增加保险外汇收入；进口商品时争取采用离岸价格，即由对方负责保险，则可减少保险外汇支出。此外，当一国进入世界保险市场参与再保险业务时，应保持保险外汇收支平衡，力争保险外汇顺差。保险外汇收入是一种无形贸易收入，对于增强国家的国际收支能力起着积极作用，历来为世界各国所重视。

6）有利于社会文明的发展

保险是一种社会互助共济形式。参加保险，一方面可以转移风险，把可能发生的风险转移给保险人；另一方面，也帮助了别人。因为参加保险的绝大多数人是为了获得保障，不是为了赔款。在"一人为众，众为一人"的早期保险思想里就体现了互助共济的原则。保险确立的是一种人与人之间互相关心、互相帮助的关系和精神，有利于社会文明的发展。

本章小结

保险的一般概念可概括为：保险是集合具有同类风险的众多单位或个人，以合理计算分担金的形式，实现对少数成员因约定风险事故所致经济损失或由此而引起的经济需要进行补偿或给付的行为。现代各国学者大都从经济与法律两个角度对保险进行解释。

保险的特点包括经济性、商品性、互助性、契约性和科学性。

保险按照不同的标准可分成不同的类型：以保险的性质为标准，保险可分为商业保险、社会保险和政策保险；以保险标的为标准，保险可分为财产保险、责任保险、信用保险和人身保险；以保险实施方式为标准，保险可分为强制保险和自愿保险；按风险转移层次划分，保险可分为原保险、共同保险、重复保险和再保险；以投保单位为标准，保险可分为团体保险与个人保险；以保险价值确定方式为标准，保险可分为定值保险与不定值保险；以保额与保险价值之间的关系为标准，保险可分为足额保险、不足额保险和超额保险。

保险的要素有：可保风险的存在；多数人同质风险的集中与分散；保险费率的厘定；保险基金的建立；保险合同的订立。

保险的对象主要是两类标的物。一是物质标的物，其承保对象是被保险人享有绝对的所有权与支配权的物质标的物的经济价值。物质标的物有两种存在形态，即有形标的物和无形标的物。二是人身标的物，其承保对象就是被保险人的生命和身体机能。

保险与其他类似制度及行为，如社会保险、救济、储蓄和赌博等之间既有相似之处，又有区别。

保险的职能分为基本职能和派生职能。基本职能包括分摊损失和补偿损失；保险的派生职能包括资金融通职能和社会管理职能。

保险的作用可从微观作用和宏观作用两个方面来分析。微观作用主要体现在：有利于受灾企业及时恢复生产；有助于企业加强风险管理；有助于安定人民生活；有助于均衡个人财务收支；有助于民事赔偿责任的履行。宏观作用主要体现在：有利于社会再生产的顺利进行；有利于社会的稳定；有利于推动社会经济交往；有利于科学技术的推广应用；有利于增加外汇收入，增强国际支付能力；有利于社会文明的发展。

复习思考题

1. 比较保险与社会保险。
2. 怎样理解保险的概念与特点？
3. 保险包括哪些要素？
4. 简述保险的基本职能和派生职能。
5. 阐述保险在微观经济中的作用。
6. 阐述保险在宏观经济中的作用。

第 3 章 保险合同

学习目标

理解保险合同的特征；了解保险合同的种类；掌握保险合同的形式；掌握保险合同的主体、客体和内容；明确保险合同的当事人和关系人；区分保险合同的成立与生效、有效与无效、中止与复效；了解投保人和保险人应履行的义务；了解保险合同变更的内容；理解保险合同的解除方式、终止的原因和解释的原则；了解保险合同争议的处理方式。

3.1 保险合同概述

3.1.1 保险合同的概念

合同又称为契约，是指平等主体的当事人为了实现一定的目的，以双方或多方意思表示一致设立、变更和终止权利义务关系的协议。

我国《保险法》第十条规定："保险合同是投保人与保险人约定保险权利义务关系的协议。"

保险合同的当事人是投保人和保险人，保险合同的内容是保险双方的权利义务关系。根据保险合同的约定，收取保险费是保险人的基本权利，赔偿或给付保险金是保险人的基本义务。与此相对应，缴纳保险费是投保人的基本义务，请求赔偿或给付保险金是被保险人的基本权利。

保险合同属于民商合同的一种，其设立、变更或终止是具有保险内容的民事法律关系。因此，保险合同不仅适用于保险法，也适用于合同法和民法通则等。

3.1.2 保险合同的特征

保险合同作为一种特殊的民商合同，除具有一般合同的法律特征外，还具有一些特有的法律特征。

1. 保险合同是有偿合同

有偿合同是指因为享有一定的权利而必须偿付一定对价的合同。保险合同以投保人支付保险费作为对价换取保险人对风险的保障。投保人与保险人的对价是相互的，投保人的对价是向保险人支付保险费，保险人的对价是承担投保人转移的风险。

2. 保险合同是双务合同

双务合同是指合同双方当事人相互享有权利、承担义务的合同。保险合同的被保险人在保险事故发生时,依据保险合同享有请求保险人支付保险金或补偿损失的权利,投保人则具有支付保险费的义务;保险人应享有收取保险费的权利,具有承担约定事故发生时给付保险金或补偿被保险人损失的义务。

3. 保险合同是最大诚信合同

任何合同的订立和履行都应当遵守诚实信用的原则。但是,由于保险双方信息的不对称性,保险合同对诚信的要求远远高于其他合同。因为保险标的在投保前或投保后均在投保人的控制之下,而保险人通常只是根据投保人的告知来决定是否承保及承保的条件。此外,投保人对保险标的的过去情况、未来的事项也要向保险人作出保证。所以,投保人的道德因素和信用状况对保险经营来说关系极大。另一方面,保险经营的复杂性和技术性使得保险人在保险关系中处于有利地位,而投保人处于不利地位。这就要求保险人在订立保险合同时,应向投保人说明保险合同的内容,在约定的保险事故发生时,履行赔偿或给付保险金的义务等。所以,保险合同较一般合同对当事人的诚实信用的要求更为严格,故称为最大诚信合同。

4. 保险合同是射幸合同

射幸合同是合同的效果在订约时不能确定的合同,即合同当事人一方并不必然履行给付义务,而只有当合同中约定的条件具备或合同约定的事件发生时才履行。保险合同是一种典型的射幸合同。投保人根据保险合同支付保险费的义务是确定的,而保险人仅在保险事故发生时,承担赔偿或给付义务,即保险人的义务是否履行在保险合同订立时尚不确定,而是取决于偶然的、不确定的保险事故是否发生。但是,保险合同的射幸性是就单个保险合同而言的,而且也是仅就有形保障而言的。

5. 保险合同是附和合同

附和合同又称依附合同,是指其内容不是由当事人双方共同协商拟订,而是由一方当事人事先拟就,另一方当事人只是作出是否同意的意思表示的一种合同。保险合同可以采用保险协议书、保险单或保险凭证的形式订立。在采用保险单和保险凭证形式时,保险条款已由保险人事先拟订,当事人双方的权利义务已规定在保险条款中,投保人一般只是作出是否同意的意思表示。投保人可以与保险人协商,增加特别约定条款,或对保险责任进行限制或扩展,但一般不能改变保险条款的基本结构和内容。

6. 保险合同是保障性合同

保险合同的保障性主要表现在:保险合同双方当事人一经达成协议,则自保险合同约定生效时起到终止时的整个期间,被保险人的经济利益受到保险人的保障。这种保障包括有形和无形两种形式。有形保障体现在物质方面,即保险标的一旦发生保险事故,保险人就按照保险合同规定的责任范围给予一定金额的经济赔偿或给付;无形保障则体现在精神方面,即保障人对所有被保险人提供的心理上的安全感,使他们能够解除后顾之忧。

3.1.3 保险合同的种类

1. 单一风险保险合同、综合风险保险合同与一切险合同

按照合同承担风险责任的方式分类,保险合同可分为单一风险保险合同、综合风险保险合同与一切险合同。

① 单一风险保险合同是指只承保一种风险责任的保险合同。如农作物雹灾保险合同，只对于冰雹造成的农作物损失负责赔偿。

② 综合风险保险合同是指承保两种以上的多种特定风险责任的保险合同。这种保险合同必须把承保的风险责任——列举，只要损失是由所保风险造成的，保险人就负责赔偿。

③ 一切险合同是指保险人承保的风险是合同中列明的除外不保风险之外的一切风险的保险合同。由此可见，一切险合同并非意味着保险人承保一切风险，即保险人承保的风险仍然是有限制的，只不过这种限制采用的是列明除外不保风险的方式。在一切险合同中，保险人并不列举规定承保的具体风险，而是以"责任免除"条款确定其不承保的风险。也就是说，凡未列入责任免除条款中的风险均属于保险人承保的范围。

2. 定值保险合同与不定值保险合同

在各类财产保险中，按照保险标的价值在订立合同时是否确定将保险合同分为定值保险合同与不定值保险合同。

① 定值保险合同是指在订立保险合同时，投保人和保险人即已确定保险标的的保险价值，并将其载明于合同中的保险合同。定值保险合同成立后，一旦发生保险事故，就应以事先确定的保险价值作为保险人确定赔偿金数额的计算依据。如果保险事故造成保险标的全部损失，无论该保险标的实际损失如何，保险人均应支付合同所约定的保险金额的全部，不必对保险标的重新估价；如果保险事故仅造成保险标的部分损失，则只需要确定损失的比例。该比例与保险价值的乘积，即为保险人应支付的赔偿金额，同样无须重新对保险标的实际损失的价值进行估量。在保险实务中，定值保险合同多适用于以某些不易确定价值的财产，如以字画、古玩等为保险标的的财产保险合同。在国际保险市场上，由于运输货物的市场价格在起运地、中途和目的地都不相同，为保障被保险人的实际利益，避免赔款时由于市价差额而带来的纠纷，习惯上也采用定值保险合同；船舶保险亦然。

② 不定值保险合同是指投保人和保险人在订立保险合同时不预先确定保险标的的保险价值，仅载明保险金额作为保险事故发生后赔偿最高限额的保险合同。在不定值保险合同条件下，一旦发生保险事故，保险人需估算保险标的的实际价值，并以此作为保险人确定赔偿金数额的计算依据。通常情况下，受损保险标的的实际价值以保险事故发生时当地同类财产的市场价格来确定，但保险人对保险标的所遭受损失的赔偿不得超过合同所约定的保险金额。如果实际损失大于保险金额，保险人的赔偿责任仅以保险金额为限；如果实际损失小于保险金额，则保险人仅赔偿实际损失。大多数财产保险业务均采用不定值保险合同的形式。

3. 补偿性保险合同与给付性保险合同

按照合同的性质分类，保险合同可以分为补偿性保险合同与给付性保险合同。

① 补偿性保险合同是指保险人的责任以补偿被保险人的经济损失为限，并不得超过保险金额的合同。各类财产保险合同及人身保险中健康保险合同的疾病津贴和医疗费用合同都属于补偿性保险合同。

② 给付性保险合同是指保险金额由双方事先约定，在保险事件发生或约定的期限届满时，保险人按合同规定标准金额给付的合同。各类寿险合同属于给付性保险合同。因为人的生命和身体是无价的，保险金额只能根据被保险人的实际需要和缴付保险费的能力来确定，发生保险事故时，保险人以保险金额作为给付金额。

4. 个别保险合同与集合保险合同

根据保险标的的不同情况，保险合同可以分为个别保险合同与集合保险合同。

① 个别保险合同是以一人或一物为保险标的的保险合同。

② 集合保险合同是以多数人或多数物为保险标的的保险合同，又称为团体保险合同。

5. 特定保险合同与总括保险合同

按保险标的是否为特定物或是否属于特定范围，保险合同可分为特定保险合同和总括保险合同。

① 特定保险合同是以特定物为保险标的的合同。

② 总括保险合同是以可以变动的多数人或物为保险标的的合同。

6. 足额保险合同、不足额保险合同和超额保险合同

在不定值保险合同中，按照保险金额与保险标的实际价值的对比关系划分，保险合同可分为足额保险合同、不足额保险合同和超额保险合同。

① 足额保险合同又称全额保险合同，是指保险金额与保险标的实际价值相等的保险合同。在这种情况下，被保险人既可获得充分的经济保障，也不会多支付保险费。在保险事故发生时，如果保险标的全部损失，保险人按保险金额全部赔偿；如果保险标的部分损失，保险人按实际损失赔偿。

② 不足额保险合同又称低额保险合同，是指保险金额小于保险标的实际价值的保险合同。这种情况的出现有三种原因：一是保险人的规定，借以促使被保险人注意防范风险；二是被保险人的自愿，借以节省保险费；三是投保财产价值的上涨，而使投保财产的实际价值高于保险金额。在不足额保险合同中，保险人的赔偿方式有两种：比例赔偿方式和第一风险赔偿方式。前者是按保险金额与保险标的实际价值的比例计算赔偿；后者则不考虑保险金额与保险标的实际价值的比例，在保险金额限度内，按照实际损失赔偿。

③ 超额保险合同又称为溢额保险合同，是指保险金额高于保险标的实际价值的保险合同。我国《保险法》第五十五条第三款的规定："保险金额不得超过保险价值。超过保险价值的，超过的部分无效，保险人应当退还相应的保险费。"

3.1.4 保险合同的形式

对保险合同应采取何种形式这一问题，我国《保险法》并未做出直接规定，既没有明确规定必须采取书面形式，也没有禁止口头形式。在保险实务中，为了便于当事人双方履行合同，特别是在保险事故或事件发生后，能够为被保险人、受益人索赔和为保险人承担保险责任提供法律依据，避免日后发生纠纷，也为了便于举证，如无特殊情况，保险合同通常采用书面形式。书面形式的保险合同包括保险单、保险凭证和暂保单等。

1) 保险单

保险单也称要保书或称"大保单"，是指保险合同成立后，保险人向投保人（被保险人）签发的正式书面凭证。保险单由保险人制作，经签章后交付给投保人。根据《保险法》第十三条的规定，保险合同成立后，保险人应当及时向投保人签发保险单或其他保险凭证，保险单或其他保险凭证应载明合同内容。保险单具有证明保险合同的成立、确立保险合同内容、明确当事人双方履行保险合同的依据及保险证券等作用。

2）保险凭证

保险凭证也称"小保单"，是指保险人向投保人签发的证明保险合同已经成立的书面凭证，是一种简化了的保险单。保险凭证的法律效力与保险单相同，只是内容较为简单，实践中只在少数几种保险业务，如货物运输保险、汽车险及第三者责任保险中使用。另外，在团体保险中也使用保险凭证，即在主保险单之外，对参加团体保险的个人再分别签发保险凭证。

3）暂保单

暂保单也称临时保险单，是指由保险人在签发正式保险单之前出立的临时保险凭证。暂保单的内容比较简单，一般只载明被保险人、保险标的、保险金额、保险险种等重要事项，以及保险单以外的特别保险条件。有关保险双方当事人的权利和义务，都以保险单的规定为准。暂保单的有效期一般为30天。

出立暂保单并不是订立保险合同的必经程序，通常在以下四种情况下才会存在。

① 保险代理人在招揽到保险业务但还未向保险人办妥正式保险单时，可先出立暂保单，作为保险合同成立的证明。

② 保险公司的分支机构在接受投保人的要约后，尚需获得上级保险公司或者保险总公司的批准，在未获得批准前，可先出立暂保单，证明保险合同的成立。

③ 保险人和投保人在洽谈或续订保险合同时，订约双方当事人已就主要条款达成协议，但还有些需要进一步商讨，在没有完全谈妥之前，先出立暂保单，作为合同成立的证明。

④ 出口贸易结汇时，保险单是必备的文件之一，在保险人尚未出具保险单或保险凭证之前，先出立暂保单，以证明出口货物已经办理保险。暂保单是结汇凭证之一。

4）投保单

投保单也称要保书，是指投保人向保险人申请订立保险合同的书面要约。投保单一般由保险人按照事先统一格式印制，通常为表格形式。投保单所列项目因险种不同而有所区别，投保人应按照表格所列项目逐一填写并回答保险人提出的有关保险标的的情况和事实。投保单一经保险人接受并签章，即成为保险合同的组成部分。

5）批单

批单也称背书，是指保险双方当事人协商修改和变更保险单内容的一种单证，也是保险合同变更时最常用的书面单证。批单实际上是对已签订的保险合同进行修改、补充或增减内容的批注，一般由保险人出具。批单列明变更条款内容事项，须由保险人签章，一般附贴在原保险单或保险凭证上。批单的法律效力优于原保险单的同类款目。凡经批单改过的内容均以批单为准；多次批改，应以最后批改为准。批单也是保险合同的重要组成部分。

6）其他书面形式

除了以上印刷的书面形式外，保险合同也可以采取其他书面协议形式，如保险协议书、电报、电传等形式。《保险法》第十三条规定："当事人也可以约定采用其他书面形式载明合同内容。"

保险协议书也是重要的书面形式。当保险标的较为特殊或投保人的要求较为特殊，不能采用标准化的保险单或保险凭证时，可以采用保险协议书的形式。保险协议书是投保人与保险人经协商一致后共同拟定的书面协议，当事人的权利义务在协议书中载明，并由当事人双方盖章或签字。

上述保险合同的书面形式只是保险合同最重要的组成部分，而不是保险合同的全部。在订立和履行保险合同过程中形成的所有文件和书面材料都是保险合同的组成部分，不仅包括保险单、保险凭证等，而且还包括投保单，投保人的说明、保证，关于保险标的风险程度的证明、图表、鉴定报告（如人身保险中被保险人的体检报告），保险费收据，变更保险合同的申请，发生保险事故的通知、索赔申请、损失清单、损失鉴定等，都可以作为保险合同关系的证明。

3.2 保险合同的要素

3.2.1 保险合同的主体

保险合同的主体包括保险合同的当事人、保险合同的关系人和保险合同的辅助人。保险合同的当事人是指订立并履行合同的自然人、法人或其他组织，他们在合同关系中享有权利并承担相应的义务。当投保人与被保险人为同一人时，保险人、投保人（被保险人）是保险合同的当事人；受益人是保险合同的关系人。当投保人与被保险人不是同一人时，投保人是保险合同的当事人，而被保险人是保险合同的关系人。

1. 保险合同的当事人

1）保险人

保险人是指与投保人订立保险合同，并承担赔偿或给付保险金责任的保险公司。按照我国《保险法》的规定，它必须符合如下条件。

① 保险人要具备法定资格。具体内容包括：保险人必须是依照法定条件和程序设立的保险公司，要接受保险监督管理机构的监管；保险公司的组织形式有国有独资公司和股份有限公司两种形式；保险公司要分业经营，在保险监督管理机构批准的范围内开展保险业务。

② 保险人须以自己的名义订立保险合同。保险公司只有以自己的名义与投保人订立保险合同后，才能成为保险合同的保险人。

③ 保险人须依照保险合同承担保险责任。订立保险合同的目的在于使保险人在合同约定的保险期间内，对于发生的保险事故或事件，承担赔偿或给付保险金的责任。按照保险合同的约定承担保险责任，是保险人最主要、最基本的合同义务。

2）投保人

投保人是指与保险人订立保险合同，并按照保险合同负有支付保险费义务的人。投保人并不以自然人为限，法人和其他组织也可以成为投保人。投保人必须具备以下几个条件。

① 投保人须具有民事权利能力和民事行为能力。民事权利能力是指由法律赋予的享有民事权利、承担民事义务的资格，它是自然人、法人及其他组织参加民事法律关系，取得民事权利、承担民事义务的法律依据，也是自然人、法人及其他组织享有民事主体资格的标志。民事行为能力是指能够以自己的行为行使民事权利和设定民事义务，并且能够对自己的

违法行为承担民事责任，从而使民事法律关系发生、变更或消灭的一种资格。

② 投保人须对保险标的具有保险利益。我国《保险法》第十二条规定："人身保险的投保人在保险合同订立时，对被保险人应当具有保险利益。财产保险的被保险人在保险事故发生时，对保险标的应当具有保险利益。"这样规定的目的在于：一是为了防范投保人利用保险合同进行投机、赌博等违法活动，以减少道德风险的发生概率；二是为了限制赔偿额度，保证保险业健康发展；三是为了维护国家利益、社会公共道德和保险人合法权益，达到保护被保险人合法权益的目的。

③ 投保人须与保险人订立保险合同并按约定交付保险费。

2. 保险合同的关系人

1）被保险人

被保险人是指其财产或者人身受保险合同保障，享有保险金请求权的人。投保人可以为被保险人。当投保人为自己利益投保时，投保人、被保险人为同一人。当投保人为他人利益投保时，须遵守以下规定：被保险人应是投保人在保险合同中指定的人；投保人要征得被保险人同意；投保人不得为无民事行为能力人投保以死亡为给付保险金条件的人身保险。但父母为未成年子女投保的人身保险不受此限制，只是死亡给付保险金额总和不得超过保险监督管理机构规定的限额。被保险人的成立应具备以下条件。

① 被保险人必须是财产或人身受保险合同保障的人。在财产保险合同中，当发生保险事故致使被保财产遭受损失后，被保险人可依照保险合同获得补偿；在人身保险合同中，当被保险人死亡、伤残、疾病或达到约定年龄、期限时，保险人要根据保险合同赔偿或给付保险金。

② 被保险人必须享有保险金请求权。保险金请求权的享有以保险合同的订立为前提，其行使则以保险事故或事件的发生为条件。在财产保险合同中，保险事故发生后，未造成被保险人死亡的，保险金请求权由被保险人本人行使；造成被保险人死亡的，保险金请求权由其继承人依继承法继承。在人身保险合同中，保险事故或事件发生后，被保险人仍然生存的，保险金请求权由被保险人本人行使；被保险人死亡的，保险金请求权由被保险人或者投保人指定的受益人行使；未指定受益人的，保险金请求权由被保险人的继承人行使。

2）受益人

受益人是保险合同的重要关系人之一。我国《保险法》第十八条规定："受益人是指人身保险合同中由被保险人或者投保人指定的享有保险金请求权的人。投保人、被保险人可以为受益人。"受益人的成立应具备以下条件。

① 受益人须经被保险人或投保人指定。受益人可以是自然人，也可以是法人。受益人如果不是被保险人、投保人，则多为与其有利害关系的自然人。胎儿也可以为受益人，但须以出生时存活为必要条件。

人身保险合同中因投保人订立合同的目的不同，合同约定的受益人也有所不同：投保人以自己的生命、身体为他人利益订立保险合同的，投保人是被保险人，受益人是其指定的人；投保人以自己的生命、身体为自己利益而订立保险合同的，投保人既是被保险人，也是受益人；投保人以他人的生命、身体为他人利益而订立保险合同的，受益人经被保险人同意后，可以是第三人；投保人以他人的生命、身体为自己利益而订立保险合同的，经被保险人同意后，投保人是受益人。投保人指定或变更受益人时，须经被保险人同意。受益人可以是被保险人或投保人指定的一人或数人。被保险人为无民事行为能力人或者限制民事行为能力人的，可以由其监护人指定受益人。

② 受益人必须是具有保险金请求权的人。保险金请求权是受益人依照保险合同享有的基本权利。当被保险人与受益人不是同一人时，保险事故或事件发生后，如果被保险人死亡，则受益人能够从保险人处获得保险金。人身保险合同中被指定的受益人是一人时，保险金请求权由该人行使，并获得全部保险金。受益人是数人的，保险金请求权由该数人行使，其受益顺序和受益份额由被保险人或投保人确定；未确定的，受益人按照相等份额享有受益权。

受益人的保险金请求权来自人身保险合同的规定，故受益人获得的保险金不属于被保险人的遗产，既不纳入遗产分配，也不用于清偿被保险人生前债务。但是，《保险法》第四十二条规定："被保险人死亡后，遇下列情形之一的，保险金作为被保险人的遗产，由保险人依照《中华人民共和国继承法》的规定履行给付保险金的义务：（一）没有指定受益人，或者受益人指定不明确无法确定的；（二）受益人先于被保险人死亡，没有其他受益人的；（三）受益人依法丧失受益权或者放弃受益权，没有其他受益人的。"

3. 保险合同的辅助人

保险合同的辅助人又称中介人，是指在保险合同的订立、履行过程中起辅助作用的人，包括保险代理人、保险经纪人和保险公估人。

1）保险代理人

保险代理人是指保险人的代理人，根据与保险人签订的代理合同，在授权范围内代表保险人办理保险业务，帮助保险人招揽客户，如签订保险合同、解决保险合同争议、代理理赔检验工作等，保险人则以手续费或佣金的形式给予保险代理人一定的劳务报酬。保险代理人在授权范围内，以被代理人的名义，独立实施一切法律行为，其后果由被代理人即保险人承担。但代理人不得滥用代理权，不得超出代理人的权限范围。若因代理人的越权行为造成的损失后果，代理人应对保险人承担赔偿责任。

各国法律对取得保险代理人资格和代理人的业务范围都有所规定。我国保险法规规定，保险代理人包括专业代理人、兼业代理人和个人代理人三类。专业代理人是指专门从事保险代理业务的保险代理公司，业务范围比较广泛，包括代理销售保险单、代理收取保险费、进行保险和风险管理咨询服务、代理保险人进行损失查勘和理赔等业务。兼业代理人是指受保险人委托，在从事自身业务的同时，指定专人为保险人代办保险业务的单位，其业务只限于代理销售保险单和代理收取保险费。个人代理人是指根据保险人委托，向保险人收取代理手续费，并在保险人授权范围内代为办理保险业务的人，主要是指营销员。保险代理人应当具备保险监管部门规定的资格条件，代理机构应取得其颁发的经营保险代理业务许可证，向工商行政管理机关办理登记，领取营业执照，并缴存保证金或投保职业责任保险。

2）保险经纪人

保险经纪人是指基于投保人的利益，为其提供投保、缴费、索赔等中介服务，并向承保的保险人收取佣金的单位。

保险经纪人与保险代理人不同，他是基于投保人的利益，向保险人或其代理人洽定保险合同，但保险经纪人并不代订保险合同，仍需投保人自己订立，除非得到投保人的特别委托。但经纪人的洽定必须基于投保人的利益，故必须在最优惠的条件下订立保险合同。而在订立合同之后，经纪人的佣金则由保险人支付。

保险经纪人同样也要具备一定的资格条件。我国保险法规规定，保险经纪人应当具备保险监管部门规定的资格条件，并取得其颁发的经营保险经纪业务许可证，向工商行政管理机关办理登记，领取营业执照，并缴存保证金或投保职业责任保险。因保险经纪人在办理保险业务中的过失给投保人或被保险人造成损失的，则由保险经纪人承担赔偿责任。

3) 保险公估人

保险公估人是指经保险当事人委托，为其办理保险标的的查勘、鉴定、估价和保险赔偿的清算洽谈等业务并予以证明的人。保险公估人可以接受保险人的委托，也可以接受投保人或被保险人的委托，并向委托人收取公估费用。

保险公估人接受当事人委托后，独立执行业务。在保险业发达的国家和地区，保险公估人因其能合理地维护当事人各方的利益，因此对维护保险业健康发展具有重要作用。保险公估人除了应精通保险资产评估等专业知识外，还必须具有良好的职业道德，以保持良好的职业形象。随着我国保险市场的发展，保险公估人及其业务也将得到发展。

3.2.2 保险合同的客体

客体是指在民事法律关系中主体享有权利和履行义务时共同的指向。客体在一般合同中称标的，即物、行为、智力成果等。保险合同虽属民事法律关系范畴，但它的客体不是保险标的本身，而是投保人对保险标的所具有的法律上承认的利益，即保险利益。

首先，根据我国保险法规规定，投保人必须凭借保险利益投保，而保险人必须凭借投保人对保险标的的保险利益才可以接受投保人的投保申请，并以保险利益作为保险金额的确定依据和赔偿依据。其次，保险合同不能保障保险标的的不受损失，而只能是保障投保人的利益不变。最后，保险合同成立后，因某种原因保险利益消失，保险合同也随之失效。所以，保险利益是保险合同的客体，是保险合同成立的要素之一，如果缺少了这一要素，保险合同就不能成立。

保险标的是保险利益的载体。保险标的是投保人申请投保的财产及其有关利益或者人的寿命和身体，是确定保险合同关系和保险责任的依据。在不同的保险合同中，保险人对保险标的的范围都有明确规定，即哪些可以承保，哪些不予承保，哪些在一定条件下可以特约承保等。因为，不同的保险标的能体现不同的保险利益。而且，保险合同双方当事人订约的目的是为了实现保险保障，合同双方当事人共同关心的也是基于保险标的的保险利益。所以，在保险合同中，客体是保险利益，而保险标的则是保险利益的载体。

3.2.3 保险合同的内容

1. 保险合同内容的构成

狭义保险合同仅指保险合同当事人依法约定的权利和义务。广义保险合同则是指以双方权利义务为核心的保险合同的全部记载事项。这里介绍的是广义的保险合同内容。从保险法律关系的要素上看，保险合同由以下几部分构成。

① 主体部分。包括保险人、投保人、被保险人、受益人及其住所。

② 权利义务部分。包括保险责任和责任免除、保险费及其支付办法、保险金赔偿或给

付办法、保险期间和保险责任的开始、违约责任等。

③ 客体部分。保险合同的客体是保险利益,财产保险合同表现为保险价值和保险金额;人身保险合同表现为保险金额。

④ 其他声明事项部分。包括其他法定应记载事项和当事人约定事项,前者指除上述事项外的法定应记载事项,如争议处理、订约日期等;后者指投保人和保险人在法定事项之外约定的其他事项。

保险合同的内容由基本条款和特约条款构成。基本条款由保险法以列举方式直接规定,是保险合同必不可少的法定条款,由保险人拟定;特约条款是保险法所列举条款以外的条款,特约条款由双方共同拟定。两种条款都具有法律效力,其区别仅在于:前者是根据《保险法》必须约定的条款;后者则是双方当事人根据实际需要,可约定可不约定的条款。

2. 保险合同的基本条款

① 保险人的名称和住所。保险人专指保险公司,其名称须与保险监督管理机构和工商行政管理机关批准及登记的名称一致。保险人的住所即保险公司或其分支机构的主营业场所所在地。

② 投保人、被保险人、受益人的姓名或者名称、住所。将保险人、投保人、被保险人和受益人的名称和住所作为保险合同基本条款的法律意义是:明确保险合同的当事人、关系人,确定合同权利义务的享有者和承担者;明确保险合同的履行地点,确定合同纠纷诉讼管辖。

③ 保险标的。保险标的是指作为保险对象的财产及其有关利益或者人的生命和身体,它是保险利益的载体。保险标的如为财产及其有关利益,则应包括该标的的具体坐落地点,有的还包括利益关系;保险标的如为人的生命和身体,还应包括被保险人的性别、年龄,有的还包括被保险人的职业、健康状况,视具体险种而定。将保险标的作为保险合同基本条款的法律意义是:确定保险合同的种类,明确保险人承担责任的范围及《保险法》规定的适用性;判断投保人是否具有保险利益及是否存在道德风险;确定保险价值及赔偿数额;确定诉讼管辖等。

④ 保险责任和责任免除。保险责任是指保险合同约定的保险事故或事件发生后,保险人所应承担的保险金赔偿或给付责任。其法律意义在于确定保险人承担风险责任的范围。责任免除是指保险人依照法律规定或合同约定,不承担保险责任的范围,是对保险责任的限制。责任免除条款的内容应以列举方式规定。其法律意义在于进一步明确保险责任的范围,避免保险人过度承担责任,以维护公平和最大诚信原则。

⑤ 保险期间和保险责任开始时间。保险期间是指保险人为被保险人提供保险保障的起止日期,即保险合同的有效期间。保险期间可以按年、月、日计算,也可按一个运程期、一个工程期或一个生长期计算。保险责任开始时间即保险人开始承担保险责任的时间,通常以年、月、日、时表示。《保险法》第十四条规定:"保险合同成立后,投保人按照约定交付保险费,保险人按照约定的时间开始承担保险责任。"根据此条规定,保险责任开始的时间应由双方在保险合同中约定。我国保险实务中以约定起保日的零点为保险责任开始时间,以合同期满日的 24 点为保险责任终止时间。

⑥ 保险价值。保险价值是指保险标的的实际价值,即投保人对保险标的所享有的保险

利益的货币估价额。保险价值的确定主要有三种方法：一是由当事人双方在保险合同中约定，当保险事故发生后，无须再对保险标的估价，就可直接根据合同约定的保险标的价值额计算损失；二是按事故发生后保险标的的市场价格确定，即保险标的的价值额随市场价格变动，保险人的赔偿金额不超过保险标的在保险事故发生时的市场价格；三是依据法律具体规定确定保险价值。

⑦ 保险金额。保险金额是指保险人承担赔偿或者给付保险金的最高限额。在定值保险中，保险金额为双方约定的保险标的的价值。在不定值保险中，保险金额可以按下述方法确定：一是由投保人按保险标的的实际价值确定；二是根据投保人投保时保险标的的账面价值确定。无论在定值保险中还是在不定值保险中，保险金额都不得超过保险价值，超过的部分无效。保险金额在财产保险合同中根据保险价值计算，以保险标的的实际价值为限，可以小于保险价值。在人身保险中，保险金额由双方当事人自行约定。

⑧ 保险费及其支付办法。保险费是指投保人为取得保险保障，按合同约定向保险人支付的费用。保险费是保险基金的来源。缴纳保险费是投保人应履行的基本义务，其多少取决于保险金额的大小、保险期限的长短和保险费率的高低等。在我国，根据《保险法》第一百三十五条的规定："关系社会公众利益的保险险种、依法实行强制保险的险种和新开发的人寿保险险种等的保险条款和保险费率，应当报国务院保险监督管理机构审批。国务院保险监督管理机构审批时，应当遵循保护社会公众利益和防止不正当竞争的原则。其他保险险种的保险条款和保险费率，应当报保险监督管理机构备案。""保险条款和保险费率审批、备案的具体办法，由国务院保险监督管理机构依照前款规定制定。"

⑨ 保险金赔偿或给付办法。保险金赔偿或给付办法是指保险人承担保险责任的具体方法，由保险合同当事人在合同中依法约定。投保人订立保险合同的目的在于保险事故或事件发生后，保险人能按合同约定的方式、数额或标准，通过赔偿或给付保险金来承担保险责任，因此，保险金的赔偿或给付办法是保险人在保险合同中承担的一项基本义务。保险金的赔偿或给付办法：在财产保险合同中按规定的方式计算赔偿金额，在人身保险合同中保险金额按规定定额给付。

⑩ 违约责任和争议处理。违约责任指保险合同当事人因其过错不履行或不完全履行合同约定的义务所应承担的法律后果。保险合同关系到当事人的利益，任何一方的违约均可能给对方造成损失，因此，在保险合同中必须明确违约责任，以防范违约行为的发生。应在保险合同中明确承担违约责任的方式，主要是支付违约金或支付赔偿金。

争议处理是指保险合同发生争议后的解决方式，包括协商、仲裁和诉讼。具体使用何种方式可由当事人双方在合同中事先约定或在争议发生后协商确定；如事先无任何约定（尤其是未约定采用仲裁方式），一方当事人也可在争议发生后直接向法院提起诉讼。

3. 保险合同的特约条款

保险合同除了基本条款以外，当事人还可根据特殊需要约定其他条款。为区别于基本条款，这类条款称为特约条款。广义的特约条款包括附加条款和保证条款两种类型；狭义上仅指保证条款。

① 附加条款。附加条款是指保险合同当事人在基本条款的基础上，另行约定的补充条款。附加条款一般采取在保险单空白处批注或在保险单上用附贴批单的方式使之成为保险合同的一部分。附加条款是对基本条款的修改或变更，其效力优于基本条款。

② 保证条款。保证条款是指投保人或被保险人就特定事项担保的条款，即保证某种行为或事实的真实性的条款。例如，人身保险合同的投保人保证其申报的被保险人的年龄真实。保证条款一般由法律规定或同业协会制定，是投保人或被保险人必须遵守的条款，如有违反，保险人有权解除合同或拒绝赔偿。

3.3 保险合同的订立、效力和履行

3.3.1 保险合同的订立

1. 保险合同订立的概念

保险合同的订立是指投保人与保险人之间基于意思一致而进行的法律行为。《保险法》第十三条规定："投保人提出保险要求，经保险人同意承保，保险合同成立。"因此，保险合同的成立，须经过投保人提出保险要求和保险人同意承保两个阶段，也就是合同实践中的要约和承诺阶段，通常是由投保人提出投保申请书，保险人同意后签发保险单或其他保险凭证。

2. 保险合同订立的程序

保险合同的订立与其他民事合同的订立程序一样，需经过要约与承诺两个阶段，又称投保和承保。

1. 要约

要约又称"订约提议"，它是指一方当事人以订立合同为目的而向另一方当事人做出的意思表示。一个有效的要约应具备四个条件：① 要约须有订立合同的明确意思表示；② 要约须向特定的人发出；③ 要约须有要约人对合同主要内容的完整的意思表示；④ 要约应当明确要求另一方做出答复的期限。

保险合同的要约即填写投保单。投保单是投保人向保险人申请订立保险合同的书面要约。或者说，保险合同的要约，就是投保人提出投保要求，填写并向保险人提交投保单。很显然，保险合同的要约与其他商事合同的要约在形式上不同。在保险合同的实际订立中，往往是保险人把承保危险规范化，订立统一的承保条件和保险费率标准，制定包括投保单、暂保单和保险单等在内的有统一格式和内容的保险合同有关文书，投保人提出投保要求往往需要填写保险人事先印制好的投保单。投保人填写了保险单并将其送交保险人，才是具有法律效力的要约行为。

2. 承诺

承诺，又称"接受订约提议"，是承诺人向要约人表示同意与其缔结合同的意思表示。做出承诺的人称为承诺人或受要约人。承诺满足下列条件时有效：① 承诺必须由受要约人本人或订立合同的代理权人向要约人做出；② 承诺不能附带任何条件，即内容和要约完全一致；③ 承诺须在要约的有效期内做出；④ 承诺须以要约要求的形式予以承诺。

保险合同的承诺也叫承保，通常由保险人或其代理人做出。保险人在收到投保单后，经

逐项审核，认为符合保险条件从而接受投保人投保的意思表示就是承保，或者说是保险合同中受要约人的承诺。它在形式上表现为向要约人签发保险单或其他保险凭证。我国《保险法》第十三条规定："投保人提出保险要求，经保险人同意承保，保险合同成立。保险人应当及时向投保人签发保险单或其他保险凭证。"

实践中，推定保险人已经承诺的情况有三种：一是保险人在投保单上签字盖章；二是保险人向投保人出具保险费收据表示同意；三是法律上承认的能够表示同意的其他书面形式，如书信等。在上述情况下，保险合同的成立就不以保险人出具的保险单为要件，而是以保险合同当事人协商一致的书面承诺为依据。

3.3.2 保险合同的效力

1. 保险合同的成立与生效

保险合同的成立是指投保人与保险人就保险合同条款达成协议。保险合同的生效是指保险合同对当事人双方发生约束力，即合同条款产生法律效力。

一般来说，合同成立即生效。但是，保险合同较为特殊，通常以缴纳保险费为合同生效的条件；同时，还约定在合同成立后的一定条件下或某一时间才开始生效。在我国保险实务中，普遍实行了"零点起保"的规定。

保险合同成立后，尚未生效前，发生保险事故的，保险人不承担保险责任；保险合同生效后，发生保险事故的，保险人则应按合同约定承担保险责任。当然，投保人与保险人也可在保险合同中约定，保险合同一经成立就发生法律效力。此时，保险合同成立即生效。

2. 保险合同的有效与无效

1）保险合同的有效

保险合同的有效是指保险合同由当事人双方依法订立，并受国家法律保护。保险合同有效与保险合同生效在保险业务中有所不同。保险合同具备民事法律规定的民事法律有效要件，就可以认定其有效。保险合同的生效则要求合同所附条件成立，如缴纳保险费或满足其他约定条件。因此，保险合同有效是保险合同生效的前提条件。保险合同有效，只要所附条件成立，保险合同就生效；保险合同无效，即使所附条件成立，保险合同也不生效。

保险合同有效应具备下列条件：

① 主体合格。即订立合同的双方当事人符合法律规定的条件。具体说，保险人必须是依法能够从事保险业务的机构，投保人必须具有民事行为能力，并对保险标的具有保险利益。

② 主体合意。合同当事人的意思表示一致、真实，没有瑕疵。订立保险合同，必须遵循公平、自愿的原则，必须坚持当事人意思保持一致的订立合同的基本原则。

③ 内容合法。保险合同所列的各项条款符合法律规定，与国家利益和社会公共利益保持一致。只有内容合法的保险合同，才受国家法律的保护，才能达到保险当事人签订保险合同所要达到的预期目的。

④ 客体合法。保险合同利益是法律承认的、受法律保护的利益，投保人或被保险人对保险标的必须具有保险利益，这样订立的保险合同才具有法律约束力。

⑤ 形式合法。保险合同订立采用的形式符合法律规定，即应当采用书面形式或口头形式。我国保险相关法律规定，保险合同必须采用书面的形式。

2) 保险合同的无效

(1) 无效保险合同的概念及种类

无效保险合同是指当事人虽然订立，但不发生法律效力、国家不予保护的保险合同。

按照无效的程度，保险合同的无效可分为全部无效和部分无效。保险合同全部无效是指因违反国家禁止性规定而被确认无效后，不得继续履行的保险合同。如投保人对保险标的不具有保险利益的保险合同、违反国家利益和社会公共利益的保险合同、保险标的不合法的保险合同等。保险合同部分无效是指保险合同某些条款的内容无效，但合同的其他部分仍然有效。如善意的超额保险，超额部分无效。

按照无效的性质，保险合同的无效可分为绝对无效和相对无效。保险合同绝对无效是指保险合同自订立起就不发生法律效力，如行为人不合格、采取欺诈胁迫等手段订立的合同、违反法律或行政法规的合同等。而依照我国《民法通则》及《合同法》的相关规定，重大误解和显失公平的保险合同则是相对无效的保险合同，其特点在于：① 须经利害关系人提出；② 合同被撤销后，自始无效；③ 须由人民法院或仲裁机关认定。

(2) 无效保险合同的确认

无效保险合同的确认权归人民法院和仲裁机关。根据我国有关法律、行政法规和司法解释，应从下述几方面确认合同无效。① 保险合同的当事人不具有行为能力，即投保人、保险人不符合法定资格。如投保人为无行为能力人的投保、保险人超越法定的经营范围而从事无权经营的保险业务等。② 保险合同的内容不合法，即保险合同的条款内容违反国家法律、行政法规。如投保人对保险标的无保险利益、违背法律的合同等。③ 保险合同的当事人意思表示不真实，即保险合同不能反映当事人的真实意志。如采取欺诈胁迫等手段订立的合同、有重大误解的合同、无效代理的合同等。④ 保险合同违反国家利益和社会公共利益。如为违禁品提供保险、为违法行为提供保险等。⑤ 未成年人父母以外的投保人，为无民事行为能力人订立的以死亡为保险金给付条件的保险合同。⑥ 以死亡为给付保险金条件的保险合同，未经被保险人同意并认可保险金额的，合同无效。

(3) 无效保险合同的处理

无效保险合同的处理方式有以下几种。① 返还财产。保险合同被确认无效后，因其自始无效，当事人双方应将合同恢复到履行之前的状态，即保险人应将收取的保险费退还投保人；发生保险金额赔偿或给付的，被保险人应将该项金额返还保险人。② 赔偿损失。无效保险合同给当事人造成损失的，应按照过错责任，由过错的一方赔偿；如是双方过错，则相互赔偿。

3. 保险合同的中止与复效

1) 保险合同中止

人寿保险合同中止是指在保险合同存续期间，由于某种原因的发生而使保险合同的效力暂时失效的现象。保险合同的中止在人寿保险合同中最常见。

人寿保险合同大多期限较长，由几年至几十年不等，故其保险费的缴付大都是分期的。如果投保人在约定的保险费缴付时间内没有按时缴付，且在宽限期内（一般为30天或60天）仍未缴付，则保险合同中止。我国《保险法》第三十六条规定："合同约定分期支付保险费，投保人支付首期保险费后，除合同另有约定外，投保人自保险人催告之日起超过三十日未支付当期保险费，或者超过约定的期限六十日未支付当期保险费的，合同效力中止，或者由保险人按照合同约定的条件减少保险金额。"在保险合同中止期间发生的保险事故，保险人不承担赔偿或给付保险金的责任。分红保险将被停止计息。

2）保险合同的复效

复效是指人身保险合同效力中止日开始二年内投保人可以向保险人申请恢复效力。对此各国保险法均规定，被中止的保险合同可以在合同中止后的二年内申请复效。一般而言，合同复效的前提条件应该满足：合同效力中止但尚未撤销；被保险人要重新体检、提供健康声明、保险人重新核保；投保人补交保费及利息。满足复效条件复效后的保险合同与原保险合同具有同样的效力，可以继续履行。

中止期超过二年的保险合同投保人不提出复效申请，或保险人不能接受已发生变化的保险标的（如被保险人在合同中止期间患有保险人不能按条件承保的疾病），或其他原因而被解除，保险合同关系将被终止。

3.3.3 保险合同的履行

保险合同的履行是指保险合同当事人双方依法全面完成合同约定义务的行为。

1. 投保人义务的履行

1）如实告知

如实告知是指投保人在订立保险合同时将保险标的重要事实，以口头或书面形式向保险人作真实陈述。所谓保险标的重要事实，是指对保险人决定是否承保及影响保险费率的事实。如实告知是投保人必须履行的基本义务，也是保险人实现其权利的必要条件。我国《保险法》实行"询问告知"的原则，即投保人对保险人询问的问题必须如实告知，而对询问以外的问题，投保人没有义务告知；保险人没有询问到的问题，投保人不告知不构成对告知义务的违反。

2）交付保险费

交付保险费是投保人最基本的义务，通常也是保险合同生效的必要条件。我国《保险法》第十四条规定："保险合同成立后，投保人按照约定交付保险费，保险人按照约定的时间开始承担保险责任。"

3）维护保险标的的安全

保险合同订立后，财产保险合同的投保人、被保险人应当遵守国家有关消防、安全、生产操作、劳动保护等方面的规定，维护保险标的的安全。保险人有权对保险标的的安全工作进行检查，经被保险人同意，可以对保险标的采取安全防范措施。投保人、被保险人未按约定维护保险标的安全的，保险人有权要求增加保险费或解除保险合同。

4）风险增加通知

按照权利义务对等和公平原则，被保险人在保险标的风险程度增加时，应及时通知保险人，保险人则可以根据保险标的风险增加的程度决定是否提高保险费和是否继续承保。被保险人未履行风险增加通知义务的，保险标的因风险程度增加而发生的保险事故，保险人不负赔偿责任。

5）保险事故发生通知

《保险法》第二十一条规定："投保人、被保险人或者受益人知道保险事故发生后，应当及时通知保险人。"规定此义务的目的在于：① 使保险人得以迅速调查事实真相，不致因拖延时日而使证据灭失，影响责任的确定；② 便于保险人及时采取措施，协助被保险人抢救被保险财产，处理保险事故，使损失不致扩大；③ 使保险人有准备赔偿或给付保险金的必要时间。同时，履行保险事故发生通知义务，是被保险人或受益人获得保险赔偿或给付的必要程序。保险事故发生后的通知可以采取书面或口头形式，法律要求采取书面形式的应当采取书面形式。

6) 财产保险的出险施救

《保险法》第五十七条第一款规定："保险事故发生时，被保险人有责任尽力采取必要的措施，防止或者减少损失。"为鼓励投保人、被保险人积极履行施救义务，第二款规定："保险事故发生后，被保险人为防止或者减少保险标的的损失所支付的必要的、合理的费用，由保险人承担；保险人所承担的费用数额在保险标的损失赔偿金额以外另行计算，最高不超过保险金额的数额。"

7) 提供索赔证明和资料

《保险法》第二十二条规定："保险事故发生后，按照保险合同请求保险人赔偿或给付保险金时，投保人、被保险人或者受益人应当向保险人提供其所能提供的与确认保险事故的性质、原因、损失程度等有关的证明和资料。"

8) 协助追偿

在财产保险中，因第三人行为造成保险事故的，保险人在向被保险人履行赔偿保险金后，享有代位求偿权，即保险人有权以被保险人名义向有责任的第三人索赔。《保险法》第六十三条规定："保险人向第三者行使代位请求赔偿的权利时，被保险人应当向保险人提供必要的文件和所知道的有关情况。"《保险法》第六十一条第三款还规定："被保险人故意或者因重大过失致使保险人不能行使代位请求赔偿的权利时，保险人可以扣减或者要求返还相应的保险金。"

2. 保险人义务的履行

1) 条款说明

《保险法》第十六条第一款规定："订立保险合同，保险人就保险标的或者被保险人的有关情况提出询问，投保人应当如实告知。"保险人承担条款说明义务的原因是：保险人因从事保险业经营而熟悉保险业务，精通保险合同条款；保险合同条款大都由保险人拟订，而投保人则常常受到专业知识的限制，对保险业务和保险合同条款不够熟悉，加之对合同条款内容的理解亦可能存在偏差、误解，均可能导致被保险人、受益人担心在保险事故或事件发生后，得不到预期的保险保障。

《保险法》第十七条第二款规定："对保险合同中免除保险人责任的条款，保险人在订立保险合同时应当在投保单、保险单或其他保险凭证上作出足以引起投保人注意的提示，并对该条款的内容以书面或者口头形式向投保人作出明确说明；未作提示或者明确说明的，该条款不产生效力。"由于免责条款是当事人双方约定的免除保险人责任的条款，直接影响投保人、被保险人或者受益人的利益，被保险人、受益人可能因免责条款而在保险事故或事件发生后得不到预期的保险保障。因此，为避免被保险人、受益人在保险合同生效后，因免责条款而与保险人引起不必要的冲突，保险人在订立保险合同时，必须就免责条款向投保人作明确说明。否则，该免责条款不发生法律效力。

2) 承担保险赔偿（给付）的义务

承担保险赔偿（给付）的义务是保险人依照法律规定和合同约定所应承担的最重要、最基本的义务。

(1) 保险人承担保险赔偿（给付）的义务的范围

包括保险金、施救费、争议处理费用、检验费用等。

(2) 承担保险赔偿（给付）义务的时限

① 保险人在收到被保险人或者受益人的赔偿或者给付保险金的请求后，应当及时作出核定，对于属于保险责任的，在与被保险人或者受益人达成有关赔偿或者给付保险金额的协议后10日内，履行赔偿或者给付保险金义务。

② 保险合同对保险金额及赔付期限有约定的，保险人应依照合同的约定，履行赔偿或者给付保险金义务。

③ 保险人对其赔偿或者给付赔偿金的数额不能确定的，保险人自收到赔偿或者给付保险金的请求和有关证明、资料之日起60日内，确定最低数额先予支付；待赔偿或者给付保险金的最终数额确定后，支付相应差额。

(3) 遵守索赔时效

《保险法》第二十六条规定："人寿保险的被保险人或者受益人向保险人请求给付保险金的诉讼时效期间为二年，自其知道或者应当知道保险事故发生之日起计算。"

人寿保险以外的其他保险的索赔时效。被保险人或者受益人对保险人请求保险金赔偿或给付的权利，自其知道保险事故发生之日起两年不行使则自动消灭。

3) 及时签发保险单证

《保险法》第十三条规定，保险合同成立后，"保险人应当及时向投保人签发保险单或者其他保险凭证。保险单或者其他保险凭证应当载明当事人双方约定的合同内容"。保险合同成立后，及时签发保险单证是保险人的法定义务。保险单证即保险单或者其他保险凭证是保险合同成立的证明，也是履行保险合同的依据。

4) 为投保人、被保险人或再保险分出人保密

保险人或者再保险接受人在办理保险业务或再保险业务中，对投保人、被保险人、受益人或者再保险分出人的业务和财产情况及个人隐私，负有保密的义务。

3.4 保险合同的变更、解除与终止

3.4.1 保险合同的变更

保险合同的变更是指在保险合同的有效期内，当事人依法对合同条款所做的修改或补充。合同的变更有狭义和广义之分，前者是指当事人双方权利、义务的变更；后者不仅包括权利、义务的变更，而且包括主体和客体的变更。

1. 保险合同的主体变更

保险合同的主体变更是指保险合同的当事人或关系人的变更，即保险合同的转让。保险合同的主体变更有两个基本特征：一是不改变合同的权利义务和客体；二是合同主体变更的

对象主要是投保人、被保险人或者受益人。

1）财产保险合同的主体变更

财产保险合同的主体变更即财产保险合同的投保人、被保险人变更。主要有下述几种。

① 保险标的所有权、经营权发生转移。由买卖、赠与、继承等民事法律行为所引起的保险标的所有权的转移；保险标的是国有财产的，其经营权或法人财产权的转移等，均可导致保险合同主体的变更。

② 保险标的用益权的变动。用益权是指对他人财产的使用和收益的权利。保险标的的承包人、租赁人因承包、租赁合同的订立、变更、终止，致使保险标的使用权或收益权发生变更，从而导致保险合同主体的变更。

③ 债务关系发生变化。在保险标的为担保物的情况下，主债权债务的设立、变更、终止也可导致保险合同主体的变更。例如，抵押权人为抵押物投保的，当债务人提前履行债务时，抵押权随主债务的消灭而消灭，抵押权人也就会因此对保险标的失去保险利益，进而导致保险合同主体的变更。

《保险法》第四十九条规定："保险标的转让的，被保险人或者受让人应当及时通知保险人，但货物运输保险合同和另有约定的合同除外。"

2）人身保险合同的主体变更

人身保险合同主体的变更，不以保险标的的转移为基础，而主要取决于投保人或被保险人的主观意愿。主要有下列情形。

① 投保人的变更须征得被保险人的同意并通知保险人，经保险人核准后方可变更。

② 被保险人的变更。被保险人与投保人是同一人时，投保人经保险人同意即可变更被保险人。

③ 受益人的变更。《保险法》第四十一条规定："被保险人或者投保人可以变更受益人并书面通知保险人。保险人收到变更受益人的书面通知后，应当在保险单或者其他保险凭证上批注或者附贴批单。"

2. 保险合同的客体变更

保险合同客体变更的原因主要是保险标的的价值增减变化，从而引起保险利益发生变化。保险合同客体的变更，通常是由投保人或被保险人提出，经保险人同意，加批后生效。保险人往往根据变更后的保险合同客体调整保险费率，从而导致保险合同权利义务的变更。

3. 保险合同的内容变更

保险合同的内容变更是指保险合同主体的权利和义务的变更。不包括保险合同主体，即保险人、投保人、被保险人或受益人的变更，也就是在保险合同当事人及关系人不变的情形下，变更合同条款。例如，财产保险合同中保险标的的价值、数量、存放地点、风险程度、保险期限等发生变化；人身保险合同中被保险人职业、保险金额、交费方法等发生变化。保险合同内容的变更一般由投保人提出。投保人变更保险合同的情形有两种。

1）投保人根据实际需要提出变更保险合同内容

例如，延长或缩短保险期限，增加或减少保险金额等。在这种情况下，保险合同内容的变更主要取决于投保人、被保险人的主观意志。

2）投保人根据法律规定提出变更保险合同内容

在保险合同的履行过程中，由于某些法定事由的出现，投保人必须根据法律规定及时通知保险人。在这种情况下,变更保险合同内容,不是取决于投保人的主观意志,而是取决于法律的规定。

《保险法》第二十条规定:"变更保险合同的,应当由保险人在保险单或其他保险凭证上批注或者附贴批单,或者由投保人和保险人订立变更的书面协议。"由此可见,保险合同变更的书面形式主要有:一是保险人在保险单或其他保险凭证上批注;二是保险人在原保险单或其他保险凭证上附贴批单;三是投保人与保险人订立变更保险合同的书面协议。其中批单是变更保险合同最常见的书面形式,须载明变更的条款内容,由保险人签章后附贴于原始保险单证上。

3.4.2 保险合同的解除

保险合同的解除是指在保险合同有效期内,当事人依法律规定或合同约定提前终止合同效力的一种法律行为。保险合同解除与保险合同变更的区别是:前者的目的在于终止权利义务关系,后者的目的在于修改权利义务关系,保险合同在修改后将继续履行。

保险合同的解除是一种法律行为,其形式有以下两种。

1. 法定解除

法定解除是法律赋予合同当事人的一种单方解除权。《保险法》第十五条规定:"除本法另有规定或者保险合同另有约定外,保险合同成立后,投保人可以解除保险合同。"法律之所以给投保人这样的权利,是因为投保人订立保险合同的目的是获得保险保障,但当主客观情况发生变化,投保人感到保险合同的履行已无必要时,则可以解除保险合同。不过,法律对此也有必要的限制:一是货物运输保险合同和运输工具航程保险合同,保险责任开始后,合同不得解除;二是当事人通过保险合同约定,对投保人的合同解除权作出限制的,投保人不得解除保险合同。

为了保护被保险人的利益,《保险法》第十五条对保险人解除合同权利进行了限定:"除本法另有规定或者保险合同另有约定外,保险合同成立后,保险人不得解除保险合同。"但是,依照《保险法》的有关规定,当发生以下事由时,保险人有权解除保险合同。

① 投保人故意或者因重大过失未履行如实告知义务,足以影响保险人决定是否同意承保或者提高保险费率的。

② 投保人、被保险人未履行维护保险标的的义务。

③ 被保险人未履行风险增加通知的义务。

④ 在人身保险合同中,投保人申报的被保险人的年龄不真实,并且其真实年龄不符合合同约定的年龄限制。此种情形下,保险人可以解除合同,并在扣除手续费后,向投保人退还保险费,但是自合同成立之日起逾两年的除外。

⑤ 分期支付保险费的人身保险合同,投保人在支付了首期保险费后,未按约定或法定期限支付当期保险费的,合同效力终止,合同效力终止后两年内双方未就恢复保险合同效力达成协议的,保险人有权解除保险合同。但是,人身保险合同的投保人缴足两年以上保险费的,保险人应当按照合同的约定向其他享有权利的受益人退还保险单的现金价值。

⑥ 被保险人或者受益人在未发生保险事故的情况下,谎称发生了保险事故,向保险人

提出索赔或者给付保险金请求的，保险人有权解除保险合同，并不退还保险费。

⑦ 投保人、被保险人或者受益人故意制造保险事故的，保险人有权解除保险合同，不承担赔偿或给付保险金的责任，并不退还保险费。但也有例外，对此，我国《保险法》第四十三条明确规定："投保人故意造成被保险人死亡、伤残或者疾病的，保险人不承担给付保险金的责任。投保人已交足二年以上保险费的，保险人应当按照合同约定向其他权利人退还保险单的现金价值。"

2. 协议解除

协议解除又称约定解除，是指当事人双方经协商同意解除保险合同的一种法律行为。由于保险合同的解除关系到双方的重大利益，故其约定解除事由应当以书面形式予以记载，解除协议时也应采取书面形式；保险合同的协议解除不得损害国家和社会公共利益。

保险合同的解除必然会产生一定的后果。保险合同解除的后果是指解除保险合同的行为对原保险合同权利义务的溯及力。《保险法》中有关保险合同解除不具有溯及力的规定如下：一是投保人故意不履行如实告知义务的，保险人不退还保险费；二是投保人、被保险人或受益人因欺诈行为而被解除保险合同的，保险人不退还保险费；三是投保人要求解除保险合同的，保险责任开始后，保险人收取的自合同生效至合同解除期间的保险费不予退还。

3.4.3 保险合同的终止

保险合同的终止是指某种法定或约定事由的出现，致使保险合同当事人双方的权利义务归于消灭。保险合同的终止，除因合同被解除外，还包括下述原因。

① 保险合同因期限届满而终止。保险合同终止的最常见、最普遍的原因，即保险合同期限届满。

② 保险合同因履行而终止。所谓保险合同因履行而终止，即在保险合同有效期间发生保险事故后，合同因保险人按约定履行了全部保险金赔偿或给付义务而消灭。

③ 财产保险合同因保险标的灭失而终止。所谓保险标的灭失，是指保险事故以外的原因造成的保险标的的灭失或丧失。如果保险标的非因保险事故而灭失，投保人就不再具有保险利益，保险合同也就因客体的消灭而终止。

④ 人身保险合同因被保险人的死亡而终止。人身保险合同以被保险人的生命或健康为保险标的，其保险利益是投保人对被保险人的生命或健康所具有的法律上承认的利益。被保险人如果非因保险事故或事件而死亡，投保人对该保险合同就不再具有保险利益，保险合同也就随之而灭失。

⑤ 财产保险合同因保险标的部分损失，保险人履行赔偿义务而终止。《保险法》第五十八条规定："保险标的发生部分损失的，自保险人赔偿之日起三十日内，投保人可以解除合同；除合同另有约定外，保险人也可以解除合同，但应当提前十五日通知投保人。"需注意的是，《保险法》第五十八条规定的保险合同解除，是合同的提前终止。

3.5 保险合同的解释与争议处理

3.5.1 保险合同的解释

保险合同的解释即指对保险合同条款的说明。在保险实务中由于各种复杂的原因常会导致保险合同当事人对合同条款内容有各不相同的解释，以致造成保险合同履行的困难。因此，确定保险合同的解释原则具有重要的意义。从解释合同的主体来看，保险合同既可以由当事人自行解释，也可以由仲裁机关或人民法院解释。但是，当事人的自行解释非经对方同意不发生法律效力；而仲裁机关或者人民法院的解释则具有法律效力。保险合同的解释一般要遵循以下原则。

1. 文义解释的原则

文义解释是指按照保险合同条款所使用文句的通常含义和保险法律、法规及保险习惯，并结合合同的整体内容对保险合同条款所作的解释，即从文义上对保险合同进行解释。我国保险合同的文义解释主要有两种情形。

① 保险合同一般文句的解释。对保险合同条款适用的一般文句通常应尽可能按文句公认的表面含义和其语法意义去解释。双方有争议的，以权威性工具书或专家的解释为准。

② 保险专业术语和法律专业术语的解释。对保险专业术语或其他法律术语，有立法解释的，以立法解释为准；没有立法解释的，以司法解释、行政解释为准；无上述解释的，亦可按行业习惯或保险业公认的含义解释。

2. 意图解释的原则

意图解释即按保险合同当事人订立保险合同的真实意思，对合同条款所作的解释。其具体做法是：书面约定与口头约定不一致时，以书面约定为准；保险单及其他保险凭证与投保单及其他合同文件不一致时，以保险单及其他保险凭证中载明的合同内容为准；特约条款与基本条款不一致时，以特约条款为准；保险合同的条款内容因记载方式记载先后不一致时，按照"批单优于正文、后批注优于先批注、手写优于打印、加贴批注优于正文批注"的规则解释，即以当事人手写的、后加的合同文句为准。其原因是保险合同的基本条款往往是事先印就的，要变更时通常只能采取手写或批单的方式。因此，手写的、后加的合同条款更能反映当事人的真实意图。

3. 专业解释的原则

专业解释是指对保险合同中使用的专业术语，应按照其所属专业的特定含义解释。在保险合同中除了保险术语、法律术语之外，还会出现某些其他专业术语。对于这些具有特定含义的专业术语，应按其所属行业或学科的技术标准或公认的定义来解释。

4. 有利于被保险人和受益人的原则

《保险法》第三十条规定："对合同的条款有两种以上解释的，人民法院或者仲裁机构应当作出有利于被保险人和受益人的解释。"按照国际惯例，对于单方面起草的合同进行解释时，应遵循有利于非起草人的解释原则。由于保险合同条款大多是由保险人拟订的，当保险条款出现含糊不清的意思时，应作有利于被保险人和受益人的解释。但这种解释应有一定的规则，不能随意使用。人民法院或仲裁机关在使用"有利于被保险人和受益人"的原则时要特别慎重，只有在顺次使用前述文义、意图和专业解释等原则后，保险合同条款仍含义不清的情形下才能使用这一原则。

此外，采用保险协议书形式订立保险合同时，由保险人与投保人共同拟订的保险条款，如果因含义不清而发生争议，并非保险人一方的过错，其不利后果不能仅由保险人一方承担。如果保险双方发生争议时一律作对被保险人有利的解释，显然是不公平的。

5. 批注优于正文、后批注优于先批注的解释原则

批注的解释原则是为了满足不同投保人的需要，有时保险人要在统一印制的保险单上加批注，或增减条款或进行修改。保险合同条款修订变更后，如果前后条款内容有矛盾或互相抵触，后加的批注、条款应当优于原有的条款。保险合同更改后应写明更改日期。如果由于未写明日期而使条款发生矛盾，手写的批注应当优于打印的批注，加贴的批注应当优于正文的批注。

6. 补充解释原则

补充解释原则是指当保险合同条款约定内容有遗漏或不完整时，借助商业习惯、国际惯例、公平原则等对保险合同的内容进行务实、合理的补充解释，以便合同的继续执行。

7. 遵循国际惯例的原则

保险业务有其特殊性，是一种专业性极强的业务。在长期的业务经营活动中，保险业产生了许多专业用语和行业习惯用语，这些用语的含义常常有别于一般的生活用语，并为世界各国保险经营者所接受和承认，成为国际保险市场上的通行用语。为此，在解释保险合同时，对某些条款所用词句，不仅要考虑该词句的一般含义，还要考虑其在保险合同中的特殊含义，即要遵循国际惯例的原则进行保险合同条款的解释。

3.5.2 保险合同的争议处理

保险合同争议是指在保险合同成立后，合同主体就保险合同内容及履行时的执行约定具体做法等方面产生不一致，甚至相反的理解而导致的意见分歧或纠纷。由于保险合同比较特殊，主体之间的争议不仅产生于投保人与保险人之间，有时还会产生于投保人与被保险人、被保险人与受益人及上述主体与第三人之间。争议所反映出的问题非常复杂，专业性很强。保险合同争议的处理方式一般有以下三种。

1. 协商

协商是指合同主体双方在自愿诚信的基础上，根据法律规定及合同约定，充分交换意见，相互切磋与理解，求大同存小异，对所争议的问题达成一致意见，自行解决争议的方式。这种方式不但能使矛盾迅速化解，而且还可以增进双方的进一步信任与合作，有利于合同的继续执行。争议双方经协商不能达成一致时，可以约定向仲裁机构提出仲裁，也可以依法向人民法院提起诉讼。

2. 调解

调解是指在第三人（一般是合同管理机关或法院）主持下，根据自愿、合法原则，在双方当事人明辨是非、分清责任的基础上，通过说服教育，促使双方互谅互让，达成和解协议，平息争端，以便合同得到履行的方法。

调解解决争议必须查清纠纷的事实，分清是非责任，这是达成合理的调解协议的前提。调解必须依照法律政策、遵循平等自愿原则。只有依法调解，才能保证调解工作的顺利进行。如果一方当事人不愿意调解，就不能进行调解。如调解不成立或调解后又反悔，可以申请仲裁或直接向法院起诉。

3. 仲裁

仲裁是指争议双方依仲裁协议，自愿将彼此间的争议交由双方共同信任、法律认可的仲裁机构的仲裁员居中调解，并作出裁决。仲裁裁决具有法律效力，当事人必须予以执行。

仲裁实行一裁终局的制度。裁决书自作出之日起发生法律效力，一方不履行仲裁裁决的，另一方当事人可以根据民事诉讼法的有关规定向人民法院申请执行仲裁裁决。当事人就同一纠纷不得向同一仲裁委员会或其他仲裁委员会再次申请仲裁，不得向人民法院提起诉讼，否则仲裁委员会和人民法院也不予受理。在仲裁裁决生效后6个月内，当事人提出符合法定撤销裁决书条件的证据的，可以向仲裁委员会所在地的中级人民法院申请撤销裁决。

应当注意的是，申请仲裁必须以双方在自愿基础上达成的仲裁协议为前提，没有达成仲裁协议或单方申请仲裁的，仲裁委员会将不予受理。协议应以书面形式订立，并应写明仲裁意愿、事项及双方所共同选定的仲裁委员会。协议可以是保险合同订立时订立的仲裁条款，也可以是在争议发生前或发生时及发生后达成的仲裁协议。订有仲裁协议的，一方向人民法院起诉，人民法院将不予受理。

保险合同中具有涉外因素的争议，如涉及对外贸易、涉外运输、海事纠纷等，应向中国国际商会组织设立的中国对外经济贸易仲裁委员会或海事仲裁委员会申请仲裁。

4. 诉讼

保险诉讼主要是指争议双方当事人通过国家审判机关——人民法院解决争端，进行裁决的办法。它是解决争议最激烈的方式。

人民法院在受理案件时，实行级别管辖和地域管辖、专属管辖和选择管辖相结合的方式。我国《民事诉讼法》第二十四条对保险合同纠纷的管辖法院作了明确的规定："因保险合同纠纷提起的诉讼，由被告住所地或者保险标的物所在地人民法院管辖。"最高人民法院《关于适用〈中华人民共和国民事诉讼法〉若干问题的意见》第25条规定："因保险合同纠纷提起的诉讼，如果保险标的物是运输工具或者运输中的货物，由被告住所地或者运输工具登记注册地、运输目的地、保险事故发生地的人民法院管辖。"从以上规定可以看出，只有上述有关法院有权审理保险合同纠纷。由于拥有管辖权的法院在两个以上，因此，保险合同的主体可以在以上所列有管辖权的人民法院范围内、在书面合同中选择管辖法院，一旦发生纠纷，应到合同中约定的管辖法院提起诉讼。

人民法院审理案件实行先调解后审判、两审终审制，如调解成功，要形成调解书，由审判人员和书记员签名并盖人民法院的印章。如调解不成功，人民法院依法判决，并作出判决书。不服一审法院判决的可以在法定的上诉期内上诉至高一级人民法院进行再审。二审判决为最终判决。当事人对已生效的调解书或判决书必须执行。一方不执行的，对方当事人有权向人民法院申请强制执行。对二审判决还不服的，只能通过申诉和抗诉程序，但不影响二审判决的执行。

本章小结

1. 保险合同是投保人和保险人约定保险权利和义务的协议。保险合同按照不同的标准可以划分成多种类型。保险合同的特征是有偿合同、双务合同、最大诚信合同、射幸合同、附合合同和保障性合同。保险合同的形式包括保险单、保险凭证、暂保单、投保单、批单,也可以采取其他书面协议形式,如保险协议书、电报、电传等形式。

2. 保险合同包括主体、客体和内容三个不可缺少的组成部分。保险合同的主体为保险合同的当事人、关系人和中介人;保险合同的客体为保险利益;保险合同的内容为保险双方当事人之间的权利义务关系,包括基本条款和特约条款。

3. 保险合同的订立是投保人与保险人之间基于意思一致而进行的法律行为。保险合同的订立要经过要约和承诺两个阶段。保险合同的效力包括成立与生效、有效与无效、中止与复效。保险合同的履行是指保险合同当事人双方依法全面完成合同约定义务的行为。它包括投保人义务的履行和保险人义务的履行两方面内容。

4. 保险合同的变更是指在保险合同的有效期内,当事人依法对合同条款所作的修改或补充。合同的变更有狭义和广义之分。广义的合同变更,即包括主体、客体和权利义务的变更。保险合同的解除是指在保险合同有效期内,当事人依法律规定或合同约定提前终止合同效力的一种法律行为。其形式有法定解除和协议解除两种。保险合同的终止是指某种法定或约定事由的出现,致使保险合同当事人双方的权利义务归于消灭。保险合同的终止,除因合同被解除外,还包括下述原因:保险合同因期限届满而终止;保险合同因履行而终止;财产保险合同因保险标的灭失而终止;人身保险合同因被保险人的死亡而终止;财产保险合同因保险标的部分损失,保险人履行赔偿义务而终止。

5. 保险合同的解释即指对保险合同条款的说明。保险合同的解释一般要遵循文义解释的原则、意图解释原则、专业解释的原则、有利于被保险人和受益人的原则、批注优于正文和后批优于先批的原则、补充解释原则以及遵循国际惯例原则。保险合同争议是指在保险合同成立后,合同主体就保险合同内容及履行时的执行约定具体做法等方面产生不一致,甚至相反的理解而导致的意见分歧或纠纷。合同争议的处理方式一般采取协商、调解、仲裁、诉讼等形式。

复习思考题

1. 简述保险合同的概念和特征。
2. 保险合同有哪些种类?
3. 简述保险合同的主体、客体和内容。
4. 试析保险合同的订立、效力和变更。
5. 保险合同包括哪些形式?

6. 保险合同的解除方式有哪些?
7. 有哪些原因导致保险合同终止?
8. 保险合同的解释应遵循哪些原则?
9. 保险双方当事人应如何处理争议?

第 4 章 保险的基本原则

学习目标

理解最大诚信原则及其存在的原因；掌握最大诚信原则的基本内容及违反的法律后果；理解和掌握保险利益及其成立的条件和意义；明确财产保险和人身保险的保险利益；了解识别近因的方法与责任的确定；理解损失补偿原则的意义实现方式及限制条件；明确重复保险及其分摊方法；理解保险代位原则的概念、权利代位和保险委付的条件。

4.1 最大诚信原则

4.1.1 最大诚信原则及其存在的原因

1. 最大诚信原则的含义

任何一项民事活动，各方当事人都应遵循诚信原则。诚信原则是世界各国立法对民事、商事活动的基本要求。我国《保险法》第五条规定："保险活动当事人行使权利、履行义务应当遵循诚实信用原则。"但是，在保险合同关系中对当事人诚信的要求比一般民事活动更严格，要求当事人具有"最大诚信"。保险合同是最大诚信合同。最大诚信的含义是指当事人真诚地向对方充分而准确地告知有关保险的所有重要事实，不允许存在任何虚伪、欺骗、隐瞒行为。而且不仅在保险合同订立时要遵守此项原则，在整个合同有效期间和履行合同过程中也都要求当事人具有"最大诚信"。

最大诚信原则的含义可表述为：保险合同当事人订立合同及在合同有效期内，应依法向对方提供足以影响对方作出订约与履约决定的全部实质性重要事实，同时绝对信守合同订立的约定与承诺。否则，受到损害的一方，按民事立法规定可以此为由宣布合同无效，或解除合同，或不履行合同约定的义务或责任，甚至还可对因此而受到的损害要求对方予以赔偿。

2. 规定最大诚信原则的原因

在保险活动中，之所以规定最大诚信原则，主要归因于保险经营中信息的不对称性和保险合同的特殊性。

1）保险经营中信息的不对称性

在保险经营中，无论是保险合同订立时还是保险合同成立后，投保人与保险人对有关保险的重要信息的拥有程度是不对称的。对于保险人而言,投保人转嫁的风险性质和大小直接决定着其能否承保与如何承保。然而,保险标的是广泛而复杂的,作为风险承担者的保险人却远离保险标的,并且有些标的难以进行实地查勘。而投保人对其保险标的的风险及有关情况却是最为清楚的,因此,保险人主要也只能根据投保人的告知与陈述来决定是否承保、如何承保及确定费率。这就使得投保人的告知与陈述是否属实和准确会直接影响保险人的决定。于是要求投保人基于最大诚信原则履行告知义务,尽量对保险标的的有关信息进行披露。对于投保人而言,由于保险合同条款的专业性与复杂性,一般的投保人难以理解与掌握,对保险人使用的保险费率是否合理、承保条件及赔偿方式是否苛刻等也是难以了解的,因此,投保人主要根据保险人为其提供的条款说明来决定是否投保及投保何险种。于是,也要求保险人基于最大诚信,履行应尽的各项义务。

2) 保险合同的附合性与射幸性

如前所述,保险合同属于典型的附合合同,所以,为避免保险人利用保险条款中含糊或容易使人产生误解的用词来逃避自己的责任,保险人应履行其对保险条款的告知与说明义务。另外,保险合同又是一种典型的射幸合同。按照保险合同约定,当未来保险事故发生时,由保险人承担损失赔偿或给付保险金责任。由于保险人所承保的保险标的的风险事故是不确定的,而投保人购买保险仅支付较少量的保费,保险标的一旦发生保险事故,被保险人所能获得的赔偿或给付将是保费支出的数十倍甚至数百倍或更多。因而,就单个保险合同而言,保险人承担的保险责任远远高于其所收取的保费,倘若投保人不诚实、不守信,必将引发大量保险事故,陡然增加保险赔款,使保险人不堪负担而无法永续经营,最终将严重损害广大投保人或被保险人的利益。因此,要求投保人基于最大诚信原则真诚履行告知与保证义务。

4.1.2 最大诚信原则的基本内容

最大诚信原则的基本内容包括告知、保证、弃权与禁止反言。早期的保险合同及有关法律规定中的告知与保证是对投保人与被保险人的约束,现代保险合同及有关法律规定中的告知与保证则是对投保人、保险人等保险合同关系人的共同约束。弃权与禁止反言的规定主要是约束保险人的。

1. 告知

从理论上讲,告知分为广义告知和狭义告知两种:广义的告知是指保险合同订立时,投保人必须就保险标的的风险状态等有关事项向保险人进行口头或书面陈述,以及合同订立后,标的的风险变更、增加或事故发生的通知;而狭义的告知仅指投保人对保险合同成立时保险标的的有关事项向保险人进行口头或书面陈述。事实上,在保险实务中所称的告知,一般是指狭义的告知,一般不包括保险合同订立后保险标的的风险变更、增加,或保险事故发生时的告知,这些内容的告知一般被称为通知。在此所述的告知仅指狭义的告知。

1) 告知的内容

在保险合同订立时,投保人应将那些足以影响保险人决定是否承保和确定费率的重要事实如实告知保险人。比如将人身保险中被保险人的年龄、性别、健康状况、既往病史、家族遗传史、职业、居住环境、嗜好等如实告知保险人;将财产保险中保险标的的价值、品质、风险状况等如实告知保险人。

要求保险人告知的内容主要有两方面：一方面，在保险合同订立时要主动向投保人说明保险合同条款内容，对于责任免除条款还要进行明确说明；另一方面，保险人对于不属于保险赔偿（给付）义务的索赔请求，应当向被保险人或者受益人发出拒绝赔偿或者拒绝给付保险金通知书来履行其告知义务。

2）告知的形式

从国际上来看，投保人告知的立法形式有两种，即无限告知和询问回答告知。

① 无限告知，又称客观告知，即法律或保险人对告知的内容没有明确规定，投保人须主动地将保险标的的状况及有关重要事实如实告知保险人。

② 询问回答告知，又称主观告知，指投保人只对保险人询问的问题如实告知，对询问以外的问题无须告知。早期保险活动中的告知形式主要是无限告知。随着保险技术水平的提高，目前世界上许多国家，包括我国在内的保险立法都是采用询问回答告知的形式。我国《保险法》第十六条规定："订立保险合同，保险人就保险标的或者被保险人的有关情况提出询问，投保人应当如实告知。"一般的操作方法是保险人将需要投保人告知的内容列在投保单上，要求投保人如实填写。

保险人的告知方式也可以分为两种，即明确列明与明确说明。

① 明确列明是指保险人只需将保险的主要内容明确列明在保险合同当中，即视为已告知投保人。

② 明确说明是指保险人不仅应将保险的主要内容列明在保险合同中，还需对投保人进行明确提示，并加以适当、正确的解释。通常在国际上只要求保险人做到明确列明保险的主要内容，而我国为了更好地保护被保险人的利益，要求保险人向投保人明确说明保险的主要条款和责任免除内容。

按照我国《合同法》第三十九条的规定，保险人在履行其订约阶段的告知义务时，应"采取合理的方式提请对方注意免除或者限制其责任的条款"，并"按照对方的要求，对该条款予以说明"。在保险实务中，保险人通常将免责条款用黑体印刷、使用不同字号、放置在显著位置、用彩图来表现，并要求投保人在投保单底部签字，以示投保人看过并同意等。根据我国《保险法》第二十四条的规定，保险人核定赔偿或给付金额时，"对不属于保险责任的，应当自作出核定之日起三日内向被保险人或者受益人发出拒绝赔偿或者拒绝给付保险金通知书，并说明理由"。

2. 保证

保证是最大诚信原则的另一项重要内容。所谓保证，是指保险人要求投保人或被保险人对某一事项的作为或不作为或对某种事态的存在或不存在作出许诺。保证是保险人签发保险单或承担保险义务，要求投保人或被保险人必须履行某种义务的条件，其目的在于控制风险，确保保险标的及其周围环境处于良好的状态中。保证的内容属于保险合同的重要条款之一。

1）根据保证事项是否已存在，可分为确认保证和承诺保证

① 确认保证。确认保证是指投保人或被保险人对过去或现在某一特定事实的存在或不存在的保证。确认保证是要求对过去或投保当时的事实作出如实的陈述，而不是对该事实以后的发展情况作出保证。例如，投保人身保险时，投保人保证被保险人在过去和投保当时健康状况良好，但不保证今后也一定如此。

② 承诺保证。承诺保证是指投保人对将来某一事项的作为或不作为的保证，即对该事项今后的发展作保证。例如，投保家庭财产保险时，投保人或被保险人保证不在家中放置风险物

品；投保家庭财产盗窃险，保证家中无人时，门窗一定要关好、上锁。这些都属于承诺保证。

2）根据保证存在的形式，可分为明示保证和默示保证

① 明示保证。明示保证是指以文字或书面形式载明于保险合同中成为约定的事项或是指保险合同的保证条款。例如，我国《机动车辆保险条款》规定，被保险人必须对保险车辆妥善保管、使用、保养，使之处于正常技术状态。即为明示保证。明示保证是保证的重要表现形式。

② 默示保证。默示保证一般是国际惯例所通行的准则，习惯上或社会公认的被保险人应在保险实践中遵守的规则，而不载明于保险合同中。默示保证的内容通常是以往法庭判决的结果，是保险实践经验的总结。默示保证在海上保险中运用比较多。如海上保险的默示保证有三项：一是保险的船舶必须有适航能力；二是要按预定的或习惯的航线航行；三是必须从事合法的运输业务。

默示保证与明示保证具有同等的法律效力，被保险人都必须严格遵守。保证与告知都是对投保人或被保险人诚信的要求，但两者还是有区别的。告知强调的是诚实，对有关保险标的的重要事实如实申报；而保证则强调守信，恪守诺言，言行一致，许诺的事项与事实一致。所以，保证对投保人或被保险人的要求比告知更为严格。此外，告知的目的在于使保险人能够正确估计其所承担的风险，而保证则在于控制风险。

3. 弃权与禁止反言

弃权是指保险人放弃其在保险合同中可以主张的某种权利；禁止反言是指保险人既已放弃某种权利，日后不得再向被保险人主张这种权利。值得注意的是，弃权与禁止反言在人寿保险中有特殊的时间规定，规定保险人只能在合同订立之后一定期限内（一般为两年）以被保险人告知不实或隐瞒为由解除合同，如果超过规定期限没有解除合同，则视为保险人已经放弃这一权利，不得再以此理由解除合同。

4.1.3 违反最大诚信原则的法律后果

1. 违反告知的法律后果

1）保险人违反告知义务的法律后果

在保险经营活动中，保险人违反说明义务的法律后果不尽相同，具体如下：

① 未尽责任免除条款明确说明义务的法律后果。如果保险人在订立合同时未履行责任免除条款的提示或明确说明义务，该责任免除条款无效。我国《保险法》第十七条规定："对保险合同中免除保险人责任的条款，保险人在订立合同时应当在投保单、保险单或者其他保险凭证上作出足以引起投保人注意的提示，并对该条款的内容以书面或者口头形式向投保人作出明确说明；未作提示或者明确说明的，该条款不产生效力。"

② 保险人违反限制性行为规定的法律后果。我国《保险法》第一百一十六条规定："保险公司及其工作人员在保险业务活动中不得有下列行为：（一）欺骗投保人、被保险人或者受益人；（二）对投保人隐瞒与保险合同有关的重要情况；（三）阻碍投保人履行本法规定的如实告知义务，或者诱导其不履行本法规定的如实告知义务；（四）给予或者承诺给予投保人、被保险人、受益人保险合同约定以外的保险费回扣或者其他利益；（五）拒不依法履行保险合同约定的赔偿或者给付保险金义务；（六）故意编造未曾发生的保险事故、虚构保险合同或者故意夸大已经发生的保险事故的损失程度进行虚假理赔，骗取保险金或者牟取其他

不正当利益；（七）挪用、截留、侵占保险费；（八）委托未取得合法资格的机构从事保险销售活动；（九）利用开展保险业务为其他机构或者个人牟取不正当利益；（十）利用保险代理人、保险经纪人或者保险评估机构，从事虚构保险中介业务或者编造退保等方式套取费用等违法活动；（十一）以捏造、散布虚假事实等方式损害竞争对手的商业信誉，或者以其他不正当竞争行为扰乱保险市场秩序；（十二）泄露在业务活动中知悉的投保人、被保险人的商业秘密；（十三）违反法律、行政法规和国务院保险监督管理机构规定的其他行为。"第一百六十一条规定："保险公司有本法第一百一十六条规定行为之一的，由保险监督管理机构责令改正，处以五万元以上三十万元以下的罚款。"

2）投保人违反告知义务的形式及其法律后果

投保人或被保险人违反告知的表现主要有四种：一是漏报，即投保人一方由于疏忽对某些事项未予申报，或者对重要事实误认为不重要而遗漏申报；二是误告，即投保人一方因过失而申报不实；三是隐瞒，即投保人一方明知而有意不申报重要事实；四是欺诈，即投保人一方有意捏造事实，弄虚作假，故意对重要事实不作正确申报并有欺诈意图。

各国法律对违反告知的处分原则是区别对待的。一是要区分其动机是无意还是有意，对有意的处分比无意的重；二是要区分其违反的事项是否属于重要事实，对重要事实的处分比非重要事实重。如我国《保险法》第十六条第一款规定："投保人故意或因重大过失未履行如实告知义务，足以影响保险人决定是否同意承保或者提高保险费率的，保险人有权解除保险合同。"第四款规定："投保人故意不履行如实告知义务的，保险人对于合同解除前发生的保险事故，不承担赔偿或者给付保险金的责任，并不退还保险费。"第五款规定："投保人因重大过失未履行如实告知义务，对保险事故的发生有严重影响的，保险人对于合同解除前发生的保险事故，不承担赔偿或者给付保险金的责任，但应当退还保险费。"

2. 投保人违反保证义务的法律后果

任何不遵守保证条款或保证约定、不信守合同约定的承诺或担保的行为，均属于破坏保证。保险合同涉及的所有保证内容都是重要的，无须权衡其重要性，投保人必须严格遵守，如有违反保证条款的行为发生，其后果一般有三种情况：一是保险人不承担赔偿或给付保险金的责任；二是保险人有权解除保险合同；三是保险人不退还保险费保费。

保证是对整个保险合同的保证。因此，如果投保人违反了保证条款且部分地损害了保险人的利益，保险人只应就违反保证条款义务的部分拒绝履行赔偿责任。也就是说，投保人何时、因何事项违反保证义务，保险人就从何时开始拒绝履行赔偿责任，并不需要完全解除保险合同。

4.2 保险利益原则

4.2.1 保险利益及其成立的条件

1. 保险利益与保险利益原则的含义

保险利益是指投保人或者被保险人对保险标的所具有的法律上承认的利益。它体现了投保人与保险标的之间存在的利害关系，倘若保险标的安全，投保人可以从中获益；倘若保险标的受损，投保人必然会蒙受经济损失。

保险利益原则是指在签订保险合同时或履行保险合同过程中，投保人或被保险人对保险标的必须具有保险利益的规定。我国《保险法》第十二条规定："人身保险的投保人在保险合同订立时，对被保险人应当具有保险利益。财产保险的被保险人在保险事故发生时，对保险标的应当具有保险利益。"一般来说，投保人对保险标的不具有保险利益，签订的保险合同无效；保险合同生效后，投保人或被保险人失去了对保险标的的保险利益，保险合同随之失效，但人身保险合同除外。

2. 保险利益成立的条件

1）保险利益应为合法的利益

投保人对保险标的所具有的利益要为法律所承认。只有在法律上可以主张的合法利益才能受到国家法律的保护，因此，保险利益必须是符合法律规定的、符合社会公共秩序的、为法律所认可并受到法律保护的利益。例如，在财产保险中，投保人对保险标的的所有权、占有权、使用权、收益权或对保险标的所承担的责任等，必须是依照法律、法规、有效合同等合法取得、合法享有、合法承担的利益，因违反法律规定或损害社会公共利益而产生的利益，不能作为保险利益。例如，因偷税漏税、盗窃、走私、贪污等非法行为所得的利益不得作为投保人的保险利益而投保，如果投保人为不受法律认可的利益投保，则保险合同无效。

2）保险利益应为经济利益

由于保险保障是通过货币形式的经济补偿或给付来实现的，如果投保人或被保险人的利益不能用货币反映，则保险人的承保和补偿就难以进行。因此，投保人对保险标的的保险利益在数量上应该可以用货币来计量，无法定量的利益不能成为可保利益。财产保险中，保险利益一般可以精确计算，对那些像纪念品、日记、账册等不能用货币计量价值的财产，虽然对投保人有利益，但一般不作为可保财产。由于人身无价，一般情况下，人身保险合同的保险利益有一定的特殊性，只要求投保人与被保险人具有利害关系，就认为投保人对被保险人具有保险利益；在个别情况下，人身保险的保险利益也可以计算和限定，如债权人对债务人生命的保险利益可以确定为债务的金额加上利息及保险费。

3）保险利益应为确定的利益

保险利益必须是一种确定的利益，是投保人对保险标的在客观上或事实上已经存在或可以确定的利益。这种利益是可以用货币形式估价的，而且是客观存在的利益，不是当事人主观臆断的利益。这种客观存在的确定利益包括现有利益和期待利益。现有利益是指在客观上或事实上已经存在的经济利益；期待利益是指在客观上或事实上尚未存在，但根据法律、法规、有效合同的约定等可以确定在将来某一时期内会产生的经济利益。在投保时，现有利益和期待利益均可作为确定保险金额的依据。但在受损索赔时，这一期待利益必须已成为现实利益才属索赔范围，保险人的赔偿或给付，以实际损失的保险利益为限。

4）保险利益应为具有利害关系的利益

投保人对保险标的必须具有利害关系。这里的利害关系是指保险标的的安全与损害直接关系到投保人的切身经济利益。而投保人与保险标的之间不存在利害关系是不能签订保险合同的。我国保险法规规定：在财产保险合同中，保险标的的毁损灭失直接影响投保人的经济利益，视为投保人对该保险标的具有保险利益；在人身保险合同中，投保人的近亲属，如配偶、子女、债务人等的生老病死,与投保人有一定的经济关系,视为投保人对这些人具有保险利益。

4.2.2 主要险种的保险利益

1. 财产保险的保险利益

财产保险的保险标的是财产及其有关利益,凡因财产及其有关利益受损而遭受损失的投保人,对其财产及有关利益具有保险利益。财产保险的保险利益来源于投保人对保险财产拥有的各种权利。财产保险的保险利益有下列情况。

① 财产所有人、经营管理人的保险利益。财产的所有权人、经营管理人,因其所有或经营管理的财产一旦损失就会给自己带来经济损失而对该财产具有保险利益,可以以该项财产投保。例如,房屋所有权人可以为其房屋投保家庭财产险;货物所有人可以为其货物投保运输保险;企业的经营者,可以为其经营的财产投保企业财产险。

② 抵押权人与质权人的保险利益。抵押与出质都是债权的一种担保,当债权不能获得清偿时,抵押权人或质权人有从抵押或出质的财产价值中优先受偿的权利。抵押权人与质权人因债权债务关系对财产具有经济上的利害关系,因而对抵押、出质的财产均具有保险利益。就银行抵押贷款的抵押品而言,在贷款未还清之前,抵押品的损失会使银行蒙受损失,银行对抵押品具有保险利益;在借款人还款后,银行对抵押品的抵押权消失,其保险利益也随之消失。

③ 负有经济责任的财产保管人、承租人等的保险利益。财产的保管人、承租人、承包人等,对他们所保管、使用的财产只要负有经济责任,就具有保险利益。

④ 合同双方当事人的保险利益。在合同关系中,一方当事人或双方当事人,只要合同标的的损失能给他们带来损失,他们对合同标的就具有保险利益。如在进出口贸易中,出口方或进口方对其贸易货物均具有投保货物运输保险的保险利益。

2. 人身保险的保险利益

人身保险的保险标的是人的生命或身体,虽然其价值难以用货币计量,但人身保险合同的签订同样要求投保人与保险标的之间具有利害关系。人身保险的保险利益取决于投保人与被保险人之间的关系。根据我国《保险法》的规定,人身保险的保险利益可分为五种情况。

① 本人对自己的生命和身体具有保险利益,可以作为投保人为自己投保。

② 投保人对配偶、子女、父母的生命和身体具有保险利益,可以作为投保人为他们投保。因为配偶之间、父母与子女之间具有法律规定的抚养或赡养责任,被保险人的死亡或伤残会造成投保人的经济损失,因而投保人对其配偶、父母、子女具有保险利益,可以作为投保人为他们投保。

③ 投保人对前项以外与投保人有抚养、赡养或者扶养关系的家庭其他成员、近亲属具有保险利益。因为与投保人有抚养、赡养或者扶养关系的家庭成员、近亲属的伤亡,可能会给投保人带来经济上的损失,因此,投保人对他们具有保险利益,可为他们投保。

④ 投保人对与其有劳动关系的劳动者具有保险利益。

⑤ 除前款规定外,被保险人同意投保人为其订立合同的,视为投保人对被保险人具有保险利益。

在国外,就判定投保人对他人的生命和身体是否具有保险利益方面,主要有两种观点。一是利害关系论。只要投保人对被保险人的存在具有精神和物质幸福,被保险人死亡或伤残会造成投保人痛苦和经济损失,有这种利害关系存在就具有保险利益。英美等国一般采用这种主张,如认为债权人对债务人具有保险利益,企业对其职工具有保险利益。二是同意或承认论。只要投保人征得被保险人同意或承认,就对其生命或身体具有投保人身保险的保险利益。德国、日本、瑞士等国采用了这种观点。从我国《保险法》的规定可以看出,我国对人身保险合同保险利益的确定方式采取了限制家庭成员关系范围并结合被保险人同意的方式。

3. 责任保险的保险利益

责任保险的保险标的是被保险人对第三者依法应负的赔偿责任,因承担经济赔偿责任而支付损害赔偿金和其他费用的人具有责任保险的保险利益。

责任保险的保险利益主要有三种情况。

① 各种固定场所的所有人或经营人,如饭店、商店、影剧院等,对其顾客、观众等人身伤害或财产损失,依法承担经济赔偿责任的,具有保险利益,可投保公众责任险。

② 各类专业人员,如医师、律师、设计师等,由于工作上的疏忽或过失致使他人遭受损害而依法承担经济赔偿责任的,具有保险利益,可投保职业责任险。

③ 制造商、销售商等,因商品质量或其他问题给消费者造成人身伤害或财产损失,依法承担经济赔偿责任的,具有保险利益,可投保产品责任险。

4. 信用保证保险的保险利益

在信用保证保险中,权利人与被保险人之间必须建立合同关系,他们之间存在着经济上的利害关系。债权人对债务人的信用具有保险利益,可以投保信用保险。债务人对自身的信用也具有保险利益,可以按照债权人的要求投保自身信用的保险,即保证保险。

4.2.3 保险利益的时效

订立和履行保险合同必须坚持保险利益原则,但在财产保险和人身保险中,保险利益的时效是有区别的。

1. 财产保险保险利益的时效规定

在财产保险中,一般要求从保险合同订立到合同终止,始终都应存在保险利益,如果投保时具有保险利益,发生损失时已丧失保险利益,则保险合同无效,被保险人无权获得赔偿。但为适应国际贸易的习惯,海洋运输货物保险的保险利益在时效上具有一定的灵活性,规定在投保时可以不具有保险利益,但索赔时被保险人对保险标的必须具有保险利益。

2. 人身保险保险利益的时效规定

在人身保险中,由于保险期限长并具有储蓄性,因而强调在订立保险合同时投保人必须具有保险利益,而索赔时不追究有无保险利益,即使投保人对被保险人因离异、雇佣合同解除或其他原因而丧失保险利益,并不影响保险合同效力,保险人仍负有向受益人给付保险金的责任。例如,某甲以自己为受益人为其丈夫某乙投保死亡保险,并征得某乙的同意,后双方离婚,被保险人未变更受益人,这样,在某乙因保险事故死亡后,某甲作为受益人并不因已丧失妻子的身份而丧失保险金的请求权。

4.2.4 保险利益原则存在的意义

保险利益原则规定,投保人对保险标的要具有法律上承认的利益,否则保险合同无效。

坚持保险利益原则的意义在于：

1. 避免赌博行为的发生

保险和赌博都具有射幸性，以与自己毫无利害关系的保险标的投保，投保人就可能因保险事故的发生，而获得高于所交保险费几十倍的额外收益，这种收益不是对损失的补偿，是以小的损失谋取较大经济利益的投机行为。保险利益原则规定，投保人的投保行为必须以保险利益为前提，一旦保险事故发生，投保人获得的就是对其实际损失的补偿或给付，这就把保险与赌博进行了本质上的区分。英国历史上曾出现过保险赌博。投保人以与自己毫无利害关系的远洋船舶为标的投保，一旦发生保险事故就可获得相当于投保价值千百倍的巨额赔款，于是人们就像在赛马场上下赌注一样买保险，这严重影响了社会安定，所以英国政府于18世纪通过立法禁止了这种行为，维护了正常的社会秩序，保证了保险事业的健康发展。

2. 防止道德风险的产生

投保人以与自己毫无利害关系的保险标的投保，就会出现投保人为了谋取保险赔偿而任意购买保险，并盼望事故发生的现象；或者保险事故发生后，不积极施救；更有甚者，为了获得巨额赔偿或给付，采用纵火、谋财害命等手段，制造保险事故，增加了道德风险事故的发生。在保险利益原则的规定下，由于投保人与保险标的之间存在利害关系的制约，投保的目的是为了获得一种经济保障，一般不会诱发道德风险。

3. 便于衡量损失，避免保险纠纷

保险合同保障的是被保险人的利益，补偿的是被保险人的经济利益损失，而保险利益以投保人对保险标的的现实利益及可以实现的预期利益为范围，因此，是保险人衡量损失及被保险人获得赔偿的依据。保险人的赔付金额不能超过保险利益，否则被保险人将因保险而获得超过其损失的经济利益，这既有悖于损失补偿原则，又容易诱发道德风险和赌博行为。另一方面，如果不以保险利益为原则，还容易引起保险纠纷。例如，借款人以价值100万元的房屋作抵押向银行贷款60万元，银行将此抵押房屋投保，房屋因保险事故全损，作为被保险人的银行其损失是60万元还是100万元？保险人应支付60万元还是100万元赔款？如果不根据保险利益原则来衡量，银行的损失就难以确定，就可能引起保险双方在赔偿数额上的纠纷。而以保险利益原则为依据，房屋全损只会导致银行贷款本金加利息难以收回，因此，银行最多损失60万元及利息，保险公司不用支付100万元赔款。

4.3 近因原则

4.3.1 近因原则的含义

近因原则是判断风险事故与保险标的损失之间的因果关系，从而确定保险赔偿责任的一项基本原则。长期以来，它是保险实务中处理理赔案件时所遵循的重要原则之一。

近因，是指在风险和损失之间，导致损失的最直接、最有效、起决定作用的原因，而不是指时间上或空间上最接近的原因。正如英国法庭曾于1907年给近因所下的定义："近因是指引起一连串事件，并由此导致案件结果的能动的、起决定作用的原因。"1924年，英国上议院宣读的法官判词中对近因作了进一步的说明："近因是指处于支配地位或者起决定作用的原因，即使在时间上它并不是最近的。"

保险损失的近因，是指引起保险事故发生的最直接、最有效、起主导作用或支配作用的原因。近因原则的基本含义是：在风险与保险标的损失的关系中，如果近因属于被保风险，保险人应负赔偿责任；近因属于除外风险或未保风险，则保险人不负赔偿责任。

4.3.2 近因的认定与保险责任的确定

1. 认定近因的基本方法

认定近因的关键是确定风险因素与损失之间的关系，确定这种因果关系的基本方法有以下两种。

1）顺推法

即从最初事件出发，按逻辑推理直到最终损失发生，最初事件就是最后一个事件的近因。如雷击折断大树，大树压坏房屋，房屋倒塌致使家用电器损毁，家用电器损毁的近因就是雷击。

2）逆推法

即从损失开始，沿系列自后往前推，追溯到最初事件，如没有中断，最初事件就是近因。如第三者被两车相撞致死，导致两车相撞的原因是其中一位驾驶员酒后开车，酒后开车就是致死第三者的近因。

2. 近因的认定与保险责任的确定

近因判定得正确与否，关系到保险双方当事人的切身利益。由于在保险实务中，致损原因多种多样，对近因的认定和保险责任的确定也比较复杂，因此，如何确定损失近因，要根据具体情况作具体的分析。

1）单一原因造成的损失

单一原因致损，即造成保险标的损失的原因只有一个，那么，这个原因就是近因。若这个近因属于被保风险，保险人负赔偿责任；若该项近因属未保风险或除外责任，则保险人不承担赔偿责任。例如，某人投保了普通家庭财产险，地震引起房屋倒塌，家庭财产受损。若保险条款列明地震属于保险责任，则保险人应负责赔偿；反之则不赔偿。

2）同时发生的多种原因造成的损失

多种原因同时致损，即各原因的发生无先后之分，且对损害结果的形成都有直接与实质性的影响效果，那么，原则上它们都是损失的近因。至于是否承担保险责任，可分为两种情况。一种情况是，多种原因均属被保风险，保险人负责赔偿全部损失。例如，洪水和风暴均属保险责任，洪水和风暴同时造成企业财产损失，保险人负责赔偿全部损失。另一种情况是，在多种原因中，既有被保风险，又有除外风险或未保风险，保险人的责任应视损害的可分性如何而定。如果损害是可以划分的，保险人就只负责被保风险所致损失部分的赔偿。但在保险实务中，在很多情况下损害是无法区分的，保险人有时倾向于不承担任何损失赔偿责任，有时倾向于与被保险人协商解决，对损失按比例分摊。

3）连续发生的多种原因造成损失

多种原因连续发生，即各原因依次发生，持续不断，且具有前因后果关系。若损失是由两个以上的原因造成的,且各原因之间的因果关系未中断,那么最先发生并造成一连串事故的原因即为近因。如果该近因为保险责任,保险人应负责赔偿损失,反之不负责赔偿。具体分析如下。

① 连续发生的多种原因都是被保风险,保险人赔偿全部损失。例如,财产险中,地震、火灾都属于保险责任,如对地震引起火灾、火灾导致财产损失这样一个因果关系过程,保险人应赔偿损失。

② 连续发生的多种原因中含有除外风险或未保风险。分为以下两种情况。一种情况是,若前因是被保风险,后因是除外风险或未保风险,且后因是前因的必然结果,保险人对损失负全部责任。例如,英国有一个著名的判例:有一艘装载皮革和烟叶的船舶,遭遇海难,大量海水浸入船舱,皮革腐烂。海水虽未直接接触包装烟叶的捆包,但由于腐烂皮革的恶臭,使烟叶完全变质。当时被保险人以海难为近因要求保险人全部赔付,但保险人却以烟叶包装没有水渍的痕迹为由而拒赔。最后法院判决,本案烟叶全损的近因是海难,保险人应负赔偿责任。另一种情况是,前因是除外风险或未保风险,后因是承保风险,后因是前因的必然结果,保险人对损失不负责任。例如,莱兰船舶公司对诺威奇保险公司的诉讼案。1918年,第一次世界大战期间,莱兰船舶公司的一艘轮船被敌潜艇用鱼雷击中,但仍拼力驶向哈佛港。由于情况危急,又遇到大风,港务当局担心该船会沉在码头泊位上堵塞港口,拒绝它靠港,在航行途中船底触礁,终于沉没。该船只保了海上一般风险,没有保战争险,保险公司予以拒赔。法庭判决损失的近因是战争,保险公司胜诉。虽然在时间上致损的最近原因是触礁,但船在中了鱼雷以后,始终没有脱离险情。触礁是被鱼雷击中引起的,被鱼雷击中(战争)属未保风险。

4) 间断发生的多种原因造成损失

在一连串连续发生的原因中,有一项新的独立的原因介入,导致损失。若新的独立的原因为被保风险,保险责任由保险人承担;反之,保险人不承担损失赔偿或给付责任。例如,某企业投保团体人身意外伤害保险。被保险人王某骑车被卡车撞倒,造成伤残并住院治疗,在治疗过程中王某因急性心肌梗死而死亡。由于意外伤害与心肌梗死没有内在联系,心肌梗死并非意外伤害的结果,故属于新介入的独立原因,心肌梗死是被保险人死亡的近因,它属于疾病范围,不包括在意外伤害保险责任范围内,故保险人对被保险人死亡不负责任,只对其意外伤残按规定支付了保险金。

4.4 损失补偿原则

4.4.1 损失补偿原则的含义

损失补偿原则是指保险合同生效后,当保险标的发生保险责任范围内的损失时,通过保险赔偿,使被保险人恢复到受灾前的经济原状,但不能因损失而获得额外收益。该原则包括两层含义。

① 补偿以保险责任范围内损失的发生为前提，即有损失发生就有补偿，无损失则无补偿。在保险合同中体现为：被保险人因保险事故所致的经济损失，依据保险合同有权获得赔偿，保险人也应及时承担合同约定的保险保障义务。

② 补偿以被保险人的实际损失及有关费用为限，即以被保险人恢复到受损失前的经济状态为限，因此，保险人的赔偿额不仅包括被保险标的的实际损失价值，还包括被保险人花费的施救费用、诉讼费等。换言之，保险补偿就是在保险金额范围内，对被保险人因保险事故所遭受损失的全部赔偿。保险合同通常规定，保险事故发生时，被保险人有义务积极抢救保险标的，防止损失进一步扩大。被保险人抢救保险标的所支出的合理费用，由保险人负责赔偿。我国《保险法》第五十七条规定："保险事故发生时，被保险人应当尽力采取必要的措施，防止或者减少损失。保险事故发生后，被保险人为防止或者减少保险标的的损失所支付的必要的、合理的费用，由保险人承担；保险人所承担的费用数额在保险标的损失赔偿金额以外另行计算，最高不超过保险金额的数额。"这主要是为了鼓励被保险人积极抢救保险标的，减少社会财富的损失。

4.4.2 坚持损失补偿原则的意义

损失补偿原则是保险理赔的重要原则，坚持这一原则的意义在于以下两方面。

① 维护保险双方的正当权益。既保障了被保险人在受损后获得赔偿的权益，又维护了保险人的赔偿以不超过实际损失为限的权益，使保险合同能在公平互利的原则下履行。

② 防止被保险人通过赔偿而得到额外利益，可以避免保险演变成赌博行为及诱发道德风险的产生。

4.4.3 损失补偿原则的限制条件

① 以实际损失为限。在补偿性保险合同中，保险标的遭受损失后，保险赔偿以被保险人所遭受的实际损失为限，全部损失全部赔偿，部分损失部分赔偿。例如，医疗保险中以被保险人实际花费的医疗费用为限。财产保险中以受损标的当时的市值为限，即以受损标的当时的市场价计算赔款额，赔款额不应超过该项财产损失时的市价。这是因为财产的价值经常发生变化，只有以受损时的市价作为依据计算赔款额，才能使被保险人恢复到受损前的经济状况。例如，一台机床投保时按其市价确定保险金额为10万元，发生保险事故时的市场价为4万元，保险人只应赔偿4万元，尽管保险金额为10万元。因为4万元赔偿足以使被保障人恢复到受损前的水平。

② 以保险金额为限。保险金额是指保险人承担赔偿或者给付保险金责任的最高限额。赔偿金额只应低于或等于保险金额而不应高于保险金额。因为保险金额是以保险人已收取的保费为条件确定的保险最高责任限额，超过这个限额，将使保险人处于不平等的地位。即使发生通货膨胀，仍以保险金额为限。例如，某一房屋投保时按其市场价值确立保险金额为50万元，发生保险事故全损，全损时的市场价为60万元，保险人的赔偿金额应为50万元，因为保险金额为50万元。

③ 以保险利益为限。保险人的赔偿以被保险人所具有的保险利益为前提条件和最高限

额，被保险人所得的赔偿以其对受损标的的保险利益为最高限额。财产保险中，如果保险标的在受损时财产权益已全部转让，则被保险人无权索赔；如果受损时保险财产已转让，则被保险人对已转让的财产损失无索赔权。例如，在银行抵押贷款中，如银行将抵押品投保，则银行的可保利益以其贷款额度为限：某企业以价值120万元的厂房作抵押贷款100万元，发生保险事故厂房全损，保险人给银行的最高赔偿金额只能是100万元。若贷款已经收回，则以银行名义投保的保险合同无效，银行无权索赔。

4.4.4 损失补偿原则的实现方式

损失补偿原则的实现方式通常有以下几种：

① 现金赔付。损失补偿原则的实现方式大多采用现金赔付的方式，尤其是责任保险、信用保险、保证保险和人身保险等险种。这样既可以减少许多麻烦，也符合大多数被保险人的意愿。

② 修理。当保险标的发生部分损失或部分零部件的损残，通常由保险人委托有关修理部门对受损的保险标的进行修理，修理费用由保险人承担，如机动车辆保险。

③ 更换。当受损保险标的的零部件因保险事故或灭失而无法修复时，保险人通常采用替代、更换的方法进行赔偿，如玻璃保险。

④ 重置。当保险标的的损毁或灭失时，保险人重新购置与原保险标的等价的标的，以恢复受损标的的原来面目。但是，恢复的费用有可能超过保险金额，因而风险较大，保险人一般不采用这种赔偿方式

4.4.5 损失补偿原则的例外

损失补偿原则虽然是保险的一项基本原则，但在保险实务中有一些例外情况。

① 人身保险。人身保险的保险标的是无法估价的人的生命或身体机能，其可保利益也是无法估价的。被保险人发生伤残、死亡等事故，对其本人及家庭所带来的经济损失和精神上的痛苦都不是保险金所能弥补得了的，保险金只能在一定程度上帮助被保险人及其家庭缓解由于保险事故的发生所带来的经济困难，帮助其摆脱困境，给予精神上的安慰，所以人身保险合同不是补偿性合同，而是给付性合同。保险金额是根据被保险人的需要和支付保险费的能力来确定的，当保险事故或保险事件发生时，保险人按双方事先约定的金额给付。所以，损失补偿原则不适用于人身保险。

② 定值保险。所谓定值保险，是指保险合同双方当事人在订立保险时，约定保险标的的价值，并以此确定为保险金额，视为足额保险。当保险事故发生时，保险人不论保险标的损失时的市价如何，即不论保险标的的实际价值是大于还是小于保险金额，均按损失程度十足赔付。

其计算公式为

$$保险赔款 = 保险金额 \times 损失程度(\%)$$

在这种情况下，保险赔款可能超过实际损失。因此，定值保险是损失补偿原则的例外。

③ 重置价值保险。所谓重置价值保险，是指以被保险人重置或重建保险标的所需费用

或成本确定保险金额的保险。一般财产保险按保险标的的实际价值投保,发生损失时,按实际损失赔偿,使受损的财产恢复到原来的状态,由此恢复被保险人失去的经济利益。但是,由于通货膨胀、物价上涨等因素,有些财产如建筑物或机器设备等即使按实际价值足额投保,保险赔款也不足以进行重置或重建。为了满足被保险人对受损的财产进行重置或重建的需要,保险人允许投保人按超过保险标的实际价值的重置或重建价值投保,发生损失时,按重置费用或成本赔付。这样就可能出现保险赔款大于实际损失的情况,所以,重置价值保险也是损失补偿原则的例外。

4.5 重复保险分摊原则

4.5.1 重复保险分摊原则的含义

重复保险是指投保人对同一保险标的、同一保险利益、同一保险事故分别与两个及两个以上保险人订立保险合同,且保险金额的总和超过保险价值的保险。在重复保险合同条件下,为避免被保险人在数个保险人处重复得到超过损失额的赔偿,确保保险补偿目的的实现,并维护保险人与被保险人、保险人与保险人之间的公平原则,重复保险的分摊原则应运而生。

重复保险分摊原则是指在重复保险的情况下,当保险事故发生时,各保险人应采取适当的分摊方法分配赔偿责任,使被保险人既能得到充分的补偿,又不会超过其实际损失而获得额外的利益。重复保险分摊原则是损失补偿原则的派生原则。

4.5.2 重复保险的分摊方式

重复保险的分摊赔偿方式主要包括比例责任分摊、限额责任分摊和顺序责任分摊三种。具体分述如下。

1. 比例责任分摊方式

各保险人按其承保的保险金额占保险金额总和的比例分摊保险事故造成的损失,支付赔款。

其计算公式为

$$各保险人承担的赔款 = 损失金额 \times \frac{该保险人承保的保险金额}{各保险人承保的保险金额总和}$$

例如,某投保人分别与甲、乙保险公司订立了火灾保险合同,保险金额分别是 40 万元和 60 万元。

若保险事故造成的实际损失是 50 万元,那么甲保险公司应赔偿:$50 \times 40/100 = 20$ 万元;乙保险公司应赔偿:$50 \times 60/100 = 30$ 万元。

2. 限额责任分摊方式

各家保险公司的分摊不以其保险金额为基础,而是在假设无他保情况下单独应负的赔偿责任限额占各家保险公司赔偿责任限额之和的比例分摊损失金额。

其计算公式为

$$各保险人承担的赔款 = 损失金额 \times \frac{该保险人的赔偿限额}{各保险人赔偿限额总和}$$

仍以上述例题为例,在采用第二种分摊方式计算保险赔款时,甲保险公司应赔偿 $50 \times 40/90 = 22.2$ 万元;乙保险公司应赔偿 $50 \times 50/90 = 27.8$ 万元。

3. 顺序责任分摊方式

各保险公司按出单时间顺序赔偿,先出单的公司先在其保额限度内负责赔偿,后出单的公司只在损失额超出前一家公司的保额时,在自身保额限度内赔偿超出部分。

例如,某投保人同时向甲、乙两家保险公司为同一财产分别投保 80 万元和 100 万元,甲公司先出单,乙公司后出单,被保财产实际损失 120 万元,按顺序责任,甲保险公司赔款额为 80 万元;乙保险公司赔款额为 40 万元。

在保险实务中,各国较多采用的是比例责任和限额责任分摊方式,因为顺序责任分摊方式下各承保公司承担的责任有欠公平。我国规定采用比例责任方式赔偿。我国《保险法》第五十六条规定:"重复保险的各保险人赔偿金的总和不得超过保险价值。除合同另有约定外,各保险人按照其保险金额与保险金额总和的比例承担赔偿保险金的责任。"因此,在我国,重复保险依法采用比例责任方式赔偿。

4.6 保险代位原则

4.6.1 保险代位原则的含义

保险代位是指在保险事故中保险人取代被保险人的地位。保险代位原则是指保险人依照法律或保险合同的约定,对被保险人因保险事故所致损失予以赔偿后,取得向对保险财产损失负有赔偿责任的第三者进行追偿的权利或取得对保险标的的所有权。保险代位原则是损失补偿原则的派生原则。保险代位追偿原则适用于财产保险合同,而不适用于人身保险合同。

保险代位原则包括代位追偿和物上代位。其意义在于维护损失补偿原则,防止被保险人因同一损失而获得超额赔偿。

4.6.2 代位追偿

1. 代位追偿的概念

代位追偿,又称代位求偿或代位请求或权利代位,是指在财产保险中,由于第三者责任导致发生保险事故造成保险标的的损失,保险人按照合同的约定履行保险赔偿义务后,依法取得向对保险标的的损失负有责任的第三者的追偿权(索赔权)。保险人所获得的这种权利就是代位追偿权。我国《保险法》第六十条规定:"因第三者对保险标的的损害而造成保事故的，保险人自向被保险人赔偿保险金之日起，在赔偿金额范围内代位行使被保险人对第三者请求赔偿的权利。"我国《海商法》第二百五十二条规定："保险标的发生保险责任范围内的损失是由第三人造成的，被保险人向第三人要求赔偿的权利，自保险人支付赔偿之日起，相应转移给保险人。"

2. 代位追偿权成立的条件

① 损害事故发生的原因及受损的标的，都属于保险责任范围。只有保险责任范围内的事故造成保险标的的损失，保险人才负责赔偿，否则，保险人无须承担赔偿责任。受害人只能向有关责任方索赔或自己承担损失，与保险人无关，也不存在保险人代位追偿的问题。

② 保险事故的发生是由第三者的责任造成的。肇事方依法应对被保险人承担民事损害赔偿责任，这样被保险人才有权向第三者请求赔偿，并在取得保险赔款后将向第三者请求赔偿权转移给保险人，由保险人代位追偿。

③ 被保险人要求第三者赔偿。这既是保险人赔偿的条件，也是代位的条件。如果因第三者责任造成保险事故被保险人不要求第三者赔偿，则保险人向被保险人赔偿会导致第三者的故意行为，出现道德风险；同时被保险人不要求第三者赔偿，本身也就无所谓代位，因为被保险人已经放弃债权，第三者也因此而不存在债务。

④ 保险人按合同的规定对被保险人履行赔偿义务。因为代位追偿权是债权的转移，在债权转移之前是被保险人与第三者之间特定的债权债务关系，与保险人没有直接的法律关系。保险人只有依照保险合同的规定向被保险人给付保险赔偿金以后，才依法取得对第三者请求赔偿的权利。

⑤ 保险人只能在赔偿金额范围内行使代位追偿权。保险人代位追偿所得不得大于其向被保险人的赔偿额。若保险人向第三者实际取得的赔偿金额大于赔偿给被保险人的金额，则保险人必须将超过的部分退给被保险人，保险人不能因为行使代位追偿权而获利。这是代位求偿的权限。

3. 保险人在代位追偿中的权益范围

第三者对被保险人的损害赔偿责任属于民事损害赔偿责任，其赔偿额应依法裁定；保险人对被保险人的赔偿责任属于合同责任，其赔偿额应依据保险责任范围和赔偿方式及损失情况确定，并以保险金额和保险利益为限。因为保险代位追偿的目的在于防止被保险人取得双重赔款而获得额外的利益，从而保障保险人的利益。与此同时，保险人也不能通过行使代位追偿权而获得额外的利益，损害被保险人的利益。

当第三者造成的损失大于保险人支付的赔偿金额时，被保险人有权就未取得赔偿部分对第三者请求赔偿。例如，我国《保险法》第六十条第三款规定："保险人依照本条第一款规定行使代位请求赔偿的权利，不影响被保险人就未取得赔偿的部分向第三者请求赔偿的权利。"

被保险人已从第三者处取得损害赔偿但赔偿不足时，保险人可以在保额限度内予以补足，保险人赔偿保险金时，应扣减被保险人从第三者处已取得的赔偿金额。保险人行使代位追偿权，不影响被保险人就未取得赔偿的部分向第三者请求赔偿的权利。

4. 保险人取得代位追偿权的方式

权益取得的方式一般有两种：一是法定方式，即权益的取得无须经过任何人的确认；二是约定方式，即权益的取得必须经过当事人的磋商、确认。根据我国《保险法》第六十条的规定，保险人代位追偿权的取得是采用法定方式，保险人自向被保险人赔偿保险金之日起，在赔偿金额范围内代位行使被保险人对第三者请求赔偿的权利，而无须经过被保险人的确认。但是，在实践中，保险人支付保险赔款后，通常要求被保险人出具"权益转让书"。从法律规定上看，"权益转让书"并非权益转移的要件，所以，被保险人是否出具"权益转让书"并不影响保险人取得代位追偿权。但这一文件能起到确认保险赔款时间和赔款金额，同时也就确认了保险人取得代位追偿权的时间和向第三者追偿所能获得的最高赔偿额的作用。

4.6.3 物上代位

1. 物上代位的概念

物上代位是指保险标的遭受保险责任范围内的损失，保险人按保险金额全数赔付后，依法取得该项保险标的的所有权。

物上代位通常产生于对保险标的作推定全损的情况。所谓推定全损，是指保险标的遭受保险事故尚未达到完全损毁或完全灭失的状态，但实际全损已不可避免；或者修复和施救费用将超过保险价值。由于推定全损是保险标的并未完全损毁或灭失，即还有残值，而失踪可能是被他人非法占有，并非物质上的灭失，日后或许能够得到归还。所以保险人在按全损支付保险赔款后，理应取得保险标的的所有权，否则被保险人就可能由此而获得额外的利益。保险人的物上代位权是通过委付实现的。

2. 委付

1）委付的概念

所谓委付，是指保险标的发生推定全损时，投保人或被保险人将保险标的的一切权益转移给保险人，而请求保险人按保险金额全数赔付的行为。保险委付是一种被保险人放弃物权的法律行为，在海上保险中经常采用。

2）委付的成立条件

① 委付必须以保险标的的推定全损为条件。委付包含全额赔偿和保险标的的全部权益即权利义务转让两项内容，因此，要求必须在保险标的推定全损时才适用。

② 委付必须由被保险人向保险人提出。我国《海商法》第二百四十九条第一款规定："保险标的发生推定全损，被保险人要求保险人按照全部损失赔偿的，应当向保险人委付保险标的。保险人可以接受委付，也可以不接受委付，但是应当在合理的时间内将接受委付或者不接受委付的决定通知被保险人。"委付通知是被保险人向保险人作推定全损索赔之前必须提交的文件，被保险人不向保险人提出委付，保险人对受损的保险标的按全部损失或部分损失处理。委付通知通常采用书面形式。

③ 委付应就保险标的的全部提出请求。由于保险标的的不可分性，委付也具有不可分性，所以被保险人请求委付的应是保险标的的全部。如果仅委付保险标的的一部分，而其余部分不委付，则容易产生纠纷。但如果保险标的是由独立可分的部分组成，其中只有一部分发生委付原因，可仅就该部分保险标的的请求委付。

④ 委付不得附有条件。我国《海商法》第二百四十九条第二款明确规定："委付不得附带任何条件。委付一经保险人接受，不得撤回。"

⑤ 委付必须经过保险人的同意。被保险人向保险人发出的委付通知，必须经保险人的同意才能生效。保险人可以接受委付，也可以不接受委付。因为委付不仅将保险标的的一切

权益转移给保险人，同时也将被保险人对保险标的的所有义务一起转移给保险人。我国《海商法》第二百五十条规定："保险人接受委付的，被保险人对委付财产的全部权利和义务转移给保险人。"所以，保险人在接受委付之前必须慎重考虑，权衡利弊，即受损保险标的的残值是否能大于将要由此而承担的各种义务和责任风险所产生的经济损失，不能贸然从事。如船舶因沉没而推定全损，被保险人提出委付，保险人要考虑打捞沉船所能获得的利益是否大于打捞沉船及由此而产生的各项费用支出。

被保险人提出委付后，保险人应当在合理的时间内将接受委付或不接受委付的决定通知被保险人。如果超过合理的时间，保险人对是否接受委付仍然保持沉默，应视作不接受委付的行为，但被保险人的索赔权利并不因保险人不接受委付而受影响。在保险人未作出接受委付的意思表示以前，被保险人可以随时撤回委付通知。但保险人一经接受委付，委付即告成立，双方都不能撤销，保险人必须以全损赔付被保险人，同时取得保险标的物的代位权，包括标的物上的权利和义务。

3）保险人在物上代位中的权益范围

由于保险标的的保障程度不同，保险人在物上代位中所享有的权益也有所不同。我国《保险法》第五十九条规定："保险事故发生后，保险人已支付了全部保险金额，并且保险金额等于保险价值的，受损保险标的的全部权利归于保险人；保险金额低于保险价值的，保险人按照保险金额与保险价值的比例取得受损保险标的的部分权利。"也就是说，在足额保险中，保险人按保险金额支付保险赔偿金后，即取得对保险标的的全部所有权。在这种情形下，由于保险标的的所有权已经转移给保险人，保险人在处理标的物时所获得的利益如果超过所支付的赔偿金额，超过的部分就归保险人所有。此外，如有对第三者损害赔偿请求权，索赔金额超过其支付的保险赔偿金额，也同样归保险人所有，这一点与代位追偿权有所不同。而在不足额保险中，保险人只能按照保险金额与保险价值的比例取得受损标的的部分权利。由于保险标的的不可分性，保险人在依法取得受损保险标的的部分权利后，通常将该部分权利作价折给被保险人，并在保险赔偿金中作相应的扣除。

本 章 小 结

1. 最大诚信原则不仅在保险合同订立时要遵守，在合同履行的整个期间也都要求当事人具有"最大诚信"。在保险活动中，之所以规定最大诚信原则，主要归因于保险经营中信息的不对称性和保险合同的特殊性。它的基本内容包括告知、保证、弃权与禁止反言。

2. 保险利益是指投保人对保险标的具有的法律上承认的利益。在签订和履行保险合同的过程中，投保人对保险标的必须具有保险利益，否则合同是非法或无效的。保险利益成立的条件有：应为合法利益；应为经济利益；应为确定的利益；应为具有利害关系的利益。财产保险、人身保险、责任保险和信用保证保险等险种的保险利益各有不同的情况。财产保险和人身保险的保险利益有不同的时效规定。坚持保险利益原则的意义在于：避免赌博行为的发生；防止道德风险的产生；便于衡量损失，避免保险纠纷。

3. 近因原则是判断风险事故与保险标的损失之间的因果关系，从而确定保险赔偿责任的一项基本原则。近因是指引起保险事故发生的最直接、最有效、起主导作用或支配作用的原因。认定近因的基本方法有顺推法和逆推法。损失近因的认定和责任的确定应视具体情况而定。

4. 损失赔偿原则是补偿性保险合同处理理赔案件时的一项基本原则，在给付性合同中并不适用。坚持损失补偿原则的意义在于：维护保险双方的正当权益；防止被保险人通过赔偿而得到额外利益，可以避免保险演变成赌博行为及诱发道德风险的产生。损失补偿原则的限制条件包括以实际损失为限、以保险金额为限、以保险利益为限，三者之中以最低的为限。损失补偿原则有现金赔付、修理、更换和重置四种实现方式。损失补偿原则对人身保险、定值保险和重置价值保险不适用。

5. 重复保险分摊原则是损失补偿原则的派生原则。重复保险是指投保人对同一保险标的、同一保险利益、同一保险事故分别向两个及两个以上保险人订立保险合同，且在相同的时间内，其保险金额的总和超过保险价值的保险。重复保险的分摊赔偿方式主要包括比例责任分摊、限额责任分摊和顺序责任分摊三种方式。

6. 保险代位原则是损失补偿原则的派生原则。保险代位追偿原则适用于财产保险合同，而不适用于人身保险合同。保险代位是指在保险事故中保险人取代被保险人的地位。保险代位原则包括代位追偿和物上代位。其意义在于维护损失补偿原则，防止被保险人因同一损失而获得超额赔偿。代位追偿是指在财产保险中，由于第三者责任导致发生保险事故造成保险标的的损失，保险人按照合同的约定履行保险赔偿义务后，依法取得向对保险标的的损失负有责任的第三者的追偿权（索赔权）。代位追偿权成立的条件：损害事故发生的原因及受损的标的，都属于保险责任范围；保险事故的发生是由第三者的责任造成的；被保险人要求第三者赔偿；保险人按合同的规定对被保险人履行赔偿义务；保险人只能在赔偿金额范围内行使代位追偿权。保险人取得代位追偿权的方式一般有两种：一是法定方式；二是约定方式。物上代位是指保险标的遭受保险责任范围内的损失，保险人按保险金额全数赔付后，依法取得该项保险标的的所有权。保险人的物上代位权是通过委付实现的。委付是一种放弃物权的法律行为，在海上保险中经常采用。委付成立的条件：委付必须以保险标的推定全损为条件；委付必须由被保险人向保险人提出；委付应就保险标的的全部提出请求；委付不得附有条件；委付必须经过保险人的同意。

复习思考题

1. 什么是最大诚信原则？它的主要内容有哪些？
2. 解释保险合同规定保险利益的意义，以及各类保险中的保险利益。
3. 什么是近因原则？在运用近因原则时要注意哪些问题？
4. 为防止被保险人不当获利，保险人应注意什么问题？
5. 计算：假定一个代理人把一项价值为240万元的财产安排给A、B、C三家保险公司承保，这三家保险公司承保的金额分别为 50 万元、100 万元、150 万元。因发生火灾损失 120 万元，根据按比例分摊赔偿责任条款，每家保险公司的赔偿各为多少？若按限额责任方式赔偿，又该如何分摊？

6. 简述代位追偿原则的内容。
7. 保险委付的成立必须具备哪些条件？

第 5 章 财产保险

学习目标

理解财产保险的概念、种类和特点；了解火灾保险的概念、特点和主要险种；理解运输保险的概念、特点和主要险种；掌握交强险与商业第三者责任险的区别；解释工程保险的概念、特点和主要险种；理解责任保险的概念、特点和险种；解释信用保证保险的概念、特点和主要险种。

5.1 财产保险概述

5.1.1 财产保险的概念

财产保险是指以各种财产物资和有关利益为保险标的，以补偿投保人或被保险人的经济损失为基本目的的一种社会化经济补偿制度。它是现代保险业的两大种类之一，起源于共同分摊海损的制度，经过海上保险、火灾保险时代，在 18 世纪因工业保险与汽车保险的出现和普遍发展而跨入现代保险阶段，19 世纪末产生的责任保险和 20 世纪下半叶出现的科技保险则使现代财产保险实现了新的飞跃。

根据经营业务的范围，财产保险可以分为广义财产保险与狭义财产保险。其中，广义财产保险是指包括各种财产损失保险、责任保险、信用保证保险等业务在内的一切非人身保险业务；而狭义财产保险则仅指各种财产损失保险，它强调保险标的是各种具体的财产物资。可见，狭义财产保险是广义财产保险的一个重要组成部分。

根据承保标的的虚实，财产保险又可以分为有形财产保险和无形财产保险。其中，有形财产保险是指以各种具备实体的财产物资为保险标的的财产保险，它在内容上与狭义财产保险业务基本一致；无形财产保险则是指以各种没有实体但属于投保人或被保险人的合法利益为保险标的的保险，如责任保险、信用保险、利润损失保险等。有形财产保险和无形财产保险共同构成了广义财产保险。

在国际上，财产保险及相关保险业务在不同的国家被称为产物保险、损害保险或非寿险，这些概念与中国的财产保险概念存在着差别。如产物保险强调以各种财产物资为保险标的，经营业务范围较窄；而非寿险则将各种短期性的人身保险业务包括在内，范围最广。不过,根据各种保险业务的性质和经营规则将整个保险业划分为非寿险和寿险,却是一种国际惯例,这一点可以从国际保险市场的惯常分类及保费统计指标等得到证实,从而表明了财产保险业务的范围异常广泛。

我国的《保险法》将保险业务直接划分为财产保险与人身保险两大类,显然与国际流行的划分即寿险与非寿险两大类存在着差异。不过,这两种差异主要表现在业务经营范围的大小方面,而不会造成对财产保险性质等方面认识偏差的影响。况且,中国境内的财产保险公司的业务经营范围事实上也可以包括短期性人身保险业务在内。

5.1.2 财产保险的业务种类

财产保险的分类方法很多。在此,主要介绍我国财产保险按财产保险标的的分类。

1. 财产损失保险

财产损失保险是以被保险人的有形物质财产及其相关利益的损失风险为保障内容的各种保险业务的统称,是财产保险业传统的也是最主要的业务来源,通常将财产损失保险按承保对象的性质不同划分为火灾保险、运输保险、工程保险和农业保险四类。

2. 责任保险

责任保险是以被保险人的民事损害赔偿责任为保障对象的财产保险,是财产保险中发展较晚的险种。在西方发达国家,责任保险发展迅速,成为与传统财产保险相独立的一类重要业务。作为独立险种的责任保险包括公众责任保险、产品责任保险、雇主责任保险和职业责任保险。此外,还包括依附于主险的附加责任保险,如机动车辆第三者责任保险等。

3. 信用保证保险

信用保证保险承保的主要是保险客户的各种商业信用风险,可分为信用保险和保证保险。

5.1.3 财产保险的特征

财产保险的特征不仅体现在保险标的方面,而且体现在财产保险业务的独特性方面。

1. 承保范围的广泛性

财产保险业务的承保范围覆盖了除自然人身体与生命之外的一切风险保险业务,它不仅包容着各种差异极大的财产物资,而且包容着各种民事法律风险和商业信用风险等。大到航天工业、核电工程、海洋石油开发,小到家庭或个人财产等,均可从财产保险中获得相应的风险保障。财产保险业务承保范围的广泛性,决定了财产保险的具体对象必然存在着较大的差异性,也决定了财产保险公司对业务的经营方向具有更多的选择性。与此同时,财产保险的保险标的无论归法人所有还是归自然人所有,均有客观而具体的价值标准,均可用货币来衡量其价值,保险客户可以通过财产保险来获得充分补偿;而人身保险的保险标的限于自然人的身体与生命,且无法用货币来计价。保险标的形态与保险标的价值规范的差异,构成了财产保险与人身保险的差异,同时也是财产保险的重要特征。

2. 业务性质的补偿性

保险人经营各种类别的财产保险业务,就意味着要承担起对保险客户保险利益损失的赔偿责任。尽管在具体的财产保险经营实践中，有许多保险客户因未发生保险事故或保险损失而得不到赔偿，但从理论上讲，保险人的经营是建立在补偿保险客户的保险利益损失基础之上的。因此，财产保险费率的制定，需要以投保财产或有关利益的损失率为计算依据；财产保险基金的筹集与积累，也需要以能够补偿所有保险客户的保险利益损失为前提。

当保险事件发生以后，财产保险讲求损失补偿原则，它强调保险人必须按照保险合同规定履行赔偿义务，同时也不允许被保险人通过保险获得额外利益，从而不仅适用权益转让原则，而且还适用重复保险损失分摊和损余折抵赔款等原则。而在人身保险中，因人的身体与生命无法用货币来衡量，故而只能讲被保险人依法受益，除不允许医药费重复给付或赔偿外，并不限制被保险人获得多份合法的保险金，既不存在多家保险情况下分摊给付保险金的问题，也不存在第三者致被保险人伤残、死亡而由保险公司向第三者代位追偿的问题。财产保险业务的这种补偿性，正是其成为独立的新兴产业并与人身保险业务相区别的又一重要特征。

3. 经营内容的复杂性

无论是从财产保险经营内容的整体出发，还是从某一具体的财产保险业务经营内容出发，其复杂性的特征均十分明显。主要表现在以下几个方面。

1) 投保对象与承保标的复杂

一方面，财产保险的投保人既有法人团体，又有居民家庭和个人；既可能只涉及单个法人团体或单个保险客户，也可能同一保险合同涉及多个法人团体或多个保险客户。另一方面，财产保险的承保标的，包括从普通的财产物资到高科技产品或大型土木工程，从有实体的各种物资到无实体的法律、信用责任乃至政治、军事风险等，不同的标的往往具有不同的形态与不同的风险。而人身保险的投保对象与保险标的显然不具有这种复杂性。

2) 承保过程与承保技术复杂

在财产保险业务经营中，既要强调保前风险检查、保时严格核保，又须重视保险期间的防灾防损和保险事故发生后的理赔查勘等，承保过程程序多、环节多。在经营过程中，要求保险人熟悉与各种类型投保标的相关的技术知识。财产保险承保过程中的这种复杂性也是人身保险经营所没有的。

3) 风险管理复杂

在风险管理方面，财产保险主要强调对物质及有关利益的管理，保险对象的风险集中，保险人通常要采用分保或再保险的方式来进一步分散风险；而人身保险一般只强调被保险人身体健康，因每个自然人的投保金额均可以控制，保险金额相对要小得多，对保险人的业务经营及财务稳定构不成威胁，不需要以再保险为接受业务的条件。

4. 单个保险关系具有不对等性

财产保险遵循等价交换、自愿成交的商业法则，保险人根据大数法则与损失概率来确定各种财产保险的费率（即价格），从而在理论上决定了保险人从保险客户那里所筹集的保险基金与所承担的风险责任是相适应的，保险人与被保险人的关系是等价关系。然而，就单个的保险关系而言，保险双方却又明显地存在着交易双方在实际支付的经济价值上的不平等现象。一方面，保险人承保每一笔业务都是按确定费率标准计算并收取保险费的，其收取的保险费通常是投保人投保标的实际价值的千分之几或百分之几，而一旦被保险人发生保险损失，保险人往往要付出高于保险费若干倍的保险赔款，在这种情形下，保险人付出的代价巨大；而被保险人恰恰会获得巨大收益。另一方面，在所有承保业务中，发生保险事故或保险损失的保险客户毕竟只有少数甚至是极少数，对多数保险客户而言，保险人即使收取了保险费，也不存在经济赔偿的问题，交易双方同样是不平等的。可见，保险人在经营每一笔财产保险业务时，收取的保险费与支付的保险赔款事实上并非是等价的。而在人寿保险中，被保险人的受益总是与投保人的缴费联系在一起的，绝大多数保险关系是一种相互对应的经济关系。正是这种单个保险关系在经济价值支付上的不等性，构成了财产保险总量关系等价性的现实基础和前提条件。财产保险关系的建立，即是保险人与保险客户经过相互协商、相互选择并对上述经济价值不平等关系认同的结果。

5. 保险利益要求的特殊性

财产保险不仅要求投保人在投保时对保险标的具有保险利益，而且要求保险利益在整个保险期间内存在，特别是在保险标的发生保险事故时，被保险人对其必须具有保险利益，否则保险人不承担赔偿责任。但根据国际惯例，在海上保险中，尤其是货物运输保险只要求被保险人在保险标的受损时存在保险利益即可。而人身保险的保险利益要求在保险合同订立时必须存在，否则保险人不承担赔付责任。

6. 保险期限的短期性

财产保险除了少数险种以航程或工程期约定保险期限外，大部分是短期性的定期保险，合同期限在一年或一年以下。而人身保险除了短期保险外，尤其是人寿保险的保险期限都在一年以上，有的保险期限长达几年、十几年乃至于几十年的时间。

5.1.4 财产保险的意义

财产保险的意义在于通过筹集保险基金、组织经济补偿来维系社会经济的正常、稳定发展。具体而言，财产保险的意义主要表现在以下几个方面。

① 能够补偿被保险人的经济利益损失，维护社会再生产的顺利进行。建立了财产保险制度，就可以通过保险人的工作，对遭灾受损的被保险人进行及时的经济补偿，受灾单位或个人就能够及时恢复受损的财产或利益，从而保障生产和经营的持续进行，有利于整个国民经济的发展。

② 有利于提高整个社会的防灾减损意识，使各种灾害事故的发生及其危害后果得到有效控制。财产保险制度的建立，首先是形成了一支专门从事各种灾害事故风险管理的专业队伍，其次是保险人从自身利益出发，也必须高度重视对被保险人的风险管理工作，并积极参与社会化的防灾防损工作。如保险人在承保前的风险调查与评估、保险期间的防灾防损检查与监督、保险事故发生后的致灾原因调查与总结等，均会起到良好的防灾减损作用；有的保险人还直接参与社会化的防灾减损活动，或者向减灾部门提供经济上的援助和各种防灾设施等。因此，财产保险的发展，客观上使社会防灾防损的力量得到壮大，最终使灾害事故及其损害后果得以减轻。

③ 有利于创造公平的竞争环境，维护市场经济的正常运行。灾害事故的发生会造成竞争的不公平，如两家生产同样产品的企业，其产品质量都是优良的，但一家遭灾受损，无法维持正常的生产秩序；另一家未遭灾，则会趁有利时机迅速扩展市场，市场竞争成败将因灾而异。如果建立了财产保险制度，各企业便可将平时不确定的风险通过一笔较为公平的保险

费转嫁给保险人,这种不稳定因素的消除,使竞争的社会环境更加公平化。

④ 利于安定城乡居民的生活。建立了财产保险制度,就可以对遭受损失的被保险人进行及时的经济补偿,免除了城乡居民在生产、生活方面的风险之忧,避免了灾后要依靠政府救济、单位扶持、亲友帮助、民间借贷的连锁反应,最终维护灾区社会秩序的稳定和城乡居民生活的正常化。

⑤ 有利于完善企业经济核算制度,加强经营管理。在市场竞争中,企业承担的经济责任和风险较大,通过投保财产保险可以把无形的、不确定的财产损失转化为固定的少量保费支出。固定均衡的保费支出可以列入产品成本,从而为企业准确核算经营成果、产品成本和反映产品的实际价值奠定基础,最终完善了企业经济核算制度,加强了企业的经营管理。

5.2 火灾保险

5.2.1 火灾保险概述

火灾保险,简称火险,是指以存放在固定场所并处于相对静止状态的财产物资为保险标的的一种财产保险。作为财产保险中最常见的一种业务来源,火灾保险的产生要晚于海上保险,早于工业保险与汽车保险等。需要指出的是,火灾保险是历史遗留下来的一种险别名称,它在产生之初因只承保陆上财产的火灾风险而得名,但后来却发展到了承保各种自然灾害与意外事故,因此,就保险责任而言,早已超出了当初火灾保险的范围,不过,保险界仍然保留着对此类业务的传统叫法。

火灾保险制度起源于14—15世纪德国陆上的火灾"基尔特"制度。1666年的伦敦大火,是火灾保险发展史上的第一个重大事件,这场火灾几乎烧毁了伦敦城,它不仅给人们带来了火灾危害的惨烈教训,更促使人们通过建立火灾保险制度、提供灾后经济补偿来化解火灾风险。可见,伦敦火灾催生了火灾保险的产生。18世纪以后的机器大生产及由此而引出的工业保险则使火灾保险迈入了新的发展阶段。经过300多年的发展,火灾保险作为最基本的承保业务,不仅是保险人立足市场的基础,而且一直是城乡保险客户转嫁风险损失的首选险种。

5.2.2 火灾保险的特点

火灾保险是一种传统的、独立的保险业务,其独立存在并发展至今的事实即是该业务具有不同于其他保险业务的特点且无法用其他保险险种来替代的具体体现。

根据火灾保险的实践,可以总结出火灾保险的特征。

① 承保标的是处于相对静止状态的财产。火灾保险的保险标的是陆上处于相对静止状态条件下的各种财产物资(包括各种固定资产和流动资产)。动态条件下或处于运输中的财产物资不能作为火灾保险的投保标的投保。

② 承保财产地点固定。火灾保险承保财产的存放地址是固定的，被保险人不得随意变动。如果被保险人随意变动被保险财产的存放地址或处所，将直接损害保险合同的效力，保险人可以因此对保险损失拒绝赔偿。

③ 承保风险广泛。火灾保险的承保风险不仅包括各种自然灾害与多种意外事故，而且可以附加有关责任保险或信用保证保险，企业还可以投保附加利润损失保险，而家庭更是普遍需要投保或附加盗窃风险保险等。可见，火灾保险的承保风险通过基本险与附加险的组合，实际上覆盖了绝大部分可保风险。

④ 大多为不定值保险。火灾保险大多采用不定值保险方式承保，即订立保险合同时，保险合同当事人双方并不约定保险价值，只明确保险金额。发生损失时，保险人须确定保险标的的保险价值，并根据保险金额与保险价值的比例计算赔偿金额。但对于难以确定价值的保险标的，如艺术品、古董等，保险人在承保时可采用定值保险，以避免理赔纠纷。

⑤ 采用标准化的保险单。在火灾保险中，标准保险单占有重要地位。标准保险单一方面降低了保险人制作和使用保险单的费用；另一方面有利于投保人进行比较和选择，减少了因合同解释而引起的纠纷。因此，在实务中为满足消费者的需求，无论保险人如何对标准火灾保险单进行调整和修正，但其核心内容总是基本不变的。

5.2.3 火灾保险的种类

1. 团体火灾保险

团体火灾保险是以企业及其他法人团体为保险对象的火灾保险。它是火灾保险的主要业务来源。在团体火灾保险经营实践中，工商企业构成了主要的保险客户群体，凡是领有工商营业执照、有健全的会计账簿、财务独立核算的各类企业都可以投保团体火灾保险，其他法人团体如党政机关、工会、共青团、妇联、科研机构、学校、医院、图书馆、博物馆、电影院、剧场及文化艺术团体等，亦可投保团体火灾保险。因此，团体火灾保险强调的是保险客户的法人资格。

1) 火灾保险的承保标的范围

团体火灾保险的保险标的是各种财产物资，但也并非一切财产物资均可以成为团体火灾保险的保险标的。保险人的承保范围可以通过划分可保财产、特约可保财产和不保财产加以体现。

(1) 可保财产

凡是为被保险人自有或与他人共有而由被保险人负责的财产，由被保险人经营管理或替他人保管的财产，以及具有其他法律上承认的与被保险人有经济利害关系的财产，而且是坐落、存放于保险单所载明地址的下列家庭财产，都属可保财产。包括房屋及其附属设备（含租赁）和室内装修材料；机器及设备；工具、仪器及生产用具；管理用具及低值易耗品；原材料、半成品、在产品、产成品或库存商品、特种储备商品；账外及已摊销的财产等。此外，建造中的房屋、建筑物和建筑材料等也属于团体火灾保险的可保财产。

(2) 特约可保财产

特约可保财产是指必须经过保险双方的特别约定，并在保险单上载明才能成为保险标的的财产。这种特别约定包含两层含义：一是取消保险单中对该特约可保财产的除外不保；二是将该项目纳入可保财产范围。团体火灾保险中的特约可保财产包括：金银、珠宝、古玩等市场价格变化大、保险金额难以确定的财产；水闸、堤堰、铁路等价值高、风险性较特别的财产；矿井、矿坑内的设备等风险大、需要提高费率的财产。

（3）不保财产

不保财产是保险人不予承保或不能在火灾保险项下承保的财产，它包括土地、矿藏、森林、水产资源；货币、有价证券、票证、文件、账册、技术资料、图表等难以鉴定其价值的财产；违章建筑、非法占有的财产，以及正处于紧急状态的财产；未经收割的农作物及家禽、家畜及其他家养动物等。

2）保险金额的确定

保险金额是保险人对被保险人的保险财产遭受损失时，负责赔偿的最高限额，也是投保人缴纳保费的依据。法人团体投保标的的保险金额，一般都以账面为基础确定，但因财产种类不同，其计算方式也有所不同。在实务中分为固定资产与流动资产并分别加以确定。

（1）固定资产的保险金额

固定资产是法人单位尤其是企业生产经营的物质基础，从而是团体火灾保险中的主要内容。团体火灾保险中固定资产的保险金额的确定可采取以下方式：一是按账面原值投保，即固定资产的账面原值就是该固定资产的保险金额；二是按重置重建价值投保，即按照投保时重新购建同样的财产所需支出确定保险金额；三是按投保时实际价值协议投保，即根据投保时投保标的所具有的实际价值由保险双方协商确定保险金额。保险客户可以任意选择其中一种方式确定保险金额。

（2）流动资产的保险金额

一般而言，法人团体的流动资产通常分为物化流动资产与货币形态流动资产，前者表现为原材料、在产品、半成品、产成品及库存商品等；后者表现为现金、银行存款等。保险人通常只负责物化流动资产的保险，对非物化流动资产是不承担保险责任的。因此，在承保时还需要区分流动资产的结构与形态。然而，法人团体的流动资产在结构与形态方面是处于经常变动之中的，任何一时点上的物化流动资产均不一定等于出险时的物化流动资产。因此，流动资产的保险金额的确定通常采取以下方式：一是按被保险人物化流动资产最近12个月的平均账面余额投保；二是按被保险人物化流动资产最近账面余额投保。

对于已经摊销或未列入账面的财产，可以由被保险人与保险人协商按实际价值投保，以此实际价值作为保险金额。

3）保险费率的厘定

团体火灾保险的费率，主要根据不同保险财产的种类、占用性质，按风险性的大小、损失率的高低和经营费用等因素制定。中国现行的团体火灾保险费率采用的是分类级差费率制，具体包括工业险费率、仓储险费率、普通险费率三大类。工业险费率根据工业企业的产品和所使用的原材料及生产过程中工艺处理的风险程度划分为金属冶炼、五金制造修配、棉纺织轻工业、麻丝油蜡加工、一般风险品化合生产和特别风险品化合生产等六个等级费率。仓储险费率根据仓储的用途、储存的物资及可能遭受损失的风险大小确定，并按其不同风险程度分为储存一般物资、储存风险品、特别风险品专储、金属材料专储、石油专储等五个等级费率。普通险所承保的是不在上述范围内的其他法人团体的火灾保险业务，其费率按被保险财产所在建筑物的占用性质等分为五级。

此外，对于特约附加责任，如附加水管爆裂意外险、附加商业盗窃险、附加橱窗玻璃意外险及露堆财产保险等，应在投保财产保险基本险或财产保险综合险的基础上特约加保，并在主险费率的基础上按规定的附加费率加收保险费。

4）保险责任范围的确定

在团体火灾保险经营实务中，不同险种的保险责任范围是不同的，如财产保险综合险承担的责任就较宽，财产保险基本险承担的责任范围则较窄。但概括起来，团体火灾保险的可保责任仍可分为三大类。

① 列明的自然灾害。如雷击、暴风、龙卷风、暴雨、洪水、地陷、崖崩、突发性滑坡、雪灾、冰凌、泥石流等。

② 列明的意外事故。如火灾、爆炸、空中运行物体坠落等。

③ 特别损失承担责任。如被保险人自有的供电、供水、供气设备列明的保险责任遭受损害，引起停电、停水、停气以致造成保险标的的直接损失等。保险人在承担该项责任时，要求同时具备以下三个条件：第一，必须是被保险人同时拥有全部或部分所有权和使用权的供电、供水、供气设备；第二，这种损失仅限于保险单列明的保险责任范围内的意外风险和自然灾害所造成的；第三，这种损失的对象是必须要通过供电、供水和供气设备的正常运转才能保证财产正常存在的保险标的，如熔炼、冷凝、发酵、烘烤、蒸发等需要通过"三供"设备进行操作的保险标的。

④ 在发生保险事故时，为抢救财产或防止灾害蔓延，采取合理的、必要的措施而造成的保险标的的损失。保险人在承担该项责任时，通常要求必须是在保险单列明的保险责任发生时，为了抢救保险标的或防止灾害的蔓延而造成的保险标的的损失，对于在抢救保险标的或防止灾害的蔓延时造成的非保险标的的损失，则不予赔偿。

⑤ 发生保险事故时，为了减少保险标的的损失，被保险人对于保险标的采取施救、保护、整理措施而支出的合理费用。保险人在承担该项责任时，只对保险标的的施救费用负责，如果施救的财产中包括了非保险标的，或者保险标的与非保险标的无法分清时，保险人可以按照被施救的保险标的占全部被施救标的的比例承担施救费用。

5）赔偿计算方法

团体火灾保险的赔偿采取分项计赔、比例赔偿的办法，即按照保险财产的不同种类及其投保时确定保险金额的不同方法，采取的赔偿计算方法也不同。

(1) 固定资产的赔偿计算方法

如果发生保险责任范围内的损失属于全部损失，无论被保险人以何种方式投保，都按保险金额予以赔偿。但倘若受损财产的保险金额高于重置重建价值时，其赔偿金额以不超过重置重建价值为限。

如果固定资产的损失是部分损失，其赔偿方式为：凡按重建重置价值投保的财产，按实际损失计算赔偿金额；按账面原值投保的财产，如果受损财产的保险金额低于重置重建价值，应根据保险金额按财产损失程度或修复费用占重置重建价值的比例计算赔偿金额；如果受损保险财产的保险金额相当于或高于重置重建价值，按实际损失计算赔偿金额。以上固定资产赔偿应根据明细账、卡分项计算，其中每项固定资产的最高赔偿金额不得超过其投保时确定的保险金额。

(2) 流动资产的赔偿计算方法

流动资产的赔偿计算方法，有以下两种。一是按最近12个月账面平均余额投保的财产发生全部损失，按出险当时的账面余额计算赔偿金额；发生部分损失，按实际损失计算赔偿金额。二是按最近账面余额投保的财产发生全部损失，按保险金额赔偿，如果受损财产的实际损失金额低于保险金额，以不超过实际损失为限，发生部分损失，在保险金额额度内按实际损失计算赔偿金额；如果受损财产的保险金额低于出险当时的账面余额，应当按比例计算赔偿金额，以上流动资产选择部分科目投保的，其最高赔偿金额不得超过其投保时约定的该项科目的保险金额。

对已经摊销或不列入账面财产投保的财产损失，其赔偿计算方法为：若全部损失，按保险金额赔偿，受损财产的保险金额高于实际价值时，其赔偿金额以不超过实际损失金额为限；如若部分损失，则按实际损失计算赔偿金额，但以不超过保险金额为限。

6）团体火灾保险险种

团体火灾保险包括以下险种。

（1）财产保险基本险

它仅承保火灾、雷击、爆炸、飞行物体及其他空中运行物体坠落及前述保险责任范围中的第③、④、⑤项。

（2）财产保险综合险

它承保的责任范围较财产保险基本险大得多，除财产保险基本险承保的责任外，还承担暴雨、洪水、台风、暴风、龙卷风、雪灾、雹灾、冰凌、泥石流、崖崩、突发性滑坡、地面突然塌陷等自然灾害。

（3）机器损坏保险

它主要承保工厂、矿山等保险客户的机器本身的损失，保险人对各种安装完毕并已转入运行的机器设备因人为的、意外的或物理性原因造成的物质损失承保。

（4）附加险

团体火灾保险的附加险较多，但有特色或常见的附加险主要有：第一，利润损失保险，或称为营业中断保险，它承保被保险人遭受保险事故并导致正常生产或营业中断造成的利润损失；第二，盗抢险，它承保因盗窃、抢劫行为造成的保险损失。此外，还有附加第三者责任保险、露堆财产保险、矿下财产保险等。上述附加险由被保险人在投保主险时根据需要进行选择。

2. 家庭财产保险

1）家庭财产保险及其基本特征

家庭财产保险是以城乡居民为保险对象的一种火灾保险。由于其服务对象是千家万户，且完全属于私人自愿投保，因此，家庭财产保险的承保率往往从一个侧面反映了财产保险的普及程度与发展水平，同时也显示着公众的保险意识及对风险保障选择的偏好。因此，保险人应当将家庭财产保险作为一个窗口，并通过家庭财产保险的发展来产生示范效应，促进其他财产保险险种的发展。

家庭财产保险作为与团体火灾保险相对应的另一类火灾保险业务，实际上由若干具体的险种构成，并在经营实践中呈现出以下特征。

（1）业务分散，额小量大

城乡居民均是以家庭或个人为单位的，不仅居住分散，而且物质财产的积累有限，每一户城乡居民家庭都是保险人的一个展业对象和潜在的保险客户来源，因此，家庭财产保险业务是一种分散性业务,其单个保单的承保额不高,但业务量却很大。

(2) 风险结构有特色

家庭财产面临的主要是火灾、盗窃等风险,这种风险结构与团体火灾保险有着巨大的差异。因此,保险人需要有针对性地做好风险选择与防损工作。

(3) 保险赔偿有特色

一方面,家庭财产保险的赔案大多表现为小额、零星赔案,需要保险人投入较多的人力来处理;另一方面,保险人对家庭财产保险的理赔一般采取有利于被保险人的第一风险赔偿方式。这种方式将被保险人的财产价值视为两个部分,第一部分为保险金额部分,也是保险人应当负责的部分;超过保险金额的即为第二部分,它由被保险人自己负责。凡保险金额内的损失全部由保险人负责赔偿,而不需要像团体火灾保险那样按照保险金额与投保财产实际价值的比例分摊损失。

(4) 险种设计更具灵活性

家庭财产保险业务面向普通的城乡居民,为满足他们的不同需要并使险种真正具有吸引力,保险人不仅提供普通家庭财产保险,往往还推出具有还本性质的家庭财产两全保险和家庭财产长效还本保险,以及综合承保财产损失与有关责任的保险等。因此,城乡居民的投保选择险种较多。

2) 普通家庭财产保险

普通家庭财产保险是面向城乡居民家庭的基本险种,它承保城乡居民存放在固定地址范围且处于相对静止状态下的各种财产物资,凡属于被保险人所有的房屋及其附属设备、家具、家用电器、非机动交通工具及其他生活资料均可以投保家庭财产保险,农村居民的农具、工具、已收获的农副产品及个体劳动者的营业用器具、工具、原材料、商品等亦可以投保家庭财产保险。经被保险人与保险人特别约定,并且在保险单上写明属于被保险人代管和共管的上述财产,也属可保财产范围。但下列财产一般除外:一是金银、首饰、珠宝、货币、有价证券、票证、邮票、古玩、字画、文件、账册、技术资料、图表、家畜、花、树、鱼、鸟、盆景及其他无法鉴定价值的财产;二是正处于紧急风险状态的财产。

普通家庭财产保险的保险责任较为宽泛,包括火灾、爆炸、雷电、冰雹、雪灾、洪水、海啸、地震、地陷、崖崩、龙卷风、冰凌、泥石流、空中运行物体的坠落,以及外来建筑物和其他固定物体的倒塌,暴风或暴雨使房屋主要结构倒塌造成保险财产的实际损失,或者为防止灾害蔓延发生的施救、整理费用及其他合理费用,均由保险人负责赔偿。但保险人对于战争、军事行动或暴乱,核辐射和污染,被保险人或有关人员的故意行为使电机、电器、电气设备因使用过度而超电压、碰线、弧花、走电、自身发热造成本身的损毁,存放于露天的保险财产及用芦席、稻草、油毡、麦秸、芦苇、帆布等材料作为外墙、屋顶、屋架的简陋屋棚遭受暴风雨后的损失,以及虫蛀、鼠咬、霉烂、变质、家禽走失或死亡等,不负赔偿责任。

普通家庭财产保险的保险金额,由被保险人根据保险财产的实际价值自行确定,并且按照保险单上规定的财产项目分别列明。被保险人在起保当天一次缴清保险费,保险费依照保险公司规定的家庭财产保险费率计算。普通家庭财产保险的保险责任期限均为1年,从保险单生效日零时起至保险到期日24时止,期满可以续保。

3) 还本家庭财产保险

还本家庭财产保险是在普通家庭财产保险基础上衍生出来的一种火灾保险,它也是面向城乡居民的一个基本险种。与普通家庭财产保险相比，还本家庭财产保险在保险范围、保险责任、保险赔偿方式等方面均与普通家庭财产保险相似，但又具有以下明显特点。

(1) 以保户储金所生利息抵充保险费

即被保险人在参加保险时，缴纳的是一笔保险储金而不直接缴纳保险费，这种储金的所有权仍然属于被保险人，保险人则享有保险期间的使用权，从而可以用储金所生的利息作为保险费收入，因此，尽管保险费在实质上仍然源于保险客户，但其缴费方式毕竟只能算间接缴费行为。

(2) 期满退回保险储金

由于保险储金属于被保险人所有，当保险期满时，保险人无论是否赔偿过被保险人，也不论赔偿多少，均必须将保险储金全部退还被保险人。

(3) 保险责任期限较长

还本家庭财产保险的保险期限多为3年或5年，较普通家庭财产保险期限长。一些保险人为了方便保险客户，甚至还有长效还本家庭财产保险，即只要被保险人到期不取回保险储金，即视为被保险人自愿续保，保险合同继续有效，保险人继续承担保险合同规定的风险责任。

4) 其他家庭财产保险

除普通家庭财产保险与还本家庭财产保险外，保险人通常还根据城乡居民的需要开办其他专用险种。在这方面，主要有家用电器保险、房屋保险、非机动交通工具保险等。

5) 附加盗窃险

盗窃是城乡居民面临的一项主要风险，但因其性质特殊，保险人一般不在基本险中承保，而是列为附加责任，由保险客户选择投保。不过，多数城乡居民投保家庭财产保险时均会选择附加盗窃保险。因此，盗窃保险虽然是一项附加责任，却又是家庭财产保险中的重要内容。只要加保了附加盗窃险，保险人就对存放于保险地址室内的保险财产因遭受外来的、有明显痕迹的盗窃损失负赔偿责任，但对被保险人及其家庭成员、服务人员、寄居人员的盗窃或纵容他人盗窃所致保险财产的损失不负责任。同时，还有两条规定：一是被保险人在保险财产遭受保险责任范围内的盗窃损失后应当保护现场，向当地公安部门如实报案，并及时通知保险人，否则，保险人有权不予赔偿；二是对赔款后破案追回的保险财产，应当归保险人所有，如果被保险人愿意收回该项财产，就须退还赔款，保险人则对被追回财产的损毁部分按实际损失给予补偿。

5.3 运输保险

5.3.1 运输保险的概念及特征

运输保险是指以处于流动状态下的财产为保险标的的一种保险。它承保各种交通运输工具及所承运的货物在保险期间因各种灾害事故造成的意外损失。它可以按照投保标的的不同划分为运输工具保险与运输货物保险两大类。

运输保险具有以下基本特征。

① 保险标的具有流动性。这是运输保险的最大特征，它决定了运输保险的风险结构也是动态的、广泛而复杂的，包括陆地上的各种风险、内河及海洋中的各种风险及各种空中风险，均可能带来运输保险的索赔。

② 承保风险大而复杂。保险人在承保运输保险业务时，不仅需要承担运输保险标的在固定场所时可能面临的风险（货物在转运过程中需要在码头或仓库存放，运输工具在停驶时需要停放在车库、机场、港口等），更需要承担保险标的在运行过程中面临的各种灾害事故风险，从而相应扩大了相应的保险责任范围。

③ 保险标的出险地点多在异地。这就相对增加了保险人的理赔难度。如飞机出事往往远离机场或在异地机场，船舶碰撞多发生在异地水域，货物出险更是多发生在运输途中。因此，也是对承保人的理赔技术与经验的一种考验。

④ 意外事故的发生通常与保险双方之外的第三方有密切关系。如车辆、船舶受损大多是碰撞事故所致，碰撞方或被碰撞方即构成了保险双方之外的第三方；运输中的货物更是直接控制在承运人的手上，其在运输中遭受的损失大多与保险双方之外的承运人密切相关。可见，运输保险的实际关系相当复杂，是一种有挑战性的保险业务。

5.3.2 运输工具保险

运输工具保险是以载人或载运货物或从事某种交通作业的工具为保险标的的保险。它承保各种以机器为动力的运输工具，包括机动车辆、船舶、飞机、摩托车等。拥有各种运输工具的客运、货运、航空、航运等公司及其他企事业单位和个人均可投保。运输工具保险根据保险标的的不同又可分为机动车辆保险、船舶保险、飞机保险等险种。下面逐一加以介绍。

1. 机动车辆保险

1）机动车辆保险的概念及特点

机动车辆保险是以机动车辆本身及其第三者责任等为保险标的的一种运输工具保险，由于它以汽车为主，国外又称为汽车保险。其保险客户主要是拥有各种机动交通工具的法人团体和个人，其保险标的主要是各种类型的汽车、电车、电瓶车等专用车辆及摩托车等。

机动车辆保险产生于19世纪末，世界上最早签发的机动车辆保险单是1895年由英国"法律意外保险公司"签发的保险费为10～100英镑的汽车第三者责任保险单，但汽车火险可以在增加保险费的条件下加保。机动车辆保险的真正发展是在第二次世界大战后，一方面是汽车的普及使道路事故风险构成一种普遍性的社会风险；另一方面则是许多国家将包括汽车在内的各种机动车辆第三者责任列入强制保险的范围。因此，机动车辆保险在全球均是具有普遍意义的保险业务。

机动车辆保险的特征主要体现在以下几个方面。

① 保险风险具有不确定性与难测性。由于机动车辆在陆地上运行，流动性大，行程不固定，对保险人而言，无疑增加了风险事故与保险损失的不确定性和难以预测性。

② 扩大了可保利益。只要是经被保险人允许的合格驾驶人员使用已保险的机动车辆，如果发生保单约定的保险事故并造成第三者的财产损失或人身伤亡的，保险人均负赔偿责

任。保险人在承担这项责任时,要求驾驶员是合格的驾驶员和驾驶已保险的机动车辆且得到了被保险人的同意,而不要求其对机动车辆拥有所有权、占有权或管理权等,这实际上是对保险合同中可保利益的一种扩大,同时也是保险责任的放大。

③ 注重维护公众利益。机动车辆第三者责任保险作为一种与机动车辆密不可分的责任保险业务,在绝大多数国家均采用强制原则实施,从而是一种法定保险业务,各国之所以对这种业务特殊对待,其出发点都是为了维护公众利益,即确保在道路交通事故中受害的一方能够得到有效的经济补偿。

2) 车辆损失保险

在机动车辆保险中,车辆损失保险(简称车身保险)与第三者责任保险构成了其主干险种,并在若干附加险的配合下,共同为保险客户提供多方面的风险保障服务。

车辆损失保险的保险标的是各种机动车辆的车身及其零部件、设备等。

车辆损失保险的保险责任包括碰撞责任与非碰撞责任,其中碰撞是指被保险车辆与外界物体的意外接触,如车辆与车辆、车辆与建筑物、车辆与电线杆或树木、车辆与行人、车辆与动物等碰撞,均属于碰撞责任范围之列;非碰撞责任则可分为以下几类。

① 保险单上列明的各种自然灾害,如洪水、暴风、雷击、泥石流等。
② 保险单上列明的各种意外事故,如火灾、爆炸、空中运行物体的坠落等。
③ 其他意外事故,如倾覆、冰陷、载运被保险车辆的渡船发生意外等。

在除外责任方面,保险人对战争、军事行动或暴乱等导致的损失,被保险人故意行为或违章行为导致的损失,被保险人车辆自身缺陷导致的损失,以及未履行相应义务(如增加挂车而未事先征得保险人的同意等)的情形下出现的损失,保险人均不负责赔偿。

机动车辆损失保险的保险金额,采用不定值保险方式,既可以按重置价值即按照投保时同类机动车辆的市场价格确定,也可以由双方协商确定,或者可以按照投保车辆的使用年限通过计算确定。

机动车辆损失保险的保险费率一般由国家保险管理部门制定基本费率表,或者由保险同业公会制定费率表并接受保险管理机关的监管,各保险公司在执行中允许有一定幅度的弹性。与其他保险业务不同的是,机动车辆损失保险的保险费由基本保险费和保险金额乘以适用费率两部分组成,其中基本保险费部分是统一规定的,另一部分则体现了不同价值车辆的保险费差别。机动车辆损失保险的保费计算公式为

$$保险费 = 基本保险费 + 保险金额 \times 保险费率$$

机动车辆发生保险事故后,被保险人应当采取合理的保护、施救措施,并立即向交通管理部门报案,同时通知保险人。索赔时,应向保险人提供保险单、事故证明、事故调解结案书、损失清单和各种有关费用单据;如果保险车辆受损需要送厂修理,被保险人应当会同保险人检验受损车辆,明确修理项目、修理方式和修理费用;对于擅自修理者,保险人有权重新核定修理费用。保险人在接到被保险人的报案后,应从速登记立案,并及时到现场查勘,在查清事故原因及损失程度的基础上进行责任确定、赔款计算。凡被保险车辆全部损失者,按保险金额赔偿,但保险金额高于重置价值时,以不超过出险当时的重置价值为限;凡部分损失者,对按重置价值确定保险金额的车辆按实际修理费用赔偿,对投保时保险金额低于重置价值的车辆则按保险金额与出险当时的重置价值比例赔偿修理费用。保险车辆全损后的残余部分应协商作价归被保险人并在赔款中扣除。同时,还要在赔款中扣除免赔额,这意味着

被保险人同样要承担较大的风险。当保险赔偿等于保险金额全数时，车辆损失保险的保险责任即行终止。

3）第三者责任保险

机动车辆第三者责任保险是承保被保险人或其允许的合格驾驶人员在使用被保险车辆时因发生意外事故导致的第三者的损害索赔风险的一种保险。由于第三者责任保险的主要目的在于维护公众的安全与利益，在实践中通常作为法定保险并强制实施。

机动车辆第三者责任保险的保险责任，是指被保险人或其允许的合格驾驶人员在使用被保险车辆过程中发生意外事故，致使第三者人身或财产受到直接损毁且被保险人依法应当支付的赔偿金额。在此，保险的责任核定应当注意两点：一是直接损毁，实际上是指现场财产损失和人身伤害，各种间接损失不在保险人负责的范围；二是被保险人依法应当支付的赔偿金额，保险人依照保险合同的规定进行补偿，这两个概念是不同的，即被保险人的补偿金额并不一定等于保险人的赔偿金额，因为保险人的赔偿必须扣除除外不保的责任或除外不保的损失。例如，被保险人所有或代管的财产、私有车辆的被保险人及其家庭成员，以及他们所有或代管的财产、本车的驾驶人员及本车上的一切人员和财产在交通事故中的损失，不在第三者责任保险负责赔偿之列；被保险人的故意行为、驾驶人员酒后或无有效驾驶证开车等行为导致的第三者责任损失，保险人也不负责赔偿。

4）交通事故强制保险

根据我国颁布实施的《机动车交通事故责任强制保险条例》（以下简称《条例》）的规定，机动车辆交通事故责任强制保险，简称交强险，是指由保险公司对被保险机动车发生道路交通事故造成本车人员、被保险人以外的受害人的人身伤亡、财产损失，在责任限额内予以赔偿的强制性责任保险。交强险是法定强制责任保险的一种。其设置目的是为避免道路交通事故发生后，因肇事车辆没有保险保障或致害人的赔偿能力有限，受害人得不到及时的赔偿引发赔偿纠纷。交强险制度通过国家法律强制机动车所有人或管理者投保，可以在最大限度上为交通事故受害人提供及时和基本的经济保障。交强险与机动车第三者责任保险即商业第三者责任保险可配合使用。目前实行的机动车第三者责任保险由投保人自愿选择购买。

交强险与商业保险中的第三者责任保险的区别主要表现在以下几个方面。一是赔偿原则不同。根据我国《道路交通安全法》的规定，对机动车发生交通事故造成人身伤亡、财产损失的，由保险公司在交通事故强制责任保险责任限额范围内予以赔偿。而商业保险中的第三者责任险，保险公司是根据投保人或被保险人在交通事故中应负的责任来确定赔偿责任。二是保障范围不同。除了《条例》规定的个别事项外，交强险的赔偿范围几乎涵盖了所有道路交通责任风险。而商业保险中的第三者责任保险，保险公司不同程度地规定有免赔额、免赔率或责任免除事项。三是性质不同。交强险是投保人必须投保的法定险种，根据《条例》规定，机动车的所有人或管理人都应当投保交强险，同时，保险公司不能拒绝承保、不得拖延承保和不得随意解除合同。交强险具有法定性、强制性和明显的公益性。而商业保险中的第三者责任保险是投保人为获得更高的抗风险能力而自愿投保的险种，对其利益保障具有独立性和延伸性。四是目的不同。交强险不以营利为目的，根据《条例》规定，保险公司经营的交强险业务与其他商业保险业务分开管理、单独核算，无论盈亏，均不参与公司的利益分配。而商业保险中的第三者责任保险以营利为目的，保险公司之所以经营第三者责任保险业务就是为了实现利润最大化的目标。五是采用的限额制的方式不同。交强险实行分项责任限额,被保险机动车辆在道路交通事故中有责任的赔偿限额为:死亡伤残赔偿限额为110 000元人民币,医疗费用赔偿限额为10 000元人民币,财产损失赔偿限额为2 000元人民币。被保险机动车辆在道路交通事故中无责任的赔偿限额为:死亡伤残赔偿限额为11 000元人民币,医疗费用赔偿限额为1 000元人民币,财产损失赔偿限额为100元人民币。而商业保险中的第三者责任保险实行总项责任限额制,保险公司对受害人的各种单项损失的赔偿金额不受分项额责任额的限制,只要全部损失金额不超过总的责任限额就可以获得赔偿。

5)附加保险

机动车辆的附加保险是机动车辆保险的重要组成部分。目前我国现行的机动车辆保险的主要附加险包括全车盗抢险、玻璃破碎险、自燃损失险、新增加设备损失险、不计免赔特约险、驾驶员意外伤害险、乘客意外责任险、车身划痕损失险、车上货物责任险等,保险客户可根据自己的需要选择加保。

2. 船舶保险

1)船舶保险的概念及适用范围

船舶保险是以各类船舶、水上装置及其碰撞责任为保险标的的运输工具保险。与其他运输工具保险相比,船舶保险不仅承保船舶在保险期间整个过程的风险,而且保险人同时承担着船舶损失、碰撞责任和有关费用三类保障责任,加之船舶在水上运行,发生事故后无法保留现场以备查勘,因此,船舶保险业务经营较机动车辆保险业务经营难度更大。

船舶保险的适用范围是所有船舶,它承保的标的包括各类船舶及水上装置,其范围十分广泛。例如,按照船舶的结构可分为铁壳船、木壳船、帆船、水泥船、玻璃钢船、气垫船等;按照船舶的用途可分为客船、货船、油船、驳船、泵船、游船、液化气船等;按照船舶有无机器动力可分为机动船、非机动船和机帆船等。

2)船舶保险的责任范围

船舶保险的责任范围较广,保险人承担的责任包括以下三类。

(1)船舶本身损失的赔偿责任

即因八级及八级以上大风、洪水、海啸、崖崩、滑坡、泥石流、冰凌、雷击、水灾、爆炸、碰撞、搁浅、触礁、倾覆、沉没、船舶航行中失踪6个月以上等自然灾害、意外事故所造成的保险船舶损失,由保险人根据保险合同规定负责赔偿。

(2)碰撞责任

凡被保险机动船舶或其拖带的保险船舶与其他船舶、固定物体发生直接碰撞责任事故,致使被碰撞的船舶及所载货物,或者被碰撞的码头、港口设备、航标、桥墩等固定建筑物遭受损失,以及被碰撞船舶上的人员伤亡,依法应当由被保险人承担的赔偿责任,保险人可按照保险合同规定给予补偿。

(3)有关费用

包括共同海损分摊费用、海难中的救助费用和海损事故中发生的施救费用等,保险人均可以按照船舶保险合同的规定给予赔偿或损失补偿。

保险人对由于下列原因造成的被保险船舶的经济损失,不负赔偿责任:战争、军事行动和政府征用导致的损失;不具备适航条件而航行导致的损失;被保险人及其代表的故意行为引起的损失;超载、浪损、搁浅引起的事故损失;船体和机件的正常维修费用和自然磨损、锈蚀、机器本身发生的故障,以及一切间接损失、清理航道和污染费用等,均不在船舶保险负责赔偿的范围。

3）保险金额与保险费率

船舶保险的保险金额的确定依据有三种：一是按照新船的市场价格或出厂价格确定保险金额；二是按照旧船的实际价值确定保险金额；三是保险双方协商确定保险金额。

船舶保险费率的厘定原则与团体火灾保险有某些相似之处，即采用类别级差费率制。保险人一般根据航行水域的风险大小及损失率高低分类确定。船舶保险的费率制定一般应考虑以下因素：船舶的种类与结构、船舶的新旧程度、船舶航行区域、船舶的使用性质、船舶所有人的经营管理素质和技术水平等，同时适当参照国际船舶保险市场的费率标准。

4）船舶保险的赔偿

船舶保险的赔偿处理因通常涉及碰撞责任，需要以海损事故赔偿的基本原则作为基础。而在船舶海损事故处理中，其基本原则包括按过失责任赔偿、赔偿按货币结算和支付、赔偿只限于直接经济损失三项。保险人的赔偿包括以下三项。

（1）船舶损失赔偿

它赔偿被保险船舶在海损事故中遭受的全部损失或部分损失。只要每次赔款达不到保险金额，保险人就应连续承担和履行赔偿责任，而且每次均以保险金额为限，所赔金额不在保险金额中予以扣除。如果一次赔偿额达到了保险金额，则意味着保险人履行了全部义务，保险合同终止。

（2）费用损失赔偿

包括共同海损分摊费用、救助费用及合理的施救费用，保险人亦给予赔偿，但以不超过保险金额为限，且与船舶本身的赔偿分别计算。

（3）碰撞责任赔偿

即对被保险人依法应负的碰撞责任赔偿，保险人在保险金额限度内给予补偿。此种赔偿的处理类似于机动车辆保险中的第三者责任保险。

由此可见，船舶保险的保险金额实际上适用于三个方面，即船舶本身的损失、碰撞责任及共同海损、施救、援助抢救费用，每次事故的最高赔偿额均以保险船舶的保险金额为限。对于由于第三方导致的被保险船舶的损失，保险人可以行使代位追偿权。

3. 航空保险

1）航空保险的概念及特点

航空保险，又称飞机保险，是指以飞机及与其有关的法律责任风险等为保险标的的一种运输工具保险，它通常由若干可以独立承保的基本险和若干附加险构成。如英国的航空基本险有机身险、第三者责任险、旅客法定责任险、机场责任险、产品责任险、机组人员人身意外险、丧失执照险、飞机表演责任险和塔台指挥人员责任险等，因此，航空保险实质上是一类以飞机为中心展开的保险业务的统称。在中国，航空保险的基本险有机身险、第三者责任险和旅客法定责任险三种，但航空公司在投保上述基本险的同时，还可以加保承运货物责任险、战争与劫持险等。

航空保险的基本特征主要体现在以下两个方面。

① 风险分布具有时效性，即航空风险发生率最高的是在起飞和着陆阶段，其中又有75%以上的航空事故是因为飞行员的错误判断引起的。

② 航空保险的标的价值高，损失风险大，这决定了保险公司对航空保险业务必须采取

集团共保的方式或再保险的方式来分散风险并稳定经营。

2) 飞机机身保险

飞机机身保险是航空保险领域的主要险种，它承保飞机本身在飞行或滑行及在地面时因意外事故造成的损失或损坏。如飞机因坠落、碰撞、失火、灭失、失踪等造成全损或部分损失，以及清除残骸等费用，由保险人负责赔偿。

保险人在承保机身险时，对保险责任通常采用条款列举的方式。航空保险的保险责任范围较大，险种设计为一切险的形式，其责任范围包括因火灾、雷击、爆炸、碰撞、风暴、偷窃等原因造成的损失，保险人对此负责赔偿；责任免除包括战争和军事行动；飞机不符合适航条件而飞行；被保险人故意行为；飞机任何部件的自然磨损或制造及结构缺陷；飞机受损后的各种间接损失和费用；不合格驾驶员驾驶飞机。

在保险金额方面，机身险采用定值保险的方式。为控制风险，保险人在实务经营中往往采取两种办法：一是采用分摊条款，对部分损失的赔偿加以限制，如损失外壳的赔偿不超过保额的40%等；二是对费率进行调整。机身险的保险费率主要根据历年的损失率对不同型号的飞机使用不同的费率。

3) 第三者责任保险

飞机第三者责任保险在性质上与机动车辆第三者责任保险是一致的，它主要承保飞机在营运中由于坠落或因机上坠人、坠物而造成第三者的人身伤亡或财产损失，应由被保险人承担的赔偿责任。但属于由被保险人支付工资的机内、机场工作人员，以及被保险飞机的旅客的人身伤亡或财产损失，保险人不负责赔偿或者不能在此险种内赔偿。由于航空事故对第三者造成的人身伤亡或财产损失往往无法预料，如飞机坠毁在化工厂或油库所在地时就可能造成数以亿元的直接经济损失，而保险人又不能承担无限责任，因此，保险人一般对此规定一个赔偿限额作为承担第三者责任的最高赔偿限额。

4) 旅客责任保险

旅客责任保险是以航空旅客为保险对象的一种航空责任保险业务，凡航空公司在营运过程中造成乘客人身伤亡和行李损失且依法应负的经济赔偿责任，由承保人负责补偿。

此外，还有承运货物责任保险、飞机战争劫持保险等业务。

5.3.3 货物运输保险

1. 货物运输保险的概念及特点

货物运输保险是以运输中的各种货物为保险标的的一种运输保险。无论是对外贸易还是国内贸易，商品从生产者到消费者手中，都要经过相应的运输过程，即只有通过相应的运输工具才能将货物由卖方交到买方手中，而在装卸、运输过程中，各种自然灾害和意外事故又对货物安全构成威胁，并极易导致货主的经济损失，因此，为运输中的货物提供保险显得十分必要，它不仅能够保障货主的经济利益，而且有利于商品交易和运输业的正常发展。

货物运输保险的特点主要表现在以下几个方面。

① 承保标的具有流动性。即货物运输保险所承保的货物是处于流动或运行状态下的货物，它不受一个固定地点的限制，出险也往往在保险合同签订地之外，保险人通常需要建立异地代理检验或理赔制度才能经营此类保险业务。

② 保险合同可以背书转让。与其他财产保险中规定保险合同不能自由转让不同，货物运输保险合同可以随着货物所有权的转移而自由转移，即它在实践中往往被看成是提货单的附属物，随着提货单的转移而转移，不需要保险人事先同意。这种现象是货物运输保险中特有的现象。

③ 保险期限具有航程性。即货物运输保险通常不是采取一年期的定期制，而是采用航程保险单，即通常所说的"仓至仓条款"是确定货物运输保险责任期限的依据，它一般规定保险人的责任起讫以约定的运输途程为准，从起运地仓库到目的地仓库的整个运输过程即为一个保险责任期。

④ 承运人的影响大。一方面，承运人是承担货物运输任务的人，其对货物安全运抵目的地负有直接责任，任何货物发生货损都离不开向承运人调查取证，因而需要承运人的密切配合；另一方面，许多货物损失案件事实上与承运人的行为有关，从而还需要向承运人追偿。

2. 货物运输保险分类

对货物运输保险业务的分类可以有不同的依据，大体上包括以下几种。

① 根据货物运输是否超越国境，分为国际或涉外货物运输保险和国内货物运输保险，前者是指货物运输的起运地或目的地有一方在国外，甚至两者均是在国外的业务，它属于国际贸易与国际运输范围；后者系指货物运输的区域没有超越国境，属于国内贸易范围。

② 按照运输工具划分，可以分为航空货物运输保险、水路货物运输保险和陆上货物运输保险及联运险。其中联运险是指需要使用两种及两种以上的主要运输工具的货物保险。

③ 按照保险承担责任的方式划分，可以分为货物运输基本险、货物运输综合险、货物运输一切险及附加险，其中基本险、综合险、一切险可以单独承保，而附加险则必须附加在基本险、综合险或一切险之上。

在国际上，货物运输保险则通常分为海洋货物运输保险、陆上货物运输保险、航空货物运输保险和邮包险等险种。其中邮包险专门承保邮局递运的涉外货物，它通常需要兼顾海、陆、空三种运输工具的责任，亦可进一步分为邮包险和邮包一切险。

3. 保险金额与保险费率

货物运输保险的保险金额，采取定值保险方式，并通常按以下三种价格标准择一确定。

① 离岸价。即以起运地发票价加装船前的一切费用作为保险金额。

② 成本加运费价。即以起运地货物本身的价格加运杂费作为保险金额。

③ 到岸价格。即以起运地货物本身的价格加运杂费再加保险费作为保险金额。

在上述三种价格条件中，到岸价格是保障最充分的价格条件。如果采取到岸价格成交，则货物运输保险由卖方办理并承担保险费用，如果采取前两种价格条件成交，则保险手续由买方办理并承担保险费。在国内，保险人确定货物保险金额的依据通常是在起运地成本价、目的地成本价和目的地市场价中择一而定。

在厘定货物运输保险的保险费率时，保险人通常考虑下列因素。

① 货物运输方式。分为直达运输、联运、集装箱运输等方式。其中，联运是指同一种标的需要采取两种或两种以上的主要运输工具才能从起运地运到目的地的运输方式。

② 选用的运输工具。包括船舶、火车、汽车、飞机等，不同的运输工具客观上存在着不同的运输风险。

③ 货物的性质与包装。货物性质的差异决定了货物自身的风险大小，如玻璃易碎、烟花爆竹易爆易燃等；同时，包装的好坏也影响着运输中的防灾防损。保险人一般将各种货物按易损程度分为一般货物、一般易损货物、易损货物、特别易损货物四大类，并据此制定相应的级差费率。易损程度越高，保险费率就越高。

4. 保险责任范围

货物运输保险的责任范围比较复杂，但保险人承担责任的方式大体上可以概括为基本险、综合险、一切险和附加险四类。

1）基本险

在货物运输基本险中，保险人承担的保险责任范围包括保险单上列明的各种自然灾害、火灾、爆炸，运输工具发生意外事故，装卸或转载过程中因包装不善或装卸人违反操作规程等导致的损失，以及共同海损分摊费用、合理的施救费用等。上述损失与费用由保险人在保险金额限度内负责赔偿。

2）综合险

在货物运输综合险中，保险人承担的责任范围较基本险宽，除承担基本险中的保险责任外，还承担以下一些保险责任。

① 因受震动、碰撞、挤压而造成破碎、弯曲、凹瘪、折断、开裂或包装破裂致使货物散失的损失。

② 液体货物因受震动、碰撞或挤压致使所有容器（包括封口）损坏而渗漏的损失，或用液体保藏的货物因液体渗漏而造成保藏货物腐烂变质的损失。

③ 遭受盗窃或因承运人责任造成的整件提货不着的损失。

④ 符合安全运输规定而遭受雨淋所致的损失。

⑤ 因铁路承运人责任致使保险货物发生灭失、短少、污染、变质、损坏的损失。但承保综合险不等于承保了运输过程中所发生的所有风险。对于下列原因造成的货物损失，即战争、军事行动、核事件、核爆炸、保险货物本身的缺陷或自然磨损、包装不善、被保险人故意行为、公路运输货物被盗、整件提货不着的损失及其他不属于保险责任范围内的损失，保险人不负赔偿责任。

3）一切险

一切险是货物运输保险中保险人承担责任范围最广的一种保险，保险人不仅对基本险中的保险责任完全负责，而且对被保险货物在海、陆、空运输过程中因各种外来原因造成的损失，不论全部或部分损失，都负责赔偿。包括偷窃提货不着险、淡水雨淋险、短量险、混杂玷污险、渗漏险、碰撞破碎险、串味险、受潮受热险、钩损险、包装破裂险、锈损险等 11 种附加险，即只要投保了一切险，上述 11 种附加险就全部投保了，但投保人也可根据货物性质和运输特点单独选择一种或数种附加险投保。

4）附加险

由于货物种类繁多，性质各异，基本险与综合险均不可能完全满足各种保险客户对风险损失转嫁的需要。因此，保险人通常设立多种附加险供投保人选择，每一份货物运输保险合同的签发，几乎都是一个基本险或综合险与若干附加险的组合。因此，货物运输保险中的附加险十分发达，附加险构成了货物运输保险承保责任的重要组成部分。附加险包括：一般附加险，有 11 种，在一切险中已经阐述；特殊附加险，如战争险和罢工险；特别附加险,如交货不到险、进口关税险、舱面险、拒收险、黄曲霉素险等,需要经过特别约定才能承保。

5.4 工程保险

5.4.1 工程保险的概念及特点

工程保险是指以各种工程项目为主要承保标的的财产保险。它是适应现代工程技术和建筑业的发展,由火灾保险、意外伤害保险及责任保险等演变而成的一类综合性财产保险,它承保一切工程项目在工程期间乃至工程结束以后的一定时期的一切意外损失和损害赔偿责任。一般而言,传统的工程保险仅指建筑、安装及船舶建造工程项目的保险;然而,进入20世纪以来,许多科技工程活动获得了迅速发展,又逐渐形成了科技工程项目保险。因此,建筑工程保险、安装工程保险、科技工程保险构成了工程保险的三大主要业务来源。

在保险业务经营中,工程保险的特点主要表现在以下几方面。

① 承保范围广。传统的财产保险只承保保险财产的意外损失赔偿责任,对与保险财产有关的财产物资和利益却不予承保;而工程保险不仅承保工程项目本身,而且承保与此有关的建筑、安装机器设备、原材料及责任损失和人身伤亡等。因此,投保人投保工程保险,即能获得全面的风险保障。

② 保险风险大。普通财产保险一般只承保保险单上列明的少数风险,保险人对于保险责任之外的一切风险是不负赔偿责任的;而工程保险大多承保被保险人的一切意外损失,许多险种被冠以"一切险",保险人承担的风险责任基本上是除了保单列明的除外责任以外的一切风险责任。

③ 扩展了投保人或被保险人。在其他财产保险中,投保人是单个的法人或自然人,并在保险人签发保险单后即成为被保险人;而在工程保险中,对同一个项目具有经济利害关系的各方均具有可保利益,均具备对该工程项目的投保人资格,并且均能成为该工程保险中的被保险人,均受保险合同及交叉责任条款的规范和制约。

④ 不同工程保险的内容有交叉性。在建筑工程保险中,通常包含着安装项目,如房屋建筑中的供电、供水设备安装等;在安装工程保险中也往往包含着建筑工程项目,如安装大型机器设备就需要进行土木建筑打好座基等;在科技工程保险中,往往包含着建筑、安装工程项目。因此,这类业务虽有险种差异、相互独立,但内容多有交叉,经营上也有相通性。

⑤ 采用工期保险单或分阶段承保。建筑安装工程保险采用的是工期保险单,其保险责任期限均是从工程动工之日起,到工程竣工验收合格止;科技工程保险则多是采取分阶段承保的办法。这与其他财产保险业务采用一年期定期保险单或一次性航程保险单有明显的差异。

5.4.2 建筑工程保险

1. 建筑工程保险与交叉责任

建筑工程保险是指以各类民用、工业用和公用事业用的建筑工程项目为承保对象的工程保险，保险人承担着对被保险人在工程建设过程中因自然灾害和意外事故引起的一切损失的经济赔偿责任。它适用于房屋建筑物、道路、水坝、桥梁、港埠及各种市政工程项目的建筑，上述工程在建筑过程中的各种意外风险均可通过投保建筑工程保险而得到转嫁。

由于在建筑工程项目中，与其存在经济利害关系的不止一方，因此，建筑工程保险亦不仅仅适用于工程所有人，还适用于其他有关各方，如施工单位包括主承包人和分承包人，工程技术监督单位包括工程设计人、建筑师等，以及建筑工程的贷款银行或债权方，均可成为建筑工程保险中的被保险人。因此，建筑工程保险区别于其他保险的重要特点就是可以在一张保险单上对所有与保险项目有关的各方均给予所需的风险保障。由于建筑工程保险的被保险人不止一个，而且每个被保险人各有其本身的权益和责任需要向保险人投保，为避免有关各方相互之间的追偿责任，大部分建筑工程保险单都加贴共保交叉责任条款，这一条款的基本内容就是各个被保险人之间发生的相互责任事故造成的损失，均可由保险人负责赔偿，不需要根据各自的责任相互进行追偿。

2. 建筑工程保险的承保项目

建筑工程的主体无疑是建筑项目本身，但建筑工程保险的承保范围却往往涉及与工程项目本身有关的财产物资和利益。因此，建筑工程保险可承保的项目包括下列各项。

① 建筑施工合同中规定的建筑工程，包括永久工程、临时工程及工地上的物料。以大型旅馆建筑为例，承保项目包括建筑物主体、建筑物内装修设备、与建筑物配套的道路和桥梁、水电设施等，它们是建筑工程保险的主要承保项目。

② 建筑用的机器设备，包括施工用的各种机器如起重机、打桩机、铲车、推土机、汽车，各种设备如水泥搅拌设备、临时供水及供电设备、传送装置、脚手架等，均可投保。

③ 工地上原有的财产物资，包括工程所有人或承包人在工地上的房屋建筑物及其他财产物资，由于施工过程中的意外而造成损失的风险，保险人亦可承保。

④ 安装工程项目，即建筑工程项目中需要进行机器设备或其他设施安装的项目，如旅馆大楼内的电梯及发电、取暖、空调等机器设备的安装，亦存在着安装风险，保险人可一并在建筑工程保险单项下予以承保。

⑤ 损害赔偿责任，即建筑过程中因意外事故导致他人损害并依法应承担的损害赔偿责任，它虽然是责任保险中的承保对象，但亦可作为建筑工程保险项目之一加以承保。

3. 责任范围和保险期限

建筑工程保险承保的责任范围相当广泛。概括起来，保险人承保的责任有以下几类。

① 列明的自然灾害，主要有雷电、水灾、暴雨、地陷、冰雹等。对于地震与洪水，由于其风险性大，一旦发生，往往造成重大损失。国际保险界一般将其列入特约可保责任另行协议加保，即将其排除在基本保险责任之外，或者虽然列入基本责任范围，但另行规定赔偿限额，以便对这类巨灾风险加以适当控制。

② 列明的意外事故，主要有火灾、爆炸、空中运行物体坠落、工作人员在施工中的过

失造成的意外及原材料缺陷等引起的意外事故。

③ 盗窃及清理保险事故现场所需费用。也有保险人将此类风险另行承保的情况。

④ 第三者责任。

⑤ 在建筑工程一切险中，未列入除外责任且不在上述风险责任范围的其他风险责任。

建筑工程保险的除外责任，除了财产保险中的例行除外责任如被保险人的故意行为、战争、罢工、核污染外，一般还有下列除外责任：一是错误设计引起的损失、费用或责任，其责任者在设计方，应由直接责任者负责；二是原材料缺陷如置换、修理或矫正所支付的费用及工艺不善造成的本身损失；三是保险标的的自然磨损和消耗；四是各种违约后果如罚金、耽误损失等；五是其他除外责任，如文件、账簿、票据、货币及有价证券、图表资料等的损失等。

建筑工程保险的保险责任期限，一般采用工期保险单，即以工期的长短作为确定保险责任期限的依据，由保险人承保从开工之日起到竣工验收合格的全过程。但对大型、综合性建筑工程，由于各子工程是分期施工的，则应分项列明保险责任的起讫期。

4. 责任限额与保险费率

建筑工程保险的责任限额是指保险人承保的风险损失补偿限额，包括以建筑工程中财产物资为保险标的而确定的保险金额、以第三者责任风险为保险标的的赔偿限额，以及根据保险双方协商确定的免赔额。

在保险金额方面，按不同的承保项目分项确定。其中建筑工程本身一般以该工程的总造价为保险金额，包括设计费、材料设备费、施工费、运杂费、税款及保险费等项；考虑到施工期间多种因素的变化，如原材料价格的涨跌等，保险人一般让投保人根据计划价投保，待工程完毕后再按实际造价对保险金额予以调整；其他承保项目的保险金额则以投保标的的实际价值或重置价值为依据由保险双方协商确定。此外，因地震、洪水等特约灾害造成损失的，保险人一般还另行规定赔偿限额，按保险金额的一定比例（如80%）计算。

在赔偿限额方面，一般对第三者的财产损失和人身伤亡分项确定赔偿限额，并按每次事故、整个保险期间的风险情况确定累计赔偿限额。在免赔额方面，保险人一般根据工程本身的风险程度、工地上的自然地理条件、工期长短、保险金额的高低及不同的承保项目等因素与被保险人协商确定。在建筑工程保险市场上，合同工程承保项目的免赔额一般为该工程项目保险金额的0.5%～2%；机器设备项目的免赔额一般为保险金额的5%左右；有的保险人对地震、洪水等造成的损失还要规定单独的免赔额。

建筑工程保险的保险费率通常要综合考虑保险责任的大小、保险标的本身的风险程度、承包人的技术水平和管理水平、承包人及工程其他关系方的资信情况、保险金额与赔偿限额及免赔额的高低等因素。在综合考虑上述因素的基础上，再结合以往承保同类业务的赔付情况，保险人就可以制定出比较合理的费率标准。值得指出的是，由于保险金额要在工程完毕后才能真正确定，保险费的计收亦应在订立合同时预收，期满时多退少补。

5.4.3 安装工程保险

1. 安装工程保险的概念及特点

安装工程保险是指以各种大型机器设备的安装工程项目为承保对象的工程保险，保险人承担着对被保险人在机器设备安装过程中及试车考核期间的一切意外损失的经济赔偿责任。如各种工厂的机器设备、储油罐、钢结构工程、起重机、吊车等的安装,均可投保安装工程保险。

安装工程保险的特点主要体现在以下几个方面。

① 以安装项目为主要承保对象,各种大型机器设备则是基本的保险标的。

② 承保的风险主要是人为风险。在安装工程施工过程中,机器设备本身的质量如何;安装者的技术状况如何、责任心如何;安装中的电、水、气供应及施工设备、施工方式方法等均是导致风险发生的主要因素。因此,安装工程虽然也面临着自然风险,保险人也承保着多项自然风险,但与人的因素有关的风险却是该险种中的主要风险。

③ 安装工程在试车、考核和保证阶段风险最大。在安装工程保险中,风险并非平均分布,而是集中在最后阶段,即机器设备只要未正式运转,许多风险就不易发生,虽然风险事故的发生与整个安装过程有关,但只有到安装完毕后的试车、考核和保证阶段,各种问题及施工中的缺陷才会充分暴露出来,因此,安装工程事故也大多发生在安装完毕后的试车、考核和保证阶段,这是承保人应充分注意的。

2. 安装工程保险的基本内容

安装工程保险的承保实务与建筑工程保险有相通之处,但在承保项目等方面仍然有自己独特的内容。安装工程保险的承保项目主要是指安装的机器设备及其安装费,凡属安装工程合同内要安装的机器、设备、装置、物料、基础工程(如地基、座基等)及为安装工程所需的各种临时设施(如临时供水、电、通信设备等)均包括在内;此外,为完成安装工程而使用的机器、设备等,为工程服务的土木建筑工程及工地上的其他财产物、保险事故后的场地清理费等均可作为附加项目予以承保。

安装工程保险的第三者责任保险与建筑工程保险的第三者责任保险相似,既可以作为基本保险责任,亦可作为附加或扩展保险责任。

5.4.4 科技工程保险

1. 科技工程保险及风险控制

科技工程保险与建筑工程和安装工程保险有许多相似之处,但这类保险业务更具专业技术性和科技开拓的风险性,且与现代科学技术的研究和应用有直接关系,因此,它又不能被一般建筑工程和安装工程保险所包容。

由于科技工程中具有特殊的风险,加之深受多种因素的影响与制约,无论人们采取多么严密的防范措施,都不可能完全避免科技工程事故的发生,一旦发生灾祸,其损失往往数以亿元计乃至数以百亿元计,进而可能波及政局与社会的稳定。因此,世界各国尤其是发达国家的科技工程无一不以保险作为转嫁风险损失的工具和后盾。

在财产保险市场上,保险人承保的科技工程保险业务主要有海洋石油开发保险、航天工程保险、核能工程保险等,其共同特点就是高额投资,价值昂贵,且分阶段进行,保险人既可按工程的不同阶段承保,又可连续承保,与建筑工程和安装工程保险有许多相似之处。

从保险人的角度出发,开办科技工程保险业务是为了开拓新的业务与市场、为科技进步与社会经济的发展服务,但承保科技工程与承保建筑工程和安装工程相比,风险性更大。因此，保险人在经营中亦须对承保风险加以控制。措施通常包括：一是注意选择风险，限制责任，对政治风险、社会风险及被保险人的故意行为或重大过失不予承保，同时还运用赔偿限额与免赔额来限制保险人承担的风险责任；二是运用义务条款，实施外部监督，促进被保险人对科技工程风险的控制；三是充分运用集团共保和再保险手段，将科技工程风险在更大范围内分散和消化；四是建立健全科技工程保险承保、防灾防损制度，重视有关专业人才的蓄积和有关科技工程知识的培训，确保承保质量高，防灾防损有效。尽管科技工程保险中的风险极高，但保险人通过采取上述措施，从总体上保证了各种科技工程保险业务的持续发展。

2. 海洋石油开发保险

海洋石油开发保险具有技术性强、条款复杂、险种繁多的特点，它要求承保人具有较高素质，既要有一定的石油开发风险管理知识，又要具有一定的法律常识；既要有比较扎实的海上保险经验，又要掌握非水险业务的专门技术。

海洋石油开发投保事宜，按国际惯例是由承包或租赁合同（如勘探合同、钻井合同、石油合同）规定的。即合同中均有保险条款，一般直接涉及作业者应投保什么险种及向谁投保等问题。因此，保险人可根据上述合同中的保险条款规定与投保人具体洽谈保险事宜。

保险人在承保这类业务时，一般承担着财产、物资、责任、额外费用等各种损失补偿责任；同时，根据石油开发的不同阶段为投保人提供不同的保险服务，即承保具有阶段性。此外，由于海洋石油开发保险具有巨大的风险性，所以海洋石油开发保险必须办理分保以分散风险，防止财务危机。

在海洋石油开发保险经营中，保险人一般是分阶段提供保险服务的。其中，在普查勘探阶段，保险人主要提供勘探作业工具保险和勘探作业人员的人身伤亡保险；在钻探阶段，保险人主要承保钻井设备保险、各种辅助工具保险，控制井喷费用、重钻费用、控制污染及清理费用保险，以及油污责任保险、第三者责任保险、钻井人员人身伤亡（雇主责任）保险等；在建设阶段，除继续投保钻探阶段的各类保险外，一般还需要增加平台建筑、安装工程保险，油管铺设保险，以及运油船舶保险和产品责任保险等；在生产阶段，除继续投保前面的保险险种外，还会增加各种建筑、海上平台、设备、油钻、油库的财产保险，特别是火灾的保险，以及生产作业中的其他保险等。

3. 航天工程保险

航天工程保险是指为航天产品，包括卫星、航天飞机、运载火箭等在发射前的制造、运输、安装和发射，以及发射后的轨道运行、使用寿命提供保险保障的综合性财产保险业务。在国际保险市场上，亦被称为一揽子保险。按照保险期限的起讫时间，它分为以下三种（既可单独投保，又可一揽子投保）形式。

① 发射前保险。这是对卫星、航天飞机及其他航天产品、运载火箭在制造、试验、运输及安装过程中所受意外损失提供风险保障的保险，它以在产到制成及运输、安装中的航天产品为保险标的，承担一切意外风险。

② 发射保险。这是对从运载器点火开始到发射后一定时间（通常为半年）为止的期间内发射失败的保险，它是航天工程保险中的主要形式。发射保险承担发射时的意外事故和发射后的太空风险。

③ 寿命保险。这是对卫星及其他人造天体发射成功后到某一规定时间（通常为3年）内的保险，它承担保险标的因太空风险或自身原因造成其坠毁或不能按时收回或失去作用造

成的损失责任。一般而言，通信、广播、气象、导航及地球资源卫星的寿命为1~2年，最长的不超过10年。

航天工程保险的保险金额，一般分阶段确定：发射前保险以制装总成本为依据确定保险金额；发射保险以航天产品价值及发射费用为依据确定保险金额；寿命保险以工作效能为依据确定保险金额。由于航天工程保险的风险高深莫测，其保险费率也高于其他财产或工程保险。保险人在确定费率时，主要考虑航天产品的质量、航天工程的损失率及其他风险。

4. 核能工程保险

核能工程保险是指以核能工程项目为保险标的的科技工程保险，保险人承保核能工程中的各种核事故和核责任风险，它是随着现代原子能技术的发展及各国对原子能和平用途的研究和应用而逐渐发展起来的新型保险业务。1956年，英国率先成立了核能保险委员会，专门研究核能工程保险的有关问题，该委员会论证了核能工程保险的可行性和风险性，加之英国政府对核能发电工业相当重视，从而促成了英国核能保险集团的成立，劳合社成员及当地的非寿险公司均成为该集团的主要成员。英国的示范，带动了西欧国家、美国、日本等，这些国家也成立了自己的核能保险集团；到20世纪末，全世界有20多个国家成立了核能保险集团，使核能工程保险成为国际保险市场上一项有影响的科技工程保险业务，并成为各国民用核能工程的必要的配套项目。

核能工程保险的特点在于，它承保的主要责任是核事故风险，而在其他各种财产、工程保险中则是把核事故风险列为常规除外责任，并且不允许扩展承保；同时，由于核事故风险性质特殊、风险异常，使得核能工程保险具有政策性保险的特色，即政府的某些立法如《核事故损害赔偿法》通常规定核事故中应按绝对责任来承担损害赔偿责任，并对保险人在责任险项下的超赔给予财政补贴。因此，在商业保险中，核能工程险更讲求与政府法规配合并需要政府的支持。

核能工程保险的种类一般包括财产损毁险、核能安装工程险、核原料运输险、核责任险，其中核能工程财产损毁险和核责任险是最主要的业务。在承保中，对核能工程本身即财产物资与核责任风险应分别确定保险金额与赔偿限额；有的保险人还分别订立一般事故赔偿限额与核事故赔偿限额；还有的将核能工程中的操作人员与技术人员亦列入第三者责任保险范围予以承保。

5.5 责任保险

5.5.1 责任保险的概念和特点

1. 责任保险的概念

责任保险是指以被保险人依法应负的民事损害赔偿责任或经过特别约定的合同责任作为承保责任的一类保险。它属于广义财产保险范畴，与一般财产保险具有共同的性质即都属于赔偿性保险，从而适用于广义财产保险的一般经营理论；然而，责任保险承保的又是法律风险，且具有代替致害人赔偿受害人的特点，在实务经营中亦有自己的独特之处。因此，在各国保险市场上，通常将责任保险作为独立体系的保险业务。

责任保险的产生与发展壮大，被西方国家保险界称为整个保险业发展的第三阶段，也是最后阶段。由此可见，责任保险在保险业中的地位是很高的，它既是法律制度走向完善的结果，同时又是保险业直接介入社会发展进步的具体表现。

2. 责任保险的特点

责任保险独立于普通财产保险，虽然它也是损失补偿性险种，但同其他财产保险比较，具有以下几个特点。

① 法律制度的发展完善是责任保险产生与发展的基础。责任保险产生的基础不仅是民事责任风险的客观存在和社会生产力发展到了一定的阶段，而且是由于人类社会的进步带来了法律制度的不断产生和发展。正是因为人们在社会中的行为都在法律的一定规范之内，所以才可能因触犯法律造成他人的损害而承担经济上的赔偿责任。如近年来在我国受害人对其精神损害要求赔偿金的索赔权不断为法律所承认，民事损害赔偿金里逐渐包括了对受害人精神损害的赔偿内容。因此，目前在世界上，民事法规最发达、最完善的国家也是责任保险最发达的国家，如美国。

② 责任保险的保险标的是被保险人承担的民事损害赔偿责任。责任保险的保险标的是被保险人承担的民事损害赔偿责任，因其不是实体财产，故责任保险不存在保险价值和保险金额。在责任保险中，保险人根据被保险人缴费能力和可能损失的规模大小在保单中规定赔偿限额作为保险人的最高赔偿责任。被保险人的赔偿责任若超过限额，超过部分仍由自己负责。

③ 责任保险的承保方式多样化。从责任保险的经营实践来看，它在承保时一般根据业务种类或被保险人的要求，采用独立承保、附加承保或与其他保险业务组合承保的方式承保业务。在独立承保方式下，保险人签发专门的责任保险单，如公众责任保险、产品责任保险等，这是责任保险的主要业务来源。在附加承保方式下，保险人签发责任保险单的前提是被保险人必须参加了一般的财产保险，即一般财产保险是主险，责任保险则是没有独立地位的附加险。如建筑工程保险附加第三者责任保险。其业务性质和业务处理方面，与独立承保的各种责任保险是完全一致的，只是承保的形式不同。在组合承保方式下，责任保险既不必签订单独的责任保险合同，也无须签发附加或特约条款，只需要参加该财产保险便使相应的责任风险得到了保险保障。如船舶的责任保险就是与船舶财产保险组合而成的险种。

④ 责任保险受益范围广。责任保险的受益人形式上是被保险人，而最终的受益人是受损害的第三人。故责任保险直接保障被保险人的利益，间接保障第三者的利益，受益范围广。

⑤ 责任保险的赔偿金额确定方式特殊。责任保险的赔偿责任产生后，被保险人承担的赔偿金额通常是由法院根据责任的大小及受害人的财产或人身实际损害程度裁定的，其中对财产损失的赔偿取决于该财产的损失程度和财产价值。对人身伤害的经济补偿部分是有客观依据的，如医药费、丧葬费、收入损失补偿等，其他部分则具有主观色彩。

5.5.2 责任保险的基本内容

1. 责任保险的适用范围

责任保险适用于一切可能造成他人财产损失与人身伤亡的各种单位、家庭或个人。具体而言，责任保险的适用范围包括以下几部分。

① 各种公众活动场所的所有者、经营管理者。如体育场、展览馆、影剧院、市政机关、城市各种公用设施等，均有可能导致公众的人身或财产损害，这些地方的所有者或经营管理者就负有相应的法定赔偿责任，从而需要且可以通过责任保险的方式向保险公司转嫁。

② 各种产品的生产者、销售者、维修者。

③ 各种运输工具的所有者、经营管理者或驾驶员。

④ 各种需要雇用员工的法人或个人。

⑤ 各种提供职业技术服务的单位。

⑥ 城乡居民家庭或个人。

此外，在各种工程项目的建设过程中也存在着民事责任事故风险，建设工程的所有者、承包者等亦对相关责任事故风险具有保险利益；各单位场所（即非公众活动场所）也存在着公众责任风险，企事业单位亦有投保公众责任保险的必要性。

可见，责任保险的适用范围几乎覆盖了所有团体组织和社会成员。

2. 保险责任范围

责任保险的保险责任一般包括以下两项内容。

① 被保险人依法对造成他人财产损失或人身伤亡应承担的经济赔偿责任。这一项责任是基本的保险责任，以受害人的损害程度及索赔金额为依据，以保险单上的赔偿限额为最高赔付额，由责任保险人予以赔偿。

② 因赔偿纠纷引起的由被保险人支付的诉讼、律师费用及其他事先经过保险人同意支付的费用。

保险人承担上述责任的前提条件是，责任事故的发生应符合保险条款的规定，包括事故原因、发生地点、损害范围等，均应审核清楚。所谓人身伤害，不仅指自然人身体的有形毁损，也包括脑力损害、听力损害、疾病、丧失工作能力及死亡等，但对精神方面的损害一般除外不保；所谓财产损失，包括有形财产的损毁、受损财产的丧失使用，甚至于未受损财产的丧失使用。

在承担前述赔偿责任的同时，保险人在责任保险合同中一般规定若干除外责任，尽管不同的责任保险合同中的除外责任可能有出入，但主要的除外责任有以下几种。

① 被保险人故意行为所致的各种损害后果。

② 战争、军事行动及罢工等政治事件造成的损害后果。

③ 核事故风险导致的损害后果。但核事故或核责任保险例外。

④ 被保险人家属、雇员的人身伤害或财产损失。但雇主责任保险承保雇主对雇员的损害赔偿责任。

⑤ 被保险人所有、占有、使用或租赁的财产，或由被保险人照顾、看管或控制的财产损失。

⑥ 被保险人的合同责任。经过特别约定者除外。

3. 赔偿限额与免赔额

责任保险承保的是被保险人的赔偿责任，而非有固定价值的标的，且赔偿责任因损害责任事故大小而异，很难准确预计。因此，不论何种责任保险，均无保险金额的规定，而是采用在承保时由保险双方约定赔偿限额的方式来确定保险人承担的责任限额，凡超过赔偿限额的索赔仍须由被保险人自行承担。从责任保险的发展实践来看，作为保险人承担赔偿责任的最高限额，通常有以下几种类型。

① 每次责任事故或同一原因引起的一系列责任事故的赔偿限额，又可分为财产损失赔偿限额和人身伤亡赔偿限额两项。

② 保险期内累计的赔偿限额，也可分为累计的财产损失赔偿限额和累计的人身伤害赔偿限额。

③ 在某些情况下，保险人也将财产损失和人身伤亡两者合成一个限额，或者只规定每次事故和同一原因引起的一系列责任事故的赔偿限额，而不规定累计赔偿限额。

此外，保险人还通常有免赔额的规定，以此达到促使被保险人小心谨慎、防止发生事故和减少小额、零星赔款支出的目的。责任保险的免赔额，通常是绝对免赔额，即无论受害人的财产是否全部损失，免赔额内的损失均由被保险人自己负责赔偿。免赔额的确定，一般以具体数字表示，也可以规定赔偿限额或赔偿金额的一定比率。因此，责任保险人承担的赔偿责任是超过免赔额之上且在赔偿限额之内的赔偿金额。

4. 责任保险的保险费率

责任保险费率的制定通常根据各种责任保险的风险大小及损失率的高低来确定。不同的责任保险种类，制定费率时所考虑的因素亦存在着差异，但从总体上看，保险人在制定责任保险费率时，主要考虑的影响因素应当包括被保险人的业务性质及其产生意外损害赔偿责任可能性的大小、法律制度对损害赔偿的规定、赔偿限额的高低、承保区域的大小、每笔责任保险业务的量等因素；对于数量有限的出口产品责任保险业务，通常还有最低保险费的规定。此外，保险人还会参考同类责任保险业务的历史损失资料，它虽然不是制定现行费率的直接依据，但是可以作为参考，具有很高的借鉴价值，从而是保险人在制定费率时必须参照的依据。

5.5.3 责任保险的险别

1. 公众责任保险

公众责任保险又称普通责任保险或综合责任保险，它以被保险人的公众责任为承保对象，是责任保险中独立的、适用范围最为广泛的保险类别。公众责任保险分为综合公共责任保险、场所责任保险、承包人责任保险、承运人责任保险和个人责任保险五类，每一类又包括若干保险险种，它们共同构成了公众责任保险业务体系。

① 综合公共责任保险。该保险承保被保险人在任何地点因非故意行为或活动所造成的他人人身伤害或财产损失依法应负的经济赔偿责任。该险种除承担一般公众责任外，还承担包括合同责任、产品责任、业主及工程承包人的预防责任、完工责任及个人伤害责任等风险。因此，它是一种以公众责任为主要保险风险的综合性公共责任保险。

② 场所责任保险。它承保固定场所因存在着结构上的缺陷或管理不善，或被保险人在被保险场所进行生产经营活动时因疏忽发生意外事故，造成他人人身伤害或财产损失且依法应由被保险人承担的经济赔偿责任。场所责任保险是公众责任保险中业务量最大的险种。如宾馆责任保险、展览会责任保险、电梯责任保险、车库责任保险、机场责任保险及各种公众体育、娱乐活动场所责任保险等均属于场所责任保险。

③ 承包人责任保险。它承保承包人的损害赔偿责任，主要适用于承包各种建筑工程、安装工程、修理工程施工任务的承包人。

④ 承运人责任保险。它承保承担各种客、货运输任务的部门或个人在运输过程中可能发生的损害赔偿责任，主要包括旅客责任保险、货物运输责任保险等险种。

⑤ 个人责任保险。它承保城乡居民家庭或个人的法律风险，包括住宅责任保险、运动责任保险等。

2. 产品责任保险

产品责任保险承保的产品责任是以产品为具体指向物，以产品可能造成的对他人的财产损害或人身伤害为具体承保风险，以制造或能够影响产品责任事故发生的有关各方为被保险人的一种责任保险。

保险人承保的产品责任风险是承保产品造成的对消费者或用户及其他任何人的财产损失、人身伤亡所导致的经济赔偿责任，以及由此而导致的有关法律费用等。不过，保险人承担的上述责任也有一些限制性的条件，如造成产品责任事故的产品必须是供给他人使用即用于销售的商品，产品责任事故必须发生在制造、销售该产品的场所范围之外的地点。如果不符合这两个条件，保险人就不能承担责任。

产品责任保险的除外责任，一般包括以下几项：一是根据合同或协议应由被保险人承担的其他人的责任；二是根据劳工法律制度或雇佣合同等应由被保险人承担的对其雇员及有关人员的损害赔偿责任；三是被保险人所有、照管或控制的财产的损失；四是产品仍在制造或销售场所，其所有权仍未转移至用户或消费者手中时的责任事故；五是被保险人故意违法生产、出售或分配的产品造成的损害事故；六是被保险产品本身的损失；七是不按照被保险产品说明去安装、使用或在非正常状态下使用时造成的损害事故等。

产品责任保险费率的厘定，主要考虑以下因素：一是产品的特点和可能对人体或财产造成损害的风险大小，如药品、烟花、爆竹等产品的责任事故风险就比农副产品的责任事故风险要大得多；二是产品的数量和价格，它与保险费呈正相关关系，与保险费率呈负相关关系；三是承保的区域范围，如出口产品的责任事故风险就较国内销售的产品的责任事故风险要大；四是产品制造者的技术水平和质量管理情况；五是赔偿限额的高低。综合上述因素，即可比较全面地把握承保产品的责任事故风险。

在产品责任保险的理赔过程中，保险人的责任通常以产品在保险期限内发生事故为基础，而不论产品是否在保险期内生产或销售。如在保险合同生效前生产或销售的产品，只要在保险有效期内发生保险责任事故并导致用户、消费者或其他任何人的财产损失和人身伤亡，保险人均予负责；反之，即使是保险有效期内生产或销售的产品，如果不是在保险有效期内发生的责任事故，保险人则不会承担责任。赔偿标准以保险双方在签订保险合同时确定的赔偿限额为最高额度，它既可以每次事故赔偿限额为标准，也可以累计的赔偿限额为标准。在此，生产、销售、分配的同批产品由于同样原因造成多人的人身伤害、疾病、死亡或多人的财产损失均被视为一次事故造成的损失，并适用于每次事故的赔偿限额。产品责任保险构成重复保险时，保险人一般按比例承担保险责任。

3. 雇主责任保险

在许多国家，雇主责任保险都是一种普遍性的强制保险业务，普及程度极高。一般而言，雇主所承担的对雇员的责任，包括雇主自身的故意行为、过失行为乃至无过失行为所致的雇员人身伤害的赔偿责任，但保险人所承担的责任风险并非与此一致，即均将被保险人的故意行为列为除外责任，而主要承保被保险人的过失行为所致的损害赔偿，或者将无过失风险一起纳入保险责任范围。构成雇主责任的前提条件是雇主与雇员之间存在着直接的雇佣合同关系，即只有雇主才有解雇该雇员的权利，雇员有义务听从雇主的管理从事业务工作，这种权利与义务关系均通过书面形式的雇佣或劳动合同来进行规范。下列情况通常被视为雇主的过失或疏忽责任。

① 雇主提供风险的工作地点、机器工具或工作程序。

② 雇主提供的是不称职的管理人员。

③ 雇主本人直接的疏忽或过失行为，如对有害工种未提供相应合格的劳动保护用品等即为过失。

凡属于上述情形且不存在故意意图的均属于雇主的过失责任，由此而造成的雇员人身伤害，雇主应负经济赔偿责任。此外，许多国家还规定雇主应当对雇员承担无过失责任，即只要雇员在工作中受到的伤害不是其自己故意行为所导致的，雇主就必须承担起对雇员的经济赔偿责任。

雇主责任保险的保险责任，包括在雇主责任事故中雇主对雇员依法应负的经济赔偿责任和有关法律费用等，导致这种赔偿的原因主要是各种意外的工伤事故和职业病。但下列原因导致的责任事故通常除外不保：一是战争、暴动、罢工、核风险等引起雇员的人身伤害；二是被保险人的故意行为或重大过失；三是社会保险人对其承包人的雇员所负的经济赔偿责任；四是被保险人合同项的责任；五是被保险人的雇员因自己的故意行为导致的伤害；六是被保险人的雇员由于疾病、传染病、分娩、流产及由此而施行的内、外科手术所致的伤害等。

一般而言，雇主责任保险的保险费率有的是同一行业基本上采用同一费率，有的是对于有些工作性质比较复杂、工种较多的行业，则还须规定每一工种的适用费率。可见，雇主责任保险的费率制定必须以工种与行业为依据，同时还应当参考赔偿限额。雇主责任保险费的计算公式为

应收保险费＝[A 工种保险费×(年工资总额×适用费率)]＋

[B 工种保险费×(年工资总额×适用费率)]＋…

年工资总额＝该工种人数×月平均工资收入×12

如果有扩展责任，还应另行计算收取附加责任的保险费，它与基本保险责任的保险费相加，即构成该笔业务的全额保险费收入。

雇主责任保险的赔偿限额，通常是规定若干个月的工资收入，即以每一雇员若干个月的工资收入作为其发生雇主责任保险时的保险赔偿额度，每一雇员只适用于自己的赔偿额度。在一些国家的雇主责任保险界，保险人对雇员的死亡赔偿额度与永久完全残疾赔偿额度是有区别的，后者往往比前者的标准要高。但对于部分残疾或一般性伤害，则严格按照事先规定的赔偿额度表进行计算。其计算公式为

赔偿金额＝该雇员的赔偿限额×适用的赔偿额度比例

如果保险责任事故是第三者造成的，保险人在赔偿上仍然适用权益转让原则，即在赔偿后可以代位追偿。

为保险人在开办雇主责任保险业务时，一般还可以根据需要推出附加险，如第三者责任

保险、雇员第三者责任保险、医药费保险等，以便在满足被保险人需要的同时进一步扩展保险业务。

4. 职业责任保险

职业责任保险又称为职业赔偿保险或业务过失责任保险，它是由提供各种专业技术服务的单位（如医院、会计师事务所等）投保的团体业务，个体职业技术工作的职业责任保险通常由专门的个人责任保险来承保。

职业责任保险所承保的职业责任风险，是从事各种专业技术工作的单位或个人因工作上的失误导致的损害赔偿责任风险。在当代社会，医生、会计师、律师、设计师、经纪人、代理人、工程师等技术工作者均存在着职业责任风险，从而均可以通过职业责任保险的方式来转嫁其风险损失。

职业责任保险的承保方式有以下两种。一是以索赔为基础的承保方式，即保险人仅对在保险期内受害人向被保险人提出的有效索赔负赔偿责任，而不论导致该索赔案的事故是否发生在保险有效期内。当然，保险人为了控制其承担的风险责任无限地前置，在经营实践中又通常规定一个责任追溯日期作为限制性条款，保险人仅对追溯日以后保险期满前发生的职业责任事故且在保险有效期内提出索赔的法律赔偿责任负责。二是以事故发生为基础的承保方式。该承保方式是保险人仅对在保险有效期内发生的职业责任事故引起的索赔负责，而不论受害方是否在保险有效期内提出索赔，它实质上是将保险责任期限延长了。为控制无限延长，保险人亦通常会规定一个后延截止日期。

需要特别指出的是，职业责任保险承保的对象不仅包括被保险人及其雇员，而且包括被保险人的前任与雇员的前任，这是其他责任保险不具备的特征，它表明了职业技术服务的连续性和保险服务的连续性。

目前，职业责任保险多达70多种，但主要的职业责任保险业务则不外乎以下几种。

① 医疗职业责任保险。又称为医生失职保险，它承保医务人员或其前任由于医疗责任事故而致病人死亡或伤残、病情加剧、痛苦增加等，受害者或其家属要求赔偿且依法应当由医疗方负责的经济赔偿责任，是职业责任保险中最主要的业务来源，它几乎覆盖了整个医疗、健康领域及一切医疗服务团体。

② 律师责任保险。它承保被保险人或其前任作为一个律师在自己的能力范围内在职业服务中发生的一切疏忽行为、错误或遗漏过失行为所导致的法律赔偿责任，包括一切侮辱、诽谤及赔偿被保险人在工作中发生的或对第三者造成的人身伤害或财产损失。

③ 建筑工程设计责任保险。它面向从事各种建筑工程设计的法人团体（如设计院、所等），承保工程设计单位因设计工作中的疏忽或失职，导致所设计的工程发生工程质量事故，造成工程本身的物质损失及第三者的人身伤亡和财产损失，依法应由设计单位承担的经济赔偿责任。

④ 会计师责任保险。它承保因被保险人或其前任或被保险人对其负有法律责任的那些人，因违反会计业务上应尽的责任及义务，而使他人遭受损失，依法应负的经济赔偿责任，但不包括身体伤害、死亡及实质财产的损毁。

此外，还有建筑、工程技术人员责任保险，美容师责任保险，保险经纪人和保险代理人责任保险，情报处理者责任保险等多种职业责任保险业务，它们在发达的保险市场上同样是受欢迎的险种。

5.6 信用保证保险

5.6.1 信用保证保险的概念

信用保证保险是一种担保性质的保险业务。按担保对象的不同,分为信用保险和保证保险。

1. 信用保险

信用保险是权利人投保义务人的信用,对义务人不守信用给权利人造成的经济损失由保险人承担赔偿责任的保险。例如,商品的卖方(权利人)担心买方(义务人)不遵守买卖合同的规定支付货款或不能如期支付货款,而要求保险人担保,保证其在遇到上述情况而受到损失时,由保险人给予经济赔偿。

2. 保证保险

保证保险是被保证人根据权利人的要求,请求保险人担保自己信用的保险,如果由于被保证人不履行合同义务或者有违法行为,致使权利人受到经济损失,由保险人负责赔偿。例如,建筑工程承包合同规定,承包人应在和业主签订承包合同后 20 个月内交付工程项目,业主(权利人)为了能按时接收完工项目,要求承包人(被保险人)提供保险公司的履行保证,保证业主因承包人不能如期完工所受的经济损失由保险公司(保证人)赔偿。

5.6.2 信用保险和保证保险的联系与区别

1. 信用保险和保证保险的联系

① 保险标的具有一致性。两者的标的都是信用风险,信用保险承保的是被保险人交易伙伴的信用风险,而保证保险担保的是被保证人本身的信用风险。

② 经营基础具有一致性。两者在业务经营过程中都必须依靠信息奠定经营基础。在信用保险中,决定保险费率的不是以往的损失概率和大数法则,而是有关被保险人交易伙伴的信用资料,如财务状况、经营现状、经营历史及所在国家的政治与经济环境等。在保证保险中,保证人是否受理担保申请,完全取决于对被保险人的资信、财力及以往履约状况等信用资料的获得与核实。

2. 信用保险和保证保险的区别

① 投保人不同。信用保险由权利人投保,而保证保险由义务人投保。

② 承保形式不同。信用保险通过填写保险单来承保,其保险单的内容与其他财产保险单没有大的差别,同样规定责任范围、免责范围、保险金额(责任限额)、保险费、损失赔偿、被保险人的权利义务等条款;而保证保险通过出立保证书来承保,该保证书与财产保险单不同,其内容很简单,只规定担保事宜。

③ 当事人和履约条件不同。信用保险的合同当事人为权利人(被保险人),保证保险的

合同当事人为被保证人；信用保险的履约前提条件是权利人（被保险人）遭受合同规定的损失，保证保险的履约前提条件是被保证人不能正常赔偿权利人遭受合同规定的损失。

④ 性质不同。信用保险的性质属于保险，投保人付出的费用是一种保险费，是其将被保证人的信用风险转移给保险人所支付的价金；保证保险的性质属于担保行为，被保证人所交付的费用是一种担保手续费，是被保证人使用保证公司的名义所付出的一种报酬。

⑤ 追偿方式不同。在信用保险中，保险人赔偿被保险人的损失后，只能获得代位向被保证人追偿的权利，不能向被保证人索赔或追偿；而在保证保险中，一旦发生保证人对于权利人的赔偿，保证人可以直接向被保证人或其提供的反担保人进行追偿。

⑥ 风险程度不同。在信用保险中，保险人承担的风险来自保险人和被保险人都不能控制的交易对方的信用风险，保险人实际承担的风险相对较大；而在保证保险中，保证人承担的风险来自被保证人自身的信用风险，但由于被保证人要提供反担保，保证人实际上承担的风险相对较小。

5.6.3 信用保证保险的依据与保险期限

信用保证保险是依据被保证人与权利人订立的商业、借贷或投资合同确定的。因为信用保证保险的保险责任是保险人作为保证人对被保证人的履约行为或信用风险负责，故在订立信用保证保险合同之前，必须先有商业、借贷或投资合同，被保证人与权利人订立的合同是成立信用保证保险的先决条件，并成为该保险合同的组成部分。

信用保证保险的保险期限有短期、中期和长期之分。短期业务一般规定为 6 个月到 1 年；中期业务一般在 1 年以上；长期业务则无具体标准，最长可达 20 年。具体保险期限应由当事人协商确定，并在保险合同中载明，凡保险期内发生保险事故造成权利人的损失，保险人均负责赔偿。

5.6.4 信用保险的险别

信用保险是权利人向保险人投保债务人的信用风险的保险，其主要险种包括一般商业信用保险、出口信用保险和投资保险。

1. 一般商业信用保险

1）一般商业信用保险的概念

一般商业信用保险，又称为国内信用保险，是指在商业活动中，作为权利人的一方当事人要求保险人将另一方当事人作为被保证人，并承担由于被保证人的信用风险而使权利人遭受商业利益损失的保险。商业信用保险承保的标的是被保证人的商业信用，这种商业信用的实际内容通过列明的方式在保险合同中予以明确，其保险金额根据当事人之间商业合同的标的价值来确定。如果被保证人发生保险事故，保险人首先向权利人履行赔偿责任，同时自动取得向被保证人进行代位求偿的权利。由于商业信用涉及各种形式的商业活动，商业信用保险也必须针对各种不同商业活动的需要进行设计，从而开发出为各种商业信用提供保险保障的商业保险业务。

一般商业信用保险只承保批发业务，不承保零售业务；只承保 3~6 个月的短期商业信用风险，不承保长期商业信用风险。

2）一般商业信用保险的主要险种

(1) 赊销信用保险

赊销信用保险是为国内商业贸易的延期付款或分期付款行为提供信用担保的一种信用保险业务。在这种业务中，投保人是制造商或供应商，保险人承保的是买方（即义务人）的信用风险，目的在于保证被保险人（即权利人）能按期收回赊销货款，保障商业贸易的顺利进行。赊销信用保险适用于一些以分期付款方式销售的耐用商品，如汽车、船舶、住宅及大批量商品等，这类商业贸易往往金额较大，一旦买方无力偿付分期支付的货款，就会造成制造商或供应商的经济损失。因此，需要保险人提供买方信用风险保险服务。赊销信用保险的特点是赊账期往往较长，风险比较分散，承保业务手续也比较复杂，保险人必须在仔细考察买方资信情况的条件下才能决定是否承保。

(2) 贷款信用保险

贷款信用保险是保险人对银行或其他金融机构与企业之间的借贷合同进行担保并承保其信用风险的保险。在市场经济条件下，贷款风险是客观存在的，究其原因既有企业经营管理不善或决策失误的因素，又有自然灾害和意外事故的冲击等。这些因素都可能造成贷款不能安全回流，对此必然要建立起相应的贷款信用保险制度来予以保证。贷款信用保险是比较常见的信用保险业务，它是银行转嫁贷款中的信用风险的必要手段。

在贷款信用保险中，放款方既是投保人又是被保险人。放款方投保贷款信用保险后，当借款人无力归还贷款时，可以从保险人那里获得补偿。贷款信用保险是保证银行信贷资金正常周转的重要手段之一。

贷款信用保险的保险责任一般应包括决策失误、政府部门干预、市场竞争等风险，通常只要不是投保人（或被保险人）的故意行为和违法犯罪行为所致的贷款无法收回，保险人就承担赔偿责任。贷款信用保险的保险金额确定应以银行贷出的款项为依据。贷款信用保险的保险费率厘定应与银行利率相联系，并着重考虑下列四个因素：企业的资信情况、企业的经营管理水平与市场竞争力、贷款项目的期限和用途及所属经济区域。

(3) 个人贷款信用保险

个人贷款信用保险是指以金融机构对自然人进行贷款时，由于债务人不履行贷款合同致使金融机构遭受经济损失为保险对象的信用保险。它是保险人面向个人承保的较特别的业务。由于个人的情况千差万别，且居住分散，风险不一，保险人要开办这种业务，必须对贷款人的贷款用途、经营情况、日常信誉、私有财产物资等做全面的调查了解，必要时还要求贷款人提供反担保，否则，不能轻率承保。

2. 出口信用保险

1) 出口信用保险的概念

出口信用保险是承保出口商在经营出口业务的过程中，因进口商方面的商业风险或进口国方面的政治风险而遭受经济损失的保险。由于这种保险业务所承担的风险较大，而且难以使用统计方法测算损失概率，故一般保险公司不愿意经营，而往往由政府指定机构承办。

2) 出口信用保险的特征

① 出口信用保险的目的是为了鼓励和扩大出口。它保障出口商因出口所致的各种经济

损失，其业务方针体现着国家的产业政策和国际贸易政策。

② 出口信用保险在经营上实行非营利的方针。它通常以比较低的收费承担比较高的风险，最终由国家财政作为后盾，其经营亏损由国家财政解决。

③ 出口信用保险的经营机构大多为国营机构。包括政府机构或由国家财政直接投资设立的公司或国家委托独家代办的商业保险机构。因出口信用保险承保的风险比较大，所需的资金较多。出口信用保险经营具有政府经营下的非企业化经营特征，更侧重于社会效益。同时，出口信用保险的业务好坏受国际政治和经济波动情况的影响。政治稳定，经济发展正常，信用风险就小；反之，信用风险就大。这也是由政府主办或委托办理的原因。

④ 出口信用保险机构厘定的保险费率公平又合理。在出口信用保险中，由于其风险的特殊性，信息在厘定费率时起着举足轻重的作用。尽管短期综合险业务在一定程度上可以通过大数法则，即将公司若干年内各种致损原因进行分析，得出其重复发生的比率，但信用风险中包括了很多人为因素，往往受社会政治环境及进口商经营情况和经营作用的影响，因此，出口信用保险机构在厘定费率时，除了考察保险机构以往的赔付记录外，还要考察出口商资信、规模和经营出口贸易的历史情况，以及买方国家的政治、经济和外汇收支状况等，同时还应考虑国际市场的经济发展趋势，在费率厘定后还要根据新的情况经常调整，以便及时、准确地反映出风险的变化趋势，保证保险费率的合理和公平。

⑤ 出口信用保险的投保人必须是本国国民或本国企业，投保的业务一般应是在本国生产或制造产品的出口。

⑥ 出口信用保险业务的适用范围广。凡出口公司通过银行以信用证、付款交单、承兑交单、赊账等支付方式结汇的出口贸易均可以投保出口信用保险。投保人在投保时应先填写保险人提供的投保单，同时向保险人申请国外买方的信用限额，并每月向保险人申报一次出口货物金额，以便保险人据此承担保险责任和收取保险费。

3）出口信用保险的种类

目前我国办理的出口信用保险有短期出口信用保险、中长期出口信用保险和特约出口信用保险三种。

① 短期出口信用保险是指承保支付货款信用期不超过180天的出口贸易的保险。它一般用于大批量、重复性出口的初级产品和消费性工业半成品。短期出口信用保险是国际上出口信用保险适用面最广、承保量最大的险种。在实务经营中，强调被保险人必须在本国注册，按全部营业额投保，并及时向保险人申报出口情况。

② 中长期出口信用保险是指承保放账期在1年以上结算的出口贸易的保险。适用于大型资本性货物，如飞机、船舶、成套设备等的出口。海外工程承包和技术服务项目费用结算的收汇风险也可以承保。

③ 特约出口信用保险。适用于资信程度较高的被保险人因业务需要，临时性的或比较特殊的在其他出口信用保险中不能承保的业务。

4）出口信用保险的保险费率及保险费

出口信用保险的费率因可能发生的收汇风险程度不同而有所不同，厘定费率时一般考虑下列因素：一是买方所在国的政治、经济及外汇收支状况；二是出口商的资信、经营规模和出口贸易的历史记录；三是出口商以往的赔付记录；四是贸易合同规定的付款条件；五是投保的出口贸易额大小及货物的种类；六是国际市场的经济发展趋势。

对短期出口信用的保险费率，通常应考虑买方所在国或地区所属类别、付款方式、信用期限等因素。一般而言，出口信用保险机构通常将世界各国或地区按其经济情况、外汇储备情况及外汇政策、政治形势的不同划分成五类：第一类国家或地区的经济形势、国际支付能力、政治形势均较好，因而收汇风险小；第五类国家或地区的收汇风险则非常明显，大部分保险人不承保此类国家或地区的出口信用保险业务。对第一类到第四类国家或地区的出口，因其风险大小不同，支付方式不同，收取保险费的费率也不相同。放账期长的费率高，放账期短的费率低。保险费计算公式为

$$保险费 = 发票总额 \times 费率表决定的费率 \times 调整系数$$

其中，调整系数是根据出口商经营管理情况的好坏和赔付率的高低决定的。

5) 出口信用保险的责任限额

一般的保单中都规定两种限额：一是对买方的信用限额，即对每一买方造成的卖方的损失，保险人所承担的最高赔偿限额；二是对出口方保单的累计责任限额，即保险人对被保险人（出口方）在每12个月内保单累计的最高赔偿限额。

3. 投资保险

1) 投资保险的概念

投资保险，又称政治风险保险，是指为保障投资者利益而开办的一种保险。国际投资是国际资本输出的一种形式，对资本输出国来说，能为过剩资本谋求出路，获取较高利润；对资本输入国来说，能利用外资解决国内资金不足问题，并借此引进技术，发展经济。但是，向国外投资，特别是私人直接投资，会面临各种风险。投资保险是为鼓励和保障海外投资开办的保险，主要承保被保险人（投资者）由于政治原因或签约双方不能控制的原因遭受的损失。国外的投资保险，一般由投资商在本国投保，保障的是本国投资商在外国投资的风险，投资商是被保险人；而我国的投资保险则可由保险公司为外国的投资商保险，保障的是外国人在我国投资的风险，以配合国家引进外资的政策，从而亦带有保证保险的性质。

2) 投资保险的责任范围

① 汇兑风险。例如，东道国政府实行外汇管制，禁止外汇汇出；因东道国发生战争、革命或内乱，无法进行外汇交易；东道国政府对投资者各项应得的金额实行管制（如冻结）；东道国政府取消对各项应得金额汇回本国的许可；东道国政府对各项金额予以没收。

② 征用风险。又称国有化风险，即投资者在国外的投资资产被东道国政府或地方政府、团体征收或国有化。

③ 战争及类似行为风险。由于战争、革命、暴乱而使投资者的保险财产遭受损失、破坏或被夺取留置，均属承保范围。投资保险只保障投资财产的有形资产的直接损失，不包括间接损失，对证券、档案文件、债权及现金的损失和一般的骚乱风险都不承保。

投资保险的责任免除。投资保险对被保险人的下列投资损失不负赔偿责任：一是被保险人及其代表违背或不履行投资契约或故意违法行为导致政府有关部门的征用或没收造成的损失；二是被保险人投资项目受损后造成被保险人的一切商业损失；三是政府有关部门如果规定外汇汇出期限而被保险人没能按期汇出造成的损失；四是核武器造成的损失；五是投资契约范围以外的任何其他财产的被征用、没收造成的损失。

投资保险的保险期限分为短期和长期两种：短期为1年；长期保险期限最短的为3年，最长的为15年。投保3年以后，被保险人有权要求注销保单，但如未到3年提前注销保单，被保险人需缴足3年的保险费。保单到期后可以续保，但条件仍需双方另行商议。无论长期保险还是短期保险，保险期内被保险人可随时提出退保，但保险人不能中途修正保险合同，除非被保险人违约。

3) 保险金额与保险费率

投资保险的保险金额以被保险人在海外的投资金额为依据，是投资金额与双方约定比例的乘积，保险金额一般规定为投资金额的90%。但长期和短期投资项目又有所不同，1年期的保险金额为该年的投资金额乘以双方约定的百分比，一般规定为90%；长期投资项目每年投资金额在投保时按每年预算投资金额确定，当年保险金额为当年预算金额的90%。长期投资项目需确定一个项目总投资金额下的最高保险金额，其保险费需在年度保险基础上加差额保费，在期满时按实际投资额结算。

投资保险的费率，一般根据保险期间的长短、投资接受国的政治形势、投资者的能力、工程项目及地区条件等因素确定。一般分为长期费率和短期费率，且保险费在当年开始时预收，每年结算一次，这是因为投资期有变化。20世纪90年代中期，我国投资保险的短期年度费率一般为8‰，长期年度基础费率一般为6‰。

5.6.5 保证保险的险别

1. 保证保险的特征

保证保险是指被保证人（义务人）根据权利人（权利人）的要求，请求保险人担保自己信用的保险，当被保证人的作为或不作为致使权利人遭受经济损失时，保险人负经济赔偿责任。保证保险具有以下特征。

① 保证保险涉及的四方当事人，即保证人（保险人）、被保证人（义务人）、权利人（被保险人）、反担保人（为义务人履行义务提供担保的其他单位）。

② 保证人有向被保证人追偿的权利。在保证保险中，由于保证事故的发生导致保证人对权利人的赔偿，保证人有权利向被保证人索赔，被保证人有义务返还。

③ 保证保险合同责任属于附属性责任。在保证保险中，当发生保险事故且权利人遭受经济损失时，只有在被保证人或其反担保人不能补偿损失时，才由保险人代为补偿。因此，从本质上来说，保证保险只是对权利人的担保。

④ 保险人必须严格审查被保证人的资信。保险人只有严格审查被保证人的财务、资信、声誉的好坏及以往履约记录等，才能代替被保证人向权利人承担法律责任。

⑤ 保险费实质上是一种手续费。保证保险是一种担保业务，它基本上建立在无赔款基础之上，因此，保证保险收取的保险费实质上是一种手续费，是利用保险公司的名义提供担保的一种报酬。

2. 履约保证保险

1) 履约保证保险的概念

履约保证保险是指在被保证人不按约定履行义务从而造成权利人受损时，由保险人负责赔偿的一种保险。保险标的是被保证人的违约责任。

2）履约保证保险的特点

一是所承担的风险是被保证人履行一定义务的能力或意愿；二是投保人只能是被保证人自己。

3）履约保证保险的种类

在实务中，履约保证保险主要有以下几种形式。

① 合同履约保证保险。指承保因被保证人不履行各种合同义务而造成的权利人经济损失的保险。

② 司法履约保证保险。在司法程序中，原告或被告向司法部门提出某项要求时，司法部门根据具体情况，要求其提供保证。这时，法院面临着原告或被告违约的风险。司法履约保证保险是指对这种风险进行承保的一种保证保险。

③ 特许履约保证保险。指由保险人担保从事经营活动的领照人遵守法规或义务的保证保险，即保证人保证领照人能够按规定履行其义务。

④ 公务员履约保证保险。指由保证人对政府工作人员的诚实信用提供保证的保险。

3. 忠诚保证保险

1）忠诚保证保险的概念

忠诚保证保险又称为诚实保证保险，是一种在权利人因被保证人的不诚实行为而遭受经济损失时，由保险人作为保证人承担赔偿责任的保险。此保险常为雇主（权利人）提供保险，以被保证人（雇员）的诚实信用为保险标的，当雇员由于偷盗、侵占、伪造、私用、非法挪用、故意误用等不诚实行为造成雇主受损时，保险人负责赔偿。

2）忠诚保证保险的特点

一是保险合同涉及雇主与雇员之间的关系；二是承保的风险只限于雇员的不诚实行为；三是其投保人既可以是被保证人（雇员），也可以是权利人（雇主）。

3）忠诚保证保险的种类

① 指名保证保险。即以特定的雇员为被保证人的忠诚保证保险。在雇主遭受由被保证人所造成的经济损失时，由保险人负责赔偿。在这种保险中，雇员的名字被列在保单上，并作出相应的保证额规定。如果雇员离开公司，这一保险即终止。指名保证保险又分为两种：一种是个人保证保险，它是以特定的雇员单独为被保证人，当该雇员独自或与他人合谋造成雇主损失时，由保险人承担赔偿责任；另一种是表定保证保险，它是指在同一保证合同内承保两个以上的雇员，每个人都有自己的保证金额的保险，其投保人数可随时增减。

② 职位保证保险。它是以各种职位及其人数作为被保证人的忠诚保证保险。它与指名忠诚保证保险的不同之处在于，它不列出被保证人的姓名，而只列出各级职位及其人数，每一职位都规定保证金额。

职位保证保险又可分为两种：一种是单一职位保证保险，在该险种中，同一保证合同承保某一职位的若干被保证人，而不论何人担任此职位均有效；另一种是职位表定保证保险，是指同一保证合同承保几个不同的职位，每一职位都有各自确定的保证金额。

③ 总括保证保险。它是指在一个保证合同内承保雇主所有的正式职工，又可分为两种。一种是普通总括保证保险。它是指对单位全体雇员不指出姓名和职位的保证保险。保费按年计算，在缴费1年内如人数增加，除企业合并外，不另加保费，只要认定损失是由雇员的不诚实行为所致，保证人均承担赔偿责任。另一种是特别总括保证保险。它承保各种金融机构

的雇员由于不诚实行为所造成的损失。它起源于英国伦敦劳合社承保人开办的银行总括保证，以后逐步扩展到各种金融机构。各金融机构中的所有金钱、有价证券、金银条块及其他贵重物品，因其雇员的不诚实行为造成的损失，保险人均负赔偿责任。

④ 伪造保证保险。伪造保证保险是承保因伪造或篡改背书、签名、收款人姓名、金额等造成损失的保证保险。

⑤ 三D保单。三D保单是指不诚实（dishonest）、损毁（destruction）及失踪（disappearance）的综合保单，包括诚实保证和盗窃保险两者在内，承保企业因他人的不诚实、盗窃、失踪、伪造或篡改票据遭受的各种损失。其内容包括五部分，被保险人可选择投保部分或全部。这五部分的内容是：雇员不诚实保证；屋内财产的盗窃保险；屋外财产的盗窃保险；保管箱盗窃保险；存户的伪造保险。

4. 产品保证保险

1）产品保证保险的概念

产品保证保险亦称产品质量保险或产品信誉保险，它承保被保险人因制造或销售的产品丧失或不能达到合同规定的效能而应对买主承担的经济赔偿责任，即保险人对有缺陷产品本身及由此引起的有关间接损失和费用负赔偿责任。

2）产品保证保险的责任范围

① 对用户或消费者负责更换或整修不合格产品或赔偿有质量缺陷产品的损失和费用。

② 赔偿用户或消费者因产品质量不符合使用标准而丧失使用价值的损失及由此引起的额外费用。如运输公司因购买不合格汽车而造成的停业损失（包括利润和工资损失）及为继续营业临时租用他人汽车而支付的租费等。

③ 被保险人根据法院判决或有关行政当局的命令，召回、更换或修理已投放市场的质量有严重缺陷的产品造成的损失及费用。

3）除外责任

除外责任包括产品购买者的故意行为或过失引起的损失；不按产品说明书安装调试、使用而造成的损失；产品在运输途中因外部原因造成的损失或费用。

4）保险金额、保险费率和保险期限

① 产品保证保险的保险金额一般按投保产品的出售价格或实际价值确定。如出厂价、批发价、零售价，以何种价格确定，由保险双方根据产品所有权的转移方式及转移价格为依据。

② 产品保证保险在费率厘定方面应以下列因素为依据：一是产品制造者、销售者的技术水平和质量管理情况，这是确定费率的首要因素；二是产品的性能和用途；三是产品的数量和价格；四是产品的销售区域；五是保证人承保该类产品以外的损失记录。

③ 产品保证保险的保险期限是根据不同产品的性能、用途和行业规定的正常使用时间来确定的，也可以在行业规定的正常使用期内选择一段时间作为保险期限。

5）赔偿处理

① 保险产品因内在质量缺陷在使用过程中发生产品本身损坏时，保险人在保险单规定的保险金额内按实际损失赔付。

② 对属于可修理范围内的产品，保险人按更换的零配件材料费和人工费予以赔偿。其中零配件按成本价计算，人工费按定额计算。

③ 由于产品质量风险不易估算和控制，保险人通常在保险合同中订有共保条款，要求被保险人共同承担损失，分担赔偿责任。

6）产品保证保险与产品责任保险的区别

① 标的不同。产品责任保险的保险标的是产品在使用过程中因缺陷而造成用户、消费者或公众的人身伤害或财产损失，依法应由产品制造商、销售商或修理商等承担的民事损害赔偿责任，简言之，产品责任保险的保险标的是产品责任。产品保证保险的保险标的是被保险人因提供的产品质量不合格，依法应承担的产品本身损失的经济赔偿责任，简言之，产品保证保险的保险标的是产品质量违约责任。

② 性质不同。产品责任保险是保险人针对产品责任提供的替代责任方承担因产品事故造成对受害方经济赔偿责任的责任保险；产品保证保险是保险人针对产品质量违约责任提供的带有担保性质的保证保险。

③ 责任范围不同。产品责任保险承保的是因产品质量问题导致用户财产损失或人身伤亡依法应负的经济赔偿责任，产品本身的损失则不予赔偿；产品保证保险则承保投保人因其制造或销售的产品质量有缺陷而产生的对产品本身的赔偿责任，也就是承保因产品质量问题所应负责的修理、更换产品的赔偿责任。

本章小结

1. 财产保险是以各种财产物资和有关利益为保险标的，以补偿投保人或被保险人的经济损失为基本目的的一种社会化经济补偿制度，是现代保险业的两大种类之一。我国财产保险按财产保险标的分为财产损失保险、责任保险和信用保证保险三类。财产损失保险包括火灾保险、运输保险、工程保险和农业保险。财产保险具有承保范围的广泛性、业务性质的补偿性、经营内容的复杂性、单个保险关系具有不对等性、保险利益要求的特殊性、保险期限的短期性等特征。财产保险的意义主要表现在能够补偿被保险人的经济利益损失，维护社会再生产的顺利进行；有利于提高整个社会的防灾减损意识，使各种灾害事故的发生及其危害后果得到有效控制；有利于创造公平的竞争环境，维护市场经济的正常运行；有利于安定城乡居民的生活；有利于完善企业经济核算制度，加强经营管理。

2. 火灾保险，简称火险，是指以存放在固定场所并处于相对静止状态的财产物资为保险标的的一种财产保险。其特征是：承保标的是处于相对静止状态的财产；承保财产地点固定；承保风险广泛；大多为不定值保险；采用标准化保险单。其业务包括团体火灾保险与家庭财产保险两部分。

3. 运输保险是指以处于流动状态下的财产为保险标的的一种保险。运输保险通常分为两大部分：运输货物保险和运输工具保险。运输工具保险可分为机动车辆险、船舶保险和飞机保险等。运输保险的特征是：保险标的具有流动性；承保风险大而复杂；保险标的出险地点多在异地；意外事故的发生通常与保险双方之外的第三方有密切关系。

4. 工程保险是指以各种工程项目为主要承保标的的财产保险。工程保险具有承保范围广、保险风险大、扩展了投保人或被保险人、不同工程保险的内容有交叉性、采用工期保险单或分阶段承保等特点。工程保险包括建筑工程保险、安装工程保险和科技工程保险三类。

5. 责任保险是指以被保险人依法应负的民事损害赔偿责任或经过特别约定的合同责任作为承保责任的一类保险。责任保险的特点：法律制度的发展完善是责任保险产生与发展的基础、保险标的是被保险人承担的民事损害赔偿责任、承保方式多样化、受益范围广、赔偿金额确定方式特殊。责任保险的主要险种有产品责任险、职业责任险、雇主责任险和公众责任险。

6. 信用保证保险是一种担保性质的保险业务。按担保对象的不同，分为信用保险和保证保险。

信用保险是权利人投保义务人的信用，对义务人不守信用给权利人造成的经济损失由保险人承担赔偿责任的保险。包括一般商业信用保险、出口信用保险和投资保险。保证保险是被保证人根据权利人的要求，请求保险人担保自己信用的保险，如果由于被保证人不履行合同义务或者有违法行为，致使权利人受到经济损失的，由保险人负责赔偿。包括履约保证保险、忠诚保证保险、产品保证保险。信用保险和保证保险的联系表现在：保险标的具有一致性；经营基础具有一致性。信用保险和保证保险的区别表现在：投保人不同；承保形式不同；当事人和履约条件不同；性质不同；追偿的方式不同；风险程度不同。

复习思考题

1. 简述财产保险的特点和意义。
2. 火灾保险有什么特点？
3. 简述家庭财产保险的适用范围。
4. 简述运输保险的特征及种类。
5. 简述机动车辆保险的特点和种类。
6. 简述工程保险的概念和特点。
7. 责任保险有什么特点？包括哪些险种？
8. 简述信用保险与保证保险的关系。

第6章 人身保险

学习目标

理解人身保险的概念及特点；列举人身保险的主要险种；理解人身保险合同的常用条款的内容；识别传统人寿保险和创新型人寿保险；学会比较各种创新型人寿保险；理解人身意外伤害保险的概念和特点；了解人身意外伤害保险与财产保险的相似之处；理解健康保险的概念、特点和主要险种。

6.1 人身保险概述

6.1.1 人身保险的概念及特点

1. 人身保险的概念

人身保险是以人的生命和身体为保险标的的一种保险。人身保险的投保人按照保单约定向保险人缴纳保险费，当被保险人在合同期限内发生死亡、伤残、疾病等保险事故或达到人身保险合同约定的年龄、期限时，由保险人依照合同约定承担给付保险金的责任。

2. 人身保险的特点

由于人身保险的保险标的是人的生命和身体，具有特殊性，因此，人身保险与其他保险相比具有不同的特点。人身保险的特点可以从人身保险事故、人身保险产品和人身保险业务等方面来论述。

1）人身保险事故的特点

人身保险的保险标的是人的生命和身体，与非人身保险的标的具有本质的不同，因此，人身保险的保险事故也具有其特点。

① 人身保险的保险事故的发生通常具有必然性。在人身保险中，人的生命、身体是保险标的，人的生存、死亡、意外伤害、疾病等成为人身保险的保险事故。在以人的生命为标的、以生存或死亡为保险事故的人身保险中，保险事故的发生具有必然性：是生或是死。只是何时死亡具有不确定性。在将人的生存、死亡或伤残都作为保险事故时，保险事故的发生也完全是必然的。"人有旦夕祸福"是人们遭遇意外伤害事故的真实写照。"吃五谷，生百

病"则是人们对疾病的认识。因此说，人身保险事故的发生通常具有必然性。

② 人身保险事故的发生具有分散性。相对于财产保险来说，人身保险的保险事故的发生比较分散，一般不会发生大量标的同时发生保险事故的情况。其发生完全按照人的生命规律等自然规律，因此，在同一时间段，人身保险的保险事故分散于不同的家庭及地区。只有意外的大型灾害的出现，如火山爆发、特大洪灾发生时，才可能导致大量保险标的同时遭受损失。

③ 人身保险中的死亡事故的发生概率随被保险人年龄的增长而增加，但具有相对稳定性。在人身保险中，特别是死亡保险，保险事故的发生与被保险人的年龄大小紧密相关。根据人的生命规律，被保险人的年龄越大，死亡的概率越大，因此，死亡事故的发生概率是随被保险人年龄的增长而增加的。但同时，对于整体的死亡率来讲，死亡率因素较其他非寿险风险事故发生概率的波动而言，又具有相对稳定性。这是由许多专业机构对死亡率研究后得出的结论。因此，人身保险的死亡事故的发生概率在随被保险人的年龄增长而增加的同时，整体而言具有相对稳定性。

2) 人身保险产品的特点

人身保险产品的特点与人身保险的保险标的的特殊性有关。具体来说，反映在保险产品的需求、保险金额的确定、保险金的给付、保险利益的确定、保险期限的长短和寿险保单的储蓄性等方面。

① 人身保险产品的需求面广，但需求弹性较大。一方面，无论人的年龄大小、性别、财富状况如何，都会面临生、老、病、死的问题，因此，对与人的切身利益关系密切的人身保险产品有广泛的市场需求。但是另一方面，人身保险产品却具有较大的需求弹性。这主要是由于观念上的原因，人们对于死、伤等字眼的忌讳导致人身保险的推销难度大，而且，人身保险产品通常是自愿购买，在经济状况不好、对人身保险产品及对保险公司的了解不够时，往往会放弃购买。另外，人们对银行储蓄、现金的依赖，对证券投资的期望，以及受养儿防老思想的影响，都使得人们对人身保险产品的需求具有较大的弹性。

② 人身保险的保险金额是依据多种因素来确定的。在财产保险中，保险金额的确定以保险标的的价值为依据，而在人身保险中，人的生命和身体是保险标的，其价值难以衡量。因此，在人身保险中，保险金额不是以保险标的的价值来确定的，而是依据被保险人对保险的需求程度和投保人的缴费能力及保险人的可承受能力来确定的。另外，在一些保险中还存在没有确定的最高给付限额，而只规定保险人在一定时期内定期给付保险金的数额的情况。如养老金保险，受益人通常在约定的领取期开始后，一直领取保险金到被保险人死亡，其领取总额是不确定的。

③ 人身保险的保险金给付属于约定给付。与财产保险的补偿赔付方式不同，人身保险通常采用约定给付方式，人身保险合同为给付合同。作为定额保险的人身保险，当发生保险事故时，保险人按照合同约定的保险金额承担保险金给付责任，而不能有所增减。在健康保险和意外伤害保险中，也可以采用补偿方式，但补偿金额不能超过约定的保险金额。另外，人身保险的给付不实行比例分摊，不实行代位追偿原则（医疗费用保险除外）等损失补偿原则，也表明人身保险的保险金给付为约定给付。

④ 人身保险的保险利益取决于投保人与被保险人之间的关系。人身保险的保险利益与财产保险不同，它是以人与人的关系来确定的，而不是以人与物或责任的关系来确定的。具

体来讲，投保人对自己的生命或身体具有保险利益、投保人对有亲属血缘关系的人一般具有保险利益、投保人对与其有经济利益关系且同意作为被保险人的人具有保险利益。

⑤ 人身保险的保险期限具有长期性的特点。人身保险的保险期限大都是长期性的，特别是人寿保险，其保险的有效期限往往可以持续几年甚至几十年、上百年。而且，保险的缴费期和领取期也可以长达几十年。具体与保险险种和被保险人的年龄及投保人的选择有关，视具体情况不同而不同。

⑥ 寿险保单具有储蓄性。人寿保险在为被保险人提供风险保障的同时，兼有储蓄性的特点。这主要是由于人寿保险的保险费可以分为风险保费和储蓄保费两部分，在长期的缴费期间，储蓄保费以预定利率进行积累的缘故。对于终身死亡保险和两全保险来说，其储蓄性非常强，储蓄保费的投资收益使投保人不仅可以获得风险保障，还可以享受到投资所带来的收益。由于保单具有储蓄性，保单所有人可以用保单作抵押贷款，在中途退保时可以得到退保金。

3) 人身保险业务的特点

人身保险的保险事故和保险产品的特点对人身保险的业务经营产生的影响，使其与财产保险明显不同。主要表现在保费的收取、准备金的提取、资金的运用、保单的调整和连续性管理等方面。

① 人身保险通常按年度均衡费率计收保险费。这是由于人身保险期限的长期性和死亡率的变动性决定的。因为人身保险一般都是长期性业务，而人身保险的死亡事故发生概率往往是随被保险人的年龄增长而增加的。如果保险费的计收依据是当年的死亡率，则易出现年老的投保人的保险负担过重而放弃续保的情况，不利于保险业务的开展。因此，对于长期的人身保险通常采用年度均衡费率来计收保险费。年度均衡费率计收保险费的具体做法是：保险人每年向投保人收取相同的保险费，保险费率在整个保险缴费期间保持不变。显然，在投保人缴费的早期，均衡费率高于自然费率；而在缴费后期，均衡费率低于自然费率。保险人通过用投保人早期多缴纳的保险费来弥补后期的保费不足，均衡投保人的经济负担，保证被保险人在晚年也能得到保险保障。

② 人身保险的保险人对每份人身保险单逐年提取准备金。由于人身保险以投保人缴纳保费为保险人履行给付责任的前提，投保人缴纳的保费相当于是保险人对被保险人的负债。因此，为了履行将来的给付责任，保险人必须计提保险准备金。在人身保险中，由于每份保单的具体情况不同，每年保险金给付责任准备金不同，由此需要对每份保单在保险期间每一年的准备金进行精确计算，以便于提取。通常，保险人在保单确立时就计算出了保险期间每年的准备金数额。

③ 人身保险的保险人有更多资金用于投资。在人身保险中，保险人可以从长期稳定的保费中获得长期稳定的资金。保险人采取年度均衡费率收取保险费，这意味着在每笔业务的缴费期，保险人都可以获得稳定的保险费，而在保险前期多收的保费，通常需要经过很长时间才被用于保险支付。因此，保险人可以将此笔可观的资金用于各种投资。而财产保险的保险期限通常为1年，不存在均衡缴费的问题和多年后保费才被应用于支付的问题，因此，相对而言，人身保险的保险人有更多资金用于长期投资。

④ 人身保险单的调整难度大。人身保险合同，特别是人寿保险合同大多为长期性的合同，在保险合同签订之初确立的保险费率和保险金额，可能会不适应新形势的需要，此时，

要对原保险单进行调整，这会对投保人和保险人产生重大影响。如通货膨胀的存在对保险人来说存在提高保险费率的需要，但提高保险费率将增加投保人的经济负担，投保人可能会选择退保，将影响保险业务的稳定发展。如果投保人的经济状况在投保后有所提高，对保险的需求也会随之增加，投保人若按原有保单确定的保险费率增加保额，则对保险人不公平。因此，人身保险单的保险费率和金额的调整存在较大的难度。

⑤ 人身保险经营管理具有连续性。人身保险业务的长期性特点要求人身保险经营管理具有连续性。在比较长的保险期内，被保险人可能会发生各种变化，可能会有要求减保或加保的情况，发生迁移或退保的情形。这些情况的变化，要求保险人必须有严格的经营管理制度，对被保险人的变化及时记录，以便准确核算、随时查阅。投保人缴纳的保费有相当数量可用于各种投资，从人身险业务的连续性出发，在资金运用上也要求保险人考虑资金的安全性、效益性和流动性等。

6.1.2 人身保险的分类

人身保险的险种多种多样，从不同的角度有不同的分类，通常有以下几种分类方法。

1. 按照保险范围分类，人身保险分为人寿保险、健康保险和人身意外伤害保险

人寿保险是以被保险人的生命为保险标的，以生存或死亡为给付保险金条件的人身保险。人寿保险所承保的可以是人的生存，又可以是人的死亡，也可以既有生存又有死亡。年金保险是人寿保险的特殊形式。随着时代的发展，人寿保险的形式也在不断地发展和变化，出现了许多创新险种，如投资联结保险等。在人身保险中，人寿保险占有相当的比重，是人身保险主要和基本的种类。

健康保险是以人的身体为保险标的，以被保险人在保险期限内因患病、生育所致医疗费用支出和工作能力丧失、收入减少及因疾病、生育致残或死亡为保险事故的人身保险。其保险责任包括医疗、疾病造成的残疾、生育、收入损失等。通常，将不属于人寿保险和人身意外伤害保险的人身保险都归为健康保险。

人身意外伤害保险是以被保险人因遭受意外伤害事故造成死亡或残疾为保险事故的人身保险。人身意外伤害保险的保费较低，保障性大，投保简便，无须体检，投保人次很多。但此类险种的保单不具有现金价值。

2. 按照保险期限分类，人身保险分为长期保险、1年期保险和短期保险

长期保险是保险期限超过1年的人身保险业务。人寿保险大多为长期保险业务。

1年期保险是保险期限为1年的人身保险业务。1年期保险大多为人身意外伤害保险。健康保险也可以是1年期保险。

短期保险是指保险期限不足1年的人身保险业务。人身意外伤害保险中的许多险种为短期保险，如航空旅客人身意外伤害保险仅为1个航程。

3. 按照投保动因分类，人身保险分为自愿保险和强制保险

自愿保险是投保人与保险人在公平自愿的基础上，通过签订保险合同而形成的保险关系。投保动因是投保人的意愿和需求。自愿保险的投保人可以自由选择险种、保险期限和保险金额。只要符合承保条件，保险人一般不得拒绝。合同一经成立，具有法律效力之后，保险人不得随意终止合同。在人身保险中，绝大部分为自愿保险。

强制保险是根据法律法规自动生效，无论投保人是否愿意投保，都依法成立的保险关系，又称为法定保险。在保险法规规定的范围内，无论投保人或保险人是否愿意，都必须保险。凡属于保险承保范围内的保险标的，其保险责任自动产生。投保人不能选择其保险金额和保险期限，须统一规定。

4. 按照投保人数的不同，人身保险分为个人保险、联合保险和团体保险

个人保险是指被保险人只有 1 人的人身保险。

联合保险是将存在一定利害关系的 2 个或 2 个以上的人视为联合被保险人，如父母、夫妻、子女、兄弟姐妹或合作者等多人，作为联合被保险人同时投保的人身保险。联合保险中第一个被保险人死亡，保险金将给付其他生存的人；如果保险期限内无一死亡，保险金将给付所有联合被保险人或其指定的受益人。

团体保险是以团体为保险对象，以集体名义投保并由保险人签发一份总的保险合同，保险人按合同规定向其团体中的成员提供保障的保险。它不是一个具体的险种，而是一种承保方式。团体保险一般有团体人寿保险、团体年金保险、团体意外伤害保险和团体健康保险四类。

5. 按照被保险人发生保险事故的可能性不同，人身保险分为健体保险和弱体保险

健体保险又称为标准体保险，是指对于身体、职业、道德等方面没有明显缺陷的被保险人，保险人按照所制定的标准或正常的费率来承保的保险。大部分人身保险险种都是健体保险。

弱体保险又称为次健体保险或非标准体保险，是不能用标准或正常费率来承保的保险。此类保险的被保险人发生保险事故的可能性较高，超过了正常人的标准，若使用正常费率将增加保险人的赔付率，只能用特别条件来承保。弱体保险在承保时可采用保额削减法、年龄增加法、附加保费法等方法。

6. 按照保险金的给付方式，人身保险分为一次性给付保险和分期给付保险

一次性给付保险是指保险人在保险事故发生时，将全部保险金一次性支付给受益人或被保险人的保险。

分期给付保险是指保险人在保险事故发生后，按合同规定将保险金分期支付给受益人或被保险人的保险。在相同条件下，分期给付保险的保险费率低于前者。

7. 按照被保险人是否参与保险人利益分配，人身保险分为分红保险和不分红保险

分红保险是指被保险人可每期以红利的形式分享保险人的盈利的保险。分红保险的保险费率高于不分红保险。被保险人在得到保险保障的同时，还可分享保险人的经营成果。红利来源于实际利率与预定利率的差异而产生的盈余（利差益）、实际费用率小于预定费用率而产生的盈余（费差益）、实际死亡率与预计死亡率的差异而导致的盈余（死差益）。因此，分红保险的保险人将分红保单收益风险的一部分和被保险人共同承担。未来的死亡率、费用率及利息率不同，被保险人的收益不同。而在分红保单中，往往采用更高的预定死亡率、更低的预定利率、更高的预定费用率。红利的分配方式有多种，如领取现款、抵充保费、存储生息、保单增额等。

不分红保险是指被保险人不分享保险人盈利的保险。该种保险的投保人的投保目的在于获得保险保障，因此，此类险种的费率通常较低。

8. 按照承保技术不同，人身保险分为普通人身保险和简易人身保险

普通人身保险是以通常的技术方法承保的人身保险。

简易人身保险相对于普通人身保险而言，具有保险金额少、保费低、缴费期限短、不需体检等特点。简易人身保险主要针对低收入者和特定险种的需要，如简易意外伤害保险、特定意外事故伤害保险等。

6.1.3 人身保险合同中的常用条款

人身保险合同条款是人身保险合同的核心。下面将介绍一些在人身保险合同中比较常见的、通行的、对投保人和保险人都非常重要的条款。这些条款一些是在我国的人身保险业务中已被采用的，一些是在国外被采用的。

1. 不可抗辩条款

不可抗辩条款又称为不可争议条款，其内容是：在被保险人生存期间，从保险合同订立之日起满2年后，除非投保人停止缴纳续期保险费，保险人将不得以投保人在投保时的误告、漏告和隐瞒事实等为由，主张合同无效或拒绝给付保险金。合同订立的头两年为可抗辩期。

在人身保险中，和整个商业保险所应遵循的原则相同的是，强调投保人和被保险人的最大诚信，一旦投保人没有履行最大诚信原则，保险人就有权解除合同。该条款的规定将保险人的这个权利限制在一定期间，是为了保护被保险人和受益人的正当权益，防止保险人滥用最大诚信原则，随便解除保险合同。超过可抗辩期的保险合同，只有投保人有权终止，而保险人不得任意解除合同。该条款也适用于保单失效后的复效，复效后的保单在2年后也不可抗辩。

2. 年龄误告条款

该条款规定，投保人在投保时误告被保险人的年龄，致使投保人支付的保险费少于或多于应付保险费的，保险人有权更正并要求投保人补缴保险费或向投保人退还多缴保险费，或者根据投保时被保险人的真实年龄调整保险金额。如果发现投保时被保险人的真实年龄已超过可以承保的年龄限度，保险人可以解除合同，并将已收的保险费扣除手续费后，无息退还给投保人，但是自合同成立之日起逾2年后发现的除外。

被保险人的年龄是保险人确定可否承保的一个依据，更是决定保险费率的一个重要因素。在投保的险种、期限和其他条件相同的情况下，被保险人的年龄不同，所需缴纳的保险费不同。通常，在投保人投保时需向保险人提供年龄证明，但有时也会由于各种原因出现年龄误报的情况。当发生保险事故或在开始给付保险金时核实被保险人的年龄与投保时对应的年龄不符，就需要调整保险金额。

如果在合同有效期内发现了年龄误告，被保险人健在，可以及时调整。少报年龄，由投保人补缴少缴的保险费及其利息，或按已缴的保险费调整保险金额；多报年龄，也可以按已缴的保险费调整保险金额，或者无息退还多缴的保险费。

当发生保险事故时，保险人给付保险金时发现误报年龄，保险金额应自动按真实年龄调整。其调整公式为

$$调整后的保险金额 = \frac{实缴金额}{应缴金额} \times 原保险金额$$

对于投保人在投保时误告被保险人的年龄，保险人调整保险金额或要求投保人补缴保险费的，不受不可抗辩条款的约束。

3. 宽限期条款

宽限期条款是指对没有按时缴纳续期保费的投保人给予一定的时间宽限去缴纳续期保费。在宽限期内，即使未缴保险费，合同仍然具有效力；超过宽限期，保险合同失效。

宽限期条款的规定是为了防止投保人因疏忽、外出、经济变化等原因，不能及时缴纳保费而造成保险合同效力停止。这样，既有利于投保人避免保单失效而失去保障，也有利于保险业务的巩固，避免了保单失效而带来业务的丧失。只要在宽限期内，投保人补缴了保险费，保险合同继续有效。在宽限期内发生保险事故，保险人给付保险金，但须从中扣除应缴而未缴的保费。

我国《保险法》第三十六规定，合同约定分期支付保险费，投保人支付首期保险费后，除合同另有约定外，投保人超过约定的期限六十日未支付当期保险费的，合同效力中止，或者由保险人按照合同约定的条件减少保险金额。通常，合同中的宽限期约定为1个月。

4. 保费自动垫缴条款

该条款通常规定，投保人按期缴纳保费满一定时期以后，因故未能在宽限期内缴付保险费时，保险人可以用保单的现金价值自动垫缴投保人所欠保费，使保单继续有效。其前提是，保单具有的现金价值足够缴付所欠保费，而且，投保人没有反对的声明。如果第一次垫缴后，再次出现保费未在规定期间缴付，垫缴继续进行，但到累计的垫缴保费达到保单的现金价值时，若投保人仍不缴纳保费，保单将失效。在垫付保险费期间发生保险事故，保险人给付保险金时应从中扣除保险费的本息。

保费自动垫缴条款的规定是为了避免非故意的保单失效。为防止投保人的过度使用，有的合同要求投保人须申请才能办理，有的合同对自动垫缴使用设定限制次数。

5. 复效条款

复效是指保单因投保人欠缴保费而失效后，投保人可以在一定时期内申请恢复原保险合同的效力。复效条款通常规定，保单因投保人欠缴保费而失效后，投保人可以保留一定时间的申请复效权。在此期间，投保人有权申请复效。

复效的合同和原有合同具有相同的效力，保险责任、保险期限、保险金额等都相同。如果被保险人年龄已超过投保年龄限制，则只有要求旧保险合同恢复效力，才有可能继续享受保险保障，而不能重新投保。

申请复效通常要求具有下列条件。一是复效申请不能超过规定期限。通常复效期为2年，超过这一期限，投保人就丧失了复效申请权。二是被保险人要符合可保条件。在保单失效期间，被保险人的健康、生活、职业等条件会发生变化。因此，为防止逆选择，复效申请时须提供健康证明等材料，保险人可据此决定是否同意复效。三是投保人提出复效申请时须补缴失效期间未缴的保险费及利息。

6. 所有权条款

所有权条款规定保单的所有权归属、保单所有人的权利等。保单所有人又叫保单持有人，拥有保单的各种权利。在人身保险中，由于其储蓄性，在许多场合，所有人与受益人并不为同一人。所有人是在投保人与保险人订立保险合同时产生的，既可以是个人，也可以是机构；既可以是受益人，也可以是投保人、被保险人或其他的人。保单所有人拥有的权利通常有变更受益人、领取退保金、领取保单红利、以保单作为抵押进行借款、在保单现金价值的一定限额内申请贷款、放弃或出售保单的一项或多项权利、指定新的所有人等。

7. 不丧失价值条款

该条款通常规定，保单所有人享有保单现金价值的权利，不因保单效力的变化而丧失。保险合同解约或终止时，保单的现金价值依然存在，并且保单所有人有权选择有利于自己的方式来处理保单所具有的现金价值。保险公司往往将现金价值的数额列在保单上，说明计算方法及采用的利率，使保单所有人可以随时掌握保单的现金价值量。

现金价值的处理可以有下列方式。一是保单所有人退保，保险人退还现金价值。二是将原有保单变更为减额缴清保险。减额缴清保险是指将现金价值作为一次缴清的保险费，据此数额变更原保单的保险金额，原保单的保险期限与保险责任保持不变。变更后，投保人无须再缴纳保费。三是将保单变更为展期保险。展期保险是将保单的现金价值作为一次缴清的保险费，据此变更原有保单的保险期限，而原保单的保险金额和保险责任不变。

保单所有人可以选择处理方式，来享用保单的现金价值。对于无力继续缴纳保险费而不愿使保单失效的投保人，可以利用保单的现金价值来维持保单的效力。若保单所有人利用保单贷款的，须先还清贷款。

8. 保单贷款条款

该条款通常规定：投保人在缴纳保费一定年限后，如有临时性的经济上的需要，可以将保单作为抵押向保险人申请贷款；贷款金额以不超过保单所具有的现金价值的一定比例为限。当借款本息等于或超过保单的现金价值时，投保人应在保险人发出通知后的一定期限内还清款项，否则保单失效。当被保险人在贷款期间发生保险事故，受益人领取保险金时，须从中扣除尚未还清的借款本息。

保单贷款一方面可以使保单所有人在经济困难时获得贷款，使保单的利用价值提高，增加投保选择并能避免投保人因经济原因退保；但另一方面，保单贷款也使得保险人可以运用的资金相对减少，容易影响其正常经营。

9. 保单转让条款

一般认为，只要不是出于不道德或非法的考虑，在不侵犯受益人权利的情况下，保单可以转让。对于不可变更的受益人，未经受益人同意保单不能转让。通常，将保单所有权完全转让给一个新的所有人的转让方式称为绝对转让。绝对转让时要求被保险人必须健在。在绝对转让状态下，如果被保险人死亡，全部保险金将给付受让人而不是原受益人。抵押转让是另一种转让类型，是把一份具有现金价值的保单作为被保险人的信用担保或贷款的抵押品，受让人得到保单的部分权利。在抵押转让状态下，如果被保险人死亡，受让人得到的是已转让权益的那一部分保险金，其余的仍然归受益人所有。抵押转让对抵押人的要求是不能使保单失效。大多数寿险保单转让为抵押转让。在保单转让时，保单所有人应书面通知保险人，由保险人加注或加批单生效。

10. 受益人条款

受益人条款一般包括两方面的内容：一是明确规定受益人；二是明确规定受益人是否可以更换。

投保人或被保险人在订立合同时约定的受益人为原始受益人,当被保险人死亡时,其有权领取保险金。当原始受益人先于被保险人死亡,投保人或被保险人再次确定的受益人为后继受益人。若投保人或被保险人没有指定受益人,那么当被保险人死亡后,保险金将以遗产的方式让被保险人的法定继承人继承。

除指定受益人外,保单所有人或被保险人有变更受益人的权利。若变更受益人须征得受益人的同意,则该受益人为不可变更受益人。若无须征求受益人同意便可变更受益人的,为可变更受益人。在可变更受益人的情况下,保单所有人享用保单的各种权益不需受益人的同意,对保单具有一切支配权。在被保险人死亡之前,受益人只有"期待权"。保单的变更需书面通知保险人,在变更受益人时发生的法律纠纷由保单所有人自行处理。关于受益人的问题还可参见保险合同主体部分内容。

11. 红利任选条款

在分红保险中,保单所有人可以享受到红利,红利的领取方式在红利任选条款中规定。红利来源于利差益、费差益和死差益。红利的领取方式有多种,如领取现款、抵充保费、存储生息、缴清增值保险等。其中,抵冲保费是指红利可用于抵缴到期应缴保险费,若红利的金额不足,再补缴其余部分;若红利金额超过到期保险费,余额可选用领取现款或存储生息的方式。存储生息是指将红利存留在保险公司以复利计息。缴清增值保险方式是指根据被保险人当时的年龄,将红利作为趸缴保险费购买非分红缴清保险,此种方式不适用于次标准体,且当被保险人当时的年龄超过购买缴清保险的投保年龄时,需转换为其他方式。这些都在该条款中规定,保单所有人可以任意选择。因此,红利任选条款是保单所有人对红利支配方式的选择条款。若投保人在投保时没有选定红利领取方式,则通常按照现金领取方式给付。

12. 保险金给付任选条款

保险金的给付是在保险事故发生时,保险人向受益人的给付。保单通常有可供投保人自由选择的给付方式,由投保人根据需要选择。通常有以下几种。

① 一次性给付现金方式。在此种方式下,有时对受益人并不有利,如被保险人与受益人同时死亡,或受益人在被保险人死亡之后不久也死亡。因此,有些合同规定,在保单期满时,如果以现金一次给付,必须特别说明。

② 利息收入方式。该方式是受益人将保险金作为本金留存在保险公司,在约定的利率下,受益人按期到保险公司领取保险金产生的利息。若保险金得到的收益超过约定的利率,保险人应增加利息给付。受益人有权随时提取部分本金。受益人死亡后,其继承人可以领取保险金的全部本息。该方式一般有较高利息。

③ 定期收入方式。该方式根据投保人的要求,在约定的给付期间,按约定的利率计算每期给付金额,以年金方式按期给付。若保险公司的收益超过预定利率,保险金领取人可以获得超过部分的收益。若保险金领取人在约定期间死亡,其继承人或受益人可以按此方式继续领取,也可以一次全部领取。在该方式下,强调领取期间。

④ 定额收入方式。根据受益人的生活需要,确定每次领取的数额。受益人按期领取,直到保险金的本息全部领完。若还未全部领完保险金本息,受益人死亡,则由受益人的继承人继续领取。该方式强调领取金额。

⑤ 终身收入方式。该方式的受益人用领取的保险金投保一份终身年金保险,以后受益

人按期领取年金直至死亡。每次的年金给付额根据合同约定的利率决定，此外还与受益人的年龄、性别等生命因素有关。

因此，受益人保险金的领取有多种方式，如果客观环境发生变化，保险所有人有权改变领取方式。

13. 自杀条款

在以死亡为给付保险金条件的保险合同中，都有属于保险人免责条款的自杀条款。通常规定：在保险合同成立之日起及复效后的一段时间内，被保险人自杀的，保险人不承担给付保险金的责任，但对投保人已支付的保险费，保险人按照保险单退还其现金价值或所缴保费；而超过这段时间之后，如果被保险人自杀，保险人可以按照合同给付保险金。这段时间的长短，各国规定各有不同。如日本规定为半年，在我国为2年。

在该条款中，对于"自杀"的认定通常需要考虑两个因素：一是要求自杀者有主观的意愿，其行为是建立在故意的动机之上的；二是自杀者的行为造成了死亡的客观事实。在第一个因素中，需要注意的是，对于无民事行为能力的人的主观意愿不能被认定为符合该条件。这主要因为，无民事行为能力的人不能为自己的行为负责，不符合保险中"故意"的条件。如在德国，未成年人的主动行为造成的伤亡和损失都不属于"故意"，保险公司对此都要承担赔付责任。

自杀是被保险人的故意行为，为保证保险的公平性，是应将自杀归为除外责任的。自杀条款的规定主要有以下原因。

① 竞争的原因。自杀条款最早出现在日本，由于竞争的加剧，保险公司为得到更多的保户而扩大了保险责任范围，将最初为除外责任的自杀在进行特别规定后也作为保险责任。

② 人性的原因。自杀者大多是在特定环境下一时冲动所致，以自己生命为代价骗取保险金而计划在较长时间后自杀的情形可能性很小。并且，被保险人的死亡本身已给其家人带来了精神上的伤害，若在经济上还剥夺了其作为受益人而得到死亡保险金的权利，是不符合人性、人情的。

③ 从保险业务角度来看，对自杀也不能全部免责。主要原因有两个。一是保险人计算保险费的死亡率中包括各种死亡因素，因此，自杀也在其中。若保险人对自杀完全免责，则保险人承担的给付责任与其所收取的保险费不对应，是不合理的，因此，只能部分免责。二是领取保险金的是受益人。保险保障的是受益人在伤亡事故之后的经济利益，对自杀完全免责，则被保险人的死亡对受益人的生活会造成重大影响，甚至会带来很大的生活困难，这不符合保险的目的。

但是，保险人对被保险人的自杀也不能全部承担给付责任，否则，会增加道德风险，诱使被保险人蓄意自杀谋取保险金。因此，通常规定一个免责期限，实行部分免责。

14. 战争除外条款

战争除外条款规定将战争和军事行动作为人身保险的除外责任。该条款是保险人的免责条款。在战争中往往有大量的人员死亡，远远超过正常的死亡率。对于按照正常死亡率计算的保险费而言，保险人若对此也承担给付责任，则会对保险人的正常经营造成很大影响。所以，一般都将战争或军事行为作为除外责任。确定战争是否属于除外责任时，有两种标准：一是造成死亡的直接原因是战争的情况；二是被保险人在服兵役期间的死亡，无论是否因为战争。我国按照前一种标准判断。

15. 共同灾难条款

共同灾难条款是为确定在发生被保险人与受益人同时遇难事件时，保险金归属问题的条款。该条款规定，只要第一受益人与被保险人同死于一次事故中，如果不能证明谁先死，则推定第一受益人先死。由此，若合同中有第二受益人，则保险金由第二受益人领取；若无其他受益人，保险金作为被保险人的遗产处理。该条款的产生，避免了许多无谓的纠纷，使问题得以简化。

6.2 人寿保险

人寿保险是以被保险人的生命为保险标的，以生存和死亡为给付保险金条件的人身保险。人寿保险是人身保险的主要组成部分，被保险人在保险期内死亡或期满生存，都可以作为保险事故，即当被保险人在保险期内死亡或达到保险合同约定的年龄、期限时，保险人按照合同约定给付死亡保险金或期满生存保险金。

6.2.1 传统人寿保险

人寿保险的产品种类随着人们对寿险产品的需求越来越多而增加。保险人传统的寿险产品主要是为被保险人提供死亡风险保障的死亡保险、为到期被保险人仍然生存而提供的生存保险和既提供死亡风险保障又提供生存保障的生死两全保险。根据保险期限仅限于一定时期还是终身有效，又划分为定期寿险和终身寿险。如果保险金的给付是在一定期间内每期持续给付的，则为年金保险。另外，大量的人寿保险产品还提供给团体购买。团体人寿保险大都属于每年续保的短期保险，其保单的权利义务关系简单，保险费率低，易于根据变化调整费率，特别适用于人员流动性大的团体。

1. 死亡保险

死亡保险是以被保险人的死亡为保险事故，在保险事故发生时，由保险人给付一定保险金的保险。死亡保险所保障的是被保险人的家属或依赖其生活的人在被保险人死亡后能维持一定的生活水平，避免因被保险人的死亡而陷入困境。按照保险期限的不同，死亡保险又可分为定期死亡保险和终身死亡保险。

1) 定期死亡保险

定期死亡保险通常简称为定期寿险，是以被保险人在保险合同有效期间发生死亡事故而由保险人给付保险金的保险。如果被保险人在保险期间未发生死亡事故，则到期合同终止，保险人不给付保险金。

定期寿险通常有以下特点。第一，其保险期限可为5年、10年、15年、20年或25年不等。有的以达到特定年龄（如70岁）为保险期满，因此，如果被保险人16岁投保，其保险期限可以有多种选择，最长可达到54年。第二，定期寿险的保费低廉。在相同保险金额、相同投保条件下，其保险费低于任何一种人寿保险，这是定期寿险的最大优点。这是因为死亡保险提供的完全是风险保障，没有储蓄的性质，被保险人生存，则其缴纳的保费及其利息成为死亡者保险金的一部分,而且,定期保险的保险期间确定,相对于终身保险的保险费率较低。因此,定期死亡保险成为在其他条件相同时保费最低的险种。第三,定期保险的低价位和高保障,使得被保险人的逆选择增加,也易诱发道德风险。因此,需要严格控制。第四,定期保险的保险期限和保险金额可以考虑投保人的经济状况进行变更,以便灵活地满足不同需要。

定期死亡保险中的团体定期人寿保险有其独特的特点。该种保险是最早产生的团体保险,是以合法组织团体的多数员工为被保险人,以死亡作为保险责任的团体保险。其保险期限为1年,期满后可续保。其中,每个被保险人的保险金额可以相同,也可以按不同标准确定,但通常要求最高保额不能高出团体平均保额的若干倍。保险费率按被保险人的年龄段不同而不同。团体保费为每个被保险人的保险金额与相应的保险费率的乘积的总和。

在团体保险中,团体信用人寿保险也属于定期寿险。该保险是基于债权人与债务人之间的债权债务关系所签订的保险合同。债权人以其债务人的生命为保险标的,债权人为受益人,当被保险人死亡时,保险人给付的保险金用于抵偿被保险人所负债务。每位被保险人的保险金额为其所欠债权人的债务数额。保险期限依据债务偿还期确定。保费可以由双方单独承担或共同承担。

2) 终身死亡保险

终身死亡保险又简称为终身寿险,是以被保险人的死亡为保险事故而由保险人给付保险金的保险。

终身寿险有以下特点。第一,该险种没有确定保险期限,自保险合同生效之日起,至被保险人死亡为止,无论被保险人何时死亡,保险人均须按照合同约定给付死亡保险金。第二,几乎所有的终身寿险所使用的生命表都假设100岁为人的生命极限,因此,保险费的计算也按照最高年龄100岁确定,即终身寿险相当于保险期限截止于被保险人100周岁的定期寿险。当被保险人生存至100岁,从保险人的角度看相当于定期寿险到期,被保险人被视为死亡,保险人给付全部保险金。第三,终身寿险的保险费中含有储蓄成分,保单具有现金价值,若保单所有人在保险期间中途退保,可获得一定数额的退保金。

终身寿险可分为分红终身寿险和不分红终身寿险。分红产品使保单所有人在每个保单周年日可以分享保险公司的可分配盈余,同时,还可以抵御利率变化的风险。由于终身寿险的保险期限长,保险人很难准确估计未来的变化,因此,分红产品受到青睐。在北美、中国香港等地,80%以上的保险产品具有分红功能。在英美市场上分红保险的保费约占寿险新合同保费的50%,在德国约为85%,在中国香港市场上约为90%。

目前,分红产品也已在中国内地市场上出现,各家寿险公司都有分红产品在销售。据统计,中国内地寿险市场上,分红与投资联结类产品占市场份额的40%左右。

在分红保险的红利分配上,根据有关规定,每年保险公司该类保险业务的可分配盈余的70%都要用于分配。只要被保险人生存,自保险合同生效之日起的每一保险年度末,若保险合同有效且所有到期保险费已缴纳,都能得到根据保险公司分红保险业务的经营状况所分派的红利。

红利领取方式,有合同的红利任选条款告知方式,由投保人选择。

根据终身寿险在缴费方式、保单选择权及给付形式上的不同,可分为均衡缴费的普通终身寿险、限期缴费的终身寿险、保费不确定的终身寿险和利率敏感型终身寿险。

普通终身寿险以终身缴费为特征,但每年缴纳的保费相对较低。其保单的现金价值几乎按固定比例增长,直至与保险金额相等,此时被保险人达到最高年龄。其现金价值的存在使保单所有人具有多种利益,但万能寿险的出现使其竞争力降低。为增加该险种的灵活性和竞争力,许多保险人允许投保人在一定范围内选择未来的缴费模式和水平或投保人也可选择低附加费和高保险金额的附加定期险,其保险金额最多可达主险保额的10倍。

限期缴费的终身寿险的缴费期为某一确定期间,全部保费在此期间缴清。缴费期一般为一定年数或达到被保险人的某一年龄。如被保险人今年30岁,选择缴费期为30年的终身寿险,则到被保险人60岁时缴费期结束,该保单为30年缴费终身寿险;也可选择被保险人到65岁之前为缴费期,则其实际缴费期为35年,保单为缴费至65岁的终身寿险。限期缴费终身寿险有两种极端形式:趸缴保费和终身缴费。趸缴保费的保单一开始就具有现金价值,可以进行保单贷款;终身缴费是缴费期至被保险人的最高年龄的终身寿险。

保费不确定的终身寿险是部分保险人为与分红终身寿险竞争而设立的非分红形式的险种,保险人设定投保人缴纳保费的上限,根据保险人的业务经营状况调整投保人缴纳的保费。

利率敏感型终身寿险通过对当前的投资收益和死亡率的状况分析,调整投保人需缴纳的保费或死亡给付金额或保单的现金价值来体现利率的变化。若保费调整后低于前期保费,投保人可以有以下选择:按新的标准支付保费,保险金额不变;或按原有标准支付保费,保险金额不变,保费差额存入累积基金,增大保单的现金价值;或按原有标准支付保费,若被保险人仍具有可保性,保费差额用于增加保额。若保费调整后高于前期保费,投保人可选择下列方式之一:按新标准支付,保额不变;按旧标准支付,保额降低;按旧标准支付,保额不变,但用保单的现金价值弥补保费差额。

在终身寿险中,也有团体险这一险种。其中,团体长期人寿保险是较为独特的终身寿险。由于团体保险的灵活性,定期险和终身险的性质都在其中体现。该保险将团体定期保险作为基本形式,附加有储蓄性的个人保险,使其成为终身寿险。该险种主要有两类。一类是团体缴清保险,它是1年定期死亡保险和终身死亡保险结合的险种。该险种是为鼓励被保险人长期服务于该投保人而设计的。投保人每年给被保险人增加保额,且增加部分采取趸缴保费方式。该险种的保费由投保人与被保险人共同负担,投保人承担每年递增保额的定期保费,被保险人承担终身死亡保险部分保费。被保险人享有保单的现金价值。当被保险人离职或退休时,可申请退保,领取退保金,或继续享受缴清部分的终身死亡保障。另一类是均衡保费型团体长期保险,它是将缴清保费方式改为终身缴费或缴费至退休年龄的均衡保费方式。该类保险可以为被保险人提供退休福利。被保险人离职时,可以选择退保、一次缴清保费等保险方式,有的还可以全额改为个人保险,由被保险人继续缴纳保费,并享有保险保障。

2. 生存保险

生存保险是以被保险人于保险期满或达到某一年龄时仍然生存为给付条件的一种人寿保险。生存保险的保险目的与死亡保险的保险目的完全不同,或是为年老者提供养老保障,或是为子女的教育提供资金支持。生存保险又分为单纯的生存保险和年金保险两类。

1) 单纯的生存保险

单纯的生存保险是以被保险人在保险期满或达到某一年龄时仍然生存为给付条件,并一次性给付保险金的保险。只要被保险人生存到约定的时间,保险人就给付保险金。若在此期间被保险人死亡,则被保险人不能得到保险金,且所缴保费不予退还。通常,单纯的生存保险不作为独立的保险险种销售。

2)年金保险

年金保险是指在被保险人生存期间,保险人按照合同约定的金额、方式,在约定的期限内,有规则地、定期地向被保险人给付保险金的保险。年金保险同样是以被保险人的生存为给付条件的人寿保险,但生存保险金的给付通常采取按年度周期给付一定金额的方式,因此称为年金保险。年金保险具有生存保险的特点。只要被保险人生存,通过年金保险,被保险人都能在一定时期内定期领取一笔保险金,获得因长寿所致的收入损失保障,达到年金保险养老的目的。因此,年金保险又称为养老金保险。年金保险的保费有多种缴费方式,但在被保险人领取年金以前,投保人必须缴清所有的保费。其保险金给付周期有一年、半年、一个季度或一个月等,年金的含义是广义的。年金保险较好地解决了老年人的生活问题,因此,各国对年金保险都十分重视。

年金保险按不同方法分类如下。

(1)按缴费方法不同,分为趸缴年金与分期缴费年金

趸缴年金又称为一次缴清保费年金,投保人一次性地缴清全部保险费,然后从约定的年金给付开始日起,受领人按期领取年金。

分期缴费年金是指投保人在保险金给付开始日之前分期缴纳保险费,在约定的年金给付开始日起按期由受领人领取年金。

(2)按年金给付开始时间不同,分为即期年金和延期年金

即期年金是指在投保人缴纳所有保费且保险合同成立生效后,保险人立即按期给付保险年金的年金保险。通常即期年金采用趸缴方式缴纳保费,因此,趸缴即期年金是即期年金的主要形式。

延期年金是指保险合同成立生效且被保险人到达一定年龄或经过一定时期后,保险人在被保险人仍然生存的条件下开始给付年金的年金保险。

(3)按被保险人不同,分为个人年金、联合及生存者年金和联合年金

个人年金又称为单生年金,被保险人为独立的一人,是以其生存为给付条件的年金。

联合及生存者年金是指两个或两个以上的被保险人中,在约定的给付开始日,至少有一个生存即给付保险年金,直至最后一个生存者死亡为止的年金。因此,该年金又称为联合及最后生存者年金。通常,此种年金的给付数额规定,若一人死亡则年金按约定比例减少金额。此种年金的投保人多为夫妻。

联合年金是指两个或两个以上的被保险人中,只要其中一个死亡则保险金给付即终止的年金,它是以两个或两个以上的被保险人同时生存为给付条件的。

(4)按给付期限不同,分为定期年金、终身年金和最低保证年金

定期年金是指保险人与被保险人有约定的保险年金给付期限的年金。一种定期年金是确定年金,只要在约定的期限内,无论被保险人是否生存,保险人的年金给付直至保险年金给付期限结束;一种是定期生存年金,在约定给付期限内,只要被保险人生存就给付年金,直至被保险人死亡。

终身年金是指保险人以被保险人死亡为终止给付保险年金的时间。也就是说,只要被保险人生存,被保险人将一直领取年金。对于长寿的被保险人,该险种最为有利,但一旦被保

险人死亡，给付即终止。

最低保证年金是为了防止被保险人过早死亡而丧失领取年金的权利而产生的年金形式。它具有两种给付方式：一种是按给付年度数来保证被保险人及其受益人的利益，该种最低保证年金形式确定了给付的最少年数，若在规定期内被保险人死亡，被保险人指定的受益人将继续领取年金到期限结束；另一种是按给付的金额来保证被保险人及其受益人的利益，该种最低保证年金形式确定给付的最低金额，当被保险人领取的年金总额低于最低保证金额时，保险人以现金方式一次或分期退还其差额。第一种方式为确定给付年金，第二种方式为退还年金。

（5）按保险年金给付额是否变动，分为定额年金与变额年金

定额年金是指保险年金给付额是固定的，不因为市场通货膨胀的存在而变化。因此，定额年金与银行储蓄性质类似。

变额年金属于创新型寿险产品，通常变额年金也具有投资分立账户，变额年金是指保险年金给付额随投资分立账户的资产收益变化而不同。通过投资，此类保险有效地解决了通货膨胀对年金领取者生活状况的不利影响问题。变额年金因与投资收益相联结而具有投资性质。

年金也可以团体方式购买，也就是团体年金。团体年金是指投保人以被保险人为年金受领人，保险费由投保人全部或部分承担。团体年金主要用于退休后的生活补助，具有福利性质，主要有三种。一是团体延期缴清年金保险。该年金保险是由投保人为每一位在职员工投保，员工在退休后才能开始领取年金的保险。投保人每年趸缴一次延期年金保险费。随员工工作年限的增加，退休后年金数额也增加。二是预存管理年金保险。该保险也是由投保人为员工缴纳延期年金保险费的团体保险，但其缴纳的保费并不记在每个员工的名下，而是作为投保人每年向保险人缴纳的基金本金，当某个员工达到退休年龄时，才从中划出部分作为趸缴保费，为该员工投保个人即期终身年金保险，保证基金的生息。保险人在员工未达到退休年龄时，没有必要提存责任准备金，因此，为投保人节省了保险费支出。三是保证年金保险。保证年金保险是预存管理年金中演化出来的保险形式。具体形式是：投保人按员工退休后应领取的年金额缴纳保险费的方式，形成一笔基金，保险人要保证员工退休后按约定金额支付保险年金，基金的投资收益归入基金。一旦基金的数额低于员工约定年金额的趸缴保费时，立即将基金分解到员工个人名下，作为趸缴保费，为员工投保缴清延期终身年金保险。此类保险确保了员工的利益。

3. 两全保险

两全保险是指无论被保险人在保险期内死亡或保险期满时生存，都能获得保险人给付的保险金。它既为被保险人提供死亡保障，又提供生存保障。在保险有效期内，被保险人死亡，保险人给付受益人约定数额的死亡保险金；若被保险人生存至保险期满，被保险人会得到约定数额的生存保险金。因此，两全保险具有以下特点。

① 两全保险承保责任最全面。被保险人无论是生还是死都可以得到保险人的给付，它是死亡保险和生存保险的结合。

② 两全保险每张保单的保险金的给付是必然的。人不是生存，就是死亡，非此即彼，因此，两全保险的保险金给付就是必然的。由此，其保险费率较高。

③ 两全保险具有储蓄性。两全保险是定期死亡保险和生存保险的结合。被保险人生存

与死亡，受益人都能得到保险金，使两全保险具有储蓄性质。该性质使保单与终身寿险一样具有现金价值，保单所有人享有各种由保单的现金价值带来的权益，而且与终身寿险不同，在被保险人生存时，被保险人可以得到相当于银行储蓄的保险金。

两全保险的保险期限可以设定成一定年限，如5年、10年、20年等，也可以约定被保险人达到某一年龄时为限，如60岁、70岁等。

两全保险有多种形式，包括：死亡保险金与生存保险金相同的普通两全保险；为被保险人生存考虑的，生存保险金高于死亡保险金的期满双倍赔付或多倍赔付两全保险；为被保险人家人考虑的，死亡保险金高于生存保险金的养老附加两全保险；多人共同投保的联合两全保险及为子女教育费考虑的子女教育保险等。

4. 寿险附加险

附加险又称为附加特约，在人身保险合同中以附加条款形式出现。人寿保险常通过附加条款的形式扩展其对被保险人的保险保障。保单附加条款使被保险人无须签订新的合同就可得到附加的多重保障。因此，这些附加条款使被保险人或保单所有人得到更多利益。但需要注意的是，保险人可提供的附加条款不尽相同，须由投保人自行选择投保。

1) 保证可保性附加特约

保证可保性附加特约又称为保证可保选择权附加特约，即保单所有人或投保人无须提供新的可保性证明，就可以在规定时间内重新购买一份一定保额的与原来相同保险责任的保险。该特约保证了被保险人具有可保性，而无论事实上是否真的具有可保性。

通常，该附加特约规定保单所有人或投保人购买的保险具有一定限制，如在规定的期限内可购买的保险保额有约定限制、购买时要求有约定事件的发生、对被保险人的年龄有限制等。在实际购买时，保单所有人必须主动购买，否则保单附加特约所规定的权利将会过期失效。例如，在平安保险公司的投资联结保险中就有可保选择权附加，但它是在保险责任中提供的。合同中规定：在合同有效期内，经保险公司同意投保人可在第二、第四、第六、第八个保单周年日，选择投保原保险的一份新保险合同。可保选择权的行使期限也是有规定的。逾期未行使的，视同投保人自动放弃可保选择权。新合同的保险费和保险金额按照投保人行使可保选择权时本公司的相应规定和被保险人当时的实际年龄确定。投保人在行使可保选择权时须满足多项条件：合同保险单中的保险责任含可保选择权、新合同与原合同的被保险人相同、被保险人未曾且当时未处于失能状态、被保险人56周岁的保单周年日之前，并且，只有在新合同保险费不超过投保人行使可保选择权时本合同应缴保险费的25%时，被保险人才能享有可保的权利。

2) 免缴保费特约

免缴保费特约通常规定，如果被保险人在规定的年龄之前，因遭受意外伤害或疾病而完全丧失工作能力，则投保人可以在此缴费期间免缴所有保险费，而保单继续有效。投保人只需在每次缴费时增加一点保费，就可以获得在被保险人丧失工作能力后的保费免缴优惠。通常，此类特约可以附加在任何寿险保单上，但保费的免缴须视具体条款而定。如有些附加特约规定该条款只在遭受意外伤害时适用，或只获得免缴主险保费的优惠等。

3) 丧失工作能力收入补偿附加特约

该特约简称为收入补偿附加，是指如果被保险人完全丧失工作能力，将获得按期给付的每单位保额下一定金额的收入补偿保险金。该附加特约在履行时通常还有一些严格的约定，如被保险人必须在某确定的年龄之前完全丧失工作能力,并且有一段较长的等待期等。

4) 意外死亡附加特约

意外死亡附加特约为被保险人由于意外而致死提供额外保障。该部分额外保障通常与主险的保额成比例增长,在多数情况下与主险保额相等。因此,又称为双倍补偿附加特约,或双重保障意外死亡保险。意外死亡特约一般都规定许多除外责任及限制。如通常要求被保险人的死亡原因是直接的、独立于所有其他原因的意外的身体伤害。对于战争、风险运动、非法活动等引起的死亡往往为除外责任等。

5) 配偶及子女保险附加特约

该特约通常可附加在终身寿险中,为配偶及子女提供寿险保障。但与主险不同的是,该附加特约往往为定期险,保险金额按基本单位计算,并受到保险公司规定限额的约束。如附加的配偶及子女的保额为主险保额的一定比例(1/4 或 1/5)。在该类附加特约中,主险被保险人死亡,子女可免缴附加保费;配偶死亡,可降低保费或增加保额。

6) 生活费用调整附加特约

该条款规定,保单的保险金额可以随着消费价格指数的变化而自动调整。通常情况是,保险人要求在消费价格指数增加一定比例时,保险金额自动增加相同比例,保险费也相应增加相同比例。但消费价格指数降低时,保额不变。当然,保单所有人可以拒绝保额和保费的增加,但这样会导致附加条款的终止。

6.2.2 创新型人寿保险

创新型人寿保险又称非传统寿险或投资理财类保险等,是保险人为适应新的需求、增加产品竞争力而开发的一系列新型的保险产品。在美国称为变额寿险、万能寿险、变额万能寿险,在英国称为单位基金联结保单,在加拿大称为权益联结保单,在新加坡、中国内地及中国香港均称为投资理财保险。

这些产品与传统寿险产品的区别在于其具有投资功能,或保费、保额可变。即设立单独的投资账户,保费缴纳方式及大小、保单的保险金额或死亡保险金等方面是可以单独或共同变动的。

下面,主要介绍我国的创新型人寿保险:分红保险、投资连接保险和万能人寿保险。

1. 分红保险

1) 分红保险的概念

所谓分红保险,就是指保险公司在每个会计年度结束后,将上一会计年度该类分红保险的可分配盈余,按一定的比例,以现金红利或增值红利的方式分配给被保险人的一种人寿保险。分红保险必须分设账户,独立核算。分红保险采用固定费用率的,其相应的附加保费收入和佣金、管理费用支出等不列入分红保险账户;采用固定死亡率方法的,其相应的死亡保费收入和风险保额给付等不列入分红保险账户。

分红保险最早出现在 18 世纪的英国,当时是为抵御通货膨胀和利率波动风险而推出的,由于具有保障和投资两项功能,一经推出,立即受到市场的普遍欢迎。到 20 世纪 60 年代,西方发达国家的保险公司又在此基础上进行了多样化的开发。在国外两百多年的发展历史中,分红保险一直是极受欢迎的险种。在北美,80%以上的寿险险种具有分红功能。

2）分红保险的特点

作为非传统寿险，分红保险与传统寿险比较有自己的特点。

① 功能不同。分红保险具有保障和投资功能，而传统寿险只具有保障功能。

② 保单的收益来源不同。分红保险的收益来源于"三差"，即利差益、死差益和费差益，而传统寿险来源于"一差"，即费差益。

③ 被保险人承担的风险不同。分红保险的风险由保险人和被保险人双方共同承担，传统寿险的风险由保险公司承担。

④ 收益的分配不同。分红保险的保险人应将不低于当年可分配盈余的70%分配给保单所有者，而传统寿险的盈余归保险人所有。

⑤ 保险公司收取的费用不同。经营分红保险的保险公司在保险期间收取保费及保单分红管理费，而经营传统寿险的保险公司在保险期间只收取保费。

⑥ 身故保险金的给付不同。分红保险的被保险人身故后，保险公司将保险金额和未领取的红利支付给受益人，而传统寿险的被保险人身故后，保险公司将保险金额支付给受益人。

3）分红保险的红利分配方式

我国保监会颁布实施的《个人分红保险精算规定》中要求，红利的分配应当满足公平性原则和可持续性原则；保险公司每一会计年度向保单持有人实际分配盈余的比例不低于当年可分配盈余的70%；红利分配有两种方式。

① 现金红利。现金红利分配是指直接以现金的形式将盈余分配给保单持有人。保险公司可以提供多种红利领取方式，比如现金、抵缴保费、累积生息以及购买缴清保额等。采用累积生息的红利领取方式的，红利累积利率的有效期至少为6个月。

② 增额红利。增额红利分配是指在整个保险期限内每年以增加保额的方式分配红利，增加的保额作为红利一旦公布，则不得取消。采用增额红利方式的保险公司可在合同终止时以现金方式给付终了红利。

2. 投资连结保险

1）投资连结保险概念

在我国，投资连结保险是指包含保障功能并至少在一个投资账户中拥有一定资产价值的人身保险产品。投资连结保险是一种融保险保障和投资理财于一身的新型寿险险种。具体地说，就是在被保险人每年所缴纳的保险费中，有一小部分用于保险保障，大部分则转入专门设立的投资账户，由保险公司代为管理投资，投资收益除扣除少量管理费用外，全部归被保险人所有。所谓"连结"，就是将投资与人寿保险结合起来。使保户既可以得到风险保障，解决自身家庭的未来收入、资产安排等问题，又可以通过强制储蓄和稳定的投资为未来的需要提供资金。

投资连结保险起源于20世纪70年代的英国，当时保险公司为适应人们在人口老龄化加剧但政府却减少社会养老福利支出的情况下纷纷制订个人养老计划的需要而推出的，由于它既有保障功能又有投资功能，并且分享了当时股票市场大幅上涨的成绩，因此一经推出就引起了人们很大的购买热情。问世以来，投资连结保险一直在欧美国家人寿保险中占有重要的地位。

2）投资连结保险与传统寿险的主要区别

与传统寿险相比，投资连结保险的最大特色是兼具保险保障与投资理财双重功能。传统寿险都有一个固定的预定利率，保险合同一旦生效，无论保险公司经营状况如何，这个预定利率都固定不变。也就是说，在整个保障期间，保障金额固定不变。而投资连结保险有固定的保障作为基本保险保障，但却没有固定的预定利率，保户的投资收益具有不确定性。具体地说，保险公司将保户缴纳的纯保费分为两个部分，小部分用于购买保险保障，大部分划入专门的投资账户，由保险公司的投资机构进行运作。保险公司只对这部分资金收取少量的管理费用（为总资金的 0.1%～0.35%），在保险客户需要的时候还可以随时提取投资账户中的现金价值。这就相当于客户将这笔钱委托给保险公司代为运作。因此，保险公司不会向客户承诺投资回报率。若投资运作较为成功，客户就可以获得高额回报，一旦投资失败，损失也将由客户承担。这有点类似于开放式基金。不过，即使投资收益不理想，被保险人仍然可以获得人身保险保障，包括人身意外、疾病、身故等基本保障。

投资连结保险与传统寿险的差异还体现在以下几个方面。

① 保单价值不同。投资连结保险保单价值必须与投资状况相联系，随投资状况的变动而不断变化，而传统寿险的保单价值是确定的。

② 费用收取不同。投资连结保险比传统寿险多收取了投资方面的费用，如印花税、交易费等。既然投资收益完全由保险客户获得，这部分费用也自然由保户承担。

③ 影响缴费的因素和费用的使用状况不同。投资连结保险缴纳的保费与年龄无关，而传统寿险缴纳的保费与被保险人的年龄息息相关。同时，投资连结保险在运作上是透明的，保户能够知道所缴保费的各项用途，而传统寿险在运作上是不透明的，保户不知道所缴保费的各项用途。

④ 保险给付不同。投资连结保险在发生死亡、全残或期满给付时是以保险金额与保单价值两者中的较大值为准，或者与投资账户价值相关联，而传统寿险则按事先约定的保额进行给付。

3) 投资连结保险与分红保险的主要区别

我们知道，分红保险在提供保障功能的同时，还能够参加保险公司的经营利润的分配，保单的投资收益率是不固定的，同样具有一些投资理财功能。投资连结保险与分红保险的主要区别表现在以下几个方面。

① 保单收益来源不同。投资连结保险的保单收益来源于"一差"，即利差益，而分红保险的保单收益来源于"三差"，即利差益、死差益和费差益。

② 被保险人承担的风险不同。投资连结保险的收益完全由被保险人享有，被保险人也相应地承担投资过程中的全部风险。分红保险的收益由保险公司和被保险人分享，因此投资风险也由双方共同承担。

③ 收益的分配不同。投资连结保险投资账户的投资收益，保险公司除每月从中提取管理费用之外，剩余的投资利润全部分配给被保险人，而分红保险当年的可分配盈余，保险公司最多可自留 30%，70% 或更多必须分配给保单所有者。

④ 保险公司收取的费用不同。出售投资连结保险的保险公司每月按一定比例收取投资账户管理费、保单管理费等，而开办分红保险的保险公司在保险期间除了收取保费及保单分红管理费之外，不再另外收取费用。

⑤ 退保支付不同。购买投资连结保险的被保险人如果要退保，保险公司将按收到退保申请后的下一个资产评估日的投资账户价值来计算保单价值，退还给被保险人，而投保分红

保险的被保险人退保时，他得到的退保金是保单现金价值与过去应该领取却未领取的累计红利的总和。

⑥ 身故保险金的给付不同。购买投资连结保险的被保险人身故后，保险公司将身故保险金额或投资账户价值或二者中的较高者给付受益人；而分红保险的受益人在被保险人身故后除得到保险金额保障外，还可领取被保险人尚未领取的红利。

3. 万能寿险

1) 万能寿险的概念

万能寿险是指集基本保险保障与投资理财功能于一体的新型寿险产品。"万能"的含义主要体现在两个方面：一方面是产品功能上，既有灵活可调的风险保障，又有独具优势的专家理财，保障、理财两相宜；另一方面，由于灵活可变的特点，同是一个险种，可以变化出千差万别的保单。保单所有人能定期改变保费金额，可暂时停止缴付保险费，还可以改变保险金额，是一张真正"万能"的保单。

万能寿险最早出现于 1979 年，是美国人寿保险的创新品种之一。由于它的灵活多变性，很快受到了人们的青睐。1985 年，美国万能寿险市场占有率为 38%，至今仍占个人寿险新保单的四分之一左右。

万能寿险同样是为客户的资金设立专门的账户，但是它会提供一个基本的最低收益率，即保底收益率，如太平洋保险公司的万能保险的保底收益率为银行同期两年期居民定期储蓄存款利率。一旦保险公司的实际投资收益率高于保证收益率（保底收益率），公司将会把超额收益率拿出来与客户一起分享。

2) 万能寿险与投资连结保险的主要区别

万能寿险与投资连结保险都属于非传统寿险，都具有保险保障和投资理财双重功能。在具体操作上都是将投保人所缴纳的保险费分为两部分，在扣除附加费用后，一部分用于风险保障，另一部分记入由保险公司为其设立的个人投资账户，由保险公司投资专家进行管理投资。操作透明度高，保单的收益都来自这一投资账户，保户能够参加到赢利的分配中来。

另一方面，作为创新产品的两个不同品种，它们还是有着明显的差异，投资连结保险重在其"基金连结"性，风险和收益都更大一些；而万能寿险重在其"灵活性"，风险相对较小，风格相对稳健。具体说来，差异表现在以下几个方面。

① 承担的投资风险不同。万能寿险的投资收益一般上不封顶，下有保底（即设有保证利率），超过保证利率的超额利润部分，由保险公司和投保人分享；而投资连结保险无保证收益率，完全根据实际投资情况，除管理费外，投资收益全部归投保人所有，投资风险也全部由投保人承担。

② 身故保险金不同。万能寿险的身故保险金由身故保险金额和账户余额（投资和收益总和）两部分之和构成；而投资连结保险的身故保险金取两者较大者。

③ 灵活性程度不同。万能寿险灵活性很强，在缴费时间和金额、保险金额、保险期限等方面都有很灵活的规定；而投资连结保险最初推出的产品在很多方面是固定不变的，如保费的缴纳、保额的确定等，后期的产品则在不断地作出改进，以期更灵活、更能满足客户的需要。而且，同时设有多个投资账户的投资连结保险产品还可以选择资金在各投资账户之间的比例。

3) 万能寿险与传统寿险及其他投资形式的比较

万能寿险与传统寿险产品比较，万能寿险的优势主要表现在以下方面。

① 风险承担方不同。传统寿险产品的风险的承担者是保险公司，客户不能分享到保险公司的投资利润；而万能寿险风险的承担者主要是客户，客户能分享到保险公司的投资成果，而且保险公司承诺保证收益率。

② 现金价值的确定不同。传统型寿险产品其现金价值是保险公司预先设定好的；而万能保险的现金价值是随着投资账户价值变动的。

③ 死亡给付不同。传统型寿险的死亡给付额是固定保额；而万能寿险的死亡给付额为固定保额加上投资账户的余额。

④ 产品的灵活性不同。传统寿险产品的保费的缴纳、保额的确定等都是在保单订立时就已经确定；而万能寿险保费的缴纳、保额的确定可以根据投保人的实际情况进行调整。而且，传统型寿险没有加保选择权，但万能寿险有加保选择权。

⑤ 保单回报不同。传统型寿险其保单的回报在合同列明；而万能寿险的回报和保险公司的资金运用盈利率紧密相关，一般"下有保底，上不封顶"。

⑥ 保单的透明度不同。传统寿险产品费用分摊及保单的结构不透明；而万能寿险保单结构透明，客户可以随时了解投资账户余额及各项费用情况。

万能寿险的产生是为了适应消费者对保险的一些新的要求。保险消费者参加保险不单纯为了要求保险保障，同时也把保险当成了一种投资理财工具。因此，消费者对于万能寿险这类投资型保险的保值、增值能力要求也较高。

万能寿险与其他几种投资理财工具的比较情况如下。

① 与银行存款比较。银行存款的优点是流动性好，风险低，回报率稳定，但是缺乏高回报。万能寿险除风险保障之外，还可通过专家理财获得较高的投资回报，同时，万能寿险对于个人账户中的现金价值部分通常也能够部分提取，也具有相当的流动性，适合家庭的投资理财。

② 与国债比较。国债的优点是安全性好，收益稳定，流动性稍差。与万能寿险相比，国债与银行存款一样存在两方面缺陷：一是无法为消费者、投资人提供人身风险保障；二是很难获得高额的投资回报。

③ 与股票比较。股票的优势在于它可能获得的更高额的回报，但是股票投资通常风险巨大，并完全由投资人负担。而万能寿险与股票相比具有三个优点：一是它积聚大量散户资金，由专家进行大规模投资，能给投资人带来较高的收益；二是万能寿险通常设有最低保证利率，这种形式实际上是保险公司与客户共同承担了投资风险；三是万能寿险还能为客户提供人身风险保障。

6.3 人身意外伤害保险

6.3.1 人身意外伤害保险的概念

人身意外伤害保险是指被保险人在保险有效期内，因遭受意外伤害而导致死亡或残疾时,保险人按照合同约定给付保险金的保险。

在此概念中,对意外伤害有三重规定:第一,必须有客观的意外事故发生,并且事故的原因是意外的、外来的、偶然的、不可预见的,即为被保险人非本意的、人身以外的、不可预见的、突发性的、被保险人身体以外的原因导致的事故的发生;第二,被保险人必须有客观事故造成人身死亡或残疾的结果;第三,意外事故的发生和被保险人的人身伤亡的结果之间有内在的、必然的联系,即意外事故的发生是被保险人遭受伤害以致死亡或残疾的近因,而被保险人遭受伤害是意外事故的结果。

在人身意外伤害保险中,保险保障主要是因意外伤害而致死亡或残疾时,所导致的死亡给付、伤残给付及费用损失补偿、收入补偿。因此,此类险种既具有人寿保险的给付性质,又具有财产保险的补偿性质。所以,在寿险公司和财险公司都可以有该类产品销售。

6.3.2 人身意外伤害保险的保险责任

人身意外伤害保险的保险责任是指由保险人承担的被保险人因意外伤害所导致的死亡和残疾给付保险金的责任,而对由于疾病所导致的死亡和残疾不负责。人身意外伤害保险的保险责任有三个构成要件:第一,被保险人在保险期限内遭受了意外伤害;第二,被保险人在责任期限内死亡或残疾;第三,被保险人所受的意外伤害是其死亡或残疾的直接原因或近因。满足这三个条件的意外伤害才是意外伤害保险中可承保的风险。但是其中也有些为除外责任的内容,如被保险人从事犯罪活动、打架斗殴、蓄意自残所致的伤害,战争、内乱、革命、起义、暴乱、核辐射等巨灾风险所致伤害,被保险人从事拳击、赛车、摔跤、爬山、滑雪、潜水等体育运动或风险性较大的娱乐运动受到的意外伤害等。

在意外伤害保险中,对于责任期限有特别的规定。被保险人遭受意外伤害的事件发生在保险期内,而其在遭受了意外伤害之后的一定时期内造成的死亡或残疾后果,保险人就要承担保险责任。自遭受伤害之日起的一定时期为责任期限,通常规定为90天、180天、360天等。只要意外伤害发生在保险期内,保险人就需要对被保险人在责任期限内的死亡或残疾承担给付责任,即使死亡或残疾确定发生在保险期限外。但是,被保险人在保险期限开始以前遭受的意外伤害而导致的保险期限内的死亡或残疾,是不由保险人承担的保险责任。这一点,与人寿保险要求保险事故的发生在保险期内的规定不同。

对于意外伤害保险中死亡或残疾的规定,遵循有关的法律规定。死亡是指机体生命活动和新陈代谢的终止。在法律上发生效力的死亡包括生理死亡和宣告死亡:生理死亡是被医生证实的死亡;宣告死亡是按照法律程序推定的死亡,即下落不明满4年的或因意外事故下落不明而从事故发生之日起满2年的,其利害关系人可以向人民法院申请宣告其死亡。对于宣告死亡,特别是因意外伤害导致的下落不明,2年后法院才能宣告死亡,其时间上已经超过责任期限。为解决此问题,在意外伤害保险条款中通常规定,被保险人确因意外伤害事故下落不明超过一定期限(3个月、6个月等)时,视为被保险人死亡,保险人给付死亡保险金,但如果被保险人以后生还的,受领保险金的人应返还保险金。

对于残疾,一种是人体组织的永久性残缺,如肢体断离等;一种是人体器官正常机能的永久丧失,如视觉、听觉、嗅觉、语言机能、运动机能的丧失或障碍等。对于残疾程度的确定,以责任期限为限。若被保险人在保险期限内遭受意外伤害,在责任期限内结束治疗被确定为残疾的，根据确定的残疾程度给付残疾保险金；若责任期限结束时仍然未能结束治疗，且不能确定最终是否造成残疾及残疾程度的，以责任期限结束时的情况确定残疾程度，并按照这一残疾程度给付残疾保险金。

只有当被保险人遭受的意外伤害是其死亡或残疾的直接原因或近因时，保险人才承担保险责任。若意外伤害是死亡或残疾的诱因时，意外伤害致使被保险人原有的疾病发作，从而加重后果的，保险人在承担给付责任时，不是按照保险金额和被保险人的最终后果给付保险金，而是参照身体健康的人遭受这种意外伤害会造成的后果进行给付。

6.3.3 人身意外伤害保险的特点

人身意外伤害保险具有以下五个特点。

① 被保险人遭受意外伤害概率的决定因素是职业和所从事的活动。在人身意外伤害保险的费率计算中，根据意外事故发生频率及其对被保险人造成的伤害程度、风险程度进行分类。职业是确定意外伤害保险的保险费率的重要因素，被保险人职业的风险程度越高，则保险费率越高，而对以性别和年龄的差异对意外伤害发生的概率影响较小，不予考虑。按照职业风险程度来看，机关、团体、事业单位和一般工商企业单位的职工属于风险较小的职业，从事建筑、冶金、勘探、航海、伐木、搬运、装卸、筑路、地面采矿、汽车驾驶、高空作业的人员面临的风险较大，从事井下采矿、海上钻探、海上打捞、海上捕鱼、航空执勤的人员面临的风险更大。还有一些特殊职业的人，如战地记者、剧烈体育运动的运动员等，普通意外伤害保险不能承保，需要投保特定意外伤害保险。

② 意外伤害保险承保的条件一般较宽。高龄的人也可以投保，被保险人也不必进行健康检查。

③ 保险期限与责任期限的不一致性。意外伤害保险的保险期限较短，一般为1年，有些极短期限的意外伤害保险的保险期间往往只有几天、几个小时或几十分钟。但是，该险种的责任期限并不随着保险期限的结束而终止。责任期限一般为90天、180天或360天，一般从被保险人遭受意外伤害之日起计算。意外伤害保险强调被保险人在遭受意外伤害后的死亡或残疾必须发生在责任期限内。只要被保险人遭受意外伤害的事件发生在保险期内，并在责任期内造成了死亡或残疾的后果，保险人就要承担保险责任。超过这一期限，保险人就不再承担赔偿责任了。

④ 意外伤害保险的给付方式为定额给付与不定额给付相结合。意外伤害保险中的死亡给付按照保险合同中的规定进行，不能有所增减。残疾给付是按照残疾保险金额与残疾程度的百分率的乘积支付的。当发生一次伤害、多处致残或多次伤害时，保险人可同时或连续支付残疾保险金，但累计金数额以不超过保险金额为限。意外伤害医疗保险的给付却是按照保险事故造成的医疗费用支出进行的补偿，为不定额给付。

⑤ 意外伤害保险的死亡保险金数额通常较高。人们遭受意外伤害的可能性总是存在的，但并不是绝对会遭遇。因此，保险公司对此类保险的被保险人的赔付如同意外伤害发生一样是偶然事件。但在其他寿险产品中，特别是终身和两全寿险产品中，保险事故的发生是必然的，赔偿也是必然的，只是时间的早晚问题。因此，在相同的保费下，意外伤害保险的死亡保险金数额通常较高。

6.3.4 人身意外伤害保险的分类

人身意外伤害保险的分类有多种，通常可以按照保险责任、承保风险和投保方式分类。

1. 按保险责任分类，人身意外伤害保险可以分为意外伤害死亡残疾保险、意外伤害医疗保险、综合意外伤害保险和意外伤害收入保障保险

意外伤害死亡残疾保险通常简称为意外伤害保险。此种保险只保障被保险人的意外伤害所致的死亡和残疾。满足被保险人对意外伤害的保险需求。在其保险责任中通常规定，被保险人遭受意外伤害后，在责任期限内死亡、残疾等按合同规定给付保险金。此种保险通常作为附加条款附加在其他主险上，但也有作为单独的险种投保的。

意外伤害医疗保险的保险责任中通常规定，被保险人因遭受意外伤害，且在责任期限内，因该意外伤害在医院治疗且由本人支付的治疗费用，保险人按合同规定进行医疗保险金的支付。通常，被保险人在合同有效期内，不论一次或多次因遭受意外伤害而需医院治疗，保险人均按规定支付保险金，但累计给付医疗保险金不超过保险金额。而且，该种保险通常还对被保险人住院治疗进行住院津贴给付，但因疾病所致医疗住院费用等为除外责任。此种保险也大多为附加条款附加在主险上。

综合意外伤害保险是前两种保险的综合。在其保险责任中，既有被保险人因遭受意外伤害身故或残疾保险金给付责任，也有因该意外伤害使被保险人在医院治疗所花费的医疗费用的医疗保险金给付责任。此类保险大多单独承保。

意外伤害收入保障保险的保险责任中通常规定，对被保险人因遭受意外伤害，且在责任期限内死亡、残疾的，保险人依合同规定给付死亡保险金或残疾保险金；对于被保险人因遭受意外伤害造成身故或残疾达到一定程度时，保险人对被保险人或受益人按合同约定给付收入保障年金。该种保险旨在保障被保险人因意外伤害而导致收入减少，维护依靠被保险人的收入生活的人的利益。此种保险可以单独投保。

2. 按承保风险分类，人身意外伤害保险分为普通意外伤害保险和特定意外伤害保险

普通意外伤害保险又称为一般意外伤害保险或个人意外伤害保险，即指被保险人在保险有效期内，因遭受意外伤害而致死亡、残疾时，由保险人给付保险金的保险。它所承保的风险是一般的意外伤害。

特定意外伤害保险承保的是因特别原因造成的意外伤害或特定时间、特定地点遭受的意外伤害。通常需要投保人与保险人特别约定，有时还要加收保险费后才能承保。此类保险承保的意外伤害包括：战争所致意外伤害；从事剧烈体育运动、风险娱乐运动所致意外伤害；核辐射造成的意外伤害；医疗事故所致意外伤害等。这些特约承保的意外伤害可以单独承保，也可以在其他保险单中附加，或签注特约或出具批单从除外责任中剔除。

3. 按投保方式不同，可分为个人意外伤害保险和团体意外伤害保险

个人意外伤害保险是投保人或被保险人个人购买的保险，而团体意外伤害保险是以团体方式投保的人身意外伤害保险。团体意外伤害保险的保险责任、给付方式均与个人投保的意外伤害保险相同。因意外伤害保险的保险费率与被保险人的职业和所从事的活动有关，因此，团体投保意外伤害保险比个人投保更为适合，且保险期限短、保费低而保障高，在雇主需为员工承担一定事故责任的场合，对雇主更为有利。

团体意外伤害保险的保单效力与个人投保的保单效力有所区别：在团体保险中，被保险人一旦脱离投保的团体，保单效力对该被保险人即刻终止，投保团体可以为其办理退保手续，而保单对其他被保险人依然有效。

另外，按保险期限分类，可分为1年期意外伤害保险、极短期意外伤害保险和长期意外伤害保险。按投保动因分类，可分为自愿意外伤害保险和强制性意外伤害保险。

6.3.5　人身意外伤害保险与财产保险的相似性比较

人身意外伤害保险因其以人身为保险标的，因此，属人身保险的范畴，但它在许多方面与财产保险有类似之处。

1. 在保险事故的发生方面类似

人身意外伤害事故的发生是偶然的、意外的、不可预见的。保险事故对于某一被保险人来说，其发生具有偶然性。这一点与财产保险类似。通过风险管理，可能会降低风险发生的频率和风险损失的程度，保险事故对某一被保险人来讲，不一定会发生。但在终身寿险和两全寿险中，保险事故必然发生。

2. 在保险责任方面类似

人身意外伤害保险中，强调保险事故的发生是外来原因造成的，非被保险人自身的原因所致，强调非故意行为。否则，保险公司不承担赔偿责任。在财产保险中也是如此，对于被保险人的故意行为是属于免责的。而在其他寿险产品中，由被保险人自身的原因引起的保险事故，在一定的限定条件下也是属于保险责任范围内的。如由于被保险人的疾病导致的死亡、伤残，由于被保险人在合同生效或复效2年后的自杀行为导致的死亡等。

3. 在保险合同的性质方面类似

在人身意外伤害保险中，保险保障的主要是因意外伤害而致死亡或残疾时所导致的死亡、伤残给付及费用损失补偿、收入补偿。因此，此类险种既具有人寿保险的给付性质，又具有财产保险的补偿性质。

4. 在保险期限上类似

人身意外伤害保险的保险期限一般为一年以内的短期保险，这一点与财产保险一致。

5. 在保险费的缴纳与确定方面类似

人身意外伤害保险的保费缴纳与财产保险一样是逐笔业务一次缴清。另外，人身意外伤害保险的保费与被保险人的年龄无关而与职业和所从事的活动有关。在财产保险中，保险费率的高低也与保险标的的性质有关。

6. 在财务处理方面类似

因为都是短期保险，在我国，财产保险、人身意外伤害保险都提取保险保障基金，而长期寿险无须提取。在责任准备金的计算与提取方面也是一致的，包括赔款准备金和未到期责任准备金，其中，保险期限在一年以下业务的未到期责任准备金按当期自留保费收入的50%提取，对一年以上的业务，在年终按业务到期年份将历年累计的保费收入与赔款支出的差额提取，无须累积；而寿险产品中主要是未到期责任准备金，需要逐年计提、积累。

正因为人身意外伤害保险与财产保险有许多类似之处，使人们容易将人身意外伤害保险与财产保险中的责任保险混淆。责任保险是对被保险人应承担的对第三者造成人身伤害和财产损失的民事赔偿责任的保险，当第三者要求被保险人赔偿时，被保险人可以要求由保险公司承担自己为赔付他人而受到的经济损失。但人身意外伤害保险的被保险人是自身遭受伤害时，由保险公司对自身的经济损失进行补偿。如在工厂做工的工人遭受意外伤害事件，工人作为人身意外伤害保险的被保险人，应得到人身意外伤害保险的赔偿，同时，从民事责任上讲，也应得到雇主的赔偿。雇主不能因为工人的意外伤害得到了保险公司的赔偿而不承担赔偿责任。而雇主作为雇主责任险的被保险人，可要求保险公司对其该项损失进行赔偿。

6.4 健康保险

6.4.1 健康保险的概念

健康保险是以人的身体为对象，以被保险人在保险期限内因患病、生育所致医疗费用支出和工作能力丧失、收入减少及因疾病、生育致残或死亡为保险事故的人身保险，保证被保险人在疾病、生育或意外事故所致伤害时的所需费用或损失获得补偿的一种保险。它是人身保险的一种，其保险责任是被保险人的医疗费支出，护理费支出，收入损失和因疾病、生育造成的事故或残疾等。其内容广而复杂，一般来讲，凡不属于人寿保险和意外伤害保险的人身保险，都可以归为健康保险。有时又因其主要针对疾病或医疗费用支出提供保障，而称为医疗保险或疾病保险。

健康保险所指的疾病需要满足以下条件。

① 疾病是由于明显非外来原因造成，由身体内在的生理原因所致。对于明显的外来原因所致的被保险人的人身伤害，由人身意外伤害保险提供保障。但病菌病毒传染、气候变化、误食有毒食物等外来因素所致的疾病，由于其需要经过人体内部的反应才能产生，因此，也属于内在的生理原因引起的疾病范围。

② 疾病是非先天性的原因所致。人的身体由健康状态转变为不健康状态的过程是人们常说的生病过程，此种不健康状态为健康保险中所说的疾病状态。如果在保险合同签订以前由于先天性原因而存在的身体器官性能的缺陷，且由其导致的疾病不属于由健康状态转变为不健康状态的疾病范畴，因为被保险人原本就是不健康状态。但是，对于遗传性疾病，其长期潜伏在人体内，在保险有效期内可能转为病态，也可能不转化，因此，此类疾病在保险有效期内转化为病态的，仍列入疾病范围。

③ 疾病是由于非规律性的生理现象所致。人的生命周期是规律的，从婴儿到老人，需要经历规律性的成长与衰老过程。人的衰老表现出来的视觉减退、记忆力下降等病态是必然的生理现象，因此，衰老本身不能作为健康保险承保的疾病范围。但是，因衰老所诱发的其他疾病则具有偶然性，仍列入疾病范围。

6.4.2 健康保险的特点

一般来讲，健康保险具有以下六个特点。

① 健康保险具有综合保险的性质。健康保险的内容广且复杂，一般来讲，凡不属于人寿保险和意外伤害保险的人身保险，都可以归为健康保险。健康保险的保险事故可以分为疾病、生育、疾病和生育所致残疾、疾病和生育所致死亡四类，所以健康保险也可以此分为四类。疾病保险和生育保险是以补偿医疗费用的损失为目的的，因此，这两类保险被称为单纯的健康保险。疾病和生育所致残疾的保险，除了要求对医疗费用进行补偿外，还要求补偿被保险人因疾病和生育所致残疾而造成的经济损失，属于残疾保险。因疾病和生育所致死亡的保险还要求补偿因被保险人的死亡而支出的丧葬费用及其遗属的生活费用，属于死亡保险。因此，健康保险既是独立的保险业务，又具有综合保险的性质。

② 健康保险的保险金具有补偿的特殊性。与人身保险的保险金通常具有的给付性质不同，在健康保险中，保险人支付的保险金具有补偿性质。疾病和生育的保险事故的保险金给付，不是对被保险人的生命和身体的伤害进行补偿，而是对被保险人因为疾病或生育在医院医治所发生的医疗费用支出和由此引起的其他费用损失的补偿。只有在发生由疾病或生育导致残疾或死亡需要保险人承担保险责任时，保险金的支付才具有给付性质。

③ 健康保险是不定额保险与定额保险的结合。由于健康保险的保险金补偿的特殊性，对于疾病和生育，以及由其所致残疾，保险人在保险金额限度内按实际支出予以补偿；而因疾病和生育致死的保险，则属于定额保险，要进行定额赔偿。

④ 健康保险中保险人拥有代位追偿权。因健康保险的保险金支付具有补偿性质，适用于补偿原则。根据补偿原则，任何人都不能因为保险而获益。保险人所支付的保险金只是对保险事故所致实际损失的补偿，被保险人不能因事故发生而得到额外利益。在健康保险中，被保险人的医疗费用支出后，如果已经从第三方得到全部或部分补偿，保险人就可以不补偿或仅补偿第三方补偿后的差额部分。若事故责任应由第三方承担，而保险人已赔偿被保险人时，则保险人拥有代位追偿权。

⑤ 健康保险的保险人赔付具有变动性和不易预测性。这主要是指保险人面对的健康保险事故，其数量和损失程度越来越难以估计，使赔付的次数和数量总是处于变动之中，而不易预测。健康保险涉及许多医学上的问题，人类的疾病种类越来越多，医疗技术日益发展，医疗器械和药品也不断更新，这使得保费的测定更为复杂。另外，医疗费用开支中有不少人为因素存在，健康保险赔付中合理与不合理支出有时也难以区分，因此，保险人的赔付具有不易预测性。

⑥ 健康保险合同多为短期合同。由于健康保险同财产保险一样具有补偿性质，所以健康保险一般以1年为期限，采用短期合同。区别于长期性的人寿保险，保险人没有权利终止保险合同，但保险期限结束，被保险人可以续保的同时，保险人也有权决定是否同意续保，也可以变更保险费率或其他合同条款内容。

6.4.3 健康保险的有关特别规定

由于健康保险的赔付风险大，风险具有变动性和不易预测性等特点，因此，保险人对所承担的保险金给付责任往往带有许多特别规定，尽可能地减少事故损失和赔付。常见的条款有以下几项。

① 免赔额条款。在健康保险合同中，一般均对医疗费用采用免赔额的规定，即在一定金额下的费用支出由被保险人自理，保险人不予赔付。这样做，一方面可以促使被保险人加强自我保护、自我控制意识，减少因疏忽等原因导致的保险事故的发生和损失的扩大，避免不必要的费用支出，减少道德风险；另一方面由被保险人承担可以承担的较低的医疗费用支出，可以减少保险人大量的理赔工作，从而减少成本，对保险人和被保险人都有利。

② 观望期条款。观望期又称为等待期，是指健康保险合同生效到保险人可以开始履行保险金给付责任的一段时期。在健康保险合同生效后，保险人需经过一段时间的观望或等待，才会对被保险人因疾病发生的医疗费用履行给付责任。在观望期结束之前发生的保险事故，保险人并不承担给付责任。该条款的规定是为了防止可能出现的逆选择。

③ 比例给付条款。又称为共保比例条款，比例给付是保险人对超出免赔额以上部分的医疗费用，采用与被保险人按一定比例共同分摊的方法进行保险赔付的方式。在此种情形下，相当于保险人与被保险人的共同保险。在健康保险中，是以人的身体为标的，不存在是否足额投保的问题。但由于其承保的风险不易控制，因此，在大多数健康保险合同中，保险人对医疗保险金的支出有比例给付的规定。当然，通常是保险人承担其中的大部分费用。这样，既有利于被保险人对医疗费用的控制，也有利于保障被保险人的经济利益，达到保险保障的目的。

④ 给付限额条款。在补偿性质的健康保险合同中，保险人给付的医疗保险金有最高限额规定。健康保险的被保险人的个体差异很大，其医疗费用支出的高低差异也很大，为保障保险人和大多数被保险人的利益，规定医疗保险金的最高给付限额，可以控制总的支出水平。而对于具有定额保险性质的健康保险，如大病保险等，通常没有赔偿限额，而是依约定的保险金额实行定额赔偿。

6.4.4 健康保险的种类

我国保监会颁布实施的《健康保险管理办法》中对健康保险的类型做出了明确的规定。健康保险的形式多种多样，可以按照多种方法进行分类。

1. 按照保障内容划分，健康保险可以分为疾病保险、医疗保险、失能收入损失保险和护理保险。

1）疾病保险

疾病保险是指以保险合同约定的疾病的发生为给付保险金条件的保险。疾病保险并不考虑被保险人的实际医疗费用支出，而是依照保险合同约定给付保险金。疾病保险是健康保险业务的重要组成部分，它是以特定人群或特种疾病发生的医疗费、护理费等为保险金给付条件向被保险人提供的经济保障。

我国《健康保险管理办法》第十四条规定："长期健康保险中的疾病保险产品，可以包含死亡保险责任，但死亡给付金额不得高于疾病最高给付金额。前款规定以外的健康保险产品不得包含死亡保险责任，但因疾病引发的死亡保险责任除外。医疗保险产品和疾病保险产品不得包含生存给付责任。"

疾病保险主要包含以下两种类型。

① 重大疾病保险。重大疾病保险是指当被保险人在保险合同有效期间内罹患合同所指定的重大疾病（如心肌梗死、冠状动脉绕道手术、癌症、脑中风、尿毒症、严重烧伤、急性重型肝炎、瘫痪和重要器官移植手术、主动脉手术等）时由保险人按合同约定给付保险金。目前，我国保险公司承保的重大疾病有30余种。

② 特种疾病保险。特种疾病保险是指保险人以被保险人罹患某些特殊疾病为保险给付条件，按照合同约定金额给付保险金或者对被保险人治疗该种疾病的医疗费用进行补偿的保险。如生育保险、牙科费用保险、眼科保健保险、艾滋病保险、团体传染性非典型肺炎疾病保险、禽流感保险等。

2）医疗保险

医疗保险是医疗费用保险的简称，按照我国《健康保险管理办法》第三条规定："本办法所称医疗保险是指以保险合同约定的医疗行为的发生为给付保险金条件，为被保险人接受诊疗期间的医疗费用支出提供保障的保险。"

医疗保险是健康保险最重要的组成部分，保险的目的在于使被保险人因疾病、生育或意外伤害发生后其治疗时所支出的医疗费用能够得到补偿。医疗保险所承保的医疗费用一般包括医生的医疗费和手术费、药费、诊疗费、护理费、各种检查费和住院费及医院杂费等。各种不同的医疗保险单所保障的费用一般是其中一项或若干项医疗费用的组合。

医疗保险主要有以下几种。

① 普通医疗保险。普通医疗保险主要用以保障被保险人治疗疾病时所发生的一般性医疗费用支出，即对于门诊医疗费用、住院医疗费用和手术医疗费用提供补偿（主要包括门诊、医药、检查等项费用）的医疗保险。

② 住院医疗保险。住院医疗保险是保险人对被保险人因疾病或意外伤害住院而支出的各种医疗费用提供保障的医疗保险。目的在于解决被保险人因住院而产生的高额费用支出问题。

③ 手术医疗保险。手术医疗保险是保险人对被保险人在患病治疗过程中所必须进行的各种大小外科手术而产生的医疗费用提供补偿的医疗保险。补偿范围包括手术费、麻醉师费、各种手术材料费、器械费和手术室费等。

④ 高额医疗保险。高额医疗保险是针对支付限额以上医疗费用不足部分而专门设计的补充性保险险种，该种主要对被保险人遭遇重大且不可预期的疾病提供广泛的保障，高额医疗费用保险承保的医疗费用主要有：住院费、手术费、就诊费、急诊及看护费等。承保对象包括团体和个人。保险期限通常为1年，到期后符合条件可申请续保。

⑤ 门诊医疗保险。门诊医疗保险是保险人对被保险人门诊发生的诊断、治疗费用提供保险保障的一种保险。主要费用包括检查费、化验费、医药费等。鉴于门诊医疗保险风险管理环节多，且较复杂，道德风险难以控制，目前门诊医疗保险主要采取团体方式承保，且仅限于被保险人住院前后一段时间内的门诊诊断和治疗费用的补偿。

⑥ 特种疾病医疗费用保险。特种疾病医疗费用保险是以被保险人罹患某些特殊疾病为保险事故，当被保险人经确诊患有某种特殊疾病时，保险人按照约定金额给付保险金或者对被保险人治疗该种疾病的医疗费用进行补偿。现行的重大疾病保险、长期护理保险就属此类。

⑦ 综合医疗保险。综合医疗保险是保险人为被保险人提供的一种保障范围较全面的医疗保险，能够对疾病或意外伤害导致的大多数医疗费用进行补偿，其保障内容主要包括住院床位费、检查检验费、手术费、诊疗费和门诊费等，此外，还包括门诊费和对某些康复治疗费用的补偿。与前述几项基本医疗保险相比，综合医疗保险保障的范围广泛、补偿程度高，给付限额相对较高，除外责任较少，实际上是前几个医疗保险险种的组合。这种保单的保险费率较高，同时还确定一个较低的免赔额及适当的分摊比例。

3) 失能收入损失保险

失能收入损失保险是指以因保险合同约定的疾病或者意外伤害导致工作能力丧失为给付保险金条件，为被保险人在一定时期内收入减少或者中断提供保障的保险。

开办失能收入损失保险的目的在于通过保险人的失能收入损失保险金的给付，缓解被保险人自身及家庭在遭遇类似不幸事件时所面临的经济压力。但是，值得注意的是，投保收入保障保险的前提是在投保时被保险人必须有固定的全职工作和收入，否则，不能够投保本保险。同时，本保险并不承保被保险人因疾病或意外伤害所发生的医疗费用。

失能收入损失保险具有独特的业务规定。以被保险人发生残疾为给付条件；导致被保险人残疾的原因必须是意外伤害或疾病；保险金给付金额的确定有固定给付和比例给付两种；保险金给付方式有一次给付和分次给付；保险金给付有最高限额规定、免赔期规定；在维护被保险人利益方面有免缴保险费条款规定、抵御通货膨胀条款的规定；保险费率的厘定要考虑通货膨胀的因素；"残疾"有特定的含义和标准。

4) 护理保险

护理保险，亦即长期护理保险，是指以因保险合同约定的日常生活能力障碍而引发护理需要为给付保险金的条件，为被保险人的护理支出提供保障的保险。一般的医疗保险或其他老年医疗保险不提供长期护理的保障。长期护理保险的保险范围分为医护人员看护、中级看护、照顾式看护和家中看护四个等级。

长期护理保险的特点主要体现在以下几个方面。

① 长期护理保险保险金的给付期限。长期护理保险保险金的给付期限有一年、数年和终身等几种不同的选择，同时也规定有20天、30天、60天、90天、100天等多种免责期，如选择20天的免责期，即从被保险人开始接受承保范围内的护理服务之日起，在看护中心接受护理的前20天不属保障范围。免责期越长，保费越低。终身给付保单通常很昂贵。

② 长期护理保险的保费。长期护理保险的保费通常为平准式，也有每年或每一期间固定上调保费者，其年缴保费因投保年龄、等待期间、保险金额和其他条件的不同而有很大区别。长期护理保险一般都有豁免保费保障，即保险人开始履行保险金给付责任的60天、90天或180天起免缴保费。

③ 长期护理保险的保单。所有长期护理保险保单都是保证续保的，可保证对被保险人续保到一特定年龄如79岁，有的甚至保证对被保险人终身续保。保险人可以在保单更新时提高保险费率，但不得针对具体的某个人，必须对同样风险情况下的所有被保险人一视同仁。

④ 长期护理保险的特殊条款。长期护理保险一般附加"不没收价值条款"，即当被保险人撤销其现存保单时，保险人会将保单积累的现金价值退还给投保人。

护理保险的形式多种多样，主要有以下几种分类。

① 根据保险责任，长期护理保险可分为单一责任护理保险、综合责任护理保险、失能收入保险扩展、医疗费用保险附加特约。

单一责任护理保险只承担长期护理责任，即在保险期间内被保险人接受符合条件的护理服务，保险公司给付约定的保险金。但如果被保险人在还未享受护理服务前就已死亡，保险公司并不退还保险费，从而造成死者家属对保险公司存在不满情绪。

综合责任护理保险则在承保长期护理费用的基础上，增加了生存和死亡给付责任。这就避免了在单一责任护理保险下死者家属和保险公司之间的矛盾，而生存给付也可成为被保险人的养老金。

失能收入保险扩展则是一种失能收入保险向长期护理保险的自动转换，即残疾者在退休前购买的长期护理保险，退休后由保险公司提供被保险人相当于失能收入保险金等额的护理保险金。

医疗费用保险附加特约是对被保险人因慢性疾病或健康状况恶化所发生的费用提供保障。

② 按照保险人对被保险人所承担的护理费用划分，护理保险可以分为专门护理和家庭护理两大类。

专门护理是指在康复机构由专业护理人员，如注册护士或有执照的护士或在他们指导下进行的护理。

家庭护理是指在病人家中为病人提供的日常生活照顾，如洗澡、吃饭等。

2. 按照保险期限划分，健康保险可以分为长期健康保险和短期健康保险

长期健康保险是指保险期限超过1年，或者保险期限虽不超过1年但含有保证续保条款的健康保险。

短期健康保险是指保险期限在1年及1年以下，且不含有保证续保条款的健康保险。

3. 按照投保方式划分，健康保险可以分为个人保险与团体保险

个人健康保险是指保险人与保险单所有人之间达成的合同，是保险人以一个或数个自然人为保险对象提供健康保险保障的保险。

团体健康保险是指保险人与团体保险单持有人（投保人一般为雇主或法人代表）之间达成的合同，是保险人对于主契约下的群体提供健康保险保障的保险。但该群体不能是为购买团体健康保险而组成的群体。

4. 按照保险金给付方式划分，健康保险分为定额给付型保险、实报实销型保险与津贴给付型保险

定额给付型保险的保险人在被保险人发生合同约定的保险事件（罹患合同约定的某种疾病）时，按照合同约定的保险金额和方法一次或分次给付保险金。

实报实销型保险的保险人对于被保险人因患疾病或发生意外伤害实际支出的医疗费用，按照保险合同的约定补偿其经济损失。

津贴给付型保险的保险人按照被保险人的实际住院天数和合同约定的每天住院补贴的一定标准额度给付保险金。

本章小结

1. 人身保险是以人的生命和身体为保险标的的一种保险。人身保险的特点可以从人身保险事故、人身保险产品和人身保险业务等方面来论述。人身保险的险种多种多样，从不同的角度有不同的分类：按照保险范围分类，人身保险分为人寿保险、健康保险和人身意外伤害保险；按照保险期限分类，人身保险分为长期保险、1年期保险和短期保险；按照投保动因分类，人身保险分为自愿保险和强制保险；按照投保人数的不同，人身保险分为个人保险、联合保险和团体保险；按照被保险人发生保险事故的可能性不同，人身保险分为健体保险和弱体保险；按照保险金的给付方式，人身保险分为一次性给付保险和分期给付保险；按照被保险人是否参与保险人利益分配，人身保险分为分红保险和不分红保险；按照承保技术不同，人身保险分为普通人身保险和简易人身保险。人身保险合同在长期经营中，各国保险法都形成了一些常用的标准条款，如不可抗辩条款、年龄误告条款、宽限期条款、终止复效条款等。人身保险最主要的险种包括人寿保险、人身意外伤害保险和健康保险。

2. 人寿保险是以被保险人的生命为保险标的，以生存和死亡为给付保险金条件的人身保险。它包括传统人寿保险和创新型人寿保险两大类。

传统人寿保险又包括死亡保险、生存保险和两全保险。死亡保险按照保险期限的不同，可分为定期死亡保险和终身死亡保险。生存保险包括单纯的生存保险和年金保险两类。两全保险是指无论被保险人在保险期内死亡或保险期满时生存，都能获得保险人给付的保险金。两全保险具有下列特点：两全保险承保责任最全面；两全保险的每张保单的保险金的给付是必然的；两全保险具有储蓄性。此外，在人身保险合同中还设有附加险，又称为附加特约，包括保证可保性附加特约、免缴保费特约、丧失工作能力收入补偿附加特约、意外死亡附加特约、配偶及子女保险附加特约、生活费用调整附加特约。

创新型人寿保险又称非传统寿险或投资理财类保险等，是保险人为适应新的需求，增加产品竞争力而开发的一系列新型的保险产品。它包括分红保险、投资连结保险和万能人寿保险。

分红保险在功能、保单的收益来源、被保险人承担的风险、收益的分配、保险公司收取的费用和身故保险金的给付等方面与传统寿险比较有自己的特点；分红保险的红利分配有两种方式：现金红利和增额红利。与传统寿险相比，投资连结保险的最大特色是兼具保险保障与投资理财双重功能。投资连结保险与传统寿险的差异还体现在保单价值、费用收取、影响缴费的因素和费用的使用状况和保险给付等几个方面；投资连结保险与分红保险的主要区别表现在保单收益来源、被保险人承担的风险、收益的分配、保险公司收取的费用、退保支付、身故保险金的给付等几个方面。万能寿险与投资连结保险的主要区别表现在承担的投资风险、身故保险金、灵活性程度等方面；

与传统寿险产品比较，万能保险的优势主要表现在风险承担方、现金价值的确定、死亡给付、产品的灵活性、保单回报和保单的透明度等方面；万能寿险与银行存款、国债、股票等其他几种投资理财工具比较也有自己的优势。

3. 人身意外伤害保险是指被保险人在保险有效期内，因遭受意外伤害而导致死亡或残疾时，保险人按照合同约定给付保险金的保险。人身意外伤害保险的保险责任的构成要件：被保险人在保险期限内遭受了意外伤害；被保险人在责任期限内死亡或残疾；被保险人所受的意外伤害是其死亡或残疾的直接原因或近因。满足这三个条件的意外伤害才是意外伤害保险中可承保的风险。人身意外伤害保险具有以下特点：被保险人遭受意外伤害概率的决定因素是职业和所从事的活动、承保的条件一般较宽、保险期限与责任期限的不一致性、给付方式为定额给付与不定额给付相结合、死亡保险金数额通常较高等。人身意外伤害保险的分类有多种，通常可以按照保险责任、承保风险和投保方式分类。人身意外伤害保险因其以人身为保险标的，在保险事故的发生、保险责任、合同的性质、保险期限、保险费的缴纳与确定、财务处理等方面与财产保险有类似之处。

4. 健康保险是以人的身体为对象，以被保险人在保险期限内因患病、生育所致医疗费用支出和工作能力丧失、收入减少及因疾病、生育致残或死亡为保险事故的人身保险。保证被保险人在疾病、生育或意外事故所致伤害时的所需费用或损失获得补偿的一种保险。健康保险所指的疾病需要满足以下条件：疾病是由于明显非外来原因造成，由身体内在的生理原因所致；疾病是非先天性的原因所致；疾病是由于非规律性的生理现象所致。一般来讲，健康保险具有综合保险、保险金具有补偿的特殊性、不定额保险与定额保险的结合、保险人拥有代位追偿权、保险人赔付具有变动性和不易预测性、健康保险合同多为短期合同等特点。健康保险的常见条款有：免赔额条款；观望期条款；比例给付条款；给付限额条款。健康保险的形式多种多样，可以按照多种方法进行分类。

复习思考题

1. 简述人身保险的特点。
2. 简述人寿保险的分类。
3. 人身保险中常用条款有哪些？
4. 比较人身保险与财产保险的异同点。
5. 简述分红保险的特点。
6. 试比较投资连结保险与传统寿险、分红保险。
7. 试比较万能寿险与投资连结保险、传统寿险。
8. 简述人身意外伤害保险的概念及特点。
9. 简述健康保险的概念及特点。

第 7 章 再 保 险

学习目标

理解再保险的概念和相关术语；掌握再保险与原保险的关系；理解再保险的作用；了解再保险的组织形式；理解不同再保险类别的划分；熟悉再保险合同的主要条款。

7.1 再保险概述

7.1.1 再保险的概念

再保险，又称为分保，是指保险人在原保险合同的基础上，通过订立合同将其所承保的部分风险和责任转让给其他保险人承担，当发生保险责任范围内的损失时，从其他保险人处取得相应部分的赔偿的一种保险业务。

在再保险业务中，分出保险业务的保险人称为原保险人或分出公司，接受保险业务的保险人称为再保险人或分入公司。与直接保险一样，原保险人通过办理再保险将其所承保的一部分风险责任转移给再保险人，相应地也要支付一定的保险费，这种保险费称为再保险费或分保保费；同时，为了弥补原保险人在直接承保业务过程中支出的费用开支，再保险人也必须向原保险人支付一定的费用报酬，这种费用报酬称为分保手续费或分保佣金。

同样，为了分散风险，控制责任，避免巨额损失，再保险人也可以将分入的保险业务再转分给其他保险人，这种经营活动称为转分保，双方当事人分别称为转分保分出人和转分保接受人，通过转分保，巨额风险责任就在众多保险人之间得到分散。所以，无论是原保险人还是再保险人都需要开展再保险业务，都可能充当再保险的分出人或分入人。

再保险可以发生在一国范围内，也可以发生在国家与国家之间。尤其对于一些超过国内保险市场承受能力的巨额风险，如航天飞机、万吨巨轮、大型工程、核电站、卫星发射等在实验和运行过程中的风险，通常要超越国界进行分保。因此，再保险具有明显的国际性。

7.1.2 再保险的相关术语

1. 风险单位

风险单位是指保险标的发生一次灾害事故可能造成的最大损失范围。

风险单位的划分既重要又复杂，应根据不同的险别和保险标的来决定。例如，船舶险以一艘船为一个风险单位，车辆险以一辆汽车为一个风险单位，人寿保险以一个人为一个风险单位等。又如火险，通常以一栋独立的建筑物为一个风险单位，但如果数栋建筑物在一起毗连，则应根据其使用性质、间距、周围环境等因素决定划分为一个或是数个风险单位。风险单位划分得恰当与否，直接关系到再保险当事人双方的经济利益，甚至影响到被保险人的利益，因而是再保险实务中一个技术性很强的问题。

2. 自留额与分保额

对于每一风险单位或一系列风险单位的保险责任，分保双方通过合同按照一定的计算基础对其进行分配。分出公司根据偿付能力所确定承担的责任限额称为自留额；经过分保由接受公司所承担的责任限额称为分保额。

自留额与分保额可以保额为基础计算，也可以赔款为基础计算。计算基础不同，决定了再保险的方式不同。以保险金额为计算基础的分保方式属于比例再保险；以赔款金额为计算基础的分保方式属于非比例再保险。自留额与分保额可以用百分率表示，如自留额与分保额分别占保险金额的30%和70%，或者用绝对数表示。而且，根据分保双方承受能力的大小，自留额与分保额均有一定的控制，如果保险责任超过自留额与分保额的控制线，则超过部分应由分出公司自负或另行安排分保。

7.1.3 再保险与原保险的关系

1. 再保险与原保险的联系

再保险是保险人将原保险业务（直接保险业务）分给其他保险人的过程。当原保险合同约定的保险事故发生时，再保险人按照再保险合同的规定对原保险人承担的损失给予补偿。可见，再保险与原保险具有十分密切的关系，二者是相辅相成、相互促进的。

1) 原保险是再保险的基础

从保险发展的历史逻辑上看，先有原保险，而后才有再保险。再保险的产生和发展，是基于原保险人分散风险的需要。再保险是以原保险人承保的风险责任为保险标的，以原保险人的实际赔款和给付为分摊赔款条件的。所以，其保险责任、保险金额、保险期限等都必须以原保险合同为基础，没有原保险就没有再保险。

2) 再保险是原保险的进一步延伸和发展

保险人将自己所承保的一部分风险责任向再保险人分保，从而也将一部分风险责任转移给再保险人。当原保险人承保的保险标的发生损失时，再保险人必须按保险合同的规定分担相应的赔款。原保险人从再保险人那里摊回分保部分的赔款，有利于保障原保险人经营的安全和稳定。可见，再保险作为原保险的保险，是对原保险人所承保风险的进一步分散，原保险人通过再保险可以控制自己的保险责任，扩大承保能力，从而支持和促进了原保险的发展。

2. 再保险与原保险的区别

原保险和再保险都是为了分散风险，补偿损失，但在保险经营中二者还是存在很大区别的。

1）保险关系主体不同

原保险关系的主体是保险人与投保人或被保险人，原保险体现的是保险人与被保险人之间的经济关系；而再保险关系的主体是原保险人与再保险人，再保险体现的是保险人之间的经济关系。

2）保险标的不同

原保险的保险标的包括财产、人身、责任、信用及有关的利益，既有财产保险、人身保险，也有责任保险和信用保证保险；而再保险的保险标的则是原保险人所承担的风险责任，是一种具有责任保险性质的保险。

3）保险合同性质不同

原保险人在履行赔付责任时，对财产保险是损失补偿性的，而对人身保险则是给付性的，所以原保险合同包括补偿性合同和给付性合同两种；而再保险人对原保险合同的分摊，无论是财产再保险还是人身再保险，都是对原保险人承担的风险损失的补偿，所以再保险合同均为补偿性合同。

7.1.4 再保险的作用

再保险的基本职能是分散风险，是将保险人所承担的风险在同业之间进行分散，以补偿可能遭遇的巨灾损失和巨额损失。其作用主要表现在以下几个方面。

1. 分散风险，均衡业务质量

保险是人们将自身的风险转嫁给保险公司，保险公司通过聚集众多同质风险，使风险得以分散，使投保人得到保险保障。保险公司是经营风险的企业，在经营过程中同样也会面临各种风险，这些风险主要是巨灾风险、巨额风险和经营风险。保险人通过再保险可以使这些风险得以分散。通过再保险，原保险人可以将超过自己承保能力的保险金额分给再保险人承担，从而分散巨额风险。通过再保险，原保险人可以将一次巨灾事故中累计责任超过自己承保能力的风险分给再保险人，从而分散巨灾风险。通过再保险，原保险人可以将那些风险同质性较差、标的数量较少、保额过高的保险业务部分或全部地转嫁给再保险人，以分散经营风险。

2. 控制保险责任，稳定业务经营

再保险可以根据保险人自己的技术、资金能力确定自留额度，从而控制保险人的保险责任额度，保证经营的稳定性与安全。

1）控制每个风险单位的责任

控制每个风险单位的责任又称险位控制。保险人在决定分保时，通常根据有关法律、条例及自身的承保能力，首先确定对每个风险单位的自留额，将超过自留额以上的部分进行分保。这样，自留额将所有风险单位的责任整齐划一了，从而增强了保险标的与风险的同质性。

2) 控制一次巨灾事故的责任累积

控制一次巨灾事故的责任累积也称事故责任控制。因巨灾风险事故可能使大量风险单位的保险标的一次受损,如果仅用险位控制则难以控制巨灾造成的责任累积。对此,通过确定一次事故的累积责任自留额,将超过累积责任自留额的部分通过再保险方式分给再保险人来承担,就可以对巨灾风险的累积责任加以控制。

3) 控制全年的责任累积

灾害事故极易造成损失年度的不平衡性,使保险人各年度承担的赔偿、给付责任不均衡,甚至会出现很大的差异。险位责任控制与事故责任控制还难以平衡年度责任的差异,一年内多次责任事故累积责任的平衡,可以通过分保方式来确定年度累积自留责任限额,保险人将超过部分分保出去,就可以稳定保险公司的经营。

3. 扩大承保能力,增加业务量

保险公司的承保能力受资本金和总准备金等自身财务状况的限制。由于保险公司的自有资金额是有限的,因而其承保能力是一定的。

通常各国都通过保险的有关立法,制定资本金、偿付能力等对保险公司的限制标准,以此来控制保险公司的经营额度和经营范围。例如,我国《保险法》第一百零二条规定:"经营财产保险业务的保险公司当年自留保险费,不得超过其实有资本金加公积金总和的四倍。"有些国家的法律则规定,每个保险人承保的业务总量即保险费总额不得超过资本额(包括公积金)的10倍。也就是说,资本额不能低于业务量的10%,即资本额与业务量之比应大于10%。否则,保险公司的业务经营将潜伏着危机,需要清理。保险公司的资本额占业务量的10%这一界限又称作清理线。

由此可见,保险人的业务发展是有限的,不可能无限制地承揽业务,而是要受到其资本额的限制。但是,如果利用再保险,不仅可以扩大保险人的业务发展,突破限额,而且还能合法地保证经营的稳定性。因为在计算保费收入时可扣除分出保费,只计算自留保费。因此,在不增加资本的情况下,可利用分保增加业务量。例如,当保险人的资本额为50万元时,如果按照10%的法律限定,保险人的业务量最高只能做到500万元,倘若超过500万元,就表明超越了清理线,潜伏危机。然而,如果保险人利用分保则可将业务量突破500万元的限制。当业务量为2 000万元时,只要保险人自留保费额保留在500万元以内,那么,其资本额与业务量的比例仍然维持在法定的10%,即使大于或等于10%,保险人只需将超过500万元以上的部分分出去就可以了。这样,由于有了分保,保险人可以将原来只能做到500万元的业务量提高到2 000万元。由此可见,再保险可以扩大保险人的承保能力,增加保险人的业务量。

另外,由于保险人可利用分保增加承保数额,使保费收入增加,而管理费用并未按比例增加,从而降低了经营成本。保险人将业务分出,再保险人返还分保佣金;当分出业务良好时又可再得到盈余佣金。对保险人来说,分保降低了成本,增加了保费及各项佣金,提高了经营利润,增加了保险人的承保能力。

4. 增加保险公司的净资产,提高偿付能力

再保险的这一作用主要表现在两个方面:一方面,再保险可以使分出公司通过提取未到期赔付责任准备金、未决赔款准备金、分摊赔款和分摊保险经营费用而聚集大量资金并加以适当运用,来增加保险公司的收益;另一方面,在再保险业务中,分出公司所分出业务的各类准备金，可以扣除经营费用，这样，就减少了准备金的提留数额，即降低了公司的负债。同时，分出公司在分保业务中还可以得到一定数量的分保佣金，从而增强了分出公司的财务力量。

保险公司的偿付能力是以公司的净资产来衡量的，即资产减负债。通过办理再保险可以增加公司资产，降低公司负债，从而提高偿付能力。

5. 增进国际交流，提高保险技术

由于再保险业务是超越空间与国界的，又主要是在国际范围内进行的。所以，通过再保险纽带，发展中国家及一些新成立的保险公司可以增进对国际保险市场、再保险市场的了解，学习发达国家的先进保险经验和技术，促进同业之间的技术交流和友好往来。

6. 形成巨额联合保险基金

现代科学技术的高速发展，使财富得以迅速积累的同时也带来了更大的风险。例如，1989 年美国旧金山大地震的损失高达 10 亿美元；美国失事的"挑战者"号航天飞机，仅研制费就高达 110 亿美元；等等。如此巨大的风险，如果仅靠一家或几家保险公司独自积累的保险基金，是难以应付的。如果通过再保险则可以将各保险集团集合成更大的分散风险的网络，在更大范围内将保险基金积累起来，使保险基金由分散走向联合，形成同业性或国际性的联合保险基金，增强保险的整体经营能力和抵御巨大风险的能力。

7.1.5 再保险的组织形式

当今国际上经营再保险的组织形式有很多，主要有以下几种。

1. 经营原保险业务的保险公司

经营直接保险业务的保险公司是再保险最早的组织形式。在保险业务经营中，保险人为了进一步分散风险，均衡业务，求得经营的稳定，均须采用再保险。在 19 世纪中期专业再保险公司产生之前，通常都是由直接承保公司兼营再保险的。在现代，经营直接业务的保险公司更多的是以互惠交换的方式进行再保险的。它们在再保险市场上既是分出公司，也是接受公司。

2. 专业再保险公司

专业再保险公司自身并不承保直接业务，而是专门接受原保险人分出的业务，有时也将接受的一部分再保险业务进行转分。专业再保险公司的资金雄厚，具有较强的技术能力，信誉好，能够获得保险人的信任，有稳定的业务来源。目前全球约有 200 多家专业再保险公司，主要集中在欧洲一些国家和美国、日本，德国的慕尼黑再保险公司、瑞士再保险公司等都是世界著名的专业再保险公司。

3. 再保险集团

再保险集团是由同一国家或不同国家的许多家保险公司联合组成的保险集团。有全球性的，也有地区性的，如亚非再保险集团、美国核保险集团、英国超额赔款集团等。再保险集团的一般做法是，集团中每一个成员公司将自己承保的业务全部或在扣除自留额后，通过集团在成员公司之间分保，各成员公司按约定的比例接受，也可根据业务性质的不同，逐笔协商接受，共同分担每一公司的分入业务。

4. 专属保险公司

专属保险公司是由大企业、大财团自己设立的保险公司，经营其母公司本系统的直接保险业务，并办理再保险。由于专属保险公司的资金及风险单位的数量有限，无法独立承担母公司的巨大风险，也难以在大范围内有效地分散风险，因此在经营中须依赖再保险。

5. 伦敦劳合社承保人

伦敦劳合社是世界上最大的再保险市场，由水险、非水险、航空险等各类承保人组成。同时，劳合社也是英国最大的接受再保险的组织，有些承保人可以通过费率左右伦敦再保险的卖方市场。

7.2 再保险的种类

原保险人将其直接承保的业务转让给再保险人的方法可从两个方面加以分类：一是从责任限制上分类，二是从分保安排上分类。

7.2.1 按责任限制分类

再保险按分出公司与分入公司的责任限制来划分，可以分为比例再保险和非比例再保险。

1. 比例再保险

比例再保险是指以保险金额为基础来确定分出公司自留额和接受公司责任额的再保险方式，故有金额再保险之称。在比例再保险中，分出公司的自留额和接受公司的责任额都表示为保额的一定比例，该比例也是双方分配保费和分摊赔款时的依据。也就是说，分出公司和接受公司对于保费和赔款的分配，按照其分配保额的同一比例进行，这就充分显示了保险人和再保险人利益的一致性。所以，比例再保险最能显示再保险当事人双方共命运的原则，因而其应用范围十分广泛。比例再保险分为成数再保险和溢额再保险两种形式。

1）成数再保险

成数再保险是指原保险人将每一风险单位的保险金额，按照约定比例分给再保险人的再保险方式。按照成数再保险方式，不论分出公司承保的每一风险单位的保额大小，只要是在合同规定的限额之内，都按双方约定的比例进行分配和分摊。总之，成数再保险的最大特征是"按比例"再保险，堪称比例再保险的代表，同时也是最简便的再保险方式。

由于成数再保险对每一风险单位都按一定的比例分配责任，故在遇到巨额风险责任时，原保险人和再保险人承担的责任仍然很大。因此，为了将承担的责任限制在一定范围，每一份成数再保险合同都按每一风险单位或每张保单规定一个最高责任限额，分出公司和接受公司在这个最高责任限额中各自承担一定的份额。习惯上，若自留40%，分出60%，则称为60%的成数再保险合同。一旦各保险公司承担责任的百分比确定，则保费和赔款就按相应百分比来计算。

2）溢额再保险

溢额再保险是指由保险人与再保险人签订协议，对每个风险单位确定一个由保险人承担的自留额，保险金额超过自留额的部分称为溢额，由再保险人承担。

溢额再保险与成数再保险相比，最大的区别在于：如果某一业务的保险金额在自留额之内，就无须办理分保，只有在保险金额超过自留额时，才将超过的部分分给溢额再保险人。也就是说，溢额再保险的自留额，是一个确定的数额，不随保险金额的大小而变动，而成数再保险的自留额表现为保险金额的固定百分比，随保险金额的大小而变动。

溢额再保险也是以保险金额为基础来确定再保险当事人双方的责任。对于每一笔业务，自留额已定好，将保险金额与自留额进行比较，即可确定分保额和分保比例。例如，溢额分保的自留额确定为40万元，现有三笔业务，保险金额分别为40万元、80万元和200万元，第一笔业务在自留额之内无须分保，第二笔业务自留40万元，分出40万元，第三笔业务自留40万元，分出160万元。溢额与保险金额之比即为分保比例。如第二笔业务的分保比例为50%，第三笔业务的分保比例为80%。

溢额再保险关系的成立与否，主要看保险金额是否超过自留额，超过自留额的部分即由溢额再保险吸收承受。但溢额再保险的吸收承受，并非无限制，而是以自留额的一定倍数为限的。这种自留额的一定倍数，称为线数。所以，风险单位、自留额和线数是溢额再保险的三大要素。

溢额再保险的合同容量或合同限额，通常以自留额的倍数计算。换句话说，自留额是厘定再保险限额的基本单位，在溢额再保险中称为"线"，即一定的倍数。如某溢额再保险合同的限额定为20线，则一线的责任为再保险限额的5%，假定自留额为100万元时，该合同的限额即为2 000万元。为简便起见，保险同业之间通常仅以线数表示溢额再保险合同。本例可称为20线的合同。但每线的金额大小，要同时予以注明，以便真正掌握合同容量（capacity）的大小。

综上所述可知，在溢额再保险合同中，再保险人的责任额和原保险人的自留额与总保险金额之间存在一定的比例关系，这是溢额再保险属于比例再保险的原因所在。但与成数再保险的比例固定不变不同的是，溢额再保险的比例关系随着承保金额的大小而变动。

一般而言，分出公司根据其承保业务和年保费收入来制定自留额及决定溢额分保合同的最高限额的线数。由于承保业务的保额增加，或者由于业务的发展，有时需要设置不同层次的溢额，依次称为第一溢额、第二溢额等。当第一溢额的分保限额不能满足分出公司的业务需要时，则可组织第二溢额甚至第三溢额作为第一溢额的补充，以适应业务的需要。

2. 非比例再保险

非比例再保险以损失为基础来确定再保险当事人双方的责任，故又称为损失再保险，一般称之为超过损失再保险。非比例再保险分为险位超赔再保险、事故超赔再保险和赔付率超赔再保险三种形式。

1）险位超赔再保险

险位超赔再保险是指以每一风险单位所发生的赔款来计算自负责任额和再保险责任额再保险。假如总赔款金额不超过自负责任额，全部损失由分出公司赔付；假如总赔款金额超过自负责任额，超过部分由接受公司赔付。但再保险责任额在合同中的规定，也是有一定限度的。险位超赔再保险在一次事故中的赔款计算，有两种情况，一是按风险单位分别计算，没有限制；二是对每次事故的总赔款有限制，一般为险位限额的2~3倍，即每次事故接受公司只赔付2~3个单位的损失。

例如，现有一超过 100 万元以后的 900 万元的火险险位超赔再保险合同，在一次事故中有三个风险单位遭受损失，每个风险单位损失 150 万元。如果每次事故对风险单位没有限制，则分出公司对每一个风险单位应承担的赔款分别为 100 万元，而接受公司对每一个风险单位应承担的赔款分别为 50 万元。如果每次事故有风险单位的限制，如为险位限额的 2 倍，则赔款分摊的数额为：分出公司对每一个风险单位应承担的赔款分别为 100 万元、100 万元和 150 万元。而由于接受公司已分别承担了第一、第二个风险单位各 50 万元的赔款，所以第三个风险单位的损失全部由分出公司自己负责。

2）事故超赔再保险

事故超赔再保险是指以一次巨灾事故所发生赔款的总和来计算自负责任额和再保险责任额的再保险。事故超赔再保险的责任计算，关键在于一次事故的划分。有的巨灾事故如台风、洪水和地震，有时间条款规定多长时间作为一次事故，有的还有地区规定。如有的规定台风、飓风、暴风连续 48 小时内为一次事故，地震、洪水连续 72 小时内为一次事故。洪水还有地区上的规定，如以河谷或以分水岭来划分洪水地区。其他巨灾事故连续在 168 小时内为一次事故。对于事故持续时间较长的，如森林大火和地震，按一次事故或几次事故计算，在责任分摊上是不同的。

假设有一超过 100 万元以后的 100 万元的事故超赔分保合同，一次台风持续了 6 天，该事故共损失 400 万元。若按一次事故计算，原保险人先自负 100 万元赔款，再保险人承担 100 万元赔款，剩下 200 万元赔款仍由原保险人自负，即原保险人共承担 300 万元赔款。若按两次事故计算，如第一个 72 小时损失 150 万元，第二个 72 小时损失 250 万元，则对于第一次事故，原保险人和再保险分别承担赔款 100 万元和 50 万元，第二次事故分别承担赔款 150 万元和 100 万元，即分出公司共负责 250 万元赔款，接受公司负责 150 万元赔款。但在实际情况中，可能无法区分一次台风在某一时间内的损失，所以应该由分出公司和接受公司各负责 200 万元赔款。在超额赔款再保险方式中，有一种分"层"的安排方法，即将整个超赔保障数额分割为几层，便于不同的再保险人接受。例如，某保险人对他承保的 500 万元的业务，分为 4 层安排超额再保险：第一层为超过 10 万元以后的 40 万元；第二层为超过 50 万元以后的 50 万元；第三层为超过 100 万元以后的 100 万元；第四层为超过 200 万元以后的 300 万元。

3）赔付率超赔再保险

赔付率超赔再保险是指按赔款与保费的比例来确定自负责任和再保险责任的一种再保险方式。即在约定的某一年度内，对于赔付率超过一定标准时，由再保险人就超过部分负责至某一赔付率或金额。赔付率超赔再保险的赔付按年度进行，有赔付率的限制，并有一定金额的责任限制。由于这种再保险可以将分出公司某一年度的赔付率控制在一定的标准之内，所以，对于分出公司而言，又有停止损失再保险或损失中止再保险之称。

在赔付率超赔再保险合同中，分出公司的自留责任和接受公司的再保险责任，都是由双方协议的赔付率标准限制的。因此，正确地、恰当地规定这两个标准，是赔付率超赔再保险的关键。议定的标准既要能够在分出公司由于赔款较多、遭受过重损失时给予保障，又不能使分出公司从中谋利，损害再保险人的利益。通常，在营业费用率为 30% 时，再保险的起点赔付率规定为 70%，最高责任一般规定为营业费用率的两倍即 60%，也就是说，再保险责任是负责赔付率 70%～130% 部分的赔款。

例如，分出公司与分入公司订立了一个超过 70% 以后的 50% 的赔付率超赔分保合同。

假设分出公司某年的净保费收入为100万元,赔款净额为80万元,则赔款分担为:

分出公司负责70%,70万元;

接受公司负责10%,10万元。

7.2.2 从分保安排上分类

再保险按安排的方式来划分,可以分为临时再保险、合同再保险和预约再保险。

1. 临时再保险

临时再保险是最早采用的再保险方式,是指在保险人有分保需要时,临时与再保险人协商订立再保险合同的一种再保险方式。该合同的有关条件都是临时议定的。

临时再保险有两个显著的优点。一是灵活性。在临时再保险关系中,原保险人和再保险人双方对每笔保险业务的分出和分入都有自由选择的权利。原保险人是否办理分保,分出什么险别,分出多少,可以根据自身所能承受的程度来决定;而再保险人是否接受原保险人分出的业务,接受多少,是否需要调整再保险的条件等,也完全可以根据业务的性质、自身的承担能力及已接受业务的责任积累状况自主决定。二是针对性。临时再保险通常是以一张保险单或一个风险单位为基础逐笔办理分保的,分保的风险责任、摊赔的条件等都具有很强的针对性,便于再保险人了解、掌握业务的具体情况,正确作出分入与否的决策。

临时再保险特别适用于高风险的业务、新开办的业务或不稳定的业务。但是由于临时分保是逐笔办理、逐笔审核的,所以手续烦琐,工作量比较大,费用开支也大,对双方来说在人力、时间及费用上都不经济。而且临时分保时间性比较强,要求办理分保要及时,否则原保险人将承担较大的风险。因为在临时分保未办妥之前,如果原保险合同已经生效,一旦损失发生,损失将全部由原保险人自己承担。而如果原保险人等到与再保险人达成分保协议后才决定接受原保险业务,则可能失去获取业务的良机,从而限制了原保险人的业务接受能力,不利于原保险人对业务的竞争。

2. 合同再保险

合同再保险,也称固定再保险,是指由原保险人和再保险人事先签订再保险合同,约定分保业务范围、条件、额度、费用等的一种再保险方式。在合同期内,对于约定的业务,原保险人必须按约定的条件分出,再保险人也必须按约定的条件接受,双方无须逐笔洽谈,也不能对分保业务进行选择,合同约定的分保业务在原保险人与再保险人之间自动分出与分入。合同再保险是一种长期性的再保险,但订约双方都有终止合同的权利,通常要求终止合同的一方于合同期满前3个月以书面形式通知对方,从而终止合同。

由于合同再保险的长期性、连续性和自动性,对于约定分保的业务,原保险人无须逐笔办理再保险,从而简化了分保手续,提高了分保效率。同时,通过合同再保险,分保双方建立了长期稳定的业务关系。一方面使原保险人能及时分散风险,从而增强了原保险人的承保能力;另一方面也使再保险人获得稳定的业务来源。因此,目前国际再保险市场广泛采用这种方式安排再保险。临时再保险只是合同再保险的一种补充。

3. 预约再保险

预约再保险,也称临时固定再保险,是一种介于临时再保险和合同再保险之间的再保险方式。它规定,对于约定的业务,原保险人可以自由决定是否分出,而原保险人一经决定分出,再保险人就必须接受。也就是说,对于合同约定的业务,原保险人有选择是否分出的权利,而再保险人则没有选择的权利。这种再保险的特点是,对原保险人没有强制性,而对再保险人则具有强制性。因此,预约再保险对原保险人来说是有利的,既可以享有临时再保险的灵活性,又可以享有合同再保险及时分散风险的优点。但对于再保险人来说则较为不利,因为原保险人可能将业务分给再保险人,也可能不分,使得再保险人业务来源的稳定性较差;而且原保险人通常会选择将风险大、质量欠佳的业务分给再保险人,而再保险人却没有对分入的业务进行选择的权利,业务的质量难以控制,因而预约再保险并不受再保险人的欢迎。

预约再保险实际上是合同再保险的一种补充。当有的业务虽然已经列入固定分保合同,但合同分保限额不能满足需要,则需将溢额另行安排分保。若采用临时再保险,手续烦琐又难以及时分散风险,而采用合同再保险,业务量又不够,在这种情况下,可以采用预约再保险。

7.3 再保险合同

再保险合同是分出公司与分入公司之间约定权利义务关系的协议,它由法律确认并保证实施。在法律关系中,再保险双方的权利与义务具有对价性。

7.3.1 再保险合同双方的权利义务

1. 分出公司的权利与义务

分出公司的权利包括:全权负责处理有关保险业务的权利;有权依照再保险合同的规定向分保接受人要求摊回赔款;在比例再保险中,有权要求接受公司支付分保佣金并提存保费准备金和赔款准备金;有权在遇到巨额赔款、赔偿责任超过约定金额时,要求接受公司以现金摊赔。

分出公司的义务包括:如实告知、通知的义务;按照规定支付再保险费的义务;定期编送业务账单、业务报表和赔款通知书的义务;在归还保费准备金和赔款准备金时有支付议定利息的义务;如有损余收回或向第三者责任方追回款项时,有按分保比例向接受公司退回的义务。

2. 接受公司的权利与义务

接受公司的权利包括:有权按规定向分出公司收取再保险费;有权要求分出公司履行分保合同中约定的义务;当分出公司不履行法定或约定义务时,有权根据具体情况提出解除或终止分保合同;如有损余收回或向第三者责任方追回款项时,有权要求分出公司按分保比例退回有关款项;在必要时有权行使检查的权利。

接受公司的义务包括:按合同规定向分出公司摊回赔款的义务;按合同规定支付分保佣金及盈余佣金的义务;按合同规定对保费准备金和赔款准备金提存与管理的履行承认的义务;对分出公司为维护双方共同利益而支出的合理必要费用有承担的义务;有现金摊赔的义务。

7.3.2 再保险合同的主要条款

再保险双方约定的权利和义务，是通过再保险合同的条款体现出来的。再保险合同的条款可以分为共同条款与非共同条款。

1. 共同条款

再保险合同的种类繁多，合同条款根据不同的再保险方式和业务类别各有差异。不过，有些条款在国际再保险业务中是通用的，这些条款为保险界所熟知，所以不用事先约定，只需在合同中列明。这些条款可以称为再保险合同的共同条款。

1) 共命运条款

共命运条款通常表述为："兹特约定凡属于本合同约定之任何事宜，再保险人在其利害关系范围内，与原保险人同一命运。"根据该条款，再保险人与原保险人在利益与义务方面共命运。这是由于在再保险业务中，再保险人与原保险人往往属于不同的国家和地区，再保险人难以介入原保险业务，所以将标的审核、费率制定、保费收取及赔款处理等诸多事宜都授权给原保险人单独处理，由此产生的一切权利和义务均按再保险双方达成的协议共同分享和分担。不过，由原保险人单方面利益而产生的费用，再保险人就无须共命运。此外，共命运是基于再保险合同基础上的保险命运，而不是基于原保险人财务问题而引起的其自身的商业命运。对于原保险人在财务上出现的困难甚至破产、倒闭，分入公司对分出公司的债务并不承担连带责任。

2) 错误与遗漏条款

再保险合同中普遍订有错误与遗漏条款，规定原保险人和再保险人缔约双方不能因为一方在工作中发生错误、遗漏或延迟而推卸其对另一方原应承担的责任。只要发生的错误、遗漏或延迟不是故意过失造成的，就不影响再保险合同的有效性。在实务中，发生错误与遗漏的一般情形有：应纳入分保合同的业务而未办理分出；应予登记而未登记的业务或登记错误；赔款发生后应通知而未通知或未及时通知等。但是，错误、遗漏与疏忽一经发现，分出公司应立即采取相应的措施予以纠正。

规定该条款的主要目的在于，保护分出公司避免由于偶然的错误和遗漏而导致对其十分不利的后果，同时对分出公司非故意过失或疏忽造成的错误、遗漏或延迟给予弥补的机会，以利于再保险业务的发展。

3) 保护再保险人利益条款

保护再保险人利益条款规定，一切有关本合同的账册、登记本、记录单证和文件，在任何时候均可由接受公司所授权的代表进行检查。该条款的目的在于保护再保险人的利益。在接受公司对合同的经营发生怀疑或产生争执需要查账时，接受公司应先通知分出公司，并承担查账的所有费用。除非在接受公司和分出公司之间因存在分歧、发生争执而提交仲裁，接受公司仅可指派非公司雇佣人员作为代表查账。

4) 仲裁条款

仲裁条款规定再保险合同的仲裁范围、仲裁地点、仲裁机构、仲裁程序和仲裁效力等。如果再保险双方对合同项下的业务发生争执或分歧，当不能友好解决时，按本条款规定办理。

2. 非共同条款

与共同条款不同，非共同条款由合同双方当事人约定，并写进再保险合同之中。

1) 执行条款

执行条款是用以规定再保险方式、再保险业务种类、地区范围及责任范围和责任限制的条款。

再保险有成数再保险、溢额再保险和超赔再保险之分，后者又可分为险位超赔再保险、事故超赔再保险和赔付率超赔再保险。究竟采取哪一种再保险方式进行分出、分入业务，在合同中要作出明确规定。

保险业务种类包括火险业务、水险业务、各种责任保险业务、人身保险业务，分出公司与分入公司究竟对哪一种业务进行分出和分入，在合同中也要有明确的规定。

在再保险合同中要明确规定列入再保险合同业务的地区范围，即是来自某个国家或地区的业务，还是来自世界各地的业务。明确规定再保险业务的地区范围，有利于分入公司控制自己的责任，避免责任过度累积，保持其财务上的稳定。

对于责任范围，除应规定保险责任外，还要规定除外责任，进一步明确责任，以免在保险标的发生损失需要分摊赔款时因保险责任范围不清而产生纠纷。责任限制是指对分出公司和分入公司的责任限制，即在合同中规定每一风险单位或每一次事故的自留责任和最高分保责任。这也是在合同中必须明确作出规定的。

2) 佣金条款

佣金条款是比例再保险合同的重要条款。再保险佣金是接受公司根据分保费支付给分出公司的一定费用，用以分担分出公司为招揽业务及经营管理等所产生的费用开支。分保佣金有固定佣金、浮动佣金及纯益佣金。对于分保佣金，再保险双方都十分重视。对接受公司而言，佣金支出对分保合同的利润有直接影响；对分出公司而言，各种佣金收入与其收益密切相关，因此再保险的当事人应在合同中明确佣金的比例及其计算办法。

3) 共同保险条款

共同保险条款是非比例再保险合同的特有条款。设立该条款的目的在于限制分出公司在赔款已经超过合同规定的自负责任额时，由于不负责任处理赔案而损害接受公司利益的行为。例如，在合同中规定："分出公司保证和接受公司成为共同再保险人接受人，且至少为本合同所承保的超赔额的10%。此份额作为分出公司自留的责任而不分保。"由于分出人也承担一部分超过合同规定的自负责任额的赔偿责任，因而与接受人有共同的利害关系。这可以促使分出公司在理赔时采取谨慎的态度。

4) 物价指数条款

物价指数条款，又叫稳定条款，是指再保险合同生效时与赔款发生时的货币价值往往不同，超赔分保合同中通常附加物价指数条款，规定分出公司的自负额和接受公司的分保额要按赔款支付时的物价指数进行调整，赔款受币值影响而超出的部分，由原保险人和再保险人共同分担。

5) 汇率变动条款

再保险的国际性决定了分保业务往往涉及多种货币，这就给超赔分保的责任计算带来了很多不便。为了使合同的责任限额保持在较为稳定的水平，减少货币兑换的风险，超赔分保合同一般都有汇率变动条款，规定不同货币要折成合同中规定使用的货币。

6) 除外责任条款

除外责任条款主要载明再保险合同不保的风险和责任。除外责任条款因国家、地区、业务种类及分保方式的不同而有所差异，但大多数再保险合同都包括以下除外责任：战争、类似战争行为、敌对行为、武装冲突、罢工、暴动和民变等引起的损失；直接或间接由于核反应、核辐射和放射性污染引起的损失；政府当局的没收、征用等命令造成的损失；被保险人及其代表的故意行为及重大过失引起的损失。

7) 赔款条款

该条款规定了原保险人处理赔款的权利和赔款发生后及时通知再保险人的义务。如果发生巨额赔款，原保险人可向再保险人请求现金摊赔。

对于一切赔案分出人必须按照原保单条款的规定处理。接受人只对分出人负有法律责任的赔款进行摊付。除非事先征得接受人的同意，分出人不按原保单条款的规定通融处理的赔案，接受人有权拒付赔款。近些年，国际保险市场上对通融赔款的处理都十分谨慎，一般都要求事先征得再保险人的同意，才可以作通融赔付处理。

8) 账务条款

账务条款规定关于账单的编制、寄送及账务结算事宜。分出公司应在每季度结束后的60天内编制业务账单寄送接受人。接受人在收到账单后应予证实，如在15天内不予证实，即视为证实。账单按原货币编制并按原货币结算。

该条款虽然规定由分出人编制业务账单送交接受人，但实际上分出人通常是向经纪人提供保费、赔款等资料，由经纪人编制业务账单送交接受人。为简化手续，有的合同规定每半年编制报送一次账单。

业务账单有两个作用：一是向接受人提供有关合同项下的保费、赔款等金额以便进行统计和核算业务的经营结果；二是为分出人与接受人之间的账务结算提供依据。

9) 保险费条款

保险费条款详细说明了计算再保险费的基础和方法，包括再保险人需要支付给保险人的税款及其他费用。

10) 期限条款

比例再保险与非比例再保险合同都有期限条款，但规定略有不同。比例再保险合同一般只有起期日，而不订明期限，合同具有长期性。任何一方有意终止再保险合同，必须在年终前3个月向对方发出注销通知，经对方证实后终止。在非比例再保险合同中，由于超赔分保接受人不愿意承诺长期的责任，所以通常规定合同的期限为1年。当然，险位超赔再保险合同也有不订明合同期限的，任何一方不发出注销通知，合同继续有效。

本 章 小 结

1. 再保险，是指保险人在原保险合同的基础上，通过订立合同，将其所承保的部分风险和责任转让给其他保险人承担，当发生保险责任范围内的损失时，从其他保险人处取得相应部分的赔偿的一种保险业务。再保险是保险人之间分散风险的一项经营活动，它建立在原保险的基础之上，但又与原保险在保险主体、保险标的和保险合同性质上有所区别。通过再保险，保险人可以进一步分散风险、均衡业务质量、控制保险责任、稳定业务经营、扩大承保能力、增加业务量，增加保险公司净资产、提高债付能力，增进国际间的交流、提高保险技术，形成巨额联合保险基金。再保险的组织形式包括经营原保险业务的保险公司、专业再保险公司、再保险集团、专属保险公司和劳合社承保人。

2. 原保险人将其直接承保的业务转让给再保险人的方法可从两个方面加以分类：一是从责任限制上分类，二是从分保安排上分类。从责任限制上，再保险分为以保险金额为基础的比例再保险和以赔款金额为基础的非比例再保险，前者包括成数再保险和溢额再保险，后者包括险位超赔、事故超赔和赔付率超赔再保险；从安排方式上，再保险分为临时再保险、合同再保险和预约再保险。

3. 再保险合同是分出公司与分入公司约定权利和义务的协议，其合同条款包括共命运条款、错误与遗漏条款、保护再保险人利益条款、仲裁条款等共同条款及执行条款、共同保险条款、佣金条款、物价指数条款、汇率变动条款、除外责任条款、赔款条款、账务条款、保险费条款、期限条款等非共同条款。

复习思考题

1. 怎样理解再保险与原保险之间的关系？
2. 再保险有何基本职能和作用？
3. 根据溢额再保险合同，如何分配再保险双方的责任？
4. 如何根据事故超赔和赔付率超赔再保险合同，分配原保险人和再保险人之间的责任？
5. 论述再保险合同双方的权利与义务。
6. 如何理解再保险合同的共命运条款？
7. 简述再保险合同的执行条款。

第8章 农业保险

学习目标

理解农业保险的概念、特点；了解农业保险与其他财产保险的差异；识别商业性农业保险与政策性农业保险；熟悉农业保险的内容；了解农业保险的种类；理解我国农业保险的发展现状和存在的问题。

8.1 农业保险概述

8.1.1 农业保险的概念

农业保险，是指在国家政策的直接支持下，对种植业、养殖业在生产、哺育、成长过程中遭受的由自然灾害或意外事故所造成的经济损失提供经济补偿的保险。由于农业保险只对种植业和养殖业提供经济保障，故又称为两业保险，即狭义的农业保险。我国《农业保险条例》第二条对农业保险是这样定义的："本条例所称农业保险，是指农业保险机构根据农业保险合同，对被保险人在种植业、林业、畜牧业和渔业生产中因保险标的遭受约定的自然灾害、意外事故、疫病、疾病等保险事故所造成的财产损失，承担保险金责任的保险活动。"该定义就是狭义的农业保险。农业保险在许多国家被列为政策保险。农业保险之所以是一种政策保险，有两方面的原因：一方面，农业是国民经济的基础部门，但农业生产的投资收益率却要大大低于第二产业、第三产业，因此，农业生产的发展客观上需要国家政策的支持；另一方面，农业生产的风险极大，农业保险的经营难度很大，保险效益要大大低于其他保险业务，在农业生产者需要风险保障而商业保险公司又不愿承保的情况下，采用政策保险的形式来为其提供风险保障显然是一条化解风险、促进发展的合理途径。但是，农业保险并非完全属于政策性保险的范围，各国的政策性农业保险通常限于某些种类或某些风险，并采取限额责任、政府补贴承保方式经营；政策规定以外的标的风险及利益，需要通过商业保险的途径进行风险保障。

农业保险从大的分类来看，基本上属于财产险的范畴。但是，按照大农业保险的概念，农村寿险也属于农业保险的范畴，即广义农业保险。我国的"三农保险"，即农民工保险、农村财产和人寿保险及农业保险，就属于广义的农业保险。

8.1.2 农业保险的特点

农业是以生产植物、动物和微生物产品为主的产业。农业生产是利用植物、动物和微生物的生命活动,并通过人类的劳动去强化或控制这种生命活动,协调生物与环境之间的关系,取得人类赖以生存的食物和其他物质资料的过程。

农业本身的特点决定了农业保险的特点。

1. 生命性

狭义的农业保险主要是种、养两业保险。种植业保险是植物生长过程中的保险,养殖业也是活的生命体的保险,保险标的均具有生命性。但是这种具有生命性的保险标的是可以转化为商品的,可以用货币衡量其价值和损失,具有财产保险的属性。

2. 地域性

农业生产及农业灾害的地域性,决定了农业保险也具有较强的地域性。农业保险在险种种类、标的种类、灾害种类、灾害频率、灾害强度、保险期限、保险责任、保险费率等方面,地域差异表现明显。

3. 季节性

农业生产和农业灾害本身的规律性和季节性,使农业保险在展业、承保、理赔、防灾防损等方面表现出明显的季节性。

4. 周期性

农业各年度间发生自然灾害的损失程度明显不同,有大灾年份、小灾年份,也有丰收年份,通过若干年的统计分析,发现农业灾害具有明显的周期性,使农业保险经营结果也具有周期性。

5. 政策性

国外一般是把部分农业保险险种作为政策性保险业务经营,建立促进农业发展的社会保障体系,从而保持农业和国民经济其他产业协调发展。因此,在把农业保险中的部分险种法定为政策性保险业务、建立专门的保险公司、对农业保险给予补贴的同时,有些国家规定,当种植某种主要农作物面积达到一定数额时,必须加入农业保险,否则就是违法,要受到相应的处罚。而且对政策性保险业务政府可给予一定的补贴,而非政策性业务则可运用税收减免等政策来支持提高保险公司的积极性。

6. 高风险性

高风险性是指农业风险较大,赔付率较高,经营农业保险的盈利水平要低于商业性保险的盈利水平,因而农业保险的经营风险大,这是商业性保险公司不愿经营此项业务的主要原因,也是政府对此项业务给予必要政策扶持的主要依据。

8.1.3 农业保险与其他财产保险的差异

① 农业保险的风险单位(一次风险事故所造成的损失范围)大、灾害发生的频率高。一方面,保险事故发生损失的规模较大,使风险难以分散;另一方面,保险事故危害程度重,造成危害损失率高,导致保险费率高。

② 农业保险具有广泛的伴生性、交织重叠性。一方面，一种事故的发生会引起另一种或多种风险事故的发生，导致损失扩大；另一方面，同一保险标的在一定时间内，可能多次发生不同灾害，保险标的的损失往往是多种事故的综合结果，难以区分某种风险事故损失后果，导致保险损失测定难。

③ 农业风险事故与风险损失的非一致性。一方面，由于农业保险标的是活的生命体，受灾后有很强的自我恢复能力或再生能力，加上生产者通过科学管理可以增强其自身恢复能力或再生能力；另一方面，一个地区的灾害可能改善相邻地区的气象条件，农业风险事故不一定导致保险标的的损失。

④ 农业保险标的点多、面广，经营管理难度大。农业保险标的分布于千家万户、漫山遍野，导致展业难、承保验标难、损失测定难，保险的逆选择与道德风险不易控制，与其他保险相比需要较高的监督成本，签单和定损工作量大，经营成本高。

⑤ 农业风险损失与农业生产条件密切相关。农业生产技术科技含量的高低和农田基础设施条件的好坏，直接影响保险标的的抗灾能力，从而影响保险标的灾后的损失率。

8.1.4 农业保险的作用

1. 转移和分散自然风险

农业保险作为一种高度市场化的风险转移和应对机制，在分散农业风险、补偿农业损失、提高农业综合生产能力方面发挥着独特的作用。在农业保险活动中，从被保险人方面来看，是将自己农业生产经营中所面临的无力承担的由自然灾害带来的农业风险所造成的损失，通过农业保险将风险以较小的代价转移给保险人。农业保险可以对农业和农业生产进行有效的风险管理和经济补偿，从而免除或减轻农业自身风险损失的不确定性，以取得农业生产经营的顺利发展和农民生活上的安定。转移风险的过程也就是分散风险的过程，这种农业风险的分散可表现在空间上和时间上的分散，为农业生产和农民生活的保障创造更好的外界环境。农业保险本身并不能消除农业灾害，但是可以对农业实施合理有效的保护，减轻自然灾害对农业生产的不良影响。

2. 促进农业产业化，提高农业的综合生产能力

农业产业化经营是实现农业规模经营的必经之路，但是在农业产业化与农业风险之间呈现正相关关系：农业经营规模扩大的同时，风险以更快的速度扩大，制约规模经营的发展。相对于传统农业，农业产业化中高新技术的应用往往与风险相伴而生，高风险制约农民提高农业生产经营的水平，形成高新技术在农业中应用的制度瓶颈。对于农业生产者来说，农业保险是一种转移农业风险的财务手段。首先，不管农业生产者是否懂得或意识到农业保险是管理农业风险的一种方式，只要参加了农业保险，就能以少量的保险费支出，把不可预料的农业风险损失转移出去，形成一种现实的互助性风险保障；其次，保费支出属于农业经营中必要成本费用的一部分，通过把农业保险保险费计入生产成本由社会承担，就可以依靠社会力量建立起一种可靠的农业风险保障、农业灾害补偿的经济制度。这种农业灾害补偿制度可在一定程度上促进农业产业化。最后，农业保险也是农业综合支持保护体系的重要一环。通过农业保险，多方主体直接参与农业生产、防灾、销售等各个环节的风险管理和市场化运作，可以动员各方力量提升农业抵御自然灾害并提高农业的综合生产能力。

3. 提高农业贷款人的预期收益和经营业绩

发展农业保险，有利于银行信贷收支平衡，增强农业发展后劲。在农村经济发展中，农业生产的流动资金和固定资金，有一部分是由农村金融机构提供的。在没有兴办农业保险的情况下，在生产经营过程中，如果遇到自然灾害和意外伤害，农民遭受灾害的损失得不到补偿，不仅原贷款因财产受损无法偿还，而且还需增加新的投资恢复生产，这就会使贷款在短期内无法收回，这是金融机构不愿向农村贷款、资金从农村严重流出的重要原因之一。有了农业保险，农民遭受经济损失时，可以由保险公司提供补偿，使金融机构减少受灾后新增贷款的压力。同时，生产恢复后，又可增强农村生产单位的还款能力，降低农业贷款人的风险，从而为整个农村金融的发展创造一个良好的外部环境。

4. 农业保险是稳定农民收入的有效措施，是农村社会保障体系的重要环节

政策性农业保险是促进农民增收、保障农村建设小康社会的有效措施，可以大大提高农民的风险应对能力，增强农民投资发展的信心，拓宽农民的融资渠道，保障农民增收。

虽然经过了多年城市经济的发展和城市化的推进，但是，在农民的收入构成中，来源于农林牧渔等产业的收入，近年来基本上仍维持在45%以上。其中的农业收入基本上维持在1/3以上，来源于外出打工、在乡镇企业务工等工资性收入比重，虽然每年都有一定增长，但却一直没有占据主要成分，而转移性收入和财产性收入基本上没有超过5%。长期以来，农民的社会保障是以土地为中心的非正规社会保障，而土地本身的价格上涨基本上由国家掌握，土地的社会保障功能主要体现在土地产出及农业收入上。从风险角度来看，作为第一产业的农林牧渔，尤其是农业，恰恰是受自然灾害影响最大的行业。也就是说，农民收入受自然灾害影响最大，而从以人为本的角度来说，农业保险的最根本目的是对农民收入的保障。

5. 农业保险是重要的政策工具

农业保护分为两个层面：一个是政府在国际贸易中对农业进行保护，称为贸易保护，表现在国际流通领域；一个是政府在国内采取一系列直接或间接的措施扶持农业发展，称为国内支持，表现在国内生产和流通领域。但是国家财政是否介入农业保险领域的决定因素不仅仅是农业是否属于公共产品性质，以及农业保险是否具有外部性，因为国家财政支持农业的方式是多种多样的，支农工具并不只限于对于农业保险的补贴。是否选择农业保险补贴工具，应该取决于其在多大程度上具有比其他支农工具更大的优越性。发达国家在农业救济方式中，逐步以农业保险替代传统救灾方式。如农业保险比较发达的美国通过多次对农业保险制度的改革，逐步增加对农业保险的补贴率，充分发挥了农业保险在灾害救济中的作用。农业保险作为世界贸易规则许可的"绿箱"政策中的一项补贴措施，日益受到许多国家的重视。如美国政府通过实施《农业风险保护法》和《农业法案》对农业保险进行补贴，从而促进了美国农业的发展。而以小农场经营为主的日本，政府也在很大程度上负担了农户的保费，基本上在50%左右，作为支持农业发展的主要措施。

农业保险作为农业灾害救济的一种非常重要的工具，它体现在位于政府救灾之上的一个层次，其优越性体现在以下几个方面。一是属于农村社会保障体制的一个重要内容。在对农业进行反哺时，利用农业保险既可以实现降低农民农业生产成本的作用，又可以减轻农民面对自然界的不确定性的疑虑，从而提高农民与社会的福利水平。二是可以通过保费的直接补贴和对保险公司管理费间接补贴的方式调动更多数量的社会资金。保险功能在于以少量的保险费用调动比自身的数量多几倍的资金，对灾害进行救济。从数量上来看，按照目前的保险资金的费率基本上在6%～10%的范围内，国家的补贴率如果是40%，就能够调动25～40倍的资金参与救灾，从而提高财政资金的保障能力；从资金主体上看，不仅是国家财政资金，还包括参保农民的资金。三是可以提高财政资金的使用效率。从资金的使用过程上看，通过商业性运作的保险人实施保险资金的运作，其灾情勘验、资金运用、风险管理等全过程的专业化运行，比行政机构去运作更具有效率。四是农业保险是符合WTO规则的"绿箱"政策，为世贸规则所允许，不像其他的政策性补贴手段那样容易引发贸易争端。五是可以起到强化资金监管的作用，民间资金参与灾害救助，不仅增加了救灾资金的数量，更主要的是保险公司和农户通过保单规定的权利义务连接在一起，形成一种市场化的契约关系，由于利益相关性强，各方对灾害救助资金的监管意愿更为强烈，增强了监管的有效性。

世界上大部分发达国家和部分发展中国家主要采用农业保险手段对农业进行支持，对农村和农民进行转移支付，已经成为一个普遍的做法。目前我国政府决策层普遍认识到，建立农业保险制度可以有效利用WTO规则中的"绿箱"政策，增加政府对农业的间接补贴。政府通过对农业保险保费一定比例的支持，可以发挥财政资金"四两拨千斤"的功效，以有限的财政资金调动参保人、保险公司的资金，进行跨区域、跨地区的资金运用，提高保障的水平。

6. 实现支农性国民收入再分配，缩小贫富差距

农业保险的国民收入再分配功效主要表现在：一方面，农民交给保险机构的保险费将会在受灾农民和非受灾农民、受灾地区和非受灾地区之间进行再分配；另一方面，由于政府对农业保险进行补贴，整个国民经济和农业部门之间也将会进行再分配。

在缺乏对贫困阶层基本社会保障的情况下，贫富差距加大是社会不稳定的根源。如果在低收入人群的收入有充分保障的情况下，收入差距的拉开并不一定造成社会不稳定，值得忧虑的往往是农村低收入人群的基本生活得不到有效保障。在社会保障体制不健全的情况下，农业保险有可能在很大程度上替代社会保障的职能，对于低收入人群的生产、生活保障效果更明显。

从收入结构上看，低收入农户的主要收入来源是家庭经营收入，即种植业、养殖业的收入，种养业收入比重呈现从低收入户向高收入户逐步降低的规律，而工资性收入、转移性收入、财产性收入则呈现相反的趋势。而种养业恰恰是受自然灾害风险影响较大的行业，也就是说，从收入结构的角度，自然灾害对于低收入农户的影响要高于高收入户。如果考虑到低收入户日常积累较少，其生产和生活设施本身抵御自然灾害的能力弱，自然灾害的这种影响将被无限放大。低收入户却恰恰无力承担保险费用，同时也缺乏保险意识，需要国家财政政策的扶持，从转移支付的角度，国家如果能够补贴保费，实际上是对低收入户的一种转移支付。其他国家在农业保险保费的国家补贴标准上，也往往考虑农民收入的因素，对贫困农户给予较大比例的补贴，甚至予以全额补贴，在一定程度上承担了对农民的社会保障职能。

8.1.5 农业保险的难点

在世界保险业中，农业保险发展最缓慢，一般保险公司都不愿经营这种风险较大、没有固定利润的保险，这是因为农业保险与其他保险相比，在经营上存在着一些难点。

1. 保险金额难以确定

保险金额应根据保险标的的实际价值来确定。种养两业保险标的是具有生命力的动植物，它们的形态无时不在变化，这给保险金额的合理确定带来很大的难度。同时，农业保险的标的具有商品性，这就必然受到市场价格的影响，对保险金额的确定也会产生影响。

2. 保险费率难以厘定

保险费率包括纯保费率和附加费率两个部分。财产险纯费率制定的数理依据是保险金额损失率。影响保险金额损失率的因素很多，其中风险事故发生的频率是一个重要因素。由于农业生产的风险主要是自然灾害，其发生极无规律。自然灾害往往具有伴发性，除直接危害种植业外，还可能引起其他灾害的发生。如洪水过后，往往出现动物疫病和植物虫害的大流行，造成新的更大灾害；再加上我国地域辽阔，各地之间的灾害程度差异很大，以往积累的有关风险事故发生情况的统计资料，对未来的预测作用不大，所以很难制定科学合理的农业保险费率。

3. 灾后经济损失难以评估

作为农业保险标的的动植物处于动态的生命活动之中，本身就很复杂，加上各地气候等自然条件不同，农作物、畜禽品种不同和农牧业生产水平不同等，使它们的受害程度也不尽相同。农作物在每一个生长阶段，其价值都不相同，甚至同样品种的农作物，生长在同样的土地和同样的气候条件下，使用同样的肥料，而由于一些管理上的差异，它们的单产也会有较大的差距。这样，农作物遭灾后，难以准确地估计其损失。养殖业保险损失的估计比种植业更为复杂，因为畜禽比农作物要求更严格的生活条件，自然灾害、不科学的饲养管理、疾病的侵袭及某些不适当的经济政策等，都会造成家畜的大量死亡或重大损失。以上这些因素都会给损失的计算带来很大的麻烦。

4. 理赔工作难度大

农业保险业务点多、面广，被保险人分散四处，保险标的分布在四面八方，保险标的一旦受损，现场勘察定额、赔付兑现等工作量很大，所需人力、物力较其他险种而言要多得多，且时间要求紧迫，加上有的地区交通不便，更增加了理赔工作的困难。

5. 农业保险中容易出现逆选择和道德风险

逆选择是指不利于保险人方面对契约的选择。在农业保险中，一般是指经营状况交叉的农民，隐瞒某种风险和投保动机，有目的地投保农业保险的某个险种（如一切险），使风险集中。这不仅损害其他被保险人的利益，还有可能使保险人给付的保险金额剧增，甚至收不抵支。因此，农业保险机构针对这种逆选择现象，常制定相应的措施和规定，如要保前实地考察、适当提高保险费率等。

道德风险是指一种人为的风险，即参与投保农业保险的农民为谋取农业保险合同上的利益，骗取保险赔款，而违反信义有意识地制造的风险。一般来说，农业保险机构对因道德风险所致的损失不负赔款责任。但是由于保险双方的信息不对称，在承保、理赔中的道德风险和逆选择不可避免。这是农业保险经营中最大的风险，也是国内外经营农业保险共同的难题。

8.1.6 政策性农业保险与商业性农业保险的区别

1. 政策目标不同

政策性农业保险制度是依据政策目标（或服务特定的政策规划）建立的。商业性农业保险制度是根据市场目标建立的。政策性农业保险的经营不能盈利；而商业性农业保险的经营则可以盈利。

2. 经营主体不同

政策性农业保险是由政府直接组织经营，或由政府成立的专门机构经营，或在政府财政政策支持下，由其他保险供给主体（股份公司、相互公司、合作社等）经营的；而商业性农业保险只由商业性保险机构经营。

3. 经营项目不同

政策性农业保险经营的项目或出售的保险产品，一般说来，其保险责任较广泛，而且保险标的的损失概率较大，因而赔付率较高；而商业性农业保险经营的项目或出售的保险产品的保险责任较窄，保险标的的损失概率较小，赔付率较低。

4. 保费负担不同

政策性农业保险产品要部分由政府买单；而商业性农业保险产品则完全由投保人自己买单。

5. 政府的作用不同

政策性农业保险通常包含着只有通过政府行为才能协调开展的工作，如政策性农业保险与农户信贷资金发放、农产品出口价格补贴、农业救济、农业生产调整等农业保护措施紧紧地联系在一起；而商业性农业保险通常通过市场机制就能较好地运作。

6. 保险参与的强制性不同

政策性农业保险通常具有事实上的强制性。无论是发达国家还是发展中国家，在开展农业保险时为了解决自愿投保条件下的参保率不高的问题，往往通过有关法律法规，将参与农业保险与其他农业优惠政策相联系，如果符合投保条件的农户不按规定投保，就不能得到信贷资金，出灾后不能享受政府救济，不享受政府价格补贴，不能从政府的生产结构调整中得到优惠等。诸如此类的规定为农民的广泛参与提供了利益诱导机制，从而使政策性农业保险制度具有了某些强制性；而商业性农业保险一般是自愿投保，不具有强制性。

需要说明的是，政策性保险和商业性保险只是农业保险在实施机制上的一种划分，政策性农业保险和商业性农业保险的范围不是一成不变的，它们之间的范围界定是一个动态的过程。当国家的财力有一定提升时，可以将一部分商业性农业保险转化为政策性农业保险，不断扩大政策性农业保险的范围，使其更好地发挥农业保险应有的支农作用和福利功效。

8.1.7 农业保险的基本内容

1. 农业保险的承保方式

一方面，农业保险的目的在于推动农业生产的发展，这种产业政策与商业保险单纯为了保险补偿的目的是有区别的，它体现的是政策引导而非纯粹的保险补偿；另一方面，农业保险面临的风险大、损失率很高，加之面临的道德风险最大，被保险人易于采取欺诈手段，骗取保险赔偿金。如被保险人以极低的成本制造保险事故，如少施肥料而致使农作物歉收，从而获得赔款，这种做法常常难以被人识破。因此，为控制保险风险，农业保险通常采取成数承保方式，即保险机构在承保时，对投保人的投保不予足额承保，而是承保一定的比例，以此达到督促被保险人加强风险管理、减少零星索赔的目的，并使道德风险得到适当控制。

2. 农业保险的保险责任

在农业保险的承保责任方面，一般有三种确定方式：单一责任保险、混合责任保险和一切险。

① 单一责任保险是指保险人仅对某一种风险所造成的经济损失给予补偿的保险，如麦场火灾保险、玉米雹灾保险等就只分别承保火灾、雹灾等单项风险责任。在农业保险中，单一责任保险是一种常见的农业保险方式。

② 混合责任保险又称为综合责任保险，它承保的风险责任不是一种而是多种，如烤烟种植保险一般承保多种自然灾害造成的损失。

③ 一切险是指对农业生产过程中一切可能发生的风险都提供保障的保险形式，在具体的保险经营实践中，农业保险的承保人较少采用这种责任承担方式。

3. 农业保险的保险金额

农业保险在保险金额方面的一个共同特点就是普遍采取低保额制，以利于承保人控制风险并防止欺诈行为的发生。具体说来，农业保险的保险金额确定主要有以下两种方式：一是以成本为基础确定保险金额，即保险机构在制定农业保险的保险金额标准时，以各地同类标的投入的平均成本为依据；二是以产量为基础确定保险金额，如农作物保险可以按其预期平均收获量的成数来确定保险金额，林木保险可以按其蓄积量的一定成数来确定保险金额，水产养殖业保险可以按水产品产量的一定成数来确定保险金额。成数保额一般为保险标的实际价值的五成至八成，因此，农业保险需要被保险人承担一定的风险。

4. 农业保险的保险费率

在费率方面，农业保险除考虑承保风险发生的可能性及其损害大小外，还要考虑到保险金额和投保人的交费承受能力，一般采取低费率。因此，农业保险通常需要国家的政策扶持甚至直接的财政补贴。

8.2 农业保险的种类

农业生产种类繁多，加之承保责任范围的差异，致使农业保险险种构成了一个庞大的保险家族。不过，根据生产对象来划分，农业保险可以概括为种植业保险和养殖业保险两大类。

8.2.1 种植业保险

种植业保险是指以种类植物为保险标的，以生产过程中可能遭遇的某些风险为承保责任的一类保险业务的统称。它可分为农作物保险和林木保险。

1. 农作物保险

农作物保险是种植业保险的主要组成部分，也是各国农业政策保险的主体内容。按照保险标的的差异，农作物保险通常被划分为粮食作物保险、经济作物保险和其他作物保险三类，其中，粮食作物保险的主要险种有水稻保险、制种保险、小麦保险、玉米保险等，经济作物保险主要有棉花保险、烤烟保险、苎麻保险、油料作物保险等，其他作物保险则主要有蔬菜保险、饲料作物保险等。

按照生产周期的不同，农作物保险可以分为生长期农作物保险和收获期农作物保险。其中，生长期农作物保险是农作物保险的主体内容，它主要承担农作物在生长期间的种植风险责任，包括农作物收获价值的损失保险和农作物生产成本的损失保险。收获期农作物保险是指以粮食作物或经济作物收割后的初级农产品价值为承保对象的一种短期保险，其承保责任是农作物收获后处于晾晒、脱粒、烘烤阶段中的损失风险，如麦场火灾保险、茶叶加工保险等。

2. 林木保险

林木保险包括森林保险、果树保险及园林苗圃保险等。其中，森林保险主要以人工林场为承保对象，以林木生长期间因自然灾害和意外事故造成的林木价值损失和营林生产费用的损失为承保责任；森林保险承保的风险主要是火灾，包括人为火灾和雷击起火等。果树保险的承保对象是常绿果树和落叶果树及其果产品，其保险责任主要是各种气象灾害所造成的损失，既承保生产期间因果树受灾所造成的损失，也承保结果期间的相关损失，因此，其保险标的既有林木生长的特征，又有农作物生长的特征。

8.2.2 养殖业保险

养殖业保险是指以各种处于养殖过程中的动物为保险标的、以养殖过程中可能遭遇的某些风险为承保责任的保险，它一般分为牲畜保险、家禽保险、水产养殖保险等。

1. 牲畜保险

牲畜保险分为大牲畜保险和小牲畜保险两种。

① 大牲畜保险是指以各种役用、种用、乳用、肉用的大牲畜如耕牛、奶牛、肉牛、马、驴、骡、骆驼及种畜等为保险标的，保险人对大牲畜饲养过程中因疾病、自然灾害或意外事故造成的伤残或死亡及发生恶性流行病而强制屠宰、掩埋所造成的经济损失负赔偿责任。

② 小牲畜保险则主要有养猪保险、养羊保险及养兔保险等。在牲畜保险承保中，保险机构通常会对牧畜的健康情况、饲养管理状况等进行调查，牲畜保险的保险金额可以牲畜的种类和经济价值为基础，采用定额承保和估价承保两种方式确定。

2. 家禽保险

家禽保险是一种死亡损失保险。其保险责任包括因自然灾害、意外事故或疾病等原因造成的损失，但对零星死亡的现象一般规定免赔率或免赔只数。家禽保险业务主要有养鸡保险、养鸭保险、养鸽保险等。

3. 水产养殖保险

水产养殖保险是指以淡水、海水人工养殖的鱼类、虾类、蟹类、藻类、贝类等各种水产品为保险对象的保险。主要险种有淡水养鱼保险、对虾养殖保险和育珠保险等。

4. 特种养殖保险

为适应经济发展的需要，对有些养殖的经济动物可以办理特种养殖保险，主要包括养鹿保险、水貂保险、鸵鸟保险、牛蛙保险、蚯蚓保险、养蛇保险等。

8.3 国外农业保险制度

从世界范围看，农业保险主要有四种模式。一是苏联模式。该模式的特点是由国家出面设立保险机构，专门经营农业保险，国家为保险机构提供部分基金及大量的管理费用。这是一种以国家为主导的社会保障型模式。二是西欧模式。该模式的特点是农业保险由互助保险社和商业性保险公司举办，两者可相互竞争，政府不参与农业保险的经营，但给农业保险以政策优惠。三是美国模式。该模式的特点是国家和商业保险机构均经营农业保险，但经营者的侧重点不同，政府公司主要经营政策性农业保险，而商业保险机构则经营商业性农业保险。四是日本模式。该模式的特点是农业保险主要由民间非营利的保险互助团体经营，政府则向农业保险提供补贴与再保险支持。中国的农业保险比较落后，因此，了解并借鉴国外农业保险的有关做法很有必要。本节特选择美国、日本、法国及亚洲发展中国家的农业保险进行简要介绍。

1. 美国农业保险

美国是一个农业高度发达的国家，其农业生产率、商品率、专业化和社会化都居于世界首位。由于农业生产的风险性大，联邦政府为了稳定农业生产者的农业投资收入，提高其信用地位和稳定农产品价格，采取了开办农业保险的方式，以其作为支持农业发展的重要措施。1938年，美国颁布并实施《联邦农作物保险法》，为建立农业保险补偿制度提供了最基本的法律依据。

根据《联邦农作物保险法》规定，美国的农业保险由政府农业部领导，联邦政府财政出资设立联邦农作物保险公司，专门经营农作物政策保险业务。同时，政府也支持民间私营保险公司和各州的相互保险公司开办农业保险，包括农作物雹灾保险、混合险和一切险，并且通过只缴纳1%～4%的低营业税及其他各税免征的政策，鼓励民间私营保险公司开办农业保险；政府还通过联邦农作物保险公司接受民间私营保险公司的农业再保险业务。如果民间私营保险公司发生亏损，政府会给予财政补贴。上述做法是美国将农作物保险作为政策保险来经营的具体体现。

美国的农业保险实行的是自愿保险制，即投保人或被保险人（大部分是农场主）可以根据自己的意向选择联邦农作物保险公司或民间私营保险公司投保；在风险转嫁方面，可以根据自己的需要选择单一责任保险、混合或综合责任保险或一切险责任的保险；也可以在农作物收获量价值保险、生产成本保险或农贷信用保险等方面根据需要自主选择投保；在承保金额与赔偿方面，美国实行成数承保和比例赔偿制。如在联邦作物保险公司投保的农场主，如果其种植的农作物遭受损失，保险公司只赔偿保险金额的75%，农场主自己负责25%的损失。采用比例责任赔偿制度，目的是激励投保者在投保后继续加强风险管理，而不是完全依赖保险公司。

由于农业生产面临的风险难以控制，保险机构经营农业保险一般不能盈利。事实上，美国的农业保险自1948年以来，不仅没有盈利，赔付率反而年年上升。如联邦农作物保险公司在1948—1978年的30年间，农作物保险赔付率年平均为98%；1981—1987年的6年间的赔付率年均达到155%。居高不下的赔付率给联邦农作物保险公司带来了巨额损失,但美国财政对亏损部分全部给予了补偿。美国农作物政策保险的开展,对美国农业生产的稳定发展起到了良好的风险保障作用,是美国成为世界农产品主要输出国的一个重要促进机制。

2. 日本农业保险

与美国不同,日本的农业生产经营规模一般较小。为促进农业生产发展,保障农业生产者的利益和经营的稳定性,日本较早建立了农业灾害补偿制度。1929年,日本颁布了第一部农业保险法即《牲畜保险法》,开始推行牲畜保险;1938年,颁布了《农业保险法》,开始实行农作物保险等。1947年则在1938年颁布的《农业保险法》的基础上修订并改名颁布了《农业灾害补偿法》,后几经修改完善,于1964年最终确立了立法健全、独树一帜的农业保险制度。

根据《农业灾害补偿法》,日本的农业保险组织形式采用"三级"制村民共济制度,即以市町村的农业共济组合为本位,直接承办各种农业保险业务;以都道府县共济联合会为中心,承担农业共济组合的分保业务;再以全国农业保险协会承担各共济组合联合会的再保险。这样,就构成了一个一层直接承保、两层再保险的三重风险保障机制,可以将各地的农业生产风险在全国范围内进行分散。由此可见,日本的农作物保险实质上是一种具有政策保险特征的互济制度。除上述三级共济组织外,1952年日本还建立了一个"农业相互救济基金会",其成员之一就是各府的农业相互救济协会联合会,主要目标是通过联合会筹集资金,以保持各种农业保险业务的收入和支出在一个较长时期内的平衡。

日本农业保险的实施采取的是强制保险与自愿保险相结合的方式。根据立法规定,一旦在某一地点(如城市、县或村庄)建立了互济组织,所有的粮食作物种植人只要其农作物耕种面积(主要是关系到国计民生的稻、麦作物)达到预定规模,即被强制参加农业保险;养蚕、牛、马等也属于强制保险的范围。对于种植面积较小的农户来说,是否参加农作物保险,或是参加当地互济协会还是参加商业性农作物保险,可以自主选择。此外,种植果树、园艺、旱地作物等及饲养羊、猪等家畜的农户,无论其养殖规模大小,是否投保均属农户自愿。不过,农户只要按照县政府的指令种上了稻谷、麦子或养殖了牲畜,不管其是否自愿,都算自动参加了保险,且保险责任是"一切险"。

在保险费的负担方面,农户只承担很小的一部分,大部分由政府承担,因此,政府财政是日本农业保险的坚强经济后盾。在保险责任方面,各级互济组织承担的比例一般为:共济组合为10%~20%,联合会为20%~30%,政府为50%~70%;遇到特大灾害,则由政府承担80%~100%的保险赔款。如在1947—1977年的30年中,农作物及其他农业保险业务的保险费总数约为9 560亿日元(约合32.96亿美元),政府承担了其中的5 320亿日元,占56%;被保农户只缴纳4 240亿日元,仅占44%。农户种植的稻谷、麦子在30年中获得的损失赔款达到6 250亿日元(合21.55亿美元),超过农户自己缴纳的保险费大约3 120亿日元,超过部分全部由政府财政补贴。包括保费补助和管理费用在内,日本政府用于农业保险的财政支出逐年增加,费用比例在农林渔业的总支出中占7%~17%。

日本政府对农业保险承担如此大的财政责任,充分表明农业保险是一种政策保险而非普通的商业保险业务。日本政府的努力,不仅使日本农业生产经营者得到了实惠,而且在很大程度上促进了日本农业生产力的发展和农村经济的稳定。

3. 法国农业保险

法国是西欧的农业大国，是世界上仅次于美国的第二大农产品出口国。法国的农业保险开办历史很长，早在18世纪末，法国的民间保险公司和相互保险协会就开始办理农作物雹灾保险，后来逐步扩展到风灾与火灾，并发展成为完整的农业灾害补偿体系。1984年成立农业保险集团后，农业灾害保险得到了进一步发展。

作为一种政策保险业务，法国政府对农业保险的支持主要体现在财政补贴上。在具体经营实践中，农业保险主要由相互保险协会经办，对农户完全采取自愿原则，即农民自愿加入相互保险协会并缴纳保费，农民本身既是保险人，又是被保险人。正因为这样，相互保险协会的成员能够根据互助的原则来实现保险。由于法国的农业生产经营以中小规模的家庭农场为主，尽管政府鼓励农民开展各种形式的互助合作以抵御自然灾害，然而其互助合作组织在规模上毕竟会受到限制，它的财源很窄，不能承担较大的风险或大量的较小风险。这样，法国的农业再保险社会就应运而生，每一个行政区或地区均有农业互助再保险机构，并可以将业务再分保给中央农业互助基金会。中央农业互助基金会是1964年建立的，它由法国再保险基金会管理，其基金来源的50%是农民在相互保险协会所缴纳的附加保费，另外50%则来自中央财政的预算拨款。当遇到巨灾时，中央农业基金会将拨款给巨灾发生的行政区农业互助再保险机构，由行政区按照损失比例对所有农民保户给予一定比例的补偿。当遇到雹灾时，中央农业基金会将直接拨付一笔附加补贴给相互保险协会，以减少相互保险协会向农民追加保费或认缴费用。如果损失额达到保险农作物或农业财产的60%以上（含60%），中央农业基金会就将农业相互保险协会农业贷款最初两年的部分利息年金（不超过50%）转移到自己的账户，由基金会来偿还。

由此可见，法国政府对相互保险协会及农业再保险机构给予了相当比例的财政补贴，这是法国农业保险得以稳步发展并使法国保持世界第二大农产品出口大国地位的一个重要条件。

4. 亚洲发展中国家的农业保险

除日本外，亚洲国家大多是发展中国家，其农业生产不仅在本国均占有很重要的地位，而且在世界上亦举足轻重。在印度、菲律宾、泰国、马来西亚、孟加拉国、印度尼西亚等国家，农业经济均为国民经济的基础，但这些国家的农业又都是以自然经济为主，生产条件差，劳动生产率低，抵御灾害的能力也相当弱。因此，包括中国在内的许多国家都在寻求一种合适的灾害损失补偿机制，探索用农业保险的办法来增强农业自身恢复生产的能力，以减轻国家在农业灾害损失补偿方面的财政负担，并促使农业生产得到发展。

亚洲发展中国家的农业保险在许多地方有相似之处，概括起来，主要体现在以下几个方面。

（1）组织方式

亚洲发展中国家一般采用两种形式：一是政府直接成立农业保险公司经办农业保险；二是采用农业保险合作社的方式。前者的代表有印度、菲律宾、斯里兰卡、马来西亚、巴基斯坦等，如菲律宾1973年开始实行全国性的农业保险计划，建立保险基金，1978年政府成立了农作物保险公司，法定资本为7.5亿比索（其中，2/3的资本由政府认购，1/3通过股市募集），1981年开始办理农作物保险；斯里兰卡的农业保险由农业部所属的政府机构——农业保险理事会经办，但其保费收取等具体工作另由农业生产委员会和政府基层工作人员来办理；马来西亚的农业保险由农业部和银行负责；巴基斯坦则是由农作物保险委员会和农业银行负责，两国的农业保险均与农业贷款相关。后者的代表有孟加拉国、韩国等，其中，孟加拉国的农业保险由综合保险公司和农业保险合作社共同办理，韩国的农业保险则是由全国农业合作联合会办理。

(2) 承保标的和责任范围

亚洲各国农业保险承保的对象主要是水稻、小麦等粮食作物，以及以牛、马、猪、蚕为主的牲畜和家禽。在责任范围方面，除斯里兰卡、韩国及菲律宾在全国范围内开办了农业"一切险"外，其他国家主要是承保气象灾害责任，且大都是小规模的试办。

(3) 实施方式

亚洲发展中国家的农业保险实施方式分强制与强制加自愿两种方式。如斯里兰卡通过立法强制所有农民都参加农作物保险。印度、菲律宾、孟加拉国、泰国等国家，对接受农业贷款的农民强制其参加农业保险，且保费从贷款中扣除；没有接受农业贷款的农民则可以参加自愿保险。但是，在印度的自愿保险中，综合保险公司认为自愿的农作物保险很不合算，不适宜大面积推广，于是，政府采取了按"地区办法"实施的农作物保险制度，即按地区进行农作物试验收割，判断产量高低或损失大小，而不是逐户逐亩地去测评，这种方法可以避免道德风险的发生，同时降低了费用，且易提高农民的生产积极性。

(4) 政府补贴情况

从亚洲各国开办农业保险情况来看，政府的支持力度虽然有大有小，但各国农业保险均获得了政府从政策、立法和财政上的支持。例如，印度农业保险赔偿责任的 25% 由作为综合保险公司共保人的邦政府分担，农业保险具体经营的费用则由国家支付。在菲律宾，政府则在农作物保险公司成立之际认购了 2/3 的法定资本，并承担农业保险管理费用，还对贷款农户的水稻保险费补贴 56%、玉米保险费补贴 64.3%，对自缴款农户的水稻保险费补贴 75%、玉米保险费补贴 81.4%。在斯里兰卡，农业保险的全部管理运行费用和超过 115% 以上的赔偿额均由政府负担。在韩国，政府补贴农业保险费的 50%。其他国家对农业保险亦有不同程度的保费补贴与政策优惠。

8.4 我国的农业保险制度

8.4.1 我国农业保险发展的历史概况

我国农业保险已有 70 多年的发展历史。20 世纪 30—40 年代，曾经在少数省份的个别地区试办过农业保险，比如乌江耕牛保险会、北碚家畜保险社等，也成立了中国农业保险股份有限公司。但由于农业保险的高风险性，以及当时的经济基础比较薄弱，缺乏政策保护，农业保险尝试成为昙花一现。新中国成立后，我国农业保险发展跌宕起伏。从总体上看，我国农业保险的发展大致经历了 20 世纪 50 年代农业保险的兴起和停办、1982—1993 年恢复试办、1994—2003 年持续萎缩以及 2004 年至今进入新一轮农业保险试点和快速发展四个阶段。目前，我国农业保险既面临着难得的发展机遇，同时现实发展又存在一些问题。我国农业保险如何发展，选择什么样的发展道路，需要我们进行深入的研究和思考。

8.4.2 我国农业保险的发展现状

1. 农业保险的经营主体不断增加

在恢复国内保险业务后不久，1982 年，原中国人民保险公司就开始经营农业保险。1986 年，新疆兵团农牧业保险公司（现中华联合财产保险公司）成立，主要经营农业保险。目前，我国已经建立了比较完善的农业保险组织体系，包括专业性农业保险公司、外资或中外合资农业保险公司、相互制农业保险公司。2016 年是我国农业保险经营队伍空前壮大的一年，有 31 家财产保险公司和其他保险经营组织活跃在农村，为农户提供丰富多彩的农业保险产品和风险保障。

2. 农业保险保障水平、业务规模快速增加，业务品种增多

据保监会最新数据，自 2007 年到 2016 年的 10 年间，我国农业保险提供风险保障从 1 126 亿元增长到 2.16 万亿元。农业保险保费收入从 51.8 亿元增长到 417.12 亿元；承保农作物从 2.3 亿亩增加到 17.21 亿亩，玉米、水稻、小麦三大口粮作物承保覆盖率已超过 70%。农业保险开办区域已覆盖全国所有省份，承保农作物品种达到 211 个，基本覆盖农、林、牧、渔各个领域。

目前，我国农业保险业务规模已仅次于美国，居全球第二，亚洲第一。其中，养殖业保险和森林保险业务规模居全球第一。农业保险在提高农业抗灾减灾能力、促进农民增收、维护国家粮食安全等方面发挥着重要作用。

3. 农业保险赔付不断提高，保护投保踊跃，模式运行成果显著

据保监会数据显示，2016 年是 2007 年以来 10 年中农业保险赔付率最高的一年，达到 80% 以上；2016 年，参加农业保险的农户空前踊跃，以单项保险计算，有 1.9 亿户次，农业保险的保险费收入达到创记录的 417.12 亿元，为农业提供的风险保障高达 2.16 万亿元。

短短的 10 年，我国农业保险业务就有数十倍增长，农户获得的风险保障大幅提高，这与 2012 年国务院颁布的《农业保险条例》提出的"政府引导，市场运作，自主自愿和协同推进"的原则——政府支持下所谓的"PPP"（政府、市场结合）制度模式是分不开的。10 年实践表明，这种模式的选择和实施基本是成功的。从 2014 年到 2016 年 3 年中，农业保险的保险金额平均占农业生产总产值的 20%，赔款 267 亿元，占到农业生产直接经济损失的 9.67%，是各级政府救灾资金的 7 倍。

4. 多方发力共同推进农业保险发展

2012 年《农业保险条例》的出台，促进了我国农业保险的快速发展。同时，农业保险的快速发展也与中央政策和财政补贴政策直接相关。

从 2004 年中央一号文件首次提出："加快建立政策性农业保险制度，选择部分产品和部分地区率先试点，有条件的地方可对参加种养业保险的农户给予一定的保费补贴"开始，到 2017 年中央一号文件 13 处提到与农业生产和农村建设相关的保险，包括首次出现在一号文件中的食品安全责任险、土地流转履约保证保险、互联网保险、贷款保证保险等险种，国家对农业保险的政策支持力度持续上升。

与中央一号文件相连的，还有从 2007 年中央财政全面启动政策性农业保险试点以来，财政补贴的连年增加。数据显示，近年来，中央财政保费补贴的比例从 35% 逐步提高到 45%，10 年来补贴品种已由最初的种植业 5 个，扩大至种、养、林 3 大类 15 个，基本覆盖了关系国计民生和粮食、生态安全的主要大宗农产品；补贴区域已由 6 省区稳步扩大至全国。2016 年，中央财政拨付农业保险保费补贴资金 158.30 亿元，同比增长 7.47%，是 2007 年的 7 倍多。

2017 年 5 月 31 日，中共中央办公厅、国务院办公厅联合印发了《关于加快构建政策体系培育新型农业经营主体的意见》，提出要积极开展天气指数保险、农产品价格和收入保险、"保险＋期货"、农田水利设施保险、贷款保证保险等试点，从政策层面推进农业保险的破局。

5. 农业保险制度加快推进

在农业保险制度创新上，提出了现阶段多层次体系、多渠道支持、多主体经营的农业保险制度模式；立足于政策扶持，商业运作的经营原则；适时建立农业巨灾基金和再保险运作机制等支持政策措施；实行农业保险经营模式多元化，各地区因地制宜地选择确定经营模式；着手研究制定政策性农业保险鼓励支持政策，建立政策性农业保险保障的种植业和养殖业目录。

8.4.3 我国农业保险发展的问题

目前我国的农业保险发展依然存在一些这样那样的问题，在一定程度上也阻碍了农业保险的发展。

1. 农业保险有效需求有待提高

农业生产和经营风险的客观存在，必然形成对农业保险的巨大需求，但目前我国农业保险的有效需求仍然不足。主要原因在于：超小规模的土地经营客观上弱化了农业保险的经济保障功能，窄小的经营规模使农民产生较低的预期收益，因而不愿意付出保险成本；我国的农业保险主要以商业形式经营，保险费率较高，抑制了农民对农业保险的需求。长期以来，我国实行的是小农户一家一户的生产方式，小农经济这种生产方式对农业保险的需求并不强烈。随着经营规模的扩大，人们对保险的需求越来越多，特别是对政府保险的责任提出了很多要求。

2. 缺乏专业性农业保险从业人才

目前，在我国农业保险从业人员中有相当多的人是从其他行业转来的，没有接受过系统的农业保险的教育和培训。同时，农业保险经营具有复杂性和艰苦性，更容易导致农业保险人才的短缺。现实情况是，我国农业保险从业人员的状况令人担忧，农业保险从业者队伍结构极不合理，具体表现为：经验型的人多，知识型的人少；保守型的人多，开拓型的人少；单一型的人多，复合型的人少；粗放型的人多，效益型的人少。农业保险专业人才的短缺，特别是核保、核赔、精算等农业保险技术型人才和管理、营销、培训等复合型人才的不足，已成为制约我国农业保险业快速发展的重要因素。

3. 农业保险险种结构不合理

农业保险险种大体上可分为种植业保险和养殖业保险。目前，我国农业保险的主要险种是以承保自然灾害风险为主要保险责任的,如雹灾保险、洪水保险等。我国农业保险的成就和矛盾并存,保险规模迅速扩大是成就,区域发展不均衡、险种较少是矛盾。我国农业保险保障的险种结构不尽合理,总体呈现出"种植业保险强而养殖业保险弱"的格局,种植业保险保障的广度高于其保障的深度,存在的主要问题是保障的深度不足;养殖业保险的保障深度虽然不高,但其保障的广度甚至低于其保障的深度,也就是说,养殖业保险的突出问题是规模覆盖率较低。

4. 农民投保意识有待提高

一是由于农业保险风险大、农业保险项目经营经常入不敷出,保险公司对其要求较高的保险费率,而高保费又使许多农民买不起农业保险。二是许多农民对农业保险认识不足,风险管理意识较差。许多农民对农业保险存在认识上的偏差,不相信农业保险对农业生产和生活的保障作用,也有许多农民买了农业保险之后,不积极参与防灾防损活动,导致农业生产损失的扩大还有少数农民法律意识淡薄,利用农业保险进行欺诈活动,把农业保险当作"摇钱树",出现了严重的道德风险,触犯了国家法律。

5. 农业保险的再保险机制和再保险市场尚不完善

我国农业保险由于缺乏适当的再保险安排,使得风险过于集中在保险经营主体自身、难于分散,影响农业保险经营主体的经营效果。而国外农业保险经营普遍有再保险机制的支持,特别是避免特大自然灾害对农业和农民的影响。例如,美国联邦政府农作物保险公司负责在中央建立再保险基金,向开展农作物保险的保险人提供超额损失再保险,再保险责任按赔付率分段确定,目的是既向各私营农作物保险公司提供超额损失再保险(不超过115%),又限制农作物保险公司的盈利水平(不高于15%)。而我国由于再保险市场有效需求不足,农业市场主体数量少且不健全,导致我国的再保险市场一方面供给主体偿付能力不足,另一方面技术与服务远远落后于国际水平。

6. 农业保险保障水平需要进一步提升

现阶段,我国农业保险总体保障水平并不低,其与所处的经济发展阶段和财政补贴水平基本相适应,甚至略高于理论保障水平。但是,农业保险保障水平的提升在相当大程度上依赖于"面"的扩大,农业保险保障深度不足且呈下降态势,已成为我国农业保险保障水平的最大短板。而且,我国农业保险保障水平区域发展不平衡,总体呈"东西高、中部低"的特征,西部地区后发优势明显,中部地区增长严重乏力,特别是农业大省的保障水平反而更低,农业保险和农业产业发展的契合程度有待加强。与美国不同作物保险保障均衡发展相反,我国不同作物保险的保障水平差距较大,关系到国计民生的大宗农产品基本得到较好保障,但种植面积较小的品种保障水平还非常低。

本 章 小 结

1. 农业保险,是指在国家政策的直接支持下,对种植业、养殖业在生产、哺育、成长过程中遭受的由自然灾害或意外事故所造成的经济损失提供经济补偿的保险。农业本身的特点决定了农业保险的特点:生命性、地域性、季节性、周期性、政策性、高风险性。它与其他财产保险表现出较大的差异性：农业保险风险单位大、灾害发生的频率高；农业保险具有广泛的伴生性、交织重叠性；农业风险事故与风险损失的非一致性；农业保险标的点多面广，经营管理难度大；农业风险损失与农业生产条件密切相关。

农业保险的作用：转移和分散自然风险；促进农业产业化，提高农业的综合生产能力；提高农业贷款人的预期收益和经营业绩；农业保险是稳定农民收入的有效措施，是农村社会保障体系的重要环节；农业保险是重要的政策工具；实现支农性国民收入再分配，缩小贫富差距。农业保险与其他保险相比，在经营上存在一些难点：保险金额难以确定、保险费率难以厘定、灾后经济损失难以评估、理赔工作难度大、农业保险中容易出现逆选择和道德风险。

政策性农业保险与商业性农业保险在政策目标、经营主体、经营项目、保费负担、政府作用、保险参与的强制性等方面存在区别。农业保险的基本内容包括承保方式、保险责任、保险金额、保险费率。

2. 农业生产种类繁多，加之承保责任范围的差异，致使农业保险险种构成了一个庞大的保险家族。根据生产对象来划分，农业保险可以概括为种植业保险和养殖业保险两大类。种植业保险是指以种类植物为保险标的，以生产过程中可能遭遇的某些风险为承保责任的一类保险业务的统称。它可分为农作物保险和林木保险。养殖业保险是指以各种处于养殖过程中的动物为保险标的、以养殖过程中可能遭遇的某些风险为承保责任的保险，它一般分为牲畜保险、家禽保险、水产养殖保险、特种养殖保险等。

3. 从世界范围看，农业保险主要有四种模式：苏联模式、西欧模式、美国模式、日本模式。每一种模式都有自己的特点。

从总体上看，我国农业保险的发展大致经历了兴起和停办、恢复试办期、持续萎缩期、新一轮试点和快速发展四个发展阶段。我国农业保险发展取得了巨大的成绩，同时也存在许多问题。

复习思考题

1. 农业保险有什么特点？
2. 怎样理解农业保险与其他财产保险的区别？
3. 农业保险有什么作用？发展的难点表现在哪些方面？
4. 简述商业性农业保险与政策性农业保险的区别。
5. 简述农业保险的内容。
6. 农业保险有哪些类型？
7. 我国农业保险面临哪些发展机遇？

第 9 章 银行保险

学习目标

理解银行保险的概念及特征；分析银行和保险公司进入银行保险的原因；了解欧美和中国银行保险产品的类型；了解欧美和中国银行保险的发展状况。

9.1 银行保险概述

9.1.1 银行保险的概念及特征

在 20 世纪 80 年代，银行保险只意味着在银行柜台销售人寿保险产品。随着欧洲经济一体化进程的加快与市场竞争的日益激烈，银行保险所包含的内容越来越广泛。银行保险已由当初保险公司的产品流向银行这一单一渠道发展成银行与保险相互交融的双向流动。正是由于银行与保险的相互交融，传统意义上的"银行""保险"已经不足以表达这一新兴行业的内涵和特征，不符合时代要求，因此产生了"银行保险"这个新概念。

1. 银行保险的概念

银行保险通过银行或邮局网络代理销售保险产品的做法，在国际上是一种流行的金融服务。现今，相当一部分发达国家的许多个人寿险都是在银行内办理的。我国推行银行保险业务是近几年的事情，通常称为"银保合作"或"银行代理业务"，主要是指保险公司通过银行柜台销售保险产品，即银行作为保险公司的兼业代理人实现保单分销。实际上，银行保险包含更丰富的层次和内涵。它并不仅仅是简单的银行代理业务，真正意义的银行保险应该是一个新领域：银行和保险联合开发以吸取双方的优势，并通过银行进行销售的新型金融产品。

从狭义范围理解，银行保险是指保险公司通过银行和邮政网点、基金组织及其他金融机构，依靠传统销售渠道和现有客户资源销售保单、代收代付保险费等。其中，保险产品包括寿险、产险、意外伤害保险、健康保险、养老年金及其他与保险有关的金融产品和服务。目前，国内出现的银行与保险的合作主要是这种形式，即银行作为保险公司的兼业代理人实现保单分销。这只是西方国家盛行的"银行保险"的冰山一角而已，属于狭义的银行保险概念范畴。

从广义范围理解，银行保险不仅包括狭义的银行保险，还包括银行、邮政等金融机构通过其保险分公司向自己的客户出售保险产品；银行、邮政等金融机构的保险分公司向不属于该银行的客户出售保险产品；保险公司向自己的客户出售其下属银行、邮政等金融机构的银行产品、邮政产品等；保险公司下属的银行、邮政等金融机构向不属于保险公司的客户出售银行产品等。

2. 银行保险的特征

1）操作简便

银行保险产品一般对核保要求不高，银行保险的购买手续也很简便，客户只要到银行柜台填好投保单、提供银行存折（储蓄卡）账号或转账号码就可以完成投保过程。国外的银行保险可以结合多项金融产品（信用卡、汽车贷款、住房贷款等）搭配销售，且保险费可通过信用卡或账户定期扣款。可见，明确的扣款机制缩短了收款时间，操作起来十分简便。

2）险种设计简单

银行保险产品属于标准化产品，具备标准化的条款。国外银行保险大多通过直接邮寄投保建议书给持卡人，要求投保人（或持卡人）在短期内作出投保决定，因此，险种的设计形式一般都比较简单。

3）成本低

与代理人个人营销不同，保险公司通过银行柜台销售保险不需要支付较高的佣金，只需支付少量的手续费即可节省大量的人力、财力和物力。此外，银行保险的销售成本、客户开拓成本和人员培训成本等都比个人保险低得多。所以，银行保险业务必然成为银行、邮政，尤其是保险公司最重要的业务增长点之一。

4）人性化

购买银行保险有一个非常明显的好处，就是购买更快捷，更安全可靠，比网络销售更有人情味，比直销的范围更广，渠道更多。客户对银行的信任度很高，他们潜意识中认为通过银行网点所购买的保险有双份保障。可见，银行保险满足了客户"希望与熟人打交道"的购买心理。银行拥有遍布大街小巷的营业网点，只要银行人员足够专业且与客户维持良好的关系，消费者就愿意在各银行、邮政网点购买银行代理的保险，实现自身交易便利性的需要。

5）双方受益

银行保险产品适合柜台销售，又与银行传统业务相联系，这样不但对银行客户更有吸引力，还可以调动银行开展代理业务的积极性。如果以提供客户资源的方式开展，银行通过提供客户资源就可以获得一笔稳定的手续费收入，同时通过银行保险还可以巩固甚至扩大银行本身的客户群和持卡人数量；保险公司则节省客户开拓成本，利用现成的客户资源扩大业务量，提高市场份额。

6）具有多重优势

寿险类银行保险产品比其他个人营销的保险产品有更多的优势，如在免税、保证收益、资金运用渠道等方面。

9.1.2 银行保险的起源

尽管银行保险（bancassurance）这一术语只是在近年来才引起社会的普遍关注，但实际上，银行业和保险业的相互合作已经有悠久的历史。例如，西班牙的 Caixa of Barcelona、比利时的 CGER 及法国的 CNP，这些公司在 19 世纪就已经全面提供银行与保险服务。但是，银行保险的真正出现是从 20 世纪 80 年代开始的。在欧洲金融、税收和立法产生巨大变化的背景下，西方国家金融领域出现了一个新单词 bancassurance，银行保险从此诞生。

欧洲是银行保险的发源地，也是迄今为止银行保险最为发达的地方。实际上，通过银行营业网点销售保险产品是荷兰人首创的，但在法国得到了发展。因此，众所周知的是银行保险的模式最早起源于法国。

通过银行网点销售保险产品的模式始于法国，在 1973 年，法国已有两家保险机构在保险营销的方式上进行了重大改革，开始运用自己银行（母公司）的网点销售保险产品。一家是法国农业信贷银行和农业保险互助会合资成立的保险公司"Soravie"，另一家是法国巴黎巴银行（Paribas）下属的一家银行保险公司。但一般认为，银行保险的真正出现是在 20 世纪 80 年代，欧洲是银行保险的发源地，此后，银行保险便迅速发展起来了。

9.1.3 银行保险产生的原因

1. 银行进入银行保险的原因

1）银行之间的竞争激烈

银行间的竞争不断加剧，使得银行存贷利率差益逐渐缩小，管理和销售成本逐渐增加，传统银行业务利润率不断下降，新的产品有助于增强银行的生产力和赢利能力。新的产品给银行带来利益表现在以下几个方面：一是以佣金或利润的方式增加收入（取决于双方的合作关系）；二是提高银行固定成本的效率，因为这些成本可以分摊到保险上；三是提高银行员工的生产效率，因为这些员工现在有机会为客户提供更多的服务。

2）宏观政策的调整

一些欧洲国家对有关银行和保险的法律做了修改。尽管各国法律的变化情况不同，但全欧洲存在着一种朝"万能银行"方向发展的趋势，过去的各种限制不复存在。银行现在可以在更多的领域从事经营，包括保险领域。保险公司和银行不仅在各自的保险业内和银行业内竞争，而且还在更广泛的多种服务市场上竞争。

3）使巨大的销售网络获得赢利

随着竞争的不断加剧，包括银行和邮局在内的金融机构都在通过增设网点的方式吸引周围的客户。维持这些数量不断增长的分支机构必然需要更多的管理费用，而它的来源，或是依靠新客户，或是依赖新产品的开发，以使巨大的销售网络获得赢利。在法国，平均每 800 人就拥有一个销售保险产品的网点。而保险销售带来的收益是许多银行能够维持其他业务的经营的重要保证。保险业务的利润占银行全部纯利润的比重不断扩大，目前为 10%～15%。同样，对于国有的邮局系统，往往通过金融产品的赢利弥补传统的信函邮递业务的亏损。

4) 客户的投资偏好的变化

消费者的投资偏好在发生改变，对于中长期投资，消费者更喜好保险产品和相互基金，因为这能够给他们带来比传统投资和储蓄账户更高的投资收益率。投资偏好的这种变化使得银行个人储蓄存款减少，而储蓄是银行的核心利润来源。因此银行希望通过进入保险业弥补这些损失。银行服务和保险产品的结合能够为客户提供比传统的单纯银行服务或单纯的保险产品更完善的服务。另外，为了促进个人保障或退休金计划的发展，人寿保险常常可以获得优惠的税收待遇，这种优惠待遇使保险产品对客户更有吸引力，银行也看到了销售这种产品的获利机会。

5) 保持客户群体的稳定

在很大程度上，客户不止在一个银行有账户，因此，银行强烈需要增强客户的忠诚度。客户关系管理已经成为一个关键的战略。为建立和保持客户关系，银行和保险正在形成伙伴关系，以为客户提供更广泛的银行和保险产品。如果客户从一个机构购买产品的数量增加了，那么他转向竞争者的机会就减少了。

6) 一体化服务理念的确立

这一理念的确立与稳定客户群体的做法是一脉相承的，目的都在于力求满足客户对不同金融产品的需要及对投资增值的关注。实际上，客户经常会接受一种投资方式的建议，而不关心得到的是银行产品还是保险产品。因此，无论是退休金储蓄、住房投资、子女的教育还是金融市场的投资，客户总希望在一家金融机构得到满意的答案。否则，该客户更换金融机构的可能性是存在的。

7) 防止资金的流失

20世纪80年代的法国，由于税收政策的优惠及寿险产品的高收益率，寿险市场获得了长足发展。为了避免金融机构的资金流向保险公司，他们采取了两种方式：一是与保险公司签订分销协议并参与资金的管理；二是成立自己的保险公司，保证资金保留在集团内部。

8) 优化人力资源管理

在银行业重组或生产率提高的进程中，许多银行都面临着人员过剩的问题。将这一部分人员转到与保险业务相关的部门，是防止人才流失的有效方法。另外，现有的银行分支机构和银行员工也可以得到比以前更有效的利用。

9) 寿险产品与银行产品的相近性

选择在银行网络销售寿险产品，主要原因在于寿险产品与银行产品具有相近的特性。它使银行的业务人员能够在短时间内掌握保险产品的特点并开展销售，也可以使银行将保险产品带入全面的金融服务之中，并且在开展业务中有效地运用税收优惠、最低收益保证或发放养老金等手段。由于在寿险业务中出现了运用纯银行手段的"多载体"合同，两种产品之间的相近特性日趋明显。在"多载体"合同中，由客户自行判断和选择保费的投资渠道，并且承担投资风险，这便是一个很好的例证。

10) 使用金融机构掌握的客户资料

金融机构所掌握的客户的职业、家庭、收入等资料是开展新业务的有力保证。这些资料对于保险公司为金融网络设计保险产品显得十分珍贵。在对整个客户群体的资料进行分析并确定营销目标之后，电话或邮件宣传的费用即可降低。银行一般与它们的客户有着长期关系，在加深这种关系方面，银行有很成熟的技巧，如销售储蓄基金或提供税收咨询等附加服务；寿险经营也需要发展与其客户间的长期关系。这种相同的技巧使得银行和保险的合作有了技术基础。

11) 人口增长率大幅下降带来的机遇

在最近的几十年中，一些西方工业国家的人口增长率大幅下降。出生率的下降伴随着生存年龄的增加，这对未来人口的年龄结构产生了重大影响。结果使公共养老金体系压力增大，同时对于补充养老金或长期投资品种的需求增加。银行看到了这种机会。

12) 银行的网络系统提供的便利

银行保险不仅可以利用银行广泛的分支机构网络，而且可以利用银行的网络系统向客户提供服务。客户可以通过银行的网络系统获得其所需要的有关保单现金价值、费率、保单状态、缴费时间、贷款余额、退保价值等方面的信息。这种客户服务渠道很容易得到扩展，客户通过自己的电脑、手机等工具就可以获得个人银行账户和寿险保单的信息。客户还可以通过互联网查询到自己的银行账户和保单信息。

2. 保险公司进入银行保险的原因

面对银行保险这一新的竞争方式，保险公司有两种选择：或是顺应潮流，积极配合；或是拒绝接受，顽强抵抗。然而对于寿险业务来讲，采取第二种做法就意味着被市场所淘汰。数字是最有说服力的，在欧洲，46%的银行成立了自己的保险公司，23%的银行与保险公司成立了合资企业，31%的银行全部与保险公司签订了分销协议。在银行获得了保险技术的前提下，应遵守偿付能力的要求，并且对保险合同（有的期限相当长）作出最低收益率的承诺。银行在成立保险公司之前，应该清楚地意识到保险业务是存在风险的，分销保险时风险的载体是保险公司，而自营保险业务的话，风险的载体就是银行自身。

毋庸置疑，银行保险这种分销模式给保险公司带来了以下利益。

1) 银行保险给保险公司带来了新的业务资源

一方面，银行的客户可能是保险公司的"处女地"，能够形成保险公司的新业务来源。一是地域上的新客户，在某些地域，银行客户存在的地域里，保险公司可能到达不了那些地方。二是不同人口特征的新客户，银行客户可能是与保险公司的客户群完全不同的一类团体（年龄、性别、购买习惯等），例如，保险公司的客户可能主要集中在高收入阶层上，通过银行保险可以使保险公司达到中低收入的群体中。另一方面，银行保险使许多以前不可行的产品成为现实的产品。银行保险经营的规模经济运作使得保险人能够提供通过保险人原有渠道不可行的产品。例如，在原有渠道发生的销售费用有可能迫使一种产品的保费没有竞争力，故这种产品不被销售。通过银行保险降低销售成本，就可能使这种产品成为可行的产品。

2) 降低分销成本

保险公司某些产品由于现有销售渠道成本过高而使价格失去竞争力，从而停止销售。而通过银行保险的销售渠道可以使成本降下来，从而使得这些产品的销售成为可能。而且它不必去管理销售人员（酬劳、培训或人员流动等）。当然，保险公司需要和金融机构进行艰苦的谈判，才能获得满意的成本节约。通常，通过银行保险这一方式的分销费用大约为保费的3%，而传统意义上的代理人销售费用占保费的比重可高达8.5%（上述比例为平均水平，且不含管理费用）。此外，保险公司进入银行保险还可以在管理成本上产生规模效益，从而提高赢利能力。

3. 客户接受银行保险的原因

银行保险这一新的分销方式的出现使消费者的消费需求以及他们与供货商之间的关系都发生了深刻的变化。

1) 保单简化，容易接受，便于比较收益

随着"消费者主义"一词在 20 世纪 80 年代的出现，消费者运动和消费者协会逐步产生，消费者力争得到高质量的产品、更高的市场透明度及好的服务质量等。面对越来越强大的消费者运动和组织的力量，有时甚至是抵制购买的威胁，供货商的态度也发生了变化。在保险行业，保险合同在投保人和分销金融机构的呼声中变得简单易懂，容易接受。而消费者通过网络平台和阅读专业报刊，更易于了解保险业务，并对不同保险产品的收益水平进行比较。

2) 获得金融超市服务，节省购买时间

城市生活使人们花费在交通上的时间越来越长，因此消费者越来越需要尽可能地集中购买（超级市场因此得到发展），减少购买商品和比较不同产品所需的时间。这种首先发生在商品市场的消费模式逐渐占领了服务市场。通过银行保险，可以在同一家金融机构获得所有金融服务，这正好迎合了消费者"一次购足"的心理。为了节省购买者的时间，金融机构也尽量简化产品，缩短柜台介绍和推销的时间。值得注意的是，尽量简化保险产品的需要对保险公司是一个严峻的考验，但实际上，设计简明易懂的保险产品，要比设计复杂的保险产品困难得多。

9.2 银行保险的产品种类

9.2.1 欧美银行保险产品

1. 欧美寿险银行保险产品

1) 法国的银行保险产品

法国的银行保险产品主要以法国国家人寿保险的产品种类为主。在法国流行的银行保险还有储蓄型人寿保险，该产品不仅提供给客户一定的利息保证，而且还提供给客户参与基金投资的机会，如不动产、证券基金和担保账户。这些产品为保单持有人设立一个单独的个人账户，由保单持有人决定支付保费的金额和时间。

2) 瑞士的银行保险产品

在过去的十多年间，欧洲和南美的银行保险业呈现出一个重要的新趋势：银行和保险公司的合并日益增多，并出现了银行与保险服务相融合的新产品——全金融或银行保险产品。下面就瑞士联合银行与瑞士人寿保险公司在银行保险方面的产品进行介绍。

(1) 传统型银行保险产品

对于那些既看重安全又看重收益的客户来说，传统型的产品是极好的投资与寿险的融合物。在固定的利息收益之外，参加该保险的客户还可以在保险期满得到特别的满期红利，并且可以参加利润分配。客户可以选择保险期限，但不能少于5年。在保险开始之初，要从保险费中扣除首期管理费，余额将作为投资资本。在保险期间内，还要从投资资本中扣除管理费用和风险保费。另外，保单持有人还可以用保单在瑞士联合银行或者瑞士人寿保险公司做质押贷款。

(2) 年金型银行保险产品

该产品为客户提供了一种终身保证年金。客户可以选择即期或者延期年金，并且可以一人或两人投保。具体有三种方式。一是确定期限的年金。该期限由客户选择，当被保险人在保险期内死亡时，尚未支付的年金将付给被保险人的受益人。二是附带有退费条款的年金。当被保险人残废时，其受益人得到趸缴保费中未使用的部分。三是不附带退费条款的年金。除了在整个保险期间都定额支付的确定年金外，还有从利润中支付的红利年金。

(3) 基金型银行保险产品

基金是寿险与投资的特殊融合物，是为那些既重视灵活性又重视回报的客户专门设计的。在客户趸缴保费中扣除死亡风险费用和管理费用，然后把余额投入瑞士联合银行的投资基金中，客户可以选择基金的种类。在整个保险期内，死亡风险和资金管理成本要从基金中逐月扣除。与此同时，支付的红利将被再投资于基金。保单期满时，保单持有人可以获得基金的现金价值。该保单也可以用于保单质押贷款业务。

瑞士市场上这些现代化的产品都是为瑞士的民众精心设计的，它们充分利用了寿险保单的税收优惠，这也正是最吸引客户的地方。瑞士政府提供这些优惠政策，一方面是扶持个人寿险业；另一方面也是鼓励公民对自身的养老和人寿保险承担更多的责任，以完善国家社会保障体系。开发这些产品的另一个重要原因是高度发达的投资市场和经验丰富、技术先进的投资管理者。

3) 英国的银行保险产品

英国的银行保险产品主要是分红型保险产品及与企业或单位相关联的基金保险产品。此外，还有两类银行保险产品：一是与按揭贷款相关联的产品；二是与信用卡相关联的寿险产品。

(1) 分红型保险产品

分红型保险产品的保单持有人每年可获得返还型红利，保单到期时还可以一次性获得类似以复利计算的红利所折算的保险金。如保单还有到期红利，则保险公司再另行支付。

(2) 企业或单位相关联的基金保险产品

这种银行保险产品与提供给客户的保险金与信托基金（共同基金）中的投资单位的市场价值挂钩，其中年金产品以客户与投资单位挂钩的趸缴保费的年金来补充退休收入。

(3) 与按揭贷款相关联的产品

该产品是由保险公司为按揭贷款客户提供的因非自愿性失业和伤残导致工作能力丧失而无法支付按揭贷款的保险保障产品。

(4) 与信用卡相关联的寿险产品

该产品是通过信用卡嫁接的寿险产品，这样不仅使客户便于投保和缴纳保费，而且保证客户遇到意外伤害后有足够能力支付信用卡欠款，保证银行的资金安全。

2. 欧美财产银行保险产品

1) 法国的住房贷款人寿保险

法国住房市场有两个主要特点：一是房屋所有者数量巨大，占家庭总数的 56%；二是国家补贴低租金住房占有重要地位。国家通过多种方式参与住房市场的运作，其中包括：第一，非常普及的住房储蓄计划，准备购房的人通过至少 5 年的住房专项储蓄，可以获得国家提供的优惠利率贷款；第二，通过免缴利息税的特别活期储蓄账户来筹措资金，国家投资建设专门为低收入家庭提供的低房租住宅。

法国的住房质押贷款期限一般较长，银行和借款人都有寻求保障的需要。银行希望在借款人无力偿还贷款时能够保障贷款的偿还，而借款人则希望这一保障能够保证他们保留房产。这种双重保障的原则是非常重要的。在法国国内市场保费排在首位的 CNP 所推出的住房贷款人寿保险，在法国所占的市场份额已超过 50%，是法国寿险业在该领域的代言人。CNP 采用团体保险的方法对法国 1 500 万借款人中的 800 万人承担了贷款的保险责任。

在管理方面，该保险有统一的保险费率，适用于所有人群并且在还款期间保持一致，这样虽然加快了保费的处理速度，但也对保险公司的业务提出了挑战，因为公司必须在一个固定的费率基础上，无论风险如何演变，都必须履行已经承诺的保障。保险因此成为住房贷款中重要的组成部分，即使法律上没有强制规定购买保险，银行一般也不会提供没有保障的贷款。

在世界上独树一帜的法国住房贷款人寿保险的运作基础和模式是非常成功的。这一成功经验证明，在住房资金风险管理过程中，住房贷款保险的引入不仅必要，而且意义重大，是住房资金风险管理的有力保障，更是银行保险在信贷领域的切入点。

2) 美国住房抵押贷款保险

在美国，有两种保险公司提供此类服务：一是由私人部门提供的抵押贷款保险，如美国抵押保证保险公司；二是由联邦政府提供的抵押贷款保险，如联邦住房管理局和退伍军人管理局。

住房抵押贷款保险产品主要有两种：一是对抵押物的保险，主要包括住宅保险和产权保险；二是对借款人还款信用的保险，主要包括信用人寿保险和抵押贷款保证保险。美国的抵押贷款保险公司为贷款房价比例超过 80% 的抵押贷款提供保险。保险费由借款人在每月按期向贷款银行还本付息时支付，贷款银行收到保险费后转付给保险公司。当发生信用风险时，抵押贷款人根据贷款银行事先选择的保险范围，向贷款银行偿还 20%~30% 的保险金；当贷款银行使抵押权并成为房产所有权人时，它可以向抵押贷款保险公司提交理赔申请书。

9.2.2 中国银行保险产品

1. 人身保险产品

我国当前银行保险产品主要以投资理财类的分红寿险产品为主，这些产品基本上都具有保底、分红和保障等特征。在存款利率和国债发行利率水平较低时，相对狭窄的投资渠道使得保守或稳健的投资者追求风险较低、收益较高的投资品种，具有储蓄和投资理财两全保障的分红保险满足了银行客户资金保值增值的需求，所以深受消费者的欢迎。

2. 财产保险产品

目前，在银行销售的财产保险产品主要有家庭财产保险、汽车保险、房屋贷款保险、进出口运输货物保险、消费信贷保险等。

1) 家庭财产保险

家庭财产保险是以家庭财产作为保险标的的一种保险。下列财产可以投保家庭财产保险：房屋、装修、家具、衣物和床上用品、家用电器及其他家庭财产。随着我国一系列的经济体制改革，尤其是住房改革使城镇居民对住房拥有了产权，家庭财产保险更有市场潜力。近年，国内几大产险公司加大了对家财险业务的开拓力度，抢占家财险市场的制高点，并对家财险进行改良，如增加家财险险种、完善家财险条款、改善销售服务等，推出储蓄型、分红型、投资型家财险，其产品形式与现在市场上热销的银行柜台寿险产品极为相似，很受市场关注。家财险属于零售险种，形式简单，较适合在银行柜台销售。

2) 房屋贷款保险

近几年，一些商业银行开办了住房抵押贷款业务，为了保障受押人的利益，保证抵押的房屋在抵押期间遭受灾害事故损失时能得到相应的赔偿，各商业银行都规定办理个人住房按揭保险作为获得抵押贷款的条件之一。该保险属家庭财产保险范畴，主要保障火灾、爆炸、雷击等自然灾害和意外事故造成的房屋损失赔偿。房屋贷款保险一般由所有者或使用者投保，发生损失时，保险公司按房屋的实际价值计算赔偿，但以保险金额为限。

3) 汽车保险

银行销售的汽车保险有：机动车辆保险、购车按揭保险、购车按揭信用保险。近年，汽车消费贷款迅速发展成为个人消费贷款的拳头产品。由于汽车的流动性，其消费信贷比住房消费信贷风险更大，更需银行与保险加强合作，汽车分期付款保证保险市场大有可为。

4) 进出口运输货物保险

随着我国经济的发展和市场的全面开放，进出口贸易增长迅猛，经济发达地区都将发展物流业作为新的经济增长点，进出口货运险市场前景诱人。由于货运险的保单数量大、保单平均保费低等特点，产险公司为节省人力、物力，更趋向于与银行国际业务部建立代理关系，大力拓展进出口货运险。

5) 消费信贷保险

近年来，个人消费信贷的普及，为信贷保险的发展奠定了基础。一是政府为有效地刺激消费，已积极倡导发展各种个人消费信贷，实施的住房分配改革创造了极大的市场。二是银行业贷款人的人身风险及自然灾害意外事故构成了对信贷的风险。三是客户渴望通过信贷改善生活质量；担心自己在发生人身事故后，配偶和子女无法偿还贷款而降低生活质量；担心自然灾害或意外事故。

9.3 欧美与中国银行保险的发展状况

9.3.1 欧美银行保险的发展状况

1. 欧美银行保险的发展阶段

欧洲是银行保险的发源地，也是迄今为止银行保险最为发达的地方。根据市场发展的特征，可以将欧洲银行保险的发展分为三个阶段。

第一阶段：1980年以前。在这一阶段，银行保险仅仅局限在银行充当保险公司的代理中介人这一层面上，严格意义上的银行保险尚未真正出现。银行通过向保险公司收取手续费介入保险领域。这一阶段，银行尽管也直接出售保险单（银行信贷保险），但只是作为银行信贷业务的补充而进行的，其目的是减少银行承受的风险，如当时许多银行在发放抵押贷款时要求借款方必须对其所提供的抵押物进行保险。银行与保险公司的关系纯粹是合作关系，不存在竞争，这一阶段为银行以后介入保险领域积累了丰富经验。

第二阶段：1980年以后大约十年。在这一阶段，银行开始开发出一些与银行传统业务大相径庭的金融产品，开始全面介入保险领域。这被认为是银行保险的真正起源。银行开发出一些资本化产品，如养老保险合同——某一固定期限之后，一次归还一定的金额。这一阶段，法国的银行保险发展最为普遍。客观上银行开始进入保险业与保险公司展开竞争。但这一阶段银行保险的发展主要是银行为应付银行业之间的竞争而扩展业务范围，丰富业务品种，力求在竞争中处于优势地位。

第三阶段：从20世纪80年代末开始。这一阶段是银行保险发展的关键时期。银行保险开始成为人们感兴趣的话题，银行为应付同业及与保险公司之间的竞争，全面拓展银行保险业务，并采取各种措施将银行业务和保险业务结合起来。银行推出的产品也趋于多样化。银行保险的组织形式也变得更为复杂。在这一阶段，银行借助其特有的优势迅速推动了银行保险业务的发展，具体表现在银行保险的保费收入占总保费的比例不断上升。目前西班牙银行保险的保费收入占总保费的比例为40%，法国银行保险的保费收入占总保费的比例为60%，荷兰银行保险的保费收入占总保费的比例为39%，意大利银行保险的保费收入占总保费的比例为30%，英国银行保险的保费收入占总保费的比例为28%，德国银行保险的保费收入占总保费的比例为16%。

随着欧洲银行保险业的发展，几乎所有的保险公司都在一定程度上参与了当地的银行保险业务，如比利时、波兰、匈牙利、土耳其等国家一些重要的保险公司已与一些重要的银行签订了合资协议。

2. 欧美银行保险的发展现状

1）欧洲银行保险的发展现状

在欧洲各国，通过银行保险所实现的保费收入，已占到欧洲保险市场特别是寿险市场业务总量的相当比例。在银行保险比较发达的法国、西班牙、意大利、比利时和芬兰等国家，以银行保险方式实现的保费收入占寿险市场业务总量的45%～70%，在非寿险方面也占到2%～10%。可见，银行保险涉及的领域多为寿险。银行保险所获得的利润已经占到欧洲银行零售业务利润的20%～30%。可以说，银行保险的发展给保险公司和银行都带来了巨大的收益，银行保险在欧洲国家仍呈现出不断发展的趋势。

2）美国银行保险业务的发展现状

美国的银行业具有极其鲜明的特征——规模小、数量多。银行实力有限的情况造成保险难以依赖银行得到很大的发展。另外，美国的银行监管体系复杂，联邦政府和州政府的双线监管制度，一般不允许跨州设立分支机构，这又限制了银行利用分支机构的优势代销保险产品。因此，长期以来美国都不是银行保险的理想沃土。目前，在美国资产超过百亿美元的银行中,有84%的银行销售保险。最畅销的保险产品是年金和信用保险。银行的个人年金销售额约占全国全年个人年金销售额的15%。数百家保险公司向银行提供了用于银行网络销售的保险产品。2001年美国寿险保单通过银行渠道销售的年度业绩为4.52亿美元,与2000年度相比,增长31%,前景十分看好。

9.3.2 中国银行保险的发展状况

1. 中国银行保险的发展阶段

中国银行保险起步相对较晚,从1995年引进以来,经历了三个阶段。

第一阶段:探索阶段(1995年至1999年)。保险公司通过与银行签订合作协议,利用银行的分支网络,扩大市场份额,这一时期的合作以银行代收保费为主,产品单一,合作形式简单松散,银行保险市场没有真正启动起来。

第二阶段:高速成长阶段(2000年至2004年)。随着保险市场主体的快速增长,开始出现"银保合作"的热潮,合作范围逐步扩大,产品逐渐增多,业务呈现跳跃式递增,从2000年的不足50亿元,迅猛增长到2004年末的795亿元。但发展中显露出疲态和弊端,合作仍建立在业务发展基础上,处于浅层次的阶段。

第三阶段:深层次合作阶段(2005年以来)。特别在国务院《关于保险业改革发展的若干意见》颁布以后,保险公司和银行通过股权结构相互渗透,银行保险合作模式呈现出混业融合的趋势,合作模式正在深化和发展,产品、服务进一步整合,由简单合作逐步转变为更高、更深层次的资本合作。

2007年至2016年的10年间,我国银行保险市场发展十分迅速,银行保险业务在保险业务中的地位日益重要。银行保险的保费收入由2007年的1 410.19亿元增加到2016年的13 722.86亿元,增加近10倍。2016年,我国保险业保费总收入为30 959.10亿元,同比增长27.50%,银行保险业务的保费收入为13 722.86亿元,占保险业保费总收入的44.33%,几乎占保险业发展的半壁江山。

2. 中国银行保险的发展现状

2007年,银行保险业务的保费收入为1 410.19亿元,占保险业保费总量的62.89%;2008年,达到2 912.47亿元,占保险业保费总量的70.21%;2009年,达到3 038.99亿元,占保险业保费总量的68.13%;2010年,达到3 503.79亿元,占保险业保费总量的71.39%。

由于银行保险业务可以给保险公司带来较高的保费收入及一定的利润,几乎各家寿险公司都把银行保险业务作为主要的业务来源,各家银行和邮储也都把寿险代理业务作为主要的代理业务来抓。目前,银行保险已经成为各大寿险公司扩大规模、提高市场份额的重要渠道,银行保险业务保费收入在有些公司已经占到半壁江山。尤其是一些新兴的寿险公司,把银行保险作为主渠道经营,以期尽快切入市场。

本章小结

1. 银行保险就是由银行、邮政、基金组织及其他金融机构与保险公司合作,通过共同的销售渠道向它们的客户提供其产品和服务。现在"银行保险"的含义更加广泛,已进一步延伸到保险和证券、保险和连锁超市、保险和网络等。银行保险的特征:操作简便、险种设计简单、成本低、人性化、双方受益、具有多重优势。银行进入银行保险的原因包括银行之间竞争激烈、宏观政策的调整、使巨大的销售网络获得盈利、客户投资偏好的变化、保持客户群体的稳定、一体化服务理念的确立、防止资金流失、优化人力资源管理、寿险产品与银行产品的相近性、使用金融机构掌握的客户资料、人口增长率大幅下降带来的机遇、银行网络系统提供的便利等。保险公司进入银行保险的原因是:它能给保险公司带来新的业务资源并降低分销成本。客户接受银行保险的原因是:保单简化,容易接受,便于比较收益;获得金融超市服务,节省购买时间。

2. 欧美寿险银行保险产品:法国的银行保险产品包括国家人寿保险和储蓄型人寿保险产品;瑞士的银行保险产品包括传统型、年金型、基金型银行保险产品;英国的银行保险产品主要是分红型保险产品及与企业或单位相关联的基金保险产品。此外,还有两类银行保险产品:一是与按揭贷款相关联的产品;二是与信用卡相关联的寿险产品。欧美财产银行保险产品包括法国的住房贷款人寿保险和美国住房抵押贷款保险。

中国银行保险产品包括人身保险产品和财产保险产品。当前银行保险产品主要以投资理财类的分红产品为主,这些产品基本上都具有保底、分红和保障等特征。财产保险产品又包括家庭财产保险、房屋贷款保险、汽车保险、进出口运输货物保险、消费信贷保险。

3. 欧洲是银行保险的发源地,也是迄今为止银行保险最为发达的地方。与欧美银行保险发展的历史及现状相比,我国的银行保险业务起步相对滞后。但是,在短短的二十多年中,我国银行保险业务已经实现了飞跃性的发展。

复习思考题

1. 银行保险的概念是什么?
2. 银行保险的特征是什么?
3. 银行进入银行保险的原因有哪些?
4. 银行保险对保险公司有哪些利益?
5. 欧美与中国银行保险的产品有哪些?
6. 欧美与中国银行保险发展的状况如何?

第10章 网络保险

学习目标

掌握网络保险的基本概念、特点与优势；了解网络保险的运营模式；理解网络保险的业务内容；了解国内外网络保险的发展现状。

10.1 网络保险概述

网络保险起源于20世纪90年代初期，当时发达国家出现了电话投保并逐渐普及，投保人通过电话向保险公司的受话中心咨询保险费率并签订保险合同。与传统的上门推销或坐等客户上门相比较，这种远程、无形的投保方式和交易方式的确是大大前进了一步。随着互联网的普及，保险公司发现网上投保具有更加明显的优势。互联网是一个每周7天、每天24小时上班的保险代理人，它不辞辛苦、不知疲倦，正如比尔·盖茨所说，正是这种"无摩擦"性质使网上投保具有任何其他投保方式所无法比拟的优势，因此，网上保险如雨后春笋，迅速发展起来。

10.1.1 网络保险的概念

网络保险又称网上保险或互联网保险或保险电子商务，是指保险公司或新型的网络保险中介机构利用互联网和各种现代信息技术实现保险经营管理活动的各种经济行为。此概念包含两层含义：一是保险公司或新型网络保险中介机构等行为主体通过互联网或各种现代信息技术实现公司员工和代理人培训，与公司股东、代理人、保险监督机构等沟通，开展面向客户的各种服务等活动，从该层面上讲，网络保险是一个综合的人机系统以实现资源的全面整合和高效化的客户服务，这便是广义上的网络保险；二是保险公司或新型网络保险中介机构等行为主体通过互联网或各种现代化信息技术平台为保险客户在线提供网上投保、核保、理赔、签单等有关保险产品和服务内容，从这个层面上讲是狭义的网络保险。

总之，网络保险有别于传统的保险代理人营销模式，代表一种全新的信息化经营理念，一种新型的营销方式，一种与客户互动交流的渠道。网络保险通过建立一种全社会的"网络计算环境"或"数字化神经系统"，在互联网上形成一个有关保险系统的在线动态数据库系统，以提供给保险企业及其客户使用，实现保险信息资源在国民经济和大众生活中的全方位传播。以互联网技术为代表的高科技信息技术的飞速发展，以前所未有的深度和广度对保险业产生了意义深远的影响。

10.1.2 网络保险的特点

与传统保险方式相比，网络保险主要有以下特点。

1. 虚拟性

开展网络保险不需要具体的建筑物和地址，只需要申请一个网址，建立一个服务器并与相关交易机构做网址链接，就可以通过互联网进行交易。它没有现实的纸币或金属货币，一切金融往来都是以数字化在网络上进行的。

2. 直接性

网络使得客户与保险机构的相互作用更为直接，它解除了传统条件下双方活动在时间、空间上的制约，与传统营销"一对多"的传播方式不同的是，网络营销可以随时根据消费者的个性化需要提供"一对一"的个性化信息。客户也可以主动选择和实现自己的投保意愿，无须消极接受保险中介人的硬性推销，并可以在多家保险公司及多种产品中实现多样化的比较和选择。

3. 电子化

客户与保险公司之间通过网络进行交易，尽可能地在经济交易中采用电子单据、电子传递、电子货币交割，实现无纸化交易，避免了传统保险活动中书写任务繁重且不易保存、传递速度慢等弊端，实现了快速、准确的双向式的数据信息交流。

4. 时效性

网络使得保险公司随时可以准确、迅速、简洁地为客户提供所需的资料，客户也可以方便、快捷地访问保险公司的客户服务系统，获得诸如公司背景、保险产品及费率的详细情况，实现实时互动。而且，当保险公司有新产品推出时，保险人可以用公告牌、电子邮件等方式向全球发布电子广告，向顾客发送有关保险动态、防灾防损咨询等信息，投保人也用不着等待销售代表回复电话，而可以自行查询信息，了解新的保险产品的情况，有效地解决了报纸、印刷型宣传小册子时效性差的弊病。

10.1.3 网络保险的优势

相对传统的保险经营方式而言，网络保险具有以下优势。

1. 降低保险公司经营成本，提高管理效率

保险公司广泛应用网络技术可以降低各方面的成本，一方面四通八达、方便快捷的网络广告可使保险公司以较低的宣传成本迅速获得广泛的知名度；另一方面，网络保险减少了保险推销的中间环节，节省了花在分支机构代理网点及营销人员上的大量费用，这些都使展业成本显著降低。据美国有关统计资料显示，经营财产和意外保险、健康和人寿保险的保险公司通过互联网向客户出售保单或提供服务将比通过电话或代理人出售节省 58%～71% 的费用。此外，保险公司通过使用公司内部网，可使无纸化办公、网络电视会议等成为现实，在培训员工、发布公司内部信息、加强公司内部各部门之间的联系与配合，以及与保险中介人、商业伙伴和保险监管机构进行联络和合作等方面节省大量的时间和费用。

2. 有利于建立良好的内部经营环境，实现保险业管理的科学化

目前，我国保险公司网络化建设已经取得了很大的成就，基本上实现了业务电脑管理和办公自动化。一方面，在企业内部使用的内部网络系统，其信息共享度高，便于管理者适时获取有用的信息，职工对本单位的情况也会有全面的掌握；另一方面，内部网络的信息可信度增加，对不同部门的职员提出了较高的要求，实现了他们之间的牵制性，工作更加透明化，更有利于各个环节的规范化运作，高层管理者也能对其进行有效控制。此外，通过网络进行保险企业的计划管理、人力资源管理、营销管理、财务管理、投资管理、偿付能力管理，在一定程度上不仅可降低成本，提高企业的经营效益，树立良好的企业形象，最重要的是管理科学化能给保险企业带来良好的内部经营环境，使企业长期获益。

3. 可以使保险公司掌握充分的市场信息，增强产品竞争力

通过网络保险，保险公司可以及时了解国内外保险界的新动向、新险种和先进的管理经验，了解保险市场和保险顾客，了解消费者需求的变化，可以深入到不同年龄、不同性格的人群中去，接触那些保险代理人不易联系到的人群，如工作繁忙不愿被人打扰的、性格孤僻不愿与陌生人交谈的人等，从而不断扩大服务对象的范围，同时可以获得更多的保险技术、保险资本和保险人才等信息，从而形成最佳的保险要素组合，增强保险产品的竞争力和市场占有率。

4. 提高服务质量，使客户获得完备的信息和优质的服务

传统的保险营销业务主要靠代理人来完成，这使得保险业务受到地域、时间及保险代理人素质的限制。利用网络，保险公司可以为客户提供24小时的全天在线全球性营销服务，为客户提供保险知识、公司背景、保险产品最新险种及费率表等与保险相关的一切信息，安排专家与客户进行双向交流，回答客户提问，为客户设计保单等。客户由被动式接受转向主动索取服务，只需在家中打开电脑就可同时查询和比较多个保险公司的险种和报价，从中选取一个最适合自己的险种，并通过网络完成投保、缴费、索赔等一系列工作。整个投保过程迅速简洁，使投保人可以在比较自主的环境中作出投保决策。这种一对一的营销服务方式，有利于保险公司与客户互相沟通，建立长期稳定的伙伴关系。

5. 可以使信息传播规范统一

保险企业可以借助网络将不同的传播营销活动进行统一设计规划和协调实施，以统一的传播资讯向消费者传达信息，使投保人在签订保险合同前对所投保的险种有一个正确而清楚的认识，避免由于传播的不一致而产生消极影响，同时也有利于保险监管部门的监管。在我国，保险营销发展还较为落后，由于代理人在推销保险时对保险条款内容的误传、对保险责任范围的夸大而造成的保险合同纠纷屡屡出现，而如果采用网络保险，将大大减少这类事件的发生。

6. 可以使保险运行整体提速，市场的信息更加完全

速度是网络保险的一大优势，通过开展网上电子商务将使保险运行整体提速，使保险的搜寻、谈判、销售、签单等方面的时间大大缩短，费用降低，从而提高保险公司的经营效率。而且，网络保险的信息快速传输功能将使信息时滞大大减少，甚至降为零。消费者、保险公司、中介机构、监管机构，将以最快的速度在网上进行信息的充分交流与沟通，从而减少保险市场上各主体、客体及监管部门的信息不对称，使其更接近经济学意义上的信息完全市场。

10.1.4 网络保险的运营模式

目前，保险业借助先进的电子信息技术，利用互联网这个平台所开发的新的网络保险模式有以下几种。

1. 保险公司官网模式

该模式下，保险公司自建 B2C 电子商务网站，以保险客户为对象，将本机构设计的保险产品直接在线销售给保险需求客户。这种模式是一些传统的保险公司利用计算机网络技术对传统保险产业进行改造，全面提高企业整体素质，从而实现保险行业传统服务模式的互联网化。一般而言，该类网站拥有明确的业务和客户资源，有母公司的强力支持，为传统保险公司整合内部和外部资源实现跨越式发展提供了良好的条件。对于消费者来说，通过保险公司官网投保，感觉会更为可靠。

2. 互联网企业电商网站模式

该模式是指除保险公司自营网络平台外，以电商企业自身互联网渠道、场景为资源，为保险消费者和保险机构提供支持辅助销售的网络渠道式平台。此类互联网企业电商网站往往具备互联网场景和用户优势。互联网企业、电商网站参与互联网保险主要有两种方式：一种是以门户、行业分类信息网站为主的基础引流渠道，保险公司利用互联网企业频道资源进行产品宣传展示，将用户引流至平台交易，如和迅保险；另一种是以 B2C、O2O 电商平台为主的场景嵌入式渠道，借用互联网交易场景关联保险产品销售，如淘宝保险。

3. 互联网保险公司

互联网保险公司是指经保监会批准设立，依托互联网和移动通信等互联网线上技术，保险业务全程在线，完全通过互联网线上进行承保和理赔服务的保险从业公司。当前获得牌照的互联网保险公司包括众安保险、泰康在线、百安保险、易安保险、安心保险等。

4. 专业第三方互联网保险平台模式

此类平台属于互联网金融信息门户，是保险类网络平台，以独立第三方的角色，为保险消费者和保险企业提供产品销售和专业服务，能够起到中间制衡作用。平台聚合资源能力强大，具备专业服务优势，主要包括 O2O 模式、B2C 模式以及 O2O 和 B2C 相结合模式。

慧择保险网是专业第三方互联网保险平台中 B2C 模式的典型代表，其本质是在线金融超市，它不同于保险公司的网络直销平台，而是将挑选好的各家保险公司的产品放在网络平台上，让客户自己选择。客户只要通过对不同保险产品的价格、内容等详细信息进行比对，逐步筛选、淘汰，就可以选出适合自身需要的保险产品。

"大家保"是国内首家保险 O2O 平台，它本身并不从事保险销售，而是通过"客户需求导向模式"为客户提供保险机构、保险产品的深度信息"搜索＋比价"服务，其本质类似于垂直搜索平台融 360。客户在进入"大家保"首页后，只需按提示输入相关信息，即可免费获取 5 家保险公司的产品报价及保险定制计划。在完成保险挑选后，即可进入相关保险机构购买。

2008 年上线的"大童网"是一家兼具 O2O 和 B2C 模式的保险产品平台，是我国规模最大、品种最全的网上保险超市。"大童网"的 O2O 模式主要用于预约现场服务的产品，首先客户选择具体的保险产品,单击"立即预约"进入信息填写栏,然后填写联系方式,预约下单,等理财顾问收到"相关信息"后,会致电客户回访,帮助客户分析投保需求,为客户量身定制投保方案,客户觉得满意后,便可签署保单,保险合同立即生效。"大童网"的 B2C 模式主要用于在线投保的产品,首先是客户通过保险计算器计算相关保费,接着单击"立即购买"进入信息栏,填写真实信息。当信息通过审核后,客户预览自动生成的保险订单,确认投保信息是否准确,确认购买后,通过网银在线支付。支付成功后,保单立即生效。

总之,网络保险具有的优秀品质是传统保险所无法比拟的。我们有理由相信,在网络技术迅速发展的现代社会,网络保险必将全面取代传统保险成为保险业的主流经营模式。

10.2 网络保险业务

1. 宣传和推介保险公司、保险中介机构和业务员

通过网络保险站点,不仅能以最低的成本、最快的速度,实现在互联网上进行保险公司、保险中介机构的形象宣传、产品推介等功能,还能展现业务员的个人形象,布置个性化的保险橱窗,展示业务员的个人特长。

2. 提供信息咨询服务

通过网络保险站点,不仅能向客户提供本公司的历史介绍、财务状况、保险产品种类及费率等信息,还能及时地提供国内外全面、丰富的保险新闻、政策法规、监管机构要求等信息,也能给他们提供丰富的保险入门知识、国内外保险课题的深入探讨及丰富的保险相关院校、机构的培训资料。

3. 提供分析、选购保险产品的服务

在网络保险站点上,保险公司或保险中介机构应开发专业的保险需求评估工具。通过点击它,客户便可以轻松地获得从初步到精确、从综合到分险种的需求分析。在充分的需求分析的基础上,客户既可自行比较、选购各种保险产品或套餐,也可简单描述个人情况,让保险需求评估工具为其分析、量身定制投保方案,从而使客户全面享受个性化的服务。

4. 提供在线投保服务

在客户选定需要购买的保险产品之后,网络保险站点还应提供在线投保服务,即客户可通过网络完成在线购买申请、在线核保、在线支付保险费用和在线获取保单等。

5. 提供在线理赔服务

通过在线理赔服务,不仅应提供理赔作业流程、注意事项、争议解决办法及查询理赔所需单证和出险联系电话地址等服务,而且应提供方便快捷的网络报案服务系统,及时反馈客户投诉,并提供划拨赔款到客户指定账户的服务。

6. 提供在线交流服务

通过在线交流服务,客户不仅可就任何有关保险的问题向保险专家请教并得到及时解答,而且可以在 BBS 论坛上畅所欲言,发表对保险的各种看法和投保的心得体会,结交朋友,寻求帮助;保险业务员也可以及时与同行交流专业经验,结识新的朋友。通过在线交流服务,保险公司和保险中介机构还可以通过它征求客户就某种保险产品的意见,以及在某些市场上推出新的保险产品时进行市场调查。

7. 提供在线导航服务

作为一个好的网络保险站点，还应提供到保险有关站点的链接。这不仅有助于客户获取丰富的保险信息，也便于客户"货比三家"，从而坚定其购买保险产品的决心。

10.3　中外网络保险的发展状况

10.3.1　中国网络保险的发展状况

2017年11月21日，中国保险行业协会正式发布《2017中国互联网保险行业发展报告》（以下简称《报告》）。《报告》指出，2016年中国互联网保险保费收入达到2 299亿元，同比增长65亿元，同比增幅为3%，但相较于2015年160%的增幅，互联网保险保费收入增速明显放缓。与此同时，互联网保险的渗透率亦有所下降，2016年为7.43%，比2015年的9.2%降低了近1.8个百分点。

从《报告》披露的信息来看，2016年我国互联网保险发展，呈现出以下几个特点。

1. 互联网保险保费增速下降较明显

这一点，在互联网人身保险和财产保险方面均有体现。2016年，互联网人身保险和财产保险的保费收入同比增长速度分别为22.6%和－34.63%，与2015年互联网人身保险和财产保险的保费收入分别同比增长315.01%、52.07%相比，形成明显下降的状态。从互联网保险保费增量占保险行业保费增量的比例（保费增长贡献率）来看，放缓的趋势则更加明显：2016年互联网保险保费增长贡献率仅为0.9%，只相当于2015年互联网保险保费贡献率的2.8%。

2. 互联网保险的保单数量增幅较大

数据显示，2016年我国互联网保险共销售保单67.6亿单，同比增长138.69%，2012年互联网保险年销售保单仅为3.72亿单，5年增长了17.17倍。导致2016年我国互联网保单大幅度增长的主要原因在于互联网财产保险业务，特别是互联网非车险中的退货运费保险以及航空意外伤害保险的保单销量大幅增长，互联网财产保险的保单总量在互联网保险保单总量中的占比高达96%。

3. 互联网保险的保单均价趋于下降

2016年我国互联网保险的保单均价同比下降了56.88%，仅为34.01元/份。其中，互联网财产保险的保单均价为7.74元/份，同比下降73.6%，互联网人身保险的保单均价为672.92元/份，同比下降了2.59%。互联网保险保单均价下降的直接原因在于互联网财产保险的保单数量在互联网保险中所占比重上升。

4. 互联网保险的市场集中度上升较明显

2016年，我国互联网保险的保费收入排在前十名的保险公司的保费收入合计为1 820.54亿元，占当年全国互联网保险保费收入的79.19%，市场集中度同比上升了1.95

个百分点。

5. 互联网保险公司通过渠道实现的销售收入喜忧参半

2016年，我国互联网保险公司通过自营平台实现的销售收入为413.45亿元，通过第三方平台实现的销售收入为1 885.75亿元。2014—2016年，互联网保险公司通过自营平台实现的销售额占互联网保险公司销售总额的比例逐年降低，从57.73%降至17.98%；互联网保险公司通过第三方平台实现的销售额占互联网保险公司销售总额的比例则逐年增加，从2014年的42.27%上升至2016年的82.02%。

10.3.2 国外网络保险的发展状况

20世纪90年代以来，网络保险服务在发达国家已经十分普遍。英国皇家太阳联合、法国国家人寿、英国保承集团等知名保险公司已在这一领域取得了明显的优势。澳洲AMP集团在3年时间里依靠电子商务使保险业务增长了60%，年平均利润增长35%以上，保险业务的15%已由网络完成。除网上营销外，保险公司还利用互联网进行内部管理，进行资料收集、统计分析、业务培训、流程改造等。许多保险公司将发展互联网业务作为公司战略规划的重要组成部分。瑞士再保险公司出版的 *Sigma* 杂志的一份研究报告表明，绝大多数符合标准的个人保险业务都可以通过网上销售而赢得可观的市场份额。国际在线保险将持续热下去。据美国的行业协会分析，在未来十年内，超过三成的商业保险险种和近四成的个人险种将在互联网上进行在线交易。

美国互联网保险业经过20多年发展，已形成一套较为成熟的发展模式。目前，美国的网络保险业在全球业务量最大、涉及范围最广、客户数量最多而且技术水平最高。几乎所有的保险公司都建立了自己的网站，在网站上为客户提供全面的保险市场和保险产品信息，并可以针对客户独特需要进行保险方案内容设计，运用信息技术提供人性化产品购买流程。其在网络服务内容上，涉及信息咨询、询价谈判、交易、解决争议、赔付等；在保险品种上，包括健康、医疗人寿、汽车、财险等。美国互联网保险业务主要包括代理模式和网上直销模式，这两种模式都是独立网络公司通过与保险公司进行一定范围的合作。而二者也有一些区别：代理模式主要是通过和保险公司形成紧密合作关系，实现网络保险交易并获得规模经济效益，优点在于其庞大的网络辐射能力可以获得大批潜在客户；相比之下，网上直销模式更有助于提升企业的形象效益，能够帮助保险公司开拓新的营销渠道和客户服务方式。

在欧洲，网络保险发展速度非常迅猛。1996年，全球最大保险集团之一的法国安盛在德国试行网上直销。目前，安盛公司经营寿险、个人财产和意外伤害险、企业财产和意外伤害险、再保险等多项保险业务，占其业务总额的74%，拥有约1亿客户。2013年，安盛向投保人支付294亿欧元的保险金。尽管安盛将包括网络保险在内的多渠道销售与服务作为其经营战略，但也承认互联网仅是一种销售渠道或信息公告方式，不具有更多意义。在2013年的公司介绍中，安盛指出传统销售渠道更多地提供了公司高附加值的个性化服务，而互联网和直接销售渠道更适合如个人车辆保险等更为简单和标准化的保险产品。对于欧洲其他国家，意大利RAS保险公司建立了一个网络保险销售服务系统，在网上提供最新报价、信息咨询和网上投保服务；世界第二大再保险公司——瑞士再保险公司宣布，网上保险帮助该公司每年节约7.5亿瑞士法郎；英国保险组织劳合社为适应网络经济新客户要求，改变了300

多年的传统程序，推出全新的互动性货物运输和仓储保险计划，以实现网上销售目标。

本 章 小 结

1. 网络保险是保险公司或新型的网络保险中介机构利用互联网和各种现代信息技术实现保险经营管理活动的经济行为。它包括广义网络保险和狭义网络保险。与传统保险方式相比，网络保险有虚拟性、直接性、电子化和时效性等特点。相对传统的保险经营方式而言，网络保险具有以下优势：降低保险公司经营成本，提高管理效率；有利于建立良好的内部经营环境，实现保险业管理的科学化；可以使保险公司掌握充分的市场信息，增强产品竞争力；提高服务的质量，使客户获得完备的信息和优质的服务；可以使信息传播规范统一；可以使保险运行整体提速，市场的信息更加完全。网络保险的运营模式有保险公司官网模式、互联网企业电商网站模式、互联网保险公司和专业第三方互联保险平台模式四种。

2. 网络保险的业务内容主要包括宣传和推介保险公司、保险中介机构和业务员；提供信息咨询服务；提供分析、选购保险产品的服务；提供在线投保服务；提供在线理赔服务；提供在线交流服务；提供在线导航服务等。

3. 我国网络保险和国外网络保险的发展各有自己的特点。

复习思考题

1. 网络保险的定义和优势是什么？
2. 网络保险的发展模式有哪些？各自的特点是什么？
3. 网络保险的业务有哪些？
4. 联系实际谈谈我国和欧美国家网络保险业务发展问题？

第11章 社会保险

学习目标

理解社会保险的原则、功能与作用；了解社会保险和商业保险的互动；识别社会保险制度的类型；掌握养老保险、失业保险、医疗保险、工伤保险和生育保险等险种的特点原则、功能与作用；理解社会保险基金的特点、财务模式和管理模式。

11.1 社会保险概述

11.1.1 社会保险的概念

社会保险是为丧失劳动能力、暂时失去劳动岗位或因健康原因造成损失的人口提供收入或补偿的一种社会和经济制度。社会保险计划由政府举办，强制某一群体将其收入的一部分作为社会保险税（费）形成社会保险基金，在满足一定条件的情况下，被保险人可从基金获得固定的收入或损失补偿。它是一种再分配制度，它的目标是保证物质及劳动力的再生和社会的稳定。社会保险与社会救济、社会福利和社会优抚等共同构成了一个国家的社会保障制度或体系。

11.1.2 社会保险的原则

在现代社会保险发展的历程中，形成了一些基本原则，这些原则在指导建立和发展社会保险时，起到了重要的作用。

1. 强制性原则

强制性原则是指凡属于法律规定范围内的劳动者都必须无条件地参加社会保险，并按规定履行缴纳保险费的义务。这是社会保险的首要原则。

强制劳动者参加社会保险是社会化大生产的客观要求。生产的高度社会化促进了劳动力再生产的社会化，人作为社会劳动力而存在，物质资料的再生产与劳动力的再生产是相互结合的；而家庭作为社会的基本组成单位，其扶养、赡养功能逐渐削弱。面临这两个趋势，国家和社会为了保证社会劳动力的供应，使社会化大生产得以顺利进行，就必须对劳动者实施人身性质的强制保险。

强制性原则对社会保险的自身发展也有重要意义。首先，由于在广泛的范围内实施强制保险，被保险人基数庞大，可以使大数定律充分发挥作用，风险得以分散；其次，限制了逆向选择的发生。这里所谓的逆向选择，是指低风险的劳动者不愿意参加保险，在无法区分的情况下，使参加保险者都是高风险者。而强制保险在一定范围内要求所有劳动者都必须参加，这就有效地防止了逆向选择。

社会保险的强制性原则，一般是通过国家立法和国家强制征收社会保险费来具体体现的。社会保险的缴费标准和待遇项目、保险金的给付标准等均按国家和地方政府的法律、法令统一确定，劳动者对于是否参加社会保险和投保的项目及待遇标准等均无权任意选择和更改。

2. 基本保障性原则

在把社会保险放在社会保障体系中考察时，一般认为应采取三种不同的保障方法来满足三个不同层次的需求，即用社会救济来满足公民最低生活水平的要求，用社会保险来满足劳动者基本生活水平的要求，而用社会福利的形式来提高公民的生活质量。将社会保险定位在满足基本生活需求的层面上，是同社会保险的性质相适应的。在劳动者部分或全部丧失劳动能力或者失业时，由国家通过法律保证而获得物质生活权利，提供切实可靠的基本生活保障。

在理解社会保险的基本保障性原则时，更重要的在于如何界定基本生活需要及它与最低生活需要和较高生活需要之间的差别。要考察这一问题，应从社会保险的对象即劳动者的角度出发。基本的生活需要，一是按照一个国家的不同气候和其他自然特点，确定不同的衣、食、住、行等自然需要；二是根据一个国家的经济、文化发展水平，确定需要的范围和需要的方式，其中主要取决于劳动者阶层形成的条件、风俗习惯和一般生活要求。因此，基本的生活需要也有历史和道德的因素，必须根据当地的实际情况来确定社会保险的给付范围。当然，基本生活需要的标准不是固定不变的，它将随生活内容的变化而变化，因此，对社会保险的给付标准也应加以适时调整。

3. 公平性原则

公平与效率问题一直是实行市场经济国家面临的选择难题。社会保险通过国民收入的再分配而实现，社会保险费的筹集，通常是由国家、企业和个人共同按比例负担，并非完全由个人负担，国家对亏损部分给予财政补贴，保障的水平以劳动者丧失劳动能力时的基本生活需要为标准，采取的是有利于低收入劳动者的原则。商业保险的保险费全部由投保人按合同负担，保障水平完全取决于被保险人缴纳保险费的多少和实际受损的性质与程度，严格按对等原则来确立。商业保险也讲公平，但这种公平是针对保险合同的公平，是投保人与保险人之间的对等公平；而社会保险是一种社会公平，这与社会保险的基本目标——维持社会生产正常进行、保障社会生活稳定是相适应的。

当然，社会保险的公平性原则也是相对的。首先，劳动是享受社会保险的前提条件，有些社会保险项目是以劳动者过去的劳动为依据的；其次，劳动数量和质量对实现社会保险保障水平高低有一定影响。社会保险待遇与基本工资高低、参加工作年限长短、劳动条件好坏及有无特殊贡献相联系，并且有利于实现公平与效率的统一，有利于促进社会生产力的发展。

4. 互助互济性原则

社会保险的互助互济性原则贯穿于整个社会保险基金的筹集、储存和分配过程中。主要表现为被保险人缴纳的保险费，在保险范围内进行地区之间、企业之间、强者和弱者之间、老年人和青年人之间的调剂，被保险人实际使用的数额往往多于或少于缴纳的数额。有的情况是"取之于我，用之于人"，有的情况是"取之于人，用之于我"。互助互济既是社会保险制度得以建立并持续的基本原则，也是维护社会公平目标的重要保证。

5. 社会性原则

社会性原则体现在以下方面。第一，社会保险的实施范围广。它可以把劳动者普遍面对的风险都列入相关的保险项目，并将符合规定的劳动者全部纳入社会保险范围，能够使所有劳动者得到相应的保障。第二，社会保险基金来源于政府财政拨款、企业缴纳保险费、劳动者个人缴纳保险费等多种渠道，从而体现了明显的社会性。第三，社会保险在经营管理上也体现了社会性的原则。社会保险的经营主体主要是政府和政府授权的社会保险机构，它们往往直接接受国家的财政补贴，作为公营事业机构依法代行国家和社会的职能，经营管理服从国家的社会目标。第四，社会保险可以根据被保险人的实际需要提供各种社会服务，如医疗护理、职业介绍等。

11.1.3 社会保险的功能与作用

社会保险的功能与作用主要体现在以下几个方面。

1. 维持社会稳定，减少社会震荡

在现代社会化大生产和分工协作的条件下，社会保险的目的是维持社会稳定，使老有所养、病有所医，保障劳动者及其家庭的基本生活，消除社会不安定因素，减少社会震荡，所以有时称社会保险为社会的"减震器"和"防护网"。

2. 使劳动力的再生产过程得以延续，社会化大生产得以顺利进行

劳动者因疾病、伤残、失业而失去正常的劳动收入，会使劳动力再生产过程处于不正常的状况，通过社会保险的经济补偿，使劳动力的再生产过程得以延续，从而使社会化大生产顺利进行。人作为劳动者，对生产起着决定性作用，物质资料的再生产要求劳动力再生产与之相适应，而随着工业化的进程，传统的大家庭逐渐解体而被夫妻结构的小家庭所取代，劳动收入是家庭的主要收入来源，当劳动者遭遇各种风险而丧失劳动能力时，家庭的保障功能大大削弱了，这样势必影响劳动力的供应。因此，只有国家出面干预，以强制保险的方式集聚众多的经济力量，才能使劳动力再生产得以顺利进行。

3. 有利于调节社会成员收入差距，实现社会财富的公平分配

社会保险是国民收入再分配的渠道之一，可以起到调节社会成员收入差距悬殊的作用，有利于实现社会财富的公平分配。社会保险的分配原则以公平为主，兼顾效率，对高收入者的社会保险要有一定的限制，对低收入者的生活要给予保障，凡是领取的社会保险金达不到基本保障线的，要提高到基本保障线以上，以缩小社会保险金水平的差距。

4. 有利于促进经济发展、基础产业成长和金融市场的发展与完善

通过社会保险而聚集起来的雄厚的社会保险基金可以对经济发展起到一定的支撑作用。社会保险具有储蓄性的特点，通过劳动者、企业和国家三方出资的形式，形成规模巨大的社会保险基金，使社会保险基金成为影响一国经济运行不可忽视的力量。社会保险制度的运行对储蓄、投资、财政金融状况乃至国际经济活动均会产生重要的影响。通过强化社会保险基金的管理，提高其投资经营效果，注重投资方向与结构的调整，将有利于促进经济发展、促进国家基础产业的成长、促进金融市场的发展与完善。注重社会保险基金对经济的促进作用，已成为许多国家社会保险制度改革发展的新特点。

5. 有助于经济和谐和社会文明的进步发展

社会保险是国家和社会为劳动者提供的基本生活保障，实行"一人为众，众为一人"的互济原则，依靠社会群体的力量，把分散、弱小的经济力量组织起来，以发挥社会经济的互助互济作用，分散劳动者个人的风险事故压力，而这种互助互济的经济行为又促进了在公共道德标准上集体主义的演进，同时社会保险起到一种团结劳动者、使社会凝聚力增强的作用，相互依赖的经济现实无疑又将促进人类自身的社会化程度和群体内的和谐相处。

11.1.4 社会保险与商业保险的互动与互制

1. 社会保险与商业保险的互动关系

① 商业保险只对那些有经济条件参加保险的人提供保障，保险范围比较窄，而社会保险具有社会性的特点。这表现在社会保险范围广，对象众多，对整个社会政治、经济和日常生活的影响极大，社会保险面向全体劳动者。商业保险投保人要想得到较为充分的人身保障就必须缴纳高额的保险费，而实际上大量需要生活保障的普通劳动者难以承担这种经济负担。社会保险有福利性特点，不以营利为目的，管理费用大多数是由政府负担或补助。同时，社会保险的权利义务关系不对等，劳动者个人保险费的缴纳比例一般较小，或者象征性地缴纳一小部分，或者根本不需要缴纳，而由国家、企业等承担，所以社会保险部分解决了被保险人经济负担过重的问题，使更多的人有加入保险、获得保障的机会。

② 社会保险还增开了商业保险所不宜承保的险种，如失业保险，这就解决了因为失业产生家庭生活危机，以致社会问题不断等难题，从而维护了社会稳定。社会保险具有有利于低收入劳动者的再分配原则，具有调节社会收入、维护社会公平的作用，是在商业保险效能上的进一步发展。而且社会保险的强制性特点，要求人们都参加保险，使人们在实践中提高保险意识，对商业保险的普及十分有利。同时，社会保险的发展，也可以直接或间接地减少商业保险金的支出。当然，社会保险的发展也使得商业保险公司意识到如果只依靠传统业务，必然要降低利润水平，这就刺激了商业保险为寻找、弥补社会保险之不足而不断设计新险种，创造新业务，推动商业保险在社会保险产生之后更加迅速地发展。

③ 社会保险与商业保险在经营技术方面可以相互借鉴并相互推动。如生命表的制定、投资技术的借鉴，以及管理经验的借鉴等，都有助于各自的健康发展。

④ 社会保险制度的健全和发展并不意味着否定或者排斥商业保险。由于社会保险保障的范围广、内容多，加之为保持劳动者就业的兴趣和积极性，防止出现"动力真空"，社会保险的保障水平不可能也不允许超过满足人们基本生活需要的界限。如果某些劳动者随着个

人收入增加，要求获得更高水平的保障，那么他们就只有参加商业保险。因此，自21世纪初以来，商业保险不仅没有因社会保险的发展而消失，势头反而更加强劲。

2. 社会保险与商业保险的相互制约关系

社会保险与商业保险在许多方面有着实质性的区别。社会保险与商业保险既有相互统一的一面，又有相互制约的一面，它们之间共同发展是有一定界限的。在保险资源空间一定的前提条件下，社会保险与商业保险相互制约，即一方的发展往往会削弱另一方的发展，商业保险的发展以社会保险只能保障人们的基本生活水平为条件；同样，社会保险的发展也只能以商业保险仅仅保障那些具有投保资格的人们为条件。倘若社会保险的保障水平超出人们基本生活需要的界限，或者商业保险没有投保条件的限制，那么，任何一方越位都会给对方造成压力，甚至影响和制约对方的发展，这一点已被实践证明。例如，美国和日本的寿险业务，虽然起步晚于某些欧洲国家，但如今两国的寿险业务却大大超过了欧洲国家的发展水平。究其原因，是由于美国和日本的社会保险保障水平低于欧洲国家，人们对生活安全保障水平感到不足，从而促进了商业保险业以前所未有的速度向前发展；相反，由于部分欧洲国家的社会保险为人们提供了较为充裕的生活条件，人们对商业保险的需求弱，影响和限制了商业保险业的发展。

社会保险和商业保险既存在紧密联系又有质的区别，我们不能随便将商业保险经营社会化，也不能将社会保险经营商业化。但也不能将两者对立，而应将两者配合设计，相互拾遗补阙，共同构建一个比较完善的保险体系。

11.2 社会保险的类型与结构

11.2.1 社会保险制度的类型

社会保险是人类步入现代社会的产物，它的产生与发展经历了100多年的时间，社会保险制度本身有其内在的规定，如实施对象是全体劳动者，以保障基本生活需要为标准，由国家以强制手段保证实施等。但由于各国政治、经济、文化背景的差异，选择的社会保险制度也不尽相同，大体上可分为四类：投保资助型、普遍保障型、国家统筹型、强制储蓄型。

1. 投保资助型的社会保险制度

投保资助型的社会保险制度是以美国、日本为代表的多数资本主义国家实行的传统型的社会保险制度，强调待遇与收入及缴费相联系，且待遇确定有利于低收入者，保险供款由个人、单位和政府三方或其中两方负担。它依据的是选择性的原则，强调个人责任，强调权利和义务相结合；保险待遇给付与缴费年限或劳动时间及个人收入相联系；有些保险项目支付有一定的期限，如失业、医疗住院保险等；社会保险由国家设立专门机构进行管理，如日本，在社会保险管理上实行垂直系统领导，政策由中央政府或者国会统一制定，所有执行单位都是中央的派出机构。投保资助型的社会保险制度，同时实行社会统筹，可以充分发挥风险共担、互助共济的作用，这些都是值得借鉴的。但是，由于没有建立个人储蓄账户制，个人义务与权利的履行、享受情况不清晰，两者挂钩也不紧密。

2. 普遍保障型的社会保险制度

普遍保障型的社会保险制度是依据普遍性的原则，建立"福利国家"的重要措施。它的实施范围一般包括全体居民或公民，而不论是否为劳动者。它采取超出一般社会保险水平的社会福利措施。保险基金的来源通常是财政拨款，也有由雇主和雇员缴纳保险费的，但主要来源于政府征收的所得税。保险业务由国家设立的专门机构统一管理。属于这一类型的国家有英国、瑞典、丹麦等。这种普遍保障型的社会保险制度的理论依据是：得到社会保障是全体公民的权利，国家设立社会保险是为了发展公民所需要的福利措施，也可以成为对国民收入进行再分配的一种手段。这种普遍保障型的社会保险制度的实施，在一定程度上保障了大多数人的基本生活水平，使西方国家在相当长的一段时期内社会保持相对稳定，增加了消费，扩大了市场，调节了供给和需求之间的矛盾，促进了经济的发展。但是这种保险制度也给社会经济带来了不少弊病：国家负担过重，使财政遇到了越来越多的困难；同时必然带来税收的增加，最终影响经济的发展；财政赤字反过来促使物价上涨，影响了人民生活水平的提高；广泛的社会保险培养了"懒汉思维"，使经济缺乏活力，效率受到影响等。

3. 国家统筹型的社会保险制度

以苏联地区、东欧国家为代表的国家统筹型的社会保险制度，规定对一切丧失劳动能力的情况都实行保险，单位负担供款，国家统一经办。这种社会保险的基本制度来源于马克思、列宁关于社会保险的论述，大致有下列几方面内容：第一，最好的工人保险形式是国家保险，工人享有各方面的社会保险；第二，保险基金来源于对社会总产品的扣除，此种基金类似于今天的社会消费基金，应全部由企业主和国家负担；第三，社会保险范围应包括一切劳动者及其家属，保险项目包括伤残、疾病、年老、职业病、失业和妇女怀孕、生育等；第四，社会保险都由统一的保险组织办理，这种组织按区域和被保险者完全自理的原则建立；第五，保险金来源应根据现有的物资和力量来确定，部分根据概率论。这种社会保险制度基本上实现了上述思想。但这种类型不利于培养职工的自我保障意识，不能体现权利和义务相结合的原则，而且有相当一部分费用由企业负担，成为企业保险，不利于企业平等参与市场竞争，也不利于劳动力流动。我国社会保险改革前也属于这种类型。

4. 强制储蓄型的社会保险制度

除以上三种形式外，在以新加坡为代表的部分国家中还实行强制储蓄型的社会保险制度，实质上是一种储蓄制度。国家依法要求雇主和雇员各缴纳定额保险费存入银行，专款专用，当雇员发生保险事故时，把其全部储蓄和利息一次性返还给被保险人。在少数情况下，受保人也可以自行选择分期领取年金或将储蓄存款分别发给其家属。实行此种保险制度的国家，大多数是为国家和私人企业劳动者保险的。少数国家则按企业规模和职工工资水平而定，但不包括短期工作的劳动者，工资超过规定的上限，不包括在强制范围内，可以让他们选择自愿保险。这种制度突出个人自我保障，充分体现了权利和义务的结合。但是，这种制度没有社会统筹，不能互助互济，不能共担风险。

他山之石，可以攻玉。了解外国社会保险制度的主要类型，对建立有中国特色的多层次的社会保险制度有极其重要的意义。

11.2.2 社会保险的结构

我国《劳动法》第七十条规定:"国家发展社会保险事业,建立社会保险制度,设立社会保险基金,使劳动者在年老、患病、工伤、失业、生育等情况下获得帮助和补偿。"第七十三条规定:"劳动者在下列情形下,依法享受社会保险待遇:(一)退休;(二)患病、负伤;(三)因工伤残或者患职业病;(四)失业;(五)生育。劳动者死亡后,其遗属依法享受遗属津贴。劳动者享受社会保险待遇的条件和标准由法律、法规规定。"我国社会保险分为养老保险、失业保险、医疗保险、工伤保险和生育保险。以下将以五种社会保险为例介绍我国整个社会保险的结构。

1. 养老保险

养老保险是国家通过立法对劳动者因达到规定的年龄,按国家规定解除劳动义务后,给他们提供一定的物质帮助以维持其基本生活水平的一种社会保险制度。享受养老保险待遇的同时要解除劳动义务。因此,养老保险制度建设必须结合退休制度,人的实际劳动年龄因个体差异会有所差别,国家规定的法定养老(退休)年龄是以劳动者平均劳动年龄上限为依据的,它是以立法形式确定的一个全国统一的退休养老的年龄标准。劳动者到了退休年龄后,国家依据退休制度一方面保障他们有获得物质帮助和社会服务的权利;另一方面要妥善地安排他们退出原来的职业或工作,不再承担社会劳动的义务。劳动者退休后享受一定的养老待遇,这是他们履行了一生的劳动义务后应享受的权利。为使社会劳动力不断更新,保证社会生产的正常发展,劳动者到达退休年龄后,无论其实际劳动能力是否丧失,都应按时退休,这是他们在享有养老社会保险待遇时应该放弃和解除劳动义务的前提。

养老保险是社会保险的主要项目之一,也是整个社会保障制度极其重要的组成内容。建立并完善养老保险制度,是国家和社会应尽的义务。这种制度的建立和完善,有利于切实保障老年人安度晚年的合法权利,保证老年人能够老有所养、老有所医、老有所乐,同时也有利于消除在业人员的后顾之忧,调动其生产积极性,为社会提供更多更好的物质财富,从而为包括养老保险在内的整个社会保险制度的巩固和实施储备雄厚的物质基础。

1) 养老保险的意义

① 满足退休老人的基本生活需要。劳动者进入老年阶段后,即自然丧失了劳动能力,脱离了劳动过程,因而无法通过自己的劳动获得报酬和收入,谋取生活来源,生活将发生困难。因此,需要通过建立养老保险,向退休老人提供收入保障,使他们的基本生活得到保证,使他们老有所养。

② 改善劳动者队伍的结构。人老是新陈代谢自然规律的必然结果,劳动者队伍的知识化、年轻化、专业化,是社会发展的根本保证。只有建立了退休制度,才能明显改善劳动者队伍的年龄和知识结构,推动社会政治经济的迅速发展。

③ 解除劳动者的后顾之忧,调动劳动者的生产积极性。养老保险制度是在劳动者达到法定退休年龄时由社会提供生活保障的制度,而且,养老保险的支付全部或部分与劳动者的收入水平相关联,往往是劳动报酬越高,养老保险金越多。养老保险成为调动劳动者积极性的重要手段。主要表现在两个方面:一方面,劳动者预先知道自己在老年时可以享受必需的生活保障,不会因年老不能劳动、生活无来源而陷入无法生存的困境,这就解除了劳动者的

后顾之忧,可以使劳动者集中精力投入劳动生产中去;另一方面,与劳动报酬水平相关联的养老保险金支付办法,有利于促进劳动者不断提高劳动技能及水平,争取获得较高收入。既为社会同时也为自己的老年生活积累更多的财富。

④ 实现社会安定。任何社会的稳定发展,都需要有一个安定团结的社会环境,而社会问题的出现总是起源于经济问题,反过来对经济产生影响。养老保险为老年人提供了必要的生活保障,这不但可以稳定老年人的生活状况和情绪,而且对在职劳动者,对其家庭以至整个社会秩序都起到稳定的作用,从而有助于创造一个安定的社会环境。养老保险是稳定社会秩序、巩固社会安定的重要机制。

⑤ 促进社会全面发展。建立和发展养老保险事业,是衡量一个国家物质文明和精神文明是否进步的重要标志。一个国家的物质文明越发达,养老保险事业也就越发展。养老保险事业要靠一个国家雄厚的物质基础做保证,没有发达的物质文明,养老保险事业就很难获得发展;而养老保险事业的发展,体现了国家和社会对老年人的关心和照顾,是社会精神文明的重要内容,因此,养老保险事业高度发展,为树立良好的社会风气,促进精神文明创造了条件,从而有利于社会全面发展。

2)养老保险的特点

① 积累性。即退休前都属于缴费期,一直到退休止。社会保险机构发给退休者的养老金实际上是劳动者平时缴费的长期积累加企业缴费的长期积累及政府的补贴。养老保险的这种积累性是其他社会保险项目所不具备的,但却与人寿保险有相似性。

② 普遍性。养老保险是一种最普遍、最重要的社会保险险种,几乎所有实行社会保险的国家都设置了养老保险,许多国家都把发展养老保险作为建立社会保险制度的重要突破口。因此,养老保险是社会保险子系统中最重要的项目,也是整个社会保障制度中最为重要的项目之一。

③ 广泛性。养老保险保障的是全体劳动者,对象极其广泛。在这里有一个特别之处是,社会保险是补偿劳动者因劳动风险事故所造成的收入损失,养老保险则可以说是个例外。因为年老退休是每一个劳动者都无法回避的事实。这一点明显区别于其他社会保险项目。

④ 待遇水平相对较高。尽管每一个国家的养老保险制度所规定的退休待遇不一致,而且在一个国家中,不同劳动者的退休待遇也有差别,但从总体上说,养老保险待遇水平同其他社会保险相比相对较高。它有时不仅要求补偿基本生活需要,而且还可能维持较高的生活水平。

⑤ 支出呈刚性,负担重。养老保险支出是社会保险总支出的主体,特别是在人口老龄化高峰期,支出比重逐渐增大。为了合理分担养老保险的开支,多数国家采取国家、企业(或雇主)、劳动者个人三方负担养老保险费用的形式,其中企业(或雇主)往往承担大部分,国家财政给予一定的补贴,个人在不影响其生活水平的条件下也承担一定的比例。

3)养老保险的原则

养老保险除了遵循社会保险的基本原则以外,还要遵循一些其他方面的原则。

① 保障水平要与社会生产力发展水平相适应的原则。基本养老保险只能保障退休人员的基本生活。如果保障水平过低,则无法发挥保障功能;如果保障水平超过社会生产力发展水平,则会在客观上造成"养懒汉"的社会效应,并诱发提前退休的内在冲动,浪费有效的劳动力资源。其结果不仅会制约生产力的发展,而且也会危及养老保险制度的正常运行。各

国均需根据本国实际情况确定适当的保障水平。

② 公平与效率相结合的原则。被保险人的待遇水平，既要体现社会公平的因素，又要体现不同人群之间的差别。养老保险制度的设计必须将这两方面的因素有机地结合起来。在实行"普惠制"（指基本养老保险体系普遍适用全体国民）的制度中，体现公平；而在非"普惠制"的制度下，体现差别。完善的养老保险制度应该在体现社会公平的同时，强调养老保险对于促进效率的作用，以达到公平与效率兼顾、统一与差别并重的目的。

③ 权利与义务相对应的原则。这一原则是商业保险的普遍原则，目前大多数国家在养老保险制度中引入了这一原则。即：要求被保险人必须履行规定的义务后，才能具备享受养老保险待遇的权利。这些义务主要包括：其一，必须依法参加基本养老保险制度；其二，必须依法缴纳基本养老保险费（或税），并达到规定的最低缴费（或税）年限。这一原则广泛适用于保险与工资收入相关联的养老保险体系，即：被保险人的缴费年限和缴费水平与其享受的养老保险待遇水平存在某种直接或间接的联系。

④ 广覆盖原则。社会保险的基本特征是运用"大数法则"，在某一社会范围内分散劳动者或社会成员的风险，从而构筑一个"社会安全网"。从国际社会来看，养老保险的覆盖范围呈逐步扩大的趋势。社会保险的特征也决定了养老保险必须逐步将社会成员覆盖在相应的范围内，这是社会成员应享有的权利。

⑤ 管理服务社会化的原则。这一原则的基本要求是：其一，政府制定养老保险政策并进行监管，但不直接经办养老保险事务，而是按照政事分开的原则，委托或设立一个社会机构管理养老保险事务和基金；其二，建立独立于企业事业单位之外的基本养老保险体系，基本养老金实行社会化发放；其三，依托社区开展退休人员的管理工作。

⑥ 分享社会经济发展成果原则。退休人员的基本养老金必须是相对稳定的，不受原企业单位经济效益的影响。但在社会消费水平普遍提高的情况下，退休人员的实际生活水平就有可能出现相对下降。因此，应通过建立基本养老金调整机制，保证退休人员的收入水平随着社会经济的发展而不断提高，分享社会经济发展的成果。

4）养老保险模式

从世界各国推行养老保险制度的实践看，可以把养老保险划分为以下四种模式：普遍保障模式、收入关联模式、多层次模式和强制储蓄模式。

① 普遍保障的养老保险模式。它是指国家为老年人提供平均养老金，以保障其最低生活水平的养老保险计划。这种模式强调的原则是：对不能依靠自身劳动满足自己基本生活需要的老年居民普遍提供养老保障。北欧国家、英国及澳大利亚、新西兰等国均采用此种养老保障模式。其特点是：第一，实施范围广，普遍保障的养老计划覆盖全体国民；第二，与个人收入状况无关，即不论其收入状况如何，均为其提供同一水平的养老金；第三，资金来源主要靠国家财政补贴。

实际上，普遍保障模式也仅仅提供最低生活需求。尽管覆盖面广、透明度高，便于实施，而且能够体现社会公平原则，但由于它提供的保障力度有限，许多实施普遍保障模式的国家，不得不通过鼓励发展企业补充养老保险计划和其他类型的补充计划，以保障老年劳动者获得基本生活保障，较好体现社会保险的政策目标，因而，普遍保障的养老保险模式虽然在不少国家还保留其基本形态，体现着国家普遍保障的社会政策，但由于各种补充养老保险计划的作用日益突出，普遍保障的养老保险模式已逐步向以普遍保障为核心的多层次养老保险模式过渡。

② 收入关联的养老保险模式。收入关联的养老保险模式是指通过社会保险机制为工薪劳动者建立的退休收入保险计划。它强调纳费与收入、退休待遇相关联，并且建立在严格的保险运行机制基础之上。

收入关联的养老保险模式是世界上大多数国家实行的老年社会保险模式。收入关联养老保险模式的基本特点是：第一，实施三方负担的财务机制，是养老保险筹资方式的典型形式；第二，实行与收入关联的给付机制，劳动者退休前的平均工资、收入替代水平（劳动者领取的养老保险金占退休前收入的比例）和投保期限共同构成收入关联保险金的给付水平；第三，具有较强的收入再分配的特性，收入关联养老保险模式促使高收入阶层向低收入阶层进行某种程度的收入转移，从而体现养老保险的社会政策。

收入关联的养老保险模式在20世纪70年代经历鼎盛发展阶段以后，开始面临日益严峻的制度危机。主要表现在养老保险费用支出急剧膨胀，成为导致国家财政预算困难的重要因素之一；在人口老龄化的背景下，以现收现付为基础的收入关联模式也面临着前所未有的危机。

③ 多层次养老保险模式。多层次养老保险模式是国家根据不同的经济保障目标，综合运用各种养老保险形式而形成的老年经济保障制度。多层次养老保险制度是第二次世界大战后在一些工业化国家逐渐形成，并在20世纪80年代颇受重视的养老保险模式。虽然多种保障形式的结合是不少工业化国家已有的制度安排，但较为典型的多层次养老保险模式是指瑞士等国在80年代中期重大结构性改革后形成的三层次保障模式：第一层次，由国家建立强制参加的国民年金保险制度，提供最基本的老年经济保障；第二层次，建立法定的企业补充养老保险计划；第三层次，建立个人储蓄性养老保险，旨在提供较高的收入保障。而且各个层次的保障程度及其协调都纳入国家的总体经济保障计划。多层次养老保险模式在发达国家引起重视，主要根源于"福利国家"的危机、各国日益增大的养老保险费用支出、养老保险与经济发展的内在关联性、人口老龄化的压力及国家承担过多责任的原有制度等种种弊端。在此意义上，第二、第三层次的养老保险计划逐渐被纳入国家总体养老保险计划之中，并给予了广泛的关注。对众多发展中国家和经济转轨国家而言，多层次养老保险模式对于其解决当前面临的养老保险制度危机具有重要的现实意义。

④ 强制储蓄的养老保险模式。强制储蓄的养老保险模式是指通过建立个人退休账户的方式积累养老保险基金，当劳动者达到法定退休年龄时，将个人账户积累的基金、利息及其他投资收入，一次性或逐月发还本人作为养老保险金。国家通过有关社会保险法，规定个人、企业按收入的一定比例存入职工的个人退休账户，由专门机构负责基金管理和投资，因而它是一种强制储蓄性养老保险模式。这种模式主要在20多个亚非国家和一些拉美国家推行。强制储蓄的养老保险模式以新加坡中央公积金制度和智利商业化管理的个人账户最为典型。

2. 失业保险

1) 失业的概念及原因

失业是指在劳动年龄之内、具有劳动能力、又要求就业的部分人员尚未能就业的一种社会现象。构成失业有四个基本特点：一是在劳动年龄之内；二是有劳动能力；三是有就业意愿；四是没有找到工作。这样规定，就可以把那些由于严重病残丧失劳动能力的人和未到或超过劳动年龄的没有职业的人，以及暂时没有就业要求待升学的人和从事家务劳动的人划到失业之外，因而也就不需要给他们安排工作。

按造成失业的原因是主观的还是客观的,失业可以分为自愿失业和非自愿失业。按造成失业的客观原因的不同,非自愿失业又可进一步分为以下五种:一是摩擦性失业,即由于求职的劳动者与需要提供的岗位之间存在着时间差而形成的失业,是一种经常性的失业;二是技术性失业,即由于使用新机器设备和材料,采用新的生产工艺和新的生产管理方式,导致社会局部生产节省劳动力而形成的失业;三是周期性失业,也叫需求不足的失业,由于总需求不足,也就是经济上的总支出或者社会对商品和服务的总需求不足而不能为充分就业提供适当的工作岗位所造成的失业;四是结构性失业,即由于国民经济产业结构的变化及生产形式和规模的变化,劳动力结构不能与之相适应而导致的失业;五是季节性失业,即由于某些行业生产条件或产品受气候条件、社会风俗或购买习惯的影响,使生产对劳动力的需求出现季节性的波动而形成的失业。

2) 失业保险的概念和特点

失业现象的存在无论是对国家,还是对个人或家庭都会带来一系列的消极影响,因此需要设立失业保险来抵消一部分消极影响。所谓失业保险,就是指根据政府法令举办的,以失业为给付条件,由国家按劳动法规定在一定期限内对失业者发放失业救济金的社会保险制度,多数国家强制实施。失业救济金的条件,一般规定必须是非自愿性失业,通常要求失业者在失业前缴纳一定期限的保险费或达到受保的工龄,并且必须是具备劳动能力、已在职业介绍所登记的要求就业者。与其他社会保险项目相比,失业保险的特点主要表现在以下几个方面。

① 实施保险的前提条件不同。其他社会保险项目,都是以丧失劳动能力为前提的,如年老、疾病、伤残、死亡等。而失业社会保险是以失去劳动机会为前提条件的,是对虽有劳动能力和就业意愿但没有劳动机会的人提供的保障,因丧失劳动能力而失去劳动机会的人恰恰不包括在失业社会保险的范围之内。

② 实施保险的对象范围不同。各个社会保险项目的对象范围各有差别,有些项目以全体社会劳动者为保障对象,其中还包括尚未达到劳动年龄和已经超过劳动年龄的人。而失业社会保险是以劳动年龄之内的社会劳动者为主要对象,不包括已经超过劳动年龄的老年人。

③ 劳动风险事故形成的原因不同。其他社会保险项目中劳动风险事故的形成均属自然原因,主要是因身体健康的损害或工作中的疏忽大意,受到外界自然力的意外打击所致。而失业保险针对的失业现象,主要是社会经济方面的原因。例如,人口、劳动力资源与经济增长的比例失调,产业结构调整及就业政策的变化等,都可能成为失业的原因。可见,造成失业的原因同其他社会保险项目的风险事故相比有明显的区别。

④ 保险的具体职能不同。社会保险的一般职能是为了维持劳动力的一般再生产,使劳动者恢复健康或继续生存有一定的经济保障,但这种经济保障对劳动能力的恢复并不起直接的、决定性的作用,因而被称为"被动式"的保险制度。而失业保险除了为失业人员提供基本生活保障外,还同就业保障制度相协调,通过转业训练、生产自救和职业介绍等途径,积极促进失业人员尽快就业,促进劳动力资源合理配置,促进社会化大生产,繁荣经济,安定社会,因而可称其为"主动式"的保险制度。

3) 失业保险的功能

失业保险的功能有其自身的特性,包括以下内容。

① 保障基本生活功能。失业保险的保障功能体现为生活保障功能,即失业保险机构通

过向符合条件的失业者支付失业保险金，保障了失业者的基本生活，维持了劳动力的再生产。通常来说，劳动者在失业后，无经济收入来源，生活发生困难，而失业保险通过对失业者发放失业保险金，以保障其基本生活，使其正常地生存下去，维持劳动力的再生产。

② 稳定功能。由于失业保险通过发放失业保险金保障了失业人员的基本生活，使其有了稳定的收入。这种稳定功能一方面体现为社会稳定功能；另一方面体现为经济稳定功能。失业保险为失业者提供生活保障，不会因其无法生存使其铤而走险，或在心理上严重失衡而危害社会，有利于维持社会的稳定。失业保险金的筹集及发放具有抑制经济循环的作用，是"减震器"，减轻了经济波动的剧烈程度，使家庭关系保持稳定，因此缓解了失业对整个社会所带来的冲击和震动，从而有利于维护社会的稳定和正常的社会秩序。

③ 促进功能。失业保险不仅仅是给失业者发放失业保险金，更重要的是失业保险机构对职业培训、职业介绍的重视及提供就业信息、有效沟通和对再就业的直接推动上。对失业人员的培训和教育，提升其自身素质，提高其在社会中的竞争能力，并积极为失业人员开展职业介绍等相关服务，促使其尽快重新就业。失业保险的促进功能越来越突出，通过加大再就业培训支出的比重、建立就业导向的机制等来促进失业者的再就业。

④ 合理配置劳动力功能。这体现在两方面：一是由于失业保险的存在，失业者在寻找新的就业岗位时获得了经济保障，免除了后顾之忧，失业者也就有条件尽可能寻找与自己的兴趣、能力相符合的工作岗位，从而有利于劳动力的合理配置；二是由于失业保险的存在，用人单位减轻了向外排斥冗员的经济、社会两方面的压力，有利于单位制定理性的、合理的用人决策，也更有利于劳动力的合理配置。

⑤ 调节功能。失业保险可以通过向失业者提供物资资助来调节社会上的贫富差距，通过劳动力更合理的配置、更高的劳动生产率来调节经济的运行。

3. 医疗保险

1）医疗保险的含义

医疗保险是指社会劳动者因疾病、受伤等原因需要诊断、检查和治疗时，由国家和社会为其提供必要的医疗服务和物资帮助的一种社会保险制度。

医疗保险所保障的是一般疾病、患病和伤残，其中，这种疾病或患病系劳动者自身身体所致，并非职业病，其伤残是指非工伤致残丧失劳动能力，其发病、致残原因与劳动无直接关系；其保障对象一般是劳动者，也有的包括家属；其给付条件是劳动者因疾病丧失劳动能力，失去收入；给付方式可以是现金给付，也可以是医疗给付。

由于疾病或非工伤残系劳动者自身原因所致，与其工作或社会经济因素没有必然联系，因而，实行医疗保险所需的经费主要来源于被保险人和雇主，政府一般只提供少量的补助或不提供补助（对所有居民实行普遍免费医疗服务的国家，其医疗费用由政府从一般税收中拨付，或征收国民健康税等）。但不同国家雇主、被保险人和政府三方各自负担的保险费比例通常是不同的。

我国基本医疗保险实行社会统筹和个人账户相结合，基本医疗保险基金由统筹基金和个人账户构成。职工个人缴纳的基本医疗保险费全部记入个人账户。用人单位缴纳的基本医疗保险费分为两部分：一部分用于建立统筹基金；一部分划入个人账户。具体比例由统筹地区根据个人账户的支付范围和劳动者年龄等因素确定。统筹基金和个人账户要划定各自的支付范围，分别核算，不能互相挤占。要确定统筹基金的起付标准和最高支付限额。起付标准以下的医疗费用从个人账户中支付或由个人自付；起付标准以上、最高支付限额以下的医疗费用都要从统筹基金中支付，个人也要负担一定比例；超过最高支付限额的医疗费用，可以通过商业医疗保险等途径解决。统筹基金的具体起付标准和最高支付限额，以及在起付标准以上和最高支付限额以下医疗费用的个人负担比例，由统筹地区根据"以收定支，收支平衡"的原则确定。

2）医疗保险的特点

由于伤病风险和医疗服务的特殊性，和其他几种社会保险制度相比，医疗保险有一定的自身特点，其特征主要体现在以下几个方面。

① 保障对象广泛。由于伤病风险存在的普遍性，医疗保险的保障对象也具有广泛性。每个社会成员，不管性别、年龄、贫富和地位如何，都会面临伤病风险的威胁，也都有权利获得医疗保障。比较而言，工伤、生育和失业保险的保障对象则比较局限，保险金给付的对象就更少了。因此，医疗保险在各项社会保险制度中保障对象和给付范围都最为广泛。

② 涉及面广，结构复杂。医疗保险制度的涉及面广，结构复杂，实施过程与医疗机构有着非常密切的关系。其他几种社会保险制度，往往只涉及投保和管理机构两方，而医疗保险除了受到政府、企业、劳动者个人的影响外，还受到医疗服务供方和医疗服务过程的影响。为了对医疗机构的行为进行规范和引导，医疗保险机构必须建立起非常复杂的管理机制，这在其他社会保险制度中是不常见的。

③ 保障的服务性。与其他社会保险制度中强调保险金的现金给付不同，医疗保险提供的保障主要是使劳动者在非因工受伤和生病后能够得到及时和必要的医疗救治，即保障的核心是医疗服务，因此，在医疗保险中，保险基金可以直接将保险金补偿给医疗机构，甚至可由政府和全社会直接利用保险基金来组织并向劳动者提供必要的医疗服务。

④ 给付频率高、费用控制困难。由于每个人都可能遭遇伤病风险，有的人还会多次遭遇伤病的打击。因此，医疗保险的保险金给付频率远高于工伤、生育和失业保险。此外，医疗保险实行的费用补偿也与其他社会保险项目中的定额给付不同，由于伤病本身的复杂性，保险金给付额在人与人之间也有很大差别，加上医疗服务提供方的影响，费用控制非常困难。

3）医疗保险的原则

① 强制性原则。医疗保险必须坚持强制性原则，即任何单位及全体社会劳动者都必须参加，医疗保险管理机构也必须接受任何单位和所有符合条件的个人投保，双方都不能有所选择。因此，医疗保险制度通常由国家立法，强制实施，以国家强制力建立医疗保险基金，以解决劳动者因患病或受伤带来的财务损失。强制性原则保证了医疗保险制度的投保规模，又避免了自愿投保所带来的逆选择风险，对医疗保险制度的建立和实施都有非常重要的意义。

② 共济性原则。共济原则又称互助原则，根据这一原则，投保人缴纳的保险费依据其经济能力而定，而与其年龄、性别和健康状况无关，这样，身强力壮者缴纳的保险费用于补助体弱多病者，年轻人缴纳的保险费用于补助老年人，从大多数人身上筹集到的医疗保险基金用在少数有伤有病的人身上，减轻了他们的经济负担，相当于大多数人分摊了少数人的伤病风险。从某种意义上讲，共济原则是医疗保险产生的理论基础。此外，共济性原则也是区分医疗保险和商业医疗保险的一项原则，因为在商业医疗保险中，投保人缴纳的保险费与其

风险水平和保障程度都是密切相关的。

③ 福利性原则。医疗保险有很强的福利性，建立医疗保险制度的宗旨是保障劳动者的身心健康、促进经济发展和维护社会稳定，不以营利和赚钱为目的。医疗保险基金的筹集采用以支定收的原则，医疗保险基金的结余和积累也不能像商业保险公司的盈余一样在股东中进行分配，只能积累下来以备后用，这与商业医疗保险是截然不同的。

④ 效率和公平统一原则。医疗保险强调待遇公平，即劳动者在患病后就医和用药等治疗方面的待遇是平等的，所有的治疗服务和医疗费用补偿都是根据病情作出的，不受劳动者收入、职业和地位等的影响。但是，由于效率和公平始终是一对矛盾，近年来，由于医疗费用的恶性增长，人们越来越认识到，除了要坚持公平的原则外，还要重视医疗保险基金筹集、使用以及医疗服务过程中的效率，以减少卫生资源的浪费。因此，实现医疗保险待遇的公平仍然要以兼顾效率为原则。

⑤ 基本保障原则。虽然人们对医疗保障的需求是多层次的，但医疗保险保障的应该是最基本的医疗服务。与商业医疗保险相比，医疗保险一般只能提供对基本医疗服务的费用补偿。基本医疗服务应该是劳动者必需的，医疗机构能够常规提供的，而且是社会保险基金能够支付得起的规定范围内的医疗服务。超过基本医疗服务以外的保障问题，只能通过各种补充医疗保险来解决，当然，基本医疗服务的标准在不同国家和地区间，在社会经济水平发展的不同阶段上是各不相同的。

⑥ 保障水平与社会生产力水平相适应原则。医疗保险制度中确定的保障水平要与该国或该地区的社会生产力水平相适应，还受政府、单位和个人等各方的财务承受能力的影响。国家财力的大小和社会经济发展水平决定了医疗保险的保障程度。这一原则近年来越来越受到人们的重视，许多发达国家医疗保险制度改革的经验和少数发展中国家医疗保险制度发展中的教训都深刻地说明了这一原则。

4）医疗保险的作用

① 促进社会生产。医疗保险制度保证了劳动者的身心健康能够得到定期的照顾，维护了劳动力的正常再生产，解除了劳动者的后顾之忧，使其能够安心工作，从而可以提高劳动生产率，促进生产的发展。医疗保险是社会生产发展到一定阶段的必然结果，反过来，医疗保险制度的建立和完善又会进一步促进社会生产的发展。

② 促进社会进步。医疗保险还是促进社会文明进步的重要手段。医疗保险是强调社会互助和共济的一种社会保险制度，通过在被保险人之间分摊疾病的治疗费用，体现了人与人之间一种相互关心、相互帮助的新型社会关系，有利于促进社会的文明和进步。

③ 实现社会公平。医疗保险也是一种重要的收入再分配手段，它通过征收医疗保险费和偿付医疗服务费用来调节收入差别。在医疗保险基金的筹集过程中，单位和个人都要承担缴费的责任，一般来讲，收入高者多缴，收入低者少缴，个别收入极低者不承担缴费责任，个人缴纳的保险费与其身体状况无关。对于符合条件的劳动者来说，享受医疗保险的机会和待遇却是依病情而定的，不受其他因素的限制和影响。因此，医疗保险制度在一定程度上实现了医疗资源的公平分配，有利于修正市场机制造成的不平等，实现了社会公平。

④ 维护社会安定。医疗保险对患病和受伤的劳动者给予经济补偿，有助于消除因劳动者受伤或患病带来的不安定因素，是调整社会关系和社会矛盾的重要机制。劳动者及其家庭的生活主要依靠劳动报酬维持，而健康的身体又是劳动者获取劳动报酬的先决条件，劳动者

一旦受伤或患病，正常收入就会中断或减少，还要面对医疗费用支出的压力。此时，医疗保险可以向其提供必要的物质帮助，使其尽快恢复健康和工作，可以有效地防止劳动者陷入"因病致贫"和"因贫致病"的恶性循环。

4. 工伤保险

1) 工伤保险的概念

工伤保险是指劳动者因工作原因受伤、患病、致残乃至死亡，暂时或永久丧失劳动能力时，从国家和社会获得医疗、生活保障及必要的经济补偿的社会保险制度。

同其他社会保险相比，工伤保险具有显著的赔偿性质，保险费一般都由企业负担，待遇比较优厚，服务项目较多。而且由于工伤事故是劳动者在为企业工作期间发生的，劳动者不仅付出了劳动，而且可能为此付出了健康乃至生命的代价，因此，各国的劳动法或社会保险法均明确规定，在企业劳动者工伤事故中，企业应当承担经济赔偿责任。

2) 工伤保险的性质

工伤保险具有补偿与保障的性质。与其他社会保险险种相比，工伤保险的待遇最优厚、保险内容最全面、保险服务最周到，也最易于实现。

① 工伤保险具有强制性。工伤事故具有突发性和不可预测性，多属于意外事故。工伤及职业病所造成的器官或生理功能的损伤，可能是暂时、部分地丧失劳动能力，也可能是虽经治疗休养，仍不能完全复原，以致身体或智力功能部分或全部丧失，造成残疾，这种残疾表现为永久性部分或永久性全部丧失劳动能力。

由于工伤具有不可逆转性，其造成的损失往往难以挽回，为个人带来终身痛苦，给家庭带来永久的不幸，给企业、国家带来不利的影响。因此，国家法律往往规定强制实施工伤保险。

② 工伤保险具有普遍性。工伤保险是世界上历史最悠久、实施范围最广泛的社会保障制度。目前全世界有155个国家和地区建立和实施工伤保险制度，并且都有单独的法律、法规。政府通过法律，通过社会经济生活的一定干预，在发生职业风险与未发生职业风险之间进行收入再分配，以切实达到保障劳动者基本生活水平的目的。

③ 工伤保险具有互济性。工伤保险通过社会统筹基金来分散职业风险，以缓解企业之间、行业之间、地区之间因职业风险不同而承受的不同压力，为劳动者和企业双方建立保护机制。

④ 工伤保险基金具有专用性。工伤保险基金属劳动者所有，是保障劳动者安全健康的基础，专款专用，国家不征税，并由国家财政提供担保，由隶属于政府部门的非营利性事业单位经办，为受保人服务。

⑤ 工伤保险具有赔偿性。这是工伤保险不同于其他社会保险的显著特性。工伤保险费用不实行分担方式，全部费用由用人单位负担，劳动者个人不负担费用。

3) 工伤保险的功能

工伤保险制度不仅具有保障因工作遭受事故伤害或者患职业病的职工获得医疗救治和经济补偿、促进工伤预防和职业康复的功能，而且还能分散企业风险，有利于经济发展与社会和谐。

① 保障劳动者人身安全和健康。工伤的发生势必会伤害劳动者的人身安全，对劳动者的健康造成暂时或永久的影响，严重的工伤不仅使劳动者丧失劳动能力甚至失去生命，也给

其家庭带来巨大的精神和经济上的损失。工伤保险制度不仅对工伤职工及时救治，而且还要对其进行康复治疗和培训，尽可能地降低劳动能力的损失程度。

② 保障企业的正常生产和工作。工伤特别是重大事故的发生既使企业的财产遭到直接的破坏，同时也使企业的正常生产和工作受到影响。对于中小型企业，一次严重的工伤事故可能导致其走向倒闭的命运，而伤亡职工的赔偿则更加无从谈起。工伤保险制度的实施帮助企业分散了这种风险。

③ 保障国民经济的发展。工伤带来的损失会加大企业的生产成本，从而降低企业在市场上的竞争能力。而一个国家经济的发展在很大程度上取决于企业生产的发展。严重的职业伤害不仅造成人员、财产和资源的巨大损失，同时也污染环境，破坏生态，制约国民经济的可持续发展，削弱国家实力。工伤保险制度的设计具有损害预防的激励机制，通过制度的激励，使事故以尽可能低的概率出现，确保国民经济的可持续发展。

④ 促进社会安定。工伤事故发生后，如果处理不善不仅会引发劳资争议和劳动关系的紧张，而且容易造成职工对国家的不满，影响社会安定。工伤保险制度由政府立法强制实施，并主要是由政府组织的机构或自治机构利用集合遭损风险技术以及精算、统计等技术手段，对损失进行预测，在此基础上筹集、运营和管理保险基金。保险机构从事业务的专业性，使受害劳工获得赔偿更为快捷，运作成本更为低廉，从而节约了社会成本，同时立法保障的鉴定与争议处理职能，可以减少不必要的纠纷，确保和谐社会的发展。

4) 工伤保险的原则

目前各国实行的工伤保险制度，归纳起来，大致都遵循以下原则。

① 无责任补偿原则。又称为"无过失补偿"原则，它是指劳动者在生产和工作过程中遭遇工伤事故，无论事故属于本人、企业（或雇主）还是相关第三者，均应依法按规定的标准给付工伤保险待遇。待遇给付与责任追究相分离，不能因为保险事故责任的追究与归属而影响待遇给付。当然，本人犯罪或故意行为造成的"工伤"除外。

② 个人不缴费原则。工伤事故属于职业性伤害，是在生产劳动过程中，劳动者为社会和企业创造物质财富而付出的代价。因为工伤保险待遇具有明显的劳动力修理与再生产投入性质，属于企业生产成本的特殊组成部分，所以个人不必缴费，而由企业负担全部保险费。

③ 待遇标准从优的原则。工伤保险是对劳动者为企业付出的身体损失进行补偿。在待遇给付标准上，一般是按照从优原则确定的，较养老、失业、医疗等项目的待遇优厚。而且只要是因工负伤、残疾或患职业病，则不论年龄和工龄长短，都享受同等的待遇。

④ 损失补偿与事故预防及职业康复相结合的原则。从单纯经济补偿向与事故预防、医疗健康及职业康复相结合的转变，是现代工伤保险的显著标志之一。工伤社会保险与其他项目一样，除了被动式的生活保障功能以外，还具有主动式的、积极的功能，这主要表现在为负伤、残疾和因公死亡职工提供必要的医疗、生活补贴之外，还在加强安全生产、预防事故发生、减少职业危害、及时抢救治疗、有效的职业康复等方面发挥积极作用。

⑤ 保障与赔偿相结合的原则。工伤保险遵循社会保险制度的保障原则，即对受保人给予物质上的充分保证，当劳动者在暂时或永久地丧失劳动能力时，或是虽有劳动能力而无工作的情况下，即丧失生活来源的情况下，通过立法，调动社会力量，在一定程度上使这类劳动者能够继续拥有基本的生活水平，以保证劳动力扩大再生产运行和社会的稳定。此外，工伤保险还具有补偿（赔偿）的原则，这是工伤保险与其他社会保险的显著区别。劳动力是有

价值的，在生产劳动过程中，劳动力受到损害，用人单位理应对这种损害给予赔偿。

⑥ 一次性补偿与长期补偿相结合原则。工伤保险机构不仅应一次性支付补偿金，作为对受伤害者或遗属精神上的安慰，而且对受害者所供养的遗属，根据人数，还要支付长期抚恤金，直到其失去供养条件为止。这种补偿原则，已为世界上越来越多的国家所接受。

⑦ 确定伤残和职业病等级原则。工伤保险待遇是根据伤残和职业病等级而分类确定的。各国在制定工伤保险制度时，都制定了伤残和职业病等级，并通过专门的鉴定机构和人员，对受职业伤害职工的受伤害程度予以确定，区别不同伤残和职业病状况，以给予不同标准的待遇。

5. 生育保险

1）生育保险的概念

生育保险是女性劳动者因妊娠、分娩等导致不能工作，收入暂时中断，由国家和社会给予医疗保健服务和物质帮助的一种社会保险制度。

2）生育保险的特点

生育保险是社会经济和社会保障发展到一定阶段的产物。作为社会保险的一个重要组成部分，它具有社会保险的一些基本特征，如强制性、社会性、公平性等。但由于生育行为的特殊性，生育保险也具有其自身的一些特点，具体表现为：

① 生育保险的实施对象主要是处于生育期间的妇女劳动者。生育保险相对其他险种来说，覆盖面较窄。其对象主要是有生育行为的妇女劳动者，有些国家还要在此基础上加以限制，如符合法定婚龄、已婚、在同一单位的最低工作年限等。生育保险的产生与发展和妇女大量参与社会生产密切相关，其最初的目的是保证妇女生育期间的基本生活，帮助其尽快恢复劳动能力，重返工作岗位。与此同时，这一举措也间接鼓励了更多妇女成为产业工人。随着社会的进步和经济的发展，一些国家和地区将生育保险的范围扩大到男职工供养的配偶甚至是所有育龄妇女，还有些国家允许女职工生育后给予其配偶一定的带薪假期，以照顾妻子和婴儿。

② 生育保险侧重生育妇女的休息调养和营养补助，不需要特殊治疗。生育期间的医疗服务主要以保健、咨询、检查为主，与医疗保险提供的医疗服务以治疗为主有所不同。生育期间的医疗服务侧重于指导孕妇处理好工作与修养、保健与锻炼的关系，使她们能够顺利地度过生育期。产前检查以及分娩时的接生和助产，则是通过医疗手段帮助产妇顺利生产。分娩属于自然现象，正常情况下不需要特殊治疗。

③ 生育保险的保险期间覆盖生育的前后。妇女怀孕后，由于生理变化导致临产前一段时间行动不便，无法正常工作且不宜劳动过度，而分娩以后需要一定的休养时间，以便恢复身体和照顾婴儿，所以生育保险既要照顾到生育事件开始前的一段时间，也要覆盖到生育事件完成后的一段时间，这样才能更好地保护产妇和婴儿健康。

④ 生育保险保障水平较高，带有一定福利色彩。生育保险具有保障劳动力简单再生产和扩大再生产的双重功效。生育保险通过满足受保妇女在生育期间的基本生活和基本医疗保健需要，一方面保障了生育妇女的身体健康和劳动能力的恢复；另一方面对下一代的健康成长也起到重要作用，有助于促进优生优育和劳动力后备力量的增强。生育保险待遇有一定的福利色彩。生育期间的经济补偿高于养老、医疗等保险。生育保险提供的生育津贴，一般为生育女职工的原工资水平，也高于其他保险项目。在我国，职工个人不缴纳生育保险费，而

是由参保单位按照其工资总额的一定比例缴纳。

⑤ 生育保险建立时间较晚，受重视程度较低。在社会保险体系的诸多项目中，生育保险作为一个独立险种，其建立和实施的时间都相对较晚。目前，只有近100个国家和地区建立了生育保险制度。由于生育保险和医疗保险两者在给付的性质和标准上有相似之处，因此，很多国家将生育保险纳入医疗保险的项目之中，并无独立的生育保险制度。

3) 生育保险的原则

生育保险是社会保险的重要成分，成为保护女职工身体健康，促进社会安定的主要措施之一，因此建立生育保险既要遵循社会保险的一般原则，又要体现生育保险的特殊性。

① 强制性原则。由于生育保险对国家社会的作用有其特殊性，因此生育保险的实施范围和待遇水平必须由国家法律、法规进行规定，并通过国家强制力加以实施。所有符合条件的劳动者或单位必须依法参加生育保险、缴纳生育保险费用、享受相应的保险待遇。只有这样才能保证生育保险制度的实施，避免逆向选择，真正做到生育保险的广覆盖。依法提供生育保险待遇，女职工的权益才能得到根本保障。对于拖欠生育保险费才能依法追缴。

② 普遍性原则。生育保险要遵循保险的"大数法则"，参加保险的人数越多，建立的生育保险基金也越多，承担风险的能力也就越大。因此要集合社会力量，按照相应的法律法规，在较大社会范围内筹集基金。在我国就是要尽可能扩大生育保险的覆盖范围，提高单位和劳动者生育保险的参保率，使城镇各类用人单位的所有符合条件的女职工在因生育而暂时不能劳动时，都能得到基本的生活保障和医疗保障。只有大多数人得到了保障，社会才能稳定。

③ 共济性原则。生育保险在整个社会范围内通过企业单位缴纳生育保险费，建立生育保险基金。生育保险基金实行互助共济、调剂使用，均衡社会负担，为企业单位参与市场竞争创造公平的环境条件。这对于女职工较多的企业以及停产和半停产企业的女职工起到有力的保障和支持作用。另外互济作用还有利于缓解妇女就业困难。

④ 权利与义务相等原则。生育保险虽然带有一定的福利性质，但是生育津贴需要资金支持，医疗服务需要购买。生育保险的待遇虽然比其他保险要高，但权利和义务对等在生育保险中仍然适用。不依法参加生育保险，不依法缴纳生育保险费者，不能享受生育保险待遇。参保单位和职工有参保的义务，也有享受待遇的权利。因此谁参保谁受益，权利和义务对等同样重要。

⑤ 基本保障原则。生育保险的保障范围要与社会经济发展水平一致，以保障生育期间的基本生活和基本医疗服务为原则，缴纳的保险费一般只能维持基本生活和基本医疗费用的支出。生育保险的保障范围包括产假、生育津贴、医疗服务三方面，产假的时间不能过长，也不能过短，要根据生育期的生理变化来确定，要有利于母亲的身体康复和下一代的健康。生育津贴要考虑当时社会职工的一般待遇水平，过高不能承受，过低不能起到保障作用。医疗服务的保障范围应该符合国家基本医疗保险的有关规定，而不能因为待遇高于其他保险而有所超拔。

⑥ 公平与效率相结合原则。公平与效率是一对矛盾，强调公平，往往会导致效率下降，强调效率，往往失去公平。在生育保险中公平性主要体现在待遇方面：一是不同单位缴纳的生育保险费可能不同，但是享受的保险待遇一样；二是无论生育事件有多小，都享受相应的

待遇；三是生育保险面前人人平等，不存在"特权阶层"和"特权人物"。效率是指生育保险基金的筹集和使用效率，前者主要是指参保单位缴纳生育保险费数额大小，越大说明筹集基金的效率越高，但同时也要考虑单位的负担能力。生育保险基金的使用效率主要体现在合理使用上，如需要确定生育津贴的合理支付额度、生育医疗费用的支付范围、医疗费用个人支付比例等，以规避风险，保证基金安全。

4）生育保险的作用

实行生育保险是对妇女生育社会价值的认同，因此对妇女生育权益的保护，被大多数国家接受和给予政策上支持。目前世界上有135个国家通过立法来保护妇女生育期间的合法权益。

① 保障生育期妇女的健康。女职工在怀孕和生育期间，体力和精神上承受极大的负担，身体变化和体力消耗很大，甚至还有一定的疾病、残疾和死亡风险，增加医疗费用支出。生育保险通过妇幼保健机构和医疗服务机构为妇女提供产前、产时和产后服务，使生育妇女安全地度过孕期、产期和哺乳期。同时符合生理要求的生育津贴也有利于生育期妇女身体和精神状态的康复，为日后的正常工作创造条件。

② 保障生育期妇女基本生活。妇女在怀孕、分娩、育婴期间部分或全部丧失劳动能力，暂时不能从事正常的工作，不能通过劳动取得报酬以维持基本生活。生育保险通过支付生育津贴，使其获得基本生活保障，解除生育女职工的后顾之忧。

③ 分散风险以维护社会稳定。分散风险体现在两个方面：一是分担生育医疗费用；二是分担妇女就业风险。从世界上来看，妇女死于分娩或分娩并发症的每年大约有50万人，还有一些妇女由于生育留下伤残。当产妇出现高危妊娠或分娩并发其他危害生命的疾病时，会造成高额医疗费用，生育保险发挥其互助共济的作用，可以转移这种风险；在现代社会的劳动力市场上，妇女与男子相比总是处于弱势，加上因生育暂时不能劳动，使她们在劳动力市场上的竞争力就更低，生育保险通过立法保护女职工的工作权利，以及生育保险基金的社会统筹使生育费用趋于均衡，从而淡化了单位与生育职工在经济上的对立关系，以达到稳定社会的目的。

④ 保障劳动力再生产。提高人口素质首先要保护母亲健康。这要求在怀孕、生产、哺乳期间实行综合的保健措施来保护母亲的健康和胎儿、新生儿的健康成长，在我国主要实行的是孕产妇保健系统管理制度。如果女职工生育期间的生活得不到相应的保证，被迫降低必要的保健与营养水准，将直接影响婴儿的生存和健康成长。生育保险为孕产妇保健系统管理的实施提供了可靠的经济和物质保障，不仅保证了女职工的身体健康，而且也保护了下一代，使其得到正常的孕育、出生和哺育，从而保证了社会劳动力素质的提高。

⑤ 保证国家人口政策的贯彻实施。目前，一些发达国家出生率很低，人口出现了负增长，为了保持人口数量的稳定，许多国家制定了一系列鼓励生育的政策，其中包括生育保险政策。生育保险要求符合人口政策的生育才能享受生育保险待遇，这样有利于职工从国家和社会经济发展的高度去认识生育的意义，增强妇女的生育责任感，提高生育质量，促进国家人口政策贯彻实施。

11.3 社会保险基金

11.3.1 社会保险基金的概念及特点

1. 社会保险基金的概念

社会保险基金是国家为举办社会保险事业而通过多渠道筹集经费建立起来的基金。社会保险基金一般由养老保险基金、医疗保险基金、失业保险基金、工伤保险基金和其他社会保险基金组成。它是整个社会保险制度的经济基础,没有社会保险基金,社会保险制度将无法运行,而且可能对整个社会稳定造成冲击。从这个意义上说,社会保险基金对国家的稳定起着十分重要的作用。

2. 社会保险基金的特点

社会保险基金是一种特殊的基金,与其他基金不同,它有自身的特点。

① 政策目的性。自 1883 年社会保险基金出现于德国以来,它的政策目的性就没有改变过。一旦民众遭遇社会风险时,国家将使用社会保险基金,对人民给予救助,向其提供基本的生活保险基金,确保社会稳定。

② 法定强制性。和商业保险不同,社会保险费的缴纳是由国家强制规定的,无论雇主和雇员愿意与否,都必须定期缴纳法定数额的保险费。

③ 政府干预性。这种特征可以从政府负担一部分社会保险费上显示出来。除此之外,社会保险基金的管理及使用,无不体现着政府的意志。

④ 支出增长刚性。在各国社会保险制度发展中,社会保险基金表现出规模巨大且支出呈刚性增长的规律,这一规律很难有调和的余地。

11.3.2 社会保险基金的财务模式

社会保险基金的财务模式是指通过特定的方式来筹集社会保险资金,以实现收支平衡和制度稳定运行的机制。适当的财务模式,能促进社会保障制度的有效运行。以最重要的养老保险基金为例,社会保险基金财务模式可分为现收现付、完全积累和部分积累三种模式。

1. 现收现付模式

现收现付模式是指根据当期的给付来收取当期的保险费用,从而使保险基金财务收支保持大体平衡的一种机制。在这种机制下,一般不提取准备金。现收现付模式的理论依据是:在长期稳定的人口结构下,由生产性劳动人口负担老年人口的退休养老费用,而现有劳动人口的退休养老费用,则由下一代的生产性劳动人口承担。可见,采用这种模式的前提条件是一国的人口结构必须是稳定的。收入转移再分配在劳动者代际间进行是其经济内涵,收支的短期平衡是其基本特征。

现收现付模式的优点在于费率计算简单,便于操作,同时由于不需管理巨额的积累基金，所以不用考虑通货膨胀因素。在人口结构稳定、经济繁荣、劳动者工资增长较快的时期，这一模式具有减轻社会保险负担的优点。但该模式的缺点也是显而易见的。第一，由于采用以支定收，不设准备金，因此需根据情况，经常调整收支。但现代社会的一般情况是人口结构趋于老化，所以社会保险支出总是呈现出不断增长的趋势。而日益增长的保险费收入往往难以迅速实现，从而容易导致给付出现危机。第二，从分配上看，由在职一代赡养退休一代，并且在职一代所缴纳的社会保险费不断增长，这就容易引起代际之间的矛盾，不利于保持社会的稳定。第三，此模式存在某些不利于经济发展的因素。如不断增高的保险费会降低企业产品的竞争力，它对劳动力供求也会造成消极影响，这些都会阻碍经济的发展。

2. 完全积累模式

这是一种通过对影响保险费的相关因素进行测算后，确定出一个能够保证收支平衡的平均保险费，并对从保险费中提取一部分准备金而形成的保险基金进行经营管理的财务模式。这种模式的理论依据是：它根据现有的人口、经济发展水平等因素制定出一个费率来筹集保险费，以作为将来给付的基础。至于保险金的最终给付数额，还要取决于社会保险基金的积累规模及投资收益。它强调了劳动者个人不同生命周期的收入再分配，即将劳动者工作期间的部分收入转移到退休后使用。完全积累模式受经济发展状况、工资水平及金融市场的稳定与否等因素的影响甚大。

这种模式有以下优点：第一，社会保险基金能够保证保险资金的稳定及一定的给付水平；第二，大量的积累资金投向资本市场，能够促进资本市场的发展，从而对经济的增长起到推动作用。该模式的缺点也是明显的：第一，在筹资初期，就需要采用较高的费率，这会激起雇主和被保险人的不满，对经济发展也会起到负面影响；第二，该模式受通货膨胀因素影响较大，当通货膨胀发生时，如基金运用得当，不仅能够带来大量的投资收益，还能促进整个经济的发展，但若使用不当，可能会导致基金额绝对减少，继而引起收付水平的下降，严重时甚至会导致社会问题；第三，社会保险基金容易受政府的支配，如当政府面临财政赤字时，可能会用基金来弥补。

3. 部分积累模式

这是一种介于现收现付模式和完全积累模式之间的混合模式。它的保险费高于现收现付模式，但又低于完全积累模式。多数面临着人口老龄化问题的国家常采用这种混合模式。其具体形式有以下几种：一是在原有现收现付模式之下，提高费率水平，把相对多的保费积累起来，用于以后的保险金支付；二是在建立个人账户的基础上实行社会统筹；三是实行多层次的社会保险模式，第一层次是基本保险，采用现收现付模式，而在企业补充保险和个人储蓄保险层次下则实行完全积累模式。

部分积累模式吸收了现收现付模式和完全积累模式的优点，能够有效应付人口老龄化的挑战。若能解决基金的投资运营问题，还可有助于经济的发展，但究竟应选择何种混合模式，以及怎样实现在新旧两种模式间的平稳过渡，是现实中面临的难题。

11.3.3 社会保险基金管理

1. 社会保险基金管理的意义

社会保险基金管理是指为了实现社会保险制度的目标而对基金的运行条件、管理模式、投资经营进行的系列管理。社会保险基金管理具有以下重要意义。

1) 有利于保证社会保险制度的正常运行，促进社会稳定

社会保险基金一般数额巨大，管理成功与否，直接关系到社会保险制度的运行。如果社会保险基金的筹资模式选择得当、支付及时、投资收益高，社会保险制度将发挥出巨大效力；反之，社会保险的政策目标将不能实现，从而使社会保险陷入一定程度的混乱状态。近年来，有些国家在基金管理方面出了问题，如筹资模式选择错误，给付标准过高，以至于引发了社会保险的诸多危机，进而导致国民不满、政府威信扫地。可见加强社会保险基金的管理，对社会保险制度的运行和社会安定都有着重大意义。

2) 有利于缓解政府日益增大的社会保险费用支出的压力

第二次世界大战以后，世界处于相对和平时期，再加上医疗水平的提高，人们的平均寿命得到了很大的提高，于是许多国家都面临着人口老龄化的挑战。老年人口的绝对或相对增长，给社会保险带来了很大压力。为了应付越来越严峻的保费支出增长问题，政府不得不提高保费水平，支付大量补贴。这样做一方面引起了缴费者的不满；另一方面，巨额的补贴使国家的财政面临着较大压力。而对社会保险基金进行有效管理，则有助于政府解决这些难题，如丹麦、澳大利亚等国，对社会保险基金进行有效投资，取得了不菲的收入，既缓解了社会保险的财务危机，又改善了政府的财政状况。

3) 有利于经济发展

由于社会保险基金数量巨大，其流向常常会对国民经济产生巨大影响。我国正处于社会主义初级阶段，一方面财政收入并不充裕，占 GDP 的比重低；另一方面，生产建设资金严重短缺，如果社会保险基金运用得当，上述矛盾将会得到缓解。另外，社会保险基金还有利于我国资本市场，特别是长期资本市场的发展。总之，社会保险基金已成为影响一国经济发展的重要力量。如何对社会保险基金进行有效管理，以促进国民经济发展，已成为世界各国竞相探讨的一个热点问题。

2. 社会保险基金的管理模式

社会保险基金的管理模式可分为三种：信托基金管理模式、基金会管理模式和商业经营管理模式。

1) 信托基金管理模式

这是一种将社会保险基金委托给某一国家机构管理，由该机构负责基金运营管理的模式。目前，世界许多国家都采用这种模式。该模式主要有以下特点：第一，一般由国家财政部门对保险基金进行管理；第二，保险基金大部分用于购买国债；第三，投资的风险由国家财政部承担；第四，投资的安全度很高；第五，通过这种模式，对社会保险基金进行管理，必须要有配套的法律措施，否则将不能保证基金监管的严格性。

近年来，一些国家对信托基金管理模式进行了新的探索，取得了较好的效果，如日本成立了年金福利事业团，该机构受厚生省委托负责管理运营部分养老保险金。福利事业团把基金分为两部分，一小部分投资于金融机构，较大的一部分则投资于社区建设及老年福利事业。这种做法，不仅可以取得可观的投资收益，而且促进了公共服务水平的提高。

2) 基金会管理模式

有些国家通过基金会的模式来管理社会保险基金，新加坡就是这样一个国家，新加坡的

基金管理组织叫中央公积金局，该局既负责保险基金的日常支付，又负责保险基金的投资运营。公积金局属劳动部，它有一个 11 人组成的董事会，董事会负责中央公积金局的管理工作。为了确保投资的安全性，中央公积金局常把社会保险基金投资于国债市场。但由于其过分重视投资的安全性，投资的收益不高，据统计，1983—1993 年的 11 年间，其社会保险基金平均投资收益率仅为 2.3%。

3）商业经营管理模式

这是一种由政府授权的基金公司对保险基金进行经营管理的模式。拉丁美洲的一些国家多采用该种模式。在这种模式下，基金公司按照商业原则对社会保险基金进行投资和管理，从而获得较高的投资回报，这是商业经营型基金管理模式与前两种模式的不同之处。此外，这种模式还有以下特点：专人专户，一家基金公司只能负责一个社会保险项目，以保证基金的高效运行；当局对社会保险基金的管理运营加以种种严格规定，以确保其安全性。

20 世纪 80 年代初期，智利采取了这一模式，取得了较大的成就，1981—1995 年，其养老基金的平均投资回报率高达 13.5%，这是一个令人吃惊的数字。智利的经验表明，把商业运营模式引入养老社会保险制度，未尝不是一种好的方法。

构筑一个成功的保险基金管理模式，至少应坚持以下两个原则。

① 基金管理的安全性和营利性。各种模式都十分重视基金运行的安全性，同时，还要兼顾其营利性。好的基金管理模式应能把两者有机结合起来。

② 基金管理的独立性和自主性。这一原则要求政府不得任意干预社会保险基金的管理，更不能用基金来弥补财政赤字。这是因为政府的干预常常会破坏保险的运行效率，最终将影响广大人民的基本生活保障。

本章小结

1. 社会保险是为丧失劳动能力、暂时失去劳动岗位或因健康原因造成损失的人口提供收入或补偿的一种社会和经济制度。社会保险同社会救济、社会福利等共同构成了社会保障制度。社会保险的原则有强制性原则、基本保障性原则、公平性原则、互助互济性原则、社会性原则等。社会保险的功能与作用主要体现在：维持社会稳定，减少社会震荡；使劳动力的再生产过程得以延续，社会化大生产得以顺利进行；有利于调节社会成员的收入差距，实现社会财富的公平分配；有利于促进经济发展、基础产业成长和金融市场的发展与完善；有助于经济和谐和社会文明的进步发展。社会保险与商业保险之间存在相互制约和相互促进的关系。

2. 由于各国政治、经济、文化背景的差异，选择的社会保险制度也不尽相同，大体上可分为四类：投保资助型、普遍保障型、国家统筹型、强制储蓄型。以风险事故性质为划分标准，我国社会保险分为养老保险、失业保险、医疗保险、工伤保险和生育保险。

3. 社会保险基金是国家为举办社会保险事业而通过多渠道筹集经费建立起来的

基金。社会保险基金是一种特殊的基金，与其他基金不同，它有自身的特点：政策目的性、法定强制性、政府干预性、支出增长刚性。社会保险基金一般由养老保险基金、医疗保险基金、失业保险基金、工伤保险基金和其他社会保险基金组成。它是整个社会保险制度的经济基础。以最重要的养老保险基金为例，社会保险基金的财务模式包括现收现付模式、完全积累模式、部分积累模式。社会保险基金的管理模式可分为三种：信托基金管理模式、基金会管理模式和商业经营管理模式。

复习思考题

1. 什么是社会保险？社会保险的基本原则有哪些？
2. 社会保险的功能是什么？在中国有什么特殊作用？
3. 简析社会保险和商业保险之间的互动关系。
4. 社会保险制度有哪几种基本类型？
5. 养老、失业、医疗、工伤、生育保险各有什么特点原则、动能与作用？
6. 什么是社会保险基金？它有什么特点？
7. 什么是社会保险基金的筹资模式？主要有哪几种？
8. 如何理解社会保险基金的管理问题？社会保险基金的管理模式有哪几种？

第 12 章 保险费率

学习目标

掌握保险费率的构成；理解厘定保险费率的基本原则和方法；了解财产保险费率的厘定方法；了解生命表的构造；掌握人寿保险纯保费及附加保费的计算。

保险是通过向众多的投保人收取保险费建立保险基金，当被保险人发生保险责任范围内的损失时给予经济补偿的一种制度。因此，保险人要准确地厘定保险费率，向投保人收取保险费。保险费率作为保险商品的价格，反映了保险商品的成本，是建立在合理估算和预测的基础上的。厘定合理的保险费率是一项非常复杂和困难的工作，保险人通过长期收集的大量相关数据和资料，在概率论和大数法则的数理基础上，运用数理统计的方法估测出保险标的的损失概率和损失程度，厘定出与投保人未来的可能损失和费用相适应的费率。

12.1 保险费率概述

保险作为一种商品，必须遵守等价交换的原则。保险费率作为保险商品的价格，必须客观、公平、公正地反映保险商品的成本，而不得过高或过低，脱离保险的价值。因此，保险人在厘定保险费率时，必须遵循公平、合理、可行的原则，采用一定的方法来厘定保险费率，以适应、促进保险业的发展。

12.1.1 保险费与保险费率

保险费是投保人为了转移风险、取得保险人在约定的保险责任范围内所承担的赔偿或给付责任而交付的费用，即保险人为承担约定的保险责任而向投保人收取的费用。保险费是建立保险基金的重要来源，也是保险人履行赔偿或给付义务的经济基础。

保险费由纯保险费和附加保险费两部分构成。其计算公式为

$$保险费 = 纯保险费 + 附加保险费$$

其中，纯保险费主要用于保险事故发生后进行赔偿和给付。附加保险费主要用于保险业务的各项经营支出，主要包括营业税、佣金、管理费、工资、固定资产折旧费及企业利润等。

保险费率是每一保险金额单位与所缴纳保险费的比率，是保险人用以计算保险费的标准。通常用千分率（‰）或百分率（％）来表示。

保险费率由纯费率和附加费率两部分组成。其计算公式为

$$保险费率＝纯费率＋附加费率$$

其中，纯费率也称净费率，是保险费率的主要部分，它是用来支付赔款或保险金的费率，其计算依据因险种不同而不同。财产保险纯费率计算的依据是损失概率，人寿保险纯费率计算的依据是利率和生命表。附加费率是保险费率的次要部分，通常以占纯费率的一定比例表示。习惯上，将由纯费率和附加费率两部分相加组成的费率称为毛费率。

保险人承保一笔保险业务，用保险金额乘以保险费率就得出该笔业务应收取的保险费，即

$$保险费＝保险金额×保险费率$$

计算保险费的影响因素有保险金额、保险费率及保险期限，以上三个因素均与保险费成正比关系，即保险金额越大，保险费率越高，保险期限越长，应缴纳的保险费就越多。其中任何一个因素的变化都会引起保险费的增减变动。

12.1.2 厘定保险费率的基本原则

保险人在厘定保险费率时，必须遵循权利与义务对等的根本原则，因而在实务中厘定保险费率应遵循以下基本原则。

1. 充分性原则

保险的基本职能是提供经济补偿或给付保险金，保险费率是保险人收取保险费的依据。保险费率厘定的主要目标是要使所收取的保险费能偿付因风险事故发生所需支付的补偿金额，以及满足营业开支所需的各项费用，同时又要与被保险人的风险水平、承受能力相适应。如果费率定得过高，将增加投保人的负担，也使保险人在竞争中处于不利地位；如果定得过低，又将使保险人收支不平衡，致使经营发生困难，使保险公司缺乏偿付能力，进一步发展将使保单持有人遭受严重的损失。

2. 公平合理原则

保险费率的公平合理原则是指被保险人所缴纳的保险费的多少应与其所获得的保险权利相一致，保费的多少应与保险的种类、保险期限、保险金额、被保险人的年龄与性别等风险因素相对称。即保险费率的计算必须考虑能适用于个体风险，使被保险人所缴的保险费的多少与保险公司对其风险所负的责任大小相适应，公正合理。由于保险标的在不同的时间、地点里主体具有的风险水平不同，这就要求在保险费率水平上得以体现，但在实务操作中却存在着很多困难，要想做到完全公正，除非个别核算，但这种办法不仅事实上行不通，而且也不符合大数法则的要求，为了计算方便，通常将同一性质的风险归纳分类，然后计算分类费率，以适用不同种类的保险标的。

3. 相对稳定原则

保险费率厘定后，在较长时期内，不应经常变动。稳定的费率，可使被保险人的负担确定，能依照预算按时支付，不致因保险费率随时更改，而使被保险人支付困难，引起反感，导致营业量减少。不稳定的费率，如费率有继续降低的趋势，可诱使被保险人中途解约，以

获得在低费率下另订立新合同的利益；反之，如费率有不断增加的趋势，将使长期合同量随之增加。这些都足以养成被保险人的投机心理，从而与保险经营的基本目标相违背。因此，在保险费率厘定时，必须平均过去若干年的经验数据，并预计未来若干年的发展趋势，以求厘定费率的稳定性。但此平均期间也不能过长，以免被保险人在时间方面遭受不利的影响。

4. 融通性原则

保险费率的厘定，虽应求其稳定性，但仍须使其具有融通性。表面上稳定性与融通性两者似有矛盾，而实质上两者是一致的。即在短期内应注意保险费率的稳定，在长期中则应作适当的调整，以配合实际情形的改变。在较长的时期内，由于社会、经济、科技、文化的不断进步，保险标的所面临的风险在不断地变化，所以经过相当时期的发展后，应根据实际统计资料加以调整，以符合适当性与公正性的原则要求。

5. 促进防灾防损的原则

防灾防损是保险的职能之一，在厘定保险费率时，应体现防灾防损的精神。对防灾工作做得好的被保险人降低其费率；对无损失记录或损失较少的被保险人实行优惠费率；而对防灾防损工作做得差的被保险人实行高费率或续保加费。在现代保险业的经营中，保险人越来越注意在保险费率的厘定中，利用保险费率的设计鼓励被保险人积极从事各种防灾防损活动。在费率厘定中，注意防灾防损的诱导性，使保险保障功能与防灾防损功能结合在一起，从而最终减少损失发生的频率及损失程度，可使保险业取得更大的社会效益。

12.1.3 保险费率厘定的方法

保险费率的厘定，从理论上讲是在依据损失概率测定纯费率的基础上，再加上附加费率得到毛保险费率。在实务中，由于保险费率的测定需要必要的技术支持，因此对不同保险标的的费率采用不同的厘定方法，大致可以分为以下三种。

1. 判断法

判断法又称个别法或观察法，是指在具体承保过程中，由业务人员根据每笔业务保险标的的风险和以往的经验，直接判断损失频率和损失程度，从而制定出适合特定情况的个别费率。由于这种类型的保险费率是从保险标的的个别情况出发单独制定的，最能反映个别风险单位的特性。虽然判断法具有灵活的特点，但在现代保险经营中，往往因其手续烦琐，费率在很大程度上取决于保险人的判断，很难保证费率厘定的科学性，因而不为人们所常用。除非情况非常特殊，所遇风险形式多样且多变，没有以往可信的损失统计资料而不能使用分类法时才使用，如卫星保险、核电站保险等，开始时由于缺乏统计资料，又无可比情况，只好使用判断法。

2. 分类法

分类法是现代保险经营中确定费率的主要方法，它是根据若干重要且明显的标准，对性质相同的风险分别归类，并在此基础上依据损失发生频率制定分类费率。厘定的费率反映了该类别的平均损失经验数据，其精确程度，既有赖于分类是否适当，又决定于分类时各类别中所包含的风险单位的数量。分类法应用范围较广，人寿保险、火灾保险及大多数意外保险通常使用分类法。分类法的思想符合大数法则，优点在于便于运用，适用费率能够迅速查到。但缺陷在于忽略了被归为同一类保险标的的每一个体风险因素的实质差异，因而有可能违背公正合理性原则的要求，优良风险单位的保险费将超过被保险人应负担的标准；而劣质风险单位则可能有相反的情形。

3. 修正法

修正法又称增减法，是在分类法的基础上，结合承保标的的风险状况进行增减变动来确定费率的方法。修正法确定费率时，一方面凭借分类法确定基本费率，另一方面依据实际经验予以补充和修正。修正法因结合了风险程度的差异，费率更能够反映承保标的的风险情况。因此，修正法既具有分类法的优点，又具有判断法的灵活性，可以针对特种风险单独设计费率，较分类法更科学，从而坚持了公平合理负担保险费的原则。修正法在实务中主要有表定法、经验法和追溯法。

1）表定法

表定法是以每一个风险单位为计算依据，在基本费率的基础上，参照标的物的显著风险因素作增减修正，来确定费率的方法。当投保人投保时，核保人员以实际投保标的所具有的风险与原定标准相比较，若其条件比原定标准好，则按表定费率减少；反之，则作适当增加。表定费率一般用于承保厂房、商业办公大楼和公寓等财产火灾保险。在确定费率时通常要考虑建筑物的结构、占用性质、消防设施、周围环境状况、保养情况等。表定法的优点在于适用性强，能够切实反映投保标的的风险状况，促进防灾防损。表定法的缺点是制定费率的费用较高，不利于保险人降低保险成本；同时，表定法只注重物质或有形的因素，而忽视了人的因素，在实际运用中灵活性太大，业务人员往往在竞争激烈时，为争取承保业务而过度地降低费率，从而不利于保险财务的稳定和保险市场的良性发展。

2）经验法

经验法是指根据被保险人以往的损失经验，对分类费率进行增减变动而制定出来的费率。也就是说，以过去一段时期的平均损失为基础，对分类费率加以调整，制定未来时期被保险人待用的保险费率，故又称为预期经验法。经验法与表定法相比较，其最大优点在于制定费率时，由于采用了保险标的过去的实际损失的经验数据，即已考虑到所有影响风险发生的因素，而表定法在制定时仅仅考虑了少数实质风险因素，因而经验法相对更合理、更科学。经验法的计算公式如下：

$$M = \frac{A-E}{E} \times C \times T$$

其中：M——保险费率调整的百分率；

A——经验期被保险人的实际损失；

E——被保险人适用某分类费率时的预期损失；

C——置信系数；

T——趋势系数。

采用经验法调整费率，其调整百分率的大小，首先，须考虑所能获得被保险人损失经验资料的多少；而所获经验资料的多少，也就是损失经验置信系数的大小。因此在计算时，须考虑置信系数。其次，保险费率调整时，为获得数量较多的损失经验资料，通常必须依据较长期间的损失经验。但如果期间过长，那么足以影响损失频率及损失程度的各种条件常常会发生变动，因而在计算调整费率时，也需要将此种变动趋势加入考虑之中。通常的处理方法为：对置信度采用加权方法，较近年份的经验加权较多，较早年份的经验加权较少。对变动趋势采用趋势系数,依照平均补偿金额支出趋势、物价指数变动趋势等资料,由统计计算其乘数,用以修正费率调整的程度。各项趋势的考虑应以延伸至调整费率将来适用期间的中点为准。

经验费率通常适用于企业厂商有较大的规模或有多种形式的作业部门,具有相当大量的风险单位,且对若干风险因素被保险人可予以一定的控制的情况,因此如果经验显示被保险人确曾努力减少损失,就可以减低未来年度的保险费。采用经验法的险种,主要是在意外保险方面,如汽车责任保险、公共责任保险、劳工补偿保险、盗窃保险等。此外,团体人寿保险与团体健康保险也采用这种方法。

3) 追溯法

追溯法是与经验法相对的一种修正法,是依据被保险人在本保险期间内保险标的的实际损失来确定该期保险费的方法。由于保险标的当期损失的实际数额,须到保险单期满后才能计算出来,因此,在使用追溯法时,先在保险期限开始前,以分类费率确定预缴保险费;然后在保险期满以后,根据实际损失对已缴保险费进行增减变动。一般在期初预缴保险费时会规定保险期间的最高和最低保险费,如果实际损失小,调整后保费低于最低保险费,则按最低保险费收取;如果实际损失大,调整后保费高于最高保险费,则按最高保险费收取。实际缴付的保险费一般在最低与最高保费额之间,具体数额取决于被保险人在本期的损失,因此,追溯法对防灾防损有很大的经济刺激作用。

由于追溯法的制定程序比其他任何费率的制定程序都要烦琐,不利于保险人大规模地发展业务,因此,这种方法很少为人们采用。一般在劳工保险、普通责任保险、汽车责任保险、车损险等情况下采用。

12.2 财产保险费率的厘定

财产保险费率多采用分类法和修正法来厘定,其依据是损失概率。毛费率由纯费率和附加费率两部分组成。通过计算保额损失率加均方差计算纯费率,然后计算附加费率。

12.2.1 纯费率的计算

财产保险的纯费率是纯保费占保险金额的比例。它用于补偿被保险人因保险事故造成保险标的损失的金额。其计算公式为

$$纯费率 = 保额损失率 \times (1 + 稳定系数)$$

1. 保额损失率

保额损失率是一定时期内赔款金额总和与保险金额总和的比率。它是保险人根据大数法则,将以往较长时期(最少为五年)某类保险业务的损失赔偿资料,用数理统计方法整理计算出来的。其计算公式为

$$保额损失率 = \frac{赔偿金额总和}{保险金额总和} \times 100\%$$

在许多情况下，若已知各年的保额损失率，则可计算平均保额损失率。

2. 稳定系数

稳定系数是保额损失率的均方差与平均保额损失率之间的比率。由赔偿金额总和与保险金额总和的比率确定的保额损失率，是过去若干年保额损失率的算术平均数。由于它具有不稳定的特点，保险人不能直接将它作为纯费率。因为就未来某一年度而言，实际保额损失率与这一算术平均数一般并不相等。保额损失较大的年份，实际发生的保额损失率将高于预计保额损失率；反之，损失较小的年份，实际保额损失率将低于预计保额损失率。实际发生的保额损失率与预计保额损失率相等的情况只是个别的巧合。而对于保险人来说，各年度实际保额损失率对保额损失率的算术平均数的背离程度大小具有重要意义。特别是个别年度发生巨灾损失，引起实际保额损失率远远高于预计保额损失率，会严重影响保险业务的财务稳定性。因此，保险人有必要在测算实际保额损失率对预计保额损失率背离程度的基础上，在纯费率上加一适当的稳定系数，以保证所收保险费在大多数情况下都能够满足保险赔偿的需要。稳定系数的计算方法为

$$稳定系数\ K = \frac{\sigma}{\overline{X}}$$

$$平均保额损失率\ \overline{X} = \frac{\sum X}{N}$$

$$均方差\ \sigma = \sqrt{\frac{\sum(X-\overline{X})^2}{N}}$$

其中：K——稳定系数；

σ——保额损失率的均方差；

$\overline{X}$——平均保额损失率；

X——各年保额损失率；

N——年数。

稳定系数用来衡量期望值与实际结果的密切程度，即平均保额损失率对各实际保额损失率的代表程度。稳定系数愈高，保险经营稳定性愈低；反之，稳定系数愈低，则保险经营稳定性愈高。一般以10%~20%较为合适。

保险公司为了保证保险经营的安全性与稳定性，必须尽量减少实际保额损失率超过根据以往一定年度的平均保额损失率而确定的纯费率的可能性。为了达到这一目的，首先，通常采用在纯费率的基础上附加一至几个均方差作为稳定系数来实现。按照统计规律显示，实际保额损失率在$(\overline{X}-\sigma, \overline{X}+\sigma)$区间上的概率为68.27%，在$(\overline{X}-2\sigma, \overline{X}+2\sigma)$区间上的概率为94.45%，在$(\overline{X}-3\sigma, \overline{X}+3\sigma)$区间上的概率为99.73%。因而，从理论上讲，无论什么保险，只要在纯费率的基础上附加三倍的均方差作为稳定系数，就能够充分保障保险人的财务稳定性。在实践中，一般认为对于强制保险，由于保险的广泛性和连续性，稳定系数为一个均方差已足够保障保险业务的财务稳定性；对于自愿保险，由于"逆选择"的影响，稳定系数应提高到两个均方差；对于一些风险程度很高且易于遭受巨灾损失的保险标的，稳定系数有必要提高到三个均方差。其次，在保险经营中既要考虑保险人自身的财务稳定性，同时又要考虑经济上的可行性，使厘定的保险费率尽量适应投保人的保费负担能力。

附加的均方差倍数越高,保险经营中出现亏损的可能性越小,这虽然对保险人有利,但对被保险人来说,附加的均方差倍数越高,保费的负担就越重。因此,保险人在确定费率时,应当综合考虑以上两方面的情况,合理地确定稳定系数。

12.2.2 附加费率的计算

附加费率是保险人营业费用开支占保险金额总和的比率,它是以经营管理费和预期利润为基础来计算的,其计算公式为

$$附加费率 = \frac{营业费用开支总额}{保险金额总和} \times 100\%$$

其中,营业费用开支主要包括代理手续费、雇员工资、办公楼租金及办公设备、单据印刷费、通信费、广告费、各种税金,以及保险人预期的营业利润。

除按上述公式计算附加费率外,还可以根据经验按纯费率的一定比例确定,如规定附加费率为纯费率的20%。

12.2.3 毛费率的计算

毛费率即保险费率,是纯费率和附加费率之和,用公式表示为

$$毛费率 = 纯费率 + 附加费率$$

这样得出的毛费率仅是一个大略的费率,实用性不强。因此,需根据不同的业务,进行分项调整,这种调整就是级差费率调整,经过级差费率调整后,毛费率就形成了,这就是投保人向保险人缴纳的费率标准。

上面简单地介绍了财产保险费率的构成及厘定程序,但在实践中,财产保险费率的厘定是一个非常复杂的过程。保险公司对每一类风险所适用的费率都是在该类风险的大量损失资料的基础上,根据科学的损失分析方法确定并在适用中随损失经验积累经历多次修订而成的。同时,保险公司保险费率的厘定还会受到保险监管机构的严格限制和市场竞争的影响。

12.3 人寿保险费率的厘定

与财产保险费率一样,人寿保险费率同样也由纯费率和附加费率两部分构成。但由于人寿保险承保的风险是人的生存和死亡,加之保险期限一般较长,因此,在厘定保险费率时,主要考虑死亡率和利率等主要因素。

12.3.1 人寿保险费率厘定的依据

人寿保险的保险标的是人的生命,保险人积聚众多投保人所缴纳的保险费,一旦被保险

人在保险期间死亡或满期生存时便给付保险金，所以人寿保险费率的首要影响因素是被保险人的死亡率、生存率。同时，人寿保险合同多为长期性合同，保费收缴期往往先于保险金给付期，所以利率因素也是影响人寿保险费率的一个重要因素。另外，经营人寿保险业务的保险公司所必需的各项费用开支，其来源也是投保人缴纳的保险费，所以营业费用的高低是影响人寿保险费率的又一因素。因此，人寿保险费率的计算依据是：预定死亡率（生存率）、预定利息率、预定营业费用率。这三个因素通常被称作寿险保费计算的三要素。

人身意外伤害保险的风险性质与人寿保险的风险性质不同，因而计算保费所考虑的因素也不相同。一般在人身意外伤害保险中，被保险人面临的风险程度，并不因被保险人的年龄性别而有所差异，而在同一风险环境中所有的被保险人面临的风险程度基本相同。因此，人身意外伤害保险费率的制定一般不考虑被保险人的年龄，不以生命表作为制定费率的依据；同时由于意外伤害保险大都为短期保险，制定费率时也不考虑利率因素。影响人身意外伤害保险的费率的主要因素是被保险人所从事的职业类别。

与人身意外伤害保险一样，健康保险在制定费率时，除高龄外，被保险人的年龄也不是影响费率的主要因素，因而同样不以生命表为制定费率的依据；同时由于健康保险也为短期保险，制定费率时也不考虑利率因素。影响健康保险费率的主要因素是被保险人所从事的职业类别、性别和以往的健康状况等。由上述可见，人身意外伤害保险和健康保险的保险费率厘定方法实质上与财产保险的计算方法类似。

1. 生命表

1）生命表的概念与种类

生命表，又称寿命表或死亡表，是根据一定时期的特定国家或地区或特定人口群体（如寿险公司的全体被保险人）的有关生命统计资料，经过分析、整理，计算出某一人群中各种年龄的人的生存和死亡概率，汇编而成的一种表格。它反映了各种年龄的人在一年内的死亡人数和一定年龄的人在一定时期内的生存率和死亡率，是寿险精算的数理基础，是人寿保险费率厘定的依据。

生命表一般分为国民生命表和经验生命表。国民生命表是以全体国民或特定地区的人口统计资料综合而成的生命表，又称普通生命表；经验生命表是以人寿保险公司承保的被保险人实际经验的死亡统计资料编制的统计表。在人寿保险费率计算中，一般采用经验生命表。经验生命表是寿险精算的科学基础，是寿险费率和责任准备金计算的依据，也是寿险成本核算的依据。

经验生命表根据不同的标准又可分为多种。首先，它可根据死亡统计调查期间的不同分为选择表、终极表和综合表。选择表是依据保险人对被保险人的风险选择效果仍然存在的资料编制而成的生命表。该表的死亡率同时考虑年龄及投保经过年数两项因素，故而最具准确性。由于不分红保费的制定必须准确，故常用该表。终极表是根据选择效果消失的资料编制而成的生命表。普通寿险的保费通常是根据该表计算的。综合表是以所有被保险人的经验而不考虑投保经过的年数而制定的生命表，即综合被保险人在保险合同订立后最初数年及以后数年间的死亡统计而编制的生命表，此表常用来制定简易人身保险的保费。其次，经验生命表根据统计对象性别的不同可分为男子表、女子表和男女混合表。根据寿险业务与年金业务的差异可分为寿险生命表和年金生命表，寿险生命表就是以寿险被保险人经验而编制的一种生命表，年金生命表是根据购买年金者的死亡统计所编制的生命表。

2) 生命表的内容

生命表是以死亡率为纲分年龄编制的，通常假设以 10 万、100 万或 1 000 万为一单位群体，从 0 岁开始逐步反映当年的生存人数、死亡人数、生存概率和死亡概率，直至全部死亡为止。

生命表中各项生命函数的关系有：

(1) $d_x = l_x - l_{x+1}$

(2) $d_x + d_{x+1} + \cdots + d_{x+n-1} = l_x - l_{x+n}$

(3) $p_x = \dfrac{l_{x+1}}{l_x}$

$_np_x = \dfrac{l_{x+n}}{l_x}$（$_np_x$ 表示 x 岁的人生存 n 年的概率）

(4) $q_x = \dfrac{d_x}{l_x}$

$_nq_x = \dfrac{l_x - l_{x+n}}{l_x} = \dfrac{d_x + d_{x+1} + \cdots + d_{x+n-1}}{l_x}$（$_nq_x$ 表示 x 岁的人在 n 年内死亡的概率）

(5) $p_x + q_x = \dfrac{l_{x+1}}{l_x} + \dfrac{d_x}{l_x} = 1$

(6) $T_x = L_x + L_{x+1} + L_{x+2} + \cdots + L_w$

(7) $e_x = \dfrac{T_x}{l_x}$

其中：l_x——从初始年龄至满 x 岁尚生存的人数；

d_x——x 岁的人在一年内死亡的人数；

p_x——x 岁的人在一年后仍生存的概率，即到 $x+1$ 岁时仍生存的概率；

q_x——x 岁的人在一年内死亡的概率；

w——生命表的年龄上限；

e_x——x 岁的人以后还能生存的平均年数，即平均余命或生命期望值。

2. 利息

利息是一定的本金在一年的时间内，按照一定的利率计算而得的利益。决定利息大小的因素有三个：本金、利率和期间。所借入的资金称为本金；运用本金的一定时间称为期间；利率是在一定时期内（月或年）利息额与本金的比率，它是在单位时期内单位本金所获得的利息，常以％、‰表示。利息的数额与本金的数量、利率的高低、存放期间的长短成正比。

由于人寿保险一般是长期性的，所以人寿保险费的计算必须考虑利息因素。投保人缴纳的保险费，留存保险公司内部作为未来给付保险金的责任准备金，在缴费期与给付期的时间差内保险公司可利用责任准备金进行投资和运用，其收益由保险公司在厘定保险费率时按照预定的利息率算给被保险人。因而，人寿保险期限越长，预定利息率对保险费率的影响就越大。利息的计算方法有单利和复利两种。

1) 单利

单利是指在结算利息时，只在原本金上计算利息。在单利计算方法下，利息数额等于本金乘以计息期数再乘以利率。现以 P 表示本金，i 表示利率，n 表示计息期数，I 表示利息额，S 表示本利和（即本金和利息之和），则

$$I = P \times n \times i$$
$$S = P + I = P + P \times n \times i = P \times (1 + n \times i)$$

2）复利

复利的计算是每经过一次结息时间就把前期利息并入本金，在下次结息时，并入本金的利息亦同本金一起计息，即不仅本金生利，而且利上生利。在人寿保险费计算中，一般采用复利，以年为计息期，称年复利。现以 P 表示本金，i 表示利率，n 表示计息期数，I 表示利息额，S 表示本利和，则以复利计算的本利和及利息为

$$S = P(1+i)^n$$
$$I = P(1+i)^n - P = P \times [(1+i)^n - 1]$$

3）现值

现值是指按一定利率，经过一定期间积累到一定数额所需的本金，即为未来某一时刻积累一定数额而现在所需要的货币量。计算公式为

$$P = \frac{S}{(1+i)^n}$$

4）终值

终值是一定的本金按一定的利率经过一定时期生息后的本利和。计算公式为

$$S = P(1+i)^n$$

在人寿保险费的计算中，用的现值和终值都是按复利法计算的，并且为了便于计算，编制成现值表、终值表以备查用。

12.3.2 人寿保险纯保险费的计算

人寿保险费的缴费方式有趸缴和分期缴付两种。趸缴纯保费是投保人在投保时一次缴清纯保费；分期缴付纯保费则是投保人按年、季或月缴付纯保费。人寿保险纯保费的计算适用收支平衡的原则，即保险人收取的纯保费现值应等于未来给付的保险金现值。

1. 趸缴纯保费的计算

趸缴纯保费是投保人在投保时一次缴清纯保费。它是将保险期限内以各年龄的死亡率为标准计算的纯保费折算成投保时的现值，按总和一次缴清。

1）定期生存保险趸缴纯保费的计算

定期生存保险是保险人对期满生存的被保险人给付约定的保险金，对保险期内死亡的被保险人则不负给付责任的一种人身保险。根据收支平衡原则，其计算公式为

$$l_x A_{x:\frac{1}{n|}} = v^n l_{x+n}$$

$$A_{x:\frac{1}{n|}} = \frac{v^n l_{x+n}}{l_x}$$

式中：v——贴现因子，表示 1 年后得到 1 元在年初时刻的现值；

v^n——表示 n 年后得到 1 元在年初时刻的现值。

2) 定期死亡保险趸缴纯保费的计算

定期死亡保险是被保险人在保险期内因保险事故死亡,保险人按照保险合同规定给付保险金,如果被保险人在保险期限内仍生存,保险人则不负给付责任,常称定期寿险。根据收支平衡的原则,可得:

$$l_x A^1_{x:\overline{n}|} = d_x v + d_{x+1} v^2 + \cdots + d_{x+n-1} v^n$$

从而得公式:

$$A^1_{x:\overline{n}|} = \frac{d_x v + d_{x+1} v^2 + \cdots + d_{x+n-1} v^n}{l_x}$$

3) 两全保险趸缴纯保费的计算

两全保险是保险人对被保险人生存至保险期限届满或保险期内死亡都给付约定的保险金,假设 x 岁的人投保 n 年期的两全保险,保险金额为 1 元的趸缴纯保费,因两全保险中保险人承担给付生存保险金和死亡保险金的义务,故两全保险的趸缴纯保费为生存保险与死亡保险趸缴纯保费之和。其计算公式为

$$A_{x:\overline{n}|} = A^1_{x:\overline{n}|} + A_{x:\overset{1}{\overline{n}|}}$$

2. 年缴纯保费的计算

趸缴保费的方式要求投保人一次缴纳数目很大的一笔保费,因而一般情况下投保人难以负担,所以,在实际业务中绝大多数的寿险业务采用分期缴费的方式。分期缴费可以按年交、季交或月交的方式缴纳。寿险业务中多采用年缴均衡纯保费,即每年均衡地缴纳一次纯保费。采用年缴均衡纯保费,根据收支平衡原则,投保人所缴纳的年缴纯保费的现值的总和应当等同于保险金给付的现值的总和,也应等同于趸缴纯保费。

12.3.3 人寿保险毛保险费的计算

毛保险费是由纯保险费和附加保险费构成的,人寿保险的附加费是根据各项经营管理费用制定的,在实务中,计算毛保险费的方法主要有以下三种。

1. 三元素法

三元素法将营业费用按用途划分为以下三项。

① 新合同费。也称原始费用,是保险公司为招揽新合同,于第一年度所必须支出的一切费用,如宣传广告费、外勤人员招揽费、体检费、各种单证印刷及成本费等。

② 维持费。指合同自一开始至终了为止,整个保险期间为使合同维持保全所必需的一切费用,如寄送催缴保费通知单、合同内容的变更、保单质押贷款、固定资产折旧等为维护保单保全工作的各项费用。

③ 收费费用。即保单收缴费用,包括收费员的薪金、对与公司订有合约代收保费的团体所支付的手续费,以及其他与收费事务有关的支出费用。

三元素法将附加费用分解成以上三部分,并假设新合同费为一次性费用,单位保额的费用为 α,每 1 元保额每年的维持费为 β,而收费费用每年占营业费用的比例为 γ,然后依据总保费现值等于净保费现值与附加费现值总和的原理,来计算营业保费。

2. 比例法

比例法就是按照营业保费的一定比例作为附加费用。这一比例一般根据以往业务经营的

经验确定。

若以 p' 表示年缴营业保费，k 表示附加费占营业保费的比例，p 表示年缴净保费，则有

$$p' = p + kp'$$

所以

$$p' = \frac{p}{1-k}$$

我国目前计算营业保费时，就采用比例法。用比例法计算营业保费非常简便，但缺点是确定的附加费用不够合理，因为对于保费高的保单，所收取的附加费可能多于实际经营费用的支出；而对于保费低的保单，所收取的附加费甚至可能不足以支付实际经营的费用。

3. 固定常数及比例法

这种方法是首先根据以往的业务资料，确定每单位保险金额所必须支付的业务费用，作为一种固定费用，用常数 a 表示，然后再确定一定比例的营业保费，作为其余部分的附加费。即

$$p' = p + a + kp'$$

所以

$$p' = \frac{p+a}{1-k}$$

本章小结

1. 保险费率是每一保险金额单位与所缴纳保险费的比率，是保险人用以计算保险费的标准。保险费率由纯费率和附加费率两部分组成。实务中，保险人厘定保险费率时，必须遵循充分性原则、公平合理原则、相对稳定原则、融通性原则和促进防灾防损原则。保险费率厘定主要采用判断法、分类法和修正法。

2. 财产保险费率多采用分类法和修正法来厘定，其依据是损失概率。毛费率由纯费率和附加费率两部分组成，通过计算保额损失率加均方差计算纯费率，然后计算附加费率。

3. 人寿保险费率由纯费率和附加费率两部分构成，在厘定保险费率时，主要考虑死亡率和利率等主要因素。人寿保险纯保费的计算适用收支平衡的原则，即保险人收取的纯保费现值应等于未来给付的保险金现值。计算毛保险费的方法主要有三元素法、比例法和固定常数及比例法。

复习思考题

1. 阐述厘定保险费率的基本原则。
2. 计算人寿保险费率主要考虑哪些因素？
3. 假设某财产保险过去 5 年的保额损失率分别为 3.1%、2.9%、3.4%、3.1%、

2.9%,稳定系数加一个均方差,附加费率为纯费率的20%,求毛费率。

4. 30岁的男性,投保5年期的生存保险,保险金额为10 000元,求应缴纳的趸缴纯保费(按预定年复利2%计算)。

5. 你对中国保险费率市场化是如何认识的?

第 13 章 保险经营

学习目标

理解保险经营的特征理念与原则；了解保险展业的方式和保险承保的内容和程序；指出各种展业方式的优缺点；区分保险防灾防损与社会防灾防损；熟悉保险理赔的原则、程序和赔款计算方式；了解保险投资的资金来源与投资资金的特点；理解保险投资的原则与方式。

13.1 保险经营概述

在社会发展过程中，有许多经济规律在不同的领域和层次发生作用，保险公司的业务经营也必须遵循这些经济规律。但是，保险商品又是一种很特殊的商品，保险业的经营是风险经营，它不同于一般的工商企业的经营，有其自身的特殊性，表现出特殊的经营特征。因此，正是保险经营的特征决定了保险经营除了要贯彻一般商品经营原则，还应遵循一些特殊的经营原则，包括风险大量原则、风险分散原则、风险选择原则等。

13.1.1 保险经营特征

1. 保险经营活动是一种特殊的劳务活动

保险经营的过程是以可保风险为基础，运用大数法则、数理统计、精算原理等科学方法合理计算出保险费，通过集合众多的风险单位，向少数遭受风险损失的客户提供安全保障，从而发挥其分散风险和组织经济补偿的职能。保险经营的对象不是普通的有形商品，而是一种特殊的无形商品，在经营保险这种无形商品的过程中，保险的经营活动主要表现为服务性和劳务性，这种保险服务既不属于生产环节，也不属于一般的流通领域，但却为生产和流通提供不可或缺的安全保障。

2. 保险经营资产具有负债性

保险经营是通过向投保人收取保险费来建立保险基金，并以保险基金作为补偿和给付保险金的来源。保险企业也有资本金，但自有资本规模很小，且主要用于各项开业费用和开业初期的保险金支出，而保险经营的资产绝大部分是保险人按照保险合同向投保人收取的保险费及从中提取的各种准备金。因此，保险企业经营资产的相当一部分是其对被保险人未来赔偿或给付的负债，在被保险人发生损失时，以保险金的形式返还给被保险人。

3. 保险经营成本和利润计算具有特殊性

保险经营成本具有不确定性，因为保险成本就是保险金的赔偿或给付，即赔款支出，而它主要取决于保险标的的平均保额损失率或预期的保险金给付数额，但由于风险具有偶然性和不确定性，故保险经营成本事先是无法确定的，保险费率只是根据过去的统计资料估计的，因此要使得保险基金收支相抵，就必须借助复杂的数学技术。同样，由于保险经营成本的不确定性，保险经营的利润计算也有其特殊性，除了要保证当年的收支相抵之外，还要提取业务准备金，以保证保险经营的长期稳定。

4. 投资在保险经营中占有重要地位

由于保险经营具有先收入后支出的特点，以及由于损失的发生具有不确定性和偶然性的特点，使得保险基金的收入与赔款的支出之间存在着时间差与数量差，保险基金总是处于暂时的闲置状态。因此，保险企业在经营传统项目的同时，必须重视保险投资，通过保险投资达到保险基金保值、增值的目的，从而增强保险公司的偿付能力，这既可以保障被保险人的利益，也可为保险公司自身带来利益，有利于保险经营的良性循环。同时，保险投资还为降低保险费率创造了条件，这不仅增强了保险公司的竞争力，也减轻了广大投保人的负担。

5. 保险经营具有分散性和广泛性

这个特点是大数法则和保持保险经营稳定性的客观要求。保险人只有集合众多的风险单位，才能使实际损失接近于对损失的估计，从而既使损失得以恰当地弥补，又能促使保险经营健康发展。社会生产和生活各个领域的风险，因为保险经营几乎均有涉及，这就使其具有广泛性和分散性。因此，即使出现个别险种的赔付率偏高或者发生某一巨额损失的情况下，也不足以影响保险经营的稳定性。然而，如果保险公司的业务偏重于某一险种、某一领域、某一地区时，这无疑会加大其经营风险，而保险公司经营不善势必会造成更大范围的动荡与混乱。

13.1.2 保险经营理念

保险经营理念是保险公司从事经营活动，解决各种经营问题的指导思想。保险经营者的经营哲学倾向、经营战略、经营目标、经营政策的依据等都受到经营理念的制约。科学的保险经营理念，有助于保险公司顺利实现经营目标，实施经营战略，取得最佳的经济效益。

由于保险经营是一种商品经营，保险公司经营过程中既受到宏观经济环境，如自然环境、经济周期与经济发展水平、市场竞争环境、国家对保险业的政策等因素的影响，也受到保险公司内部的微观环境，如劳动力、资金经营技术水平、信息等制约，因此保险公司经营必须树立以下的经营理念：

1. 市场理念

市场理念是指保险经营者在经营过程中应该具有强烈的市场意识，以市场需求为导向，按照保险市场的需求变化和市场经济规律来安排保险经营活动，实现资源的最佳配置，取得最佳的经济效益。这是现代保险的重要理念。在保险市场上，保险经营者只有不断开发符合市场需要的保险商品，才能实现保险商品的价值。因此保险公司一定要强化保险经营的市场观念，改善保险服务质量，加强对保险市场的预测、调查和研究，把握市场运行的脉搏，按照保险市场的供需安排组织保险经营活动。

2. 竞争理念

竞争理念是指保险经营者在经营过程中应要具有强烈的竞争意识，树立在竞争中求生存、谋发展的经营观念。竞争是市场经济的必然产物，保险市场必然要遵循优胜劣汰的市场竞争规则。保险市场作为整个市场的不可或缺的一部分，不可能避免或排斥竞争。随着保险市场主体的不断增加，政府对保险费率管制的逐步放松，保险市场承保力量的日趋过剩，保险行业内部竞争更加激烈，同时银行保险业的合作也提升了保险业的竞争程度。因此，保险经营者要想在竞争中立于不败之地，就必须在市场竞争机制的作用下，合理运用价格和非价格竞争手段不断拓展市场，改善保险服务质量，提高对市场的灵敏度，合理配置公司内部的各种资源，凭借优质的保险服务和可靠的信誉，赢得客户的信任，掌握市场竞争的主动权。

3. 效益理念

效益理念是指保险经营者在经营过程中应具有以经济效益为中心，兼顾社会效益的观念。在市场经济条件下，检验保险公司经营成败的唯一标准就是公司经济效益能否实现。追求经济效益是保险公司经营管理的出发点和归宿。保险公司的经济效益表现在以一定的劳动支出和劳动占用所能提供的保险保障上，表现在保险投资取得的经济收益上。因此，保险公司要实现经营目标就要树立效益理念，加强经济核算，用尽可能少的资金占用、劳动力占用和费用开支取得尽可能多的经营收益。

4. 信息理念

信息理念是指保险经营者在经营过程中所具有的对市场各种信息的敏感性以及对保险公司内部各种信息进行收集、整理、存储、分析和利用的主动意识。现代社会是信息社会，市场竞争的重要方面就是信息的竞争。一个成功的公司经营者，必须具备有控制信息来源并运用信息反馈的能力。由于保险经营与外部的经济环境、市场环境、文化环境、社会环境关系非常密切，保险经营管理者只有掌握了大量准确的保险市场信息和各种业务技术信息，才能提高经营决策的有效性和科学性，才能减少保险经营中的决策风险和市场竞争风险。

5. 营销理念

营销理念是指保险经营者在经营过程中要树立以市场为中心，以消费者的需要和欲望为导向，以整体营销为手段来取得消费者的满意，实现公司长远利益的观念。营销理念是商品经济发展史上的一种全新经营哲学，是保险公司经营思想上的一次根本性变革。营销理念以消费者的需要为中心，并且更注重售后服务，力求比竞争对手更有效、更充分的满足保险消费者的一切需要，由此实现保险公司的长远利益。

13.1.3 保险经营原则

保险经营的原则是指保险企业从事保险经济活动的行为准则。保险经营作为一种特殊的商品经营，除了必须贯彻经济核算原则、随行就市原则、薄利多销原则等一般商品的经营原则以外，还要遵循一些特殊的经营原则。

1. 风险大量原则

风险大量原则是指保险人在可保风险的范畴内，应争取承保尽可能多的风险单位。它是保险经营的基本原则，原因如下：

① 保险经营的过程实际上就是风险管理的过程，而风险的发生是偶然的、不确定的。

只有承保尽可能多的风险单位,才能建立起雄厚的保险基金,并保证保险经济补偿职能的履行,更好地体现保险经营"取之于面,用之于点"的特点。

② 概率论和大数法则是保险人赖以计算保险费率的基础,只有承保大量的风险单位,大数法则才能显示其作用,使风险发生的实际情形更加接近预先计算的风险损失概率,以确保保险经营的稳定性。

③ 扩大承保数量是保险企业提高经济效益的一个重要途径。承保的风险单位越多,保费收入就越多,而营业费用则随之相对减少,从而可以降低保险成本,提高经济效益。

2. 风险选择原则

为了保证保险经营的稳定性,保险人不仅需要签订大量的、以可保风险和标的为内容的保险合同,在承保时还需对所承保的风险加以选择。风险选择原则要求保险人充分认识、准确评价承保标的的风险种类与风险程度,以及投保金额和保险费率的厘定是否合理准确,从而决定是否接受投保。保险人对风险的选择表现在两方面:一是尽量选择同质风险的标的承保,从而使风险能从量的方面进行测定,实现风险的平均分散;二是淘汰那些超出可保风险条件或范围的保险标的。可以说,风险选择原则否定的是保险人无条件承保的盲目性,强调的是保险人对投保人的主动性选择,使集中于保险保障之下的风险单位不断地趋于质均划一,以利于承保质量的提高。风险选择有事先选择和事后选择两种。

1)事先选择

事先选择是指保险人在承保前考虑决定是否接受投保。此种选择包括对人和物的选择。

所谓对人的选择(包括自然人和法人),是指对投保人或被保险人的评价与选择。例如,在人寿保险中,应了解被保险人的年龄、是否从事风险职业、是否患有慢性疾病或不治之症等,必要时应直接对被保险人进行体检;在财产保险中,应了解被保险人的资金来源、信誉程度、经营能力、安全管理状况和道德风险因素等。

所谓对物的选择,是指对保险标的及其利益的评估与选择。例如,对投保火险的建筑物应了解它是否处在简陋棚户区,一旦失火是否有蔓延成片的可能;对投保的机动车辆、船舶、飞机等运输工具,应了解是否属于超龄服役的老车、老船、老飞机,它们的用途及运输区域等。通过各方面的调查了解,如若发现对被保险人或保险标的已超出可保风险的范围,保险人应拒绝承保。

2)事后选择

除了进行事先选择以外,还要进行事后选择。因为,有些超出可保风险的因素事先未能发现,承保后才逐渐暴露出来,这就需要对已签订的保险合同作出淘汰性选择。保险合同的淘汰通常有以下三种方式。

一是等待保险合同期满后不再接受续保,或由代理人或经纪人介绍给其他愿意接受此种风险的保险人承保。

二是按照保险合同规定的事项予以注销合同,如我国远洋船舶战争险条款规定,保险人有权在任何时候向被保险人发出注销战争险责任的通知,通知在发出后7天期满时生效。

三是当保险人发现被保险人有明显诬告或欺诈行为,并且对保险人的经营十分不利时,保险人可以向被保险人说明理由,中途终止承保。

保险人对业务进行选择,目的在于使保险人自身处于有利的条件下来承保风险,以便稳定保险业务经营,提高保险服务质量。因此,在实行风险选择时,不能轻易作出拒绝承保的决定,而是要做周密细致的工作,通过协商和调整保险条件,如提高保险费率、规定自负额、附加特殊风险责任或赔偿限制性条款、建议改善保险标的的安全管理等,以尽量满足社会对保险服务的需要。

总之,无论保险人是采取事先选择还是事后选择风险的方式,都是采用了风险管理中避免风险的手段,可见保险经营与风险管理的关系甚为密切。

3. 风险分散原则

风险分散原则,是指某一风险责任由众多的人共同分担。国内外保险经营的实践证明,如果保险人承担的风险过于集中,一旦发生较大的风险事件,保险人无力赔付巨额损失,既有损于被保险人的利益,也威胁着保险企业的生存。因此,为了确保保险经营的稳定,要尽可能将风险分散的范围扩大。保险人对风险的分散一般采取承保前分散和承保后分散两种方法。

1) 承保前分散

承保前分散,主要是通过承保控制的方式进行,即保险人对所承保的风险责任适当加以控制。其常见手段有以下几种。

(1) 控制高额保险

即科学划分和计算保险标的的最高保险金限额,对超过部分不予承保。例如,国际货物运输保险的保额通常以发票价格加一成为限。至于货物到达目的地后的销售价,除发票价格外,其他各项费用、预期利润、银行利息等超出发票价格一成以外的部分,一般不予承保。

(2) 规定免赔额(率)

即对一些保险风险造成的损失规定一个额度或比率,由被保险人自负这部分损失,保险人对于该额度或比率内的损失不负责赔偿。例如,在机动车辆保险中,对机动车辆每次事故规定有免赔额,只有超过免赔额的部分才由保险人承担赔偿责任。

(3) 实行比例承保

即保险人按照保险标的的实际金额的一定比例确定承保金额,而不是全额承保。例如,在农作物保险中,保险人通常按平均收获量的一定成数确定保险金额,如按正常年景的平均收获量的 6~7 成承保,其余部分由被保险人自己承担责任。

(4) 规定按实际损失赔偿

即在保险金额范围内,按风险事件实际造成的损失计算赔偿,并非按保额赔偿。如在火灾保险中,当火灾发生后,其赔偿金额按受灾实际损失计算,但最高限额为投保金额。

2) 承保后分散

承保后分散,主要是采取共同保险和再保险的方法。

(1) 共同保险

共同保险是指由多数保险人共同承保风险较大的保险标的。如某企业有 500 万元保险财产,由三家保险企业各承保 180 万元、200 万元、120 万元,以此分散风险责任。

(2) 再保险

再保险是指保险人为了分散风险,将所接受的保险业务的风险责任的一部分转让给其他保险人承担。例如,某保险人承担了 300 万元的保险标的,但因自己的条件有限,承保 220 万元较为适宜。为了保证财务收支平衡和经营稳定,将其超过自己承保能力的 80 万元保险责任转让给其他保险人。

13.2 保险展业

保险展业与承保是保险业务的起点，也是保险业务经营与管理的第一个环节，同时又是保险经营实务中极其重要的步骤。在业务实践中，我们通常把承保称为保险业务的"进门关"。这一关是否把得严、把得好直接关系到保险业务质量的好坏，它对保险企业的经营效益起着至关重要的决定作用，这不仅关系到保险合同能否顺利履行，而且关系到保险企业能否正常经营。

13.2.1 保险展业的概念

保险展业是指通过保险展业人员的宣传和引导使有保险需求的人参加保险的行为，也是为投保人提供投保服务的行为。保险企业只有大量地招揽业务，才能将风险在众多的被保险人之间进行分摊，才能积累雄厚的保险基金，在保险市场上增强竞争能力，并为被保险人提供更广泛的优质服务。

13.2.2 保险展业的行为构成

保险展业由保险宣传和销售保险单两种行为构成。通过保险宣传使不懂保险、不了解保险的人们开始对保险有所认识，加深其对保险的理解，从而树立保险保障的观念，进而产生购买保险的动机。销售保险单是将潜在的投保需求转化为现实的购买保险单的行为，也就是投保行为的实现形式。

13.2.3 保险展业的方式

开展保险业务的关键，还在于拥有一支强大的展业（推销）队伍，多方面地开拓展业渠道。归纳起来，保险展业可分为直接展业、代理人展业和经纪人展业。

1. 保险公司直接展业

直接展业是指保险公司依靠本身的专职人员直接推销保险单，招揽业务。它较适合那些经营规模大、实力雄厚、分支机构健全的保险公司。这些保险公司利用分布在各地的分支机构或雇请工作人员直接向保户推销保险单。

直接展业往往因为展业人员的业务素质较高、经营技巧娴熟、道德修养较好、责任心较强等原因而能够获得客户的信任，并能把展业与核保、防灾防损、理赔等相关环节紧密结合起来，从而保证业务质量。但是，仅靠直接展业难以争取到更多的保险业务，且在经济上也是不合算的。因为直接展业需要配备大量的业务人员，增设机构，而且由于季节性的原因，在业务旺季时，人员可能显得不够，而在淡季时，人员又显得过多，这势必增加经营费用开支，提高业务成本，影响保险的经济效益。因此，国外大的保险公司既有自己的推销人员，又广泛地运用保险代理人、经纪人展业，一般保险公司则主要依靠保险代理人展业。

2. 保险代理人展业

代理人展业是指保险公司与代理人签订代理合同（或授权书），委托代理人在职权范围内为保险人招揽业务，保险人按照保费收入的一定比例支付佣金或手续费。

保险代理人可以是各个组织机构，也可以是个人，对象广泛，可凭借其广泛的社会联系，将保险业务推广到社会的各个层次、各个角落，特别是对开展分散性的保险业务更为有利，从而弥补保险企业展业渠道、展业人员不足的缺陷。同时，代理制度还可使保险人大大节省设置机构和雇佣人员的费用。佣金按保费收入的一定比例支付，无须固定的工资开支，因此，对保险人来说，代理制度是一种十分经济的展业方式，被世界各国的保险业广泛采用。

保险代理分为专业代理和兼业代理，前者专门从事保险代理业务，后者则由银行、邮政局、运输公司、旅行社等机构代办保险公司的一些业务。专业代理的优点是代理人员素质较高，代理的业务活动范围较宽，业务质量较高，且便于保险公司进行检查和监督。兼业代理的优点是与投保人联系密切，可结合自身业务为保险公司争取业务。不足之处是代理范围较窄，业务质量稍差，且不利于专业化管理。

在西方保险业发达的国家，专业代理得到广泛发展，有分代理人、总代理人、独立代理人、专属代理人等多种形式。兼业代理也被广泛使用。我国目前也已建立了一些专业代理机构，如在城乡地区设立的保险代办站，由保险公司招聘专职代办人员，进行业务培训后，按照规定权限代办保险业务，并按保费收入的一定比例收取佣金。兼业代理则有银行、信用社、邮政局、运输公司、旅行社、城乡居委会等。保险人在建立代理关系时，要从实际情况出发，权衡利弊，择优而定。

3. 保险经纪人展业

利用保险经纪人展业也是保险展业的一条重要途径。保险经纪人的特点是：它独立于保险人之外，是在保险人与投保人之间专门从事保险业务联系的中介人，能够为保险双方提供服务。无论在技术和信息上，还是在展业方式和渠道方面，都具有较高的水平。利用保险经纪人展业，在英、美等国特别盛行。在我国，目前只有为数不多的专职经纪人代表投保人办理保险手续。

保险经纪人和保险代理人所从事的活动，均为保险业务活动，两者的作用是相同的。在有些国家，这两个概念还常常互相替用。但是严格说来，保险经纪人和保险代理人是有区别的，具体表现在以下几个方面。

① 隶属关系不同。保险经纪人属于保险经营行业，而保险代理人则不属于这一行业；保险代理人是保险人的代理人，而保险经纪人则是投保人的代理人。

② 身份不同。保险代理人是以被代理人——保险企业的名义进行经营活动的，所产生的权利和义务直接归属于保险公司；而经纪人则是受投保人之托，办理投保、索赔等手续，他是以投保人的代理人身份从事保险经营活动的。此外，从理论上讲，经纪人是被保险人（或投保人）的代表，而不是保险人的代理人。但实际上，经纪人的行为既为被保险人办理了投保手续，又为保险人招揽了保险业务。可见，保险经纪人处在保险人与被保险人两者的中间地位，有着双重身份。

③ 权限不同。保险代理人有约定或明示的权利，即在代理合同中保险人授予的权利；

代理人还有默许权利，即依法律规定，为尽其职责，通常所必须采取的行为，也被视为其应有的权利。保险代理人根据代理合同拥有接受业务、出立保单、代收保费或代为处理赔案等权限。保险经纪人虽然以双重身份出现，但他只能在被保险人授权范围内行使投保、代缴保费、代为索赔等权利，也就是说保险经纪人的行为尽管与保险合同关系双方有利害关系，但其只能约束被保险人，而不能约束保险人。此外，若因经纪人疏忽而使被保险人遭受损失，则由经纪人自己负赔偿责任。

13.2.4 保险展业的步骤和方法

1. 展业前的准备工作

① 熟知所要销售的保险商品。展业人员只有对所要销售的保险商品了如指掌，同时还能熟练掌握保险及相关的法律、金融、投资等基本理论知识，才能向客户进行透彻的讲解和说明，对客户提出的种种疑问对答如流，也才能真正为客户提供优质的保险服务，最终取得客户的信任和满意。

② 分析影响保险销售的宏观和微观环境。保险经营必然受到各种宏观和微观因素的影响，宏观因素是不可控因素，保险公司只能受其影响和控制，而不能显著地改变它们；而微观因素却直接影响保险公司的经济效益，而且是可以加以改善的。保险展业人员只有充分认识到这些宏观和微观的影响因素，在开展展业宣传时寻找并利用有利于自己的机会，避免消极因素的干扰，准确寻找展业的突破口，做到有的放矢，才能在竞争中掌握主动权。

③ 了解潜在客户的需求情况和基本信息。展业前要充分了解客户的保险需求到底是什么，而且需求量有多大，以及客户的基本信息，主要包括客户的身体状况、财务状况、经营状况、投保状况等。只有了解了这些基本信息，展业人员才能使客户购买符合其真正需求的保险商品。

④ 分析竞争对手的状况。我国的保险市场竞争日趋激烈，注意了解竞争对手的基本信息也就越显必要了。因为只有了解到竞争对手的保险品种、展业策略、商业信誉、竞争优势及致命弱点等信息，才能准确而有针对性地确定自己的竞争优势和主攻方向，从而做到知己知彼。

2. 设计展业计划和保险方案

前期的展业准备工作完成后，要使展业最终获得成功，取得事半功倍的效果，还必须从已掌握的信息资料中找出展业的重点对象，并制订出针对性的展业计划，如选择与客户接触的方式、重点突破的部门和个人等。

为了实现展业计划，展业人员还必须懂得如何为客户设计和提供最有利的保险方案。在设计保险方案时，应该在不损害保险公司利益的前提下，多为客户着想，设计出缴费较省而保险责任范围较宽，而且能满足客户保险需求的投保方案。

3. 与客户谈判

在同客户进行了一定的接触以后，展业就进入了谈判阶段，即保险展业人员与客户面对面会谈。谈判是展业的关键环节，这一工作做不好就会"鸡飞蛋打"、前功尽弃。谈判在于进一步启发和说服保险展业对象，使其进一步认识到参加保险的重要性，与展业人员一起修改和完善保险方案，最终购买保险商品。

在谈判过程中，展业人员应注意建立良好的谈判氛围，注意礼仪和谈话的方式技巧，虚心听取对方的意见，最后想方设法促使客户签订保险合同。因此，要成为一名成功的展业人员必须具备一定的公关知识和谈判技巧。

13.3 保险承保

承保是展业的继续，是在展业的基础上保险合同双方就保险条件进行实质性谈判的阶段。

13.3.1 保险承保的概念

保险承保，简单地说，就是保险合同的签订过程，它是保险企业对愿意参加保险的人（即投保人或被保险人）所提出的投保申请经审核同意接受的行为。广义地讲，保险承保包括从业务接洽、协商、验险、投保、核保、审核、接受业务、制单、收取保费到复核签章、清分发送、归档保管等方面的全部过程。

13.3.2 保险承保的必要性

承保是一项非常复杂而重要的工作，是保险公司业务经营活动中最为重要的一环，承保质量的好坏，直接关系到保险企业经营的财务稳定性和企业经济效益的好坏，同时，它也是反映保险企业经营管理水平高低的一个重要标志。承保对保险经营活动的重要性和必要性主要体现于对它的要求应该严格而具体，要做到"严把核保关"，其意义主要体现在以下几个方面。

1. 保险承保是保证业务质量的必然要求

通过核保使保险企业实现既要扩大业务范围又要保证业务质量，既要合理收费又要保证未来合同义务的履行。由于市场竞争的加剧，为了拓展业务，展业人员往往会拓展到一些低质量的保险标的或给客户过低的费率，这就可能会损害保险人的利益。所以承保人员要严把质量关，保证业务质量，收取合理的保费。但是严把质量关并不意味着一味拒保，一定要把握好度，对符合承保条件的不能故意刁难，以免打击外勤人员的展业热情和客户的投保积极性；对确实不符合承保条件的，也要对客户进行耐心而合理的解释，尽可能使客户能够心悦诚服地接受，以免影响保险企业的形象。

2. 保险承保是保证公司经营稳定性的内在要求

保险公司稳定发展的基础就是其经营的稳定性，它不仅关系着保险公司能否继续生存、发展和壮大；也关系着保险合同能否有效履行，被保险人的权利能否得到有效保障；还关系着整个社会国民经济在灾害后能否迅速恢复和正常运行。

3. 保险承保是实现利润最大化的本质要求

利润最大化是指在经营稳定性前提下的利润最大化，利润最大化是任何一个经济单位生产和经营的最终目的。保险企业也不例外，但对保险人来说，利润最大化并非尽可能扩大承保规模，一味追求保费收入，而是要控制承保质量，同时兼顾自身的承保能力。因此，利润最大化原则要求承保风险要与盈利相一致。保险人是为了获取利润而承保，而不是盲目地、单纯地为了扩大业务规模，为承保而承保。这就需要在承保时严格区分风险，确定合理的自留额，扩大优质标的的承保，控制对质量差风险高的标的的承保。

13.3.3 保险承保的内容

1. 审核投保申请

对投保申请的审核主要包括对投保资格的审核、对保险标的的审核、对保险费率的审核等项内容。

1）审核投保人的资格

这是指审核投保人是否具有民事权利能力和民事行为能力及对标的物是否具有可保利益。根据我国保险法的规定，投保人必须具备两个条件：一是具有相应的民事权利能力和民事行为能力；二是投保人对保险标的应具有法律上承认的利益，即可保利益。审核投保人的资格主要是审核后者，即了解投保人对保险标的是否具有可保利益。一般来说，财产保险合同中，投保人对保险标的的可保利益来源于所有权、管理权、使用权、抵押权、保管权等合法权益；人身保险合同中，可保利益的确定是采取限制家庭成员关系范围并结合被保险人同意的方式。保险人审核投保人的资格，是为了防止投保人或被保险人故意破坏保险标的，以骗取保险赔款的道德风险。

保险人不会接受所有的投保请求的原因有：① 保险人只选择那些从整体上看损失风险与其所收保险费相称的投保请求。换句话说，保险人要尽量避免逆选择。② 保险人签发新保险单受其承保能力的限制。

2）审核保险标的

一方面，对照投保单或其他资料核查保险标的使用性质、结构性能、所处环境、防灾设施、安全管理等情况。例如，承保企业财产时，要了解厂房地点、厂房结构、占用性质、建造时间、建筑材料、使用年限以及是否属于危险建筑等情况，并对照事先掌握的信息资料核实，或是对保险标的进行现场查验后，保险人方予以承保。另一方面，保险人通过选择保险标的，承保不同类型或不同地区的保险标的以使风险分散。也就是说，保险人必须使其承保标的多元化，保险单要覆盖不同的险种和不同的地理区域。例如，台风可能会使保险人在一个地区的赔偿金额大量增加，但是这些索赔将由那些同年没有发生台风的其他地区的保险费来平衡，或是将承保其他险种所获得的保险费用来赔付这个地区的台风损失。

3）审核保险费率

审核保险费率的目的是按照保险人承担的风险收取合适的保险费。一般的财产和人身可能遭遇的风险基本相同，因此可以按照不同标准，对风险进行分类，制定不同的费率等级，在一定范围内使用。例如，承保建筑物的财产保险，确定费率要考虑的因素有：① 房屋的建筑类别，是砖结构还是木结构；② 房屋的占用或使用性质，是商用还是民用；③ 周围房屋的状况；④ 房屋所在区域所能提供的火灾防护设施；⑤ 与房屋相关的任何安全保护设施，如是否安装自动洒水灭火装置或警报器等。保险人承保时只需按风险程度将建筑物划分为不同的等级,套用不同的费率即可。但是,有些保险业务的风险情况不固定,如海上保险,因航程不同,运输工具不同,运输货物种类不同,承保的每笔业务都需要保险人根据以往的经验,结合风险的特性,制定单独的费率。因此,承保这类业务时应对每一笔业务的实际情况与它所适用的费率条件进行核查,以保证保险费率的合理性。

2. 控制保险责任

控制保险责任就是保险人在承保时,依据自身的承保能力进行承保控制,并尽量防止与避免道德风险和心理风险。控制保险责任主要包括:

1) 控制逆选择

所谓逆选择,就是指那些有较大风险的投保人试图以平均的保险费率购买保险。或者说,最容易遭受损失的风险就是最可能投保的风险,从保险人的角度来看这就是逆选择。保险人控制逆选择的方法是对不符合承保条件者不予承保,或者有条件地承保。例如,投保人就自己易遭受火灾的房屋投保财产保险,保险人就会提高保险费率承保;又如投保人患有超出正常危险的疾病,保险人就会不同意他投保定期死亡保险的要求,而劝其改为投保两全保险。在这种情况下,保险人既接受了投保,又在一定程度上抑制了投保人的逆选择。

2) 控制承保能力

承保能力是指保险人能够承保业务的总量。保险人承保能力通常用的度量方法是承保能力比率,即用承保保险费除以偿付能力额度。保险人的承保能力限制了保险公司签发新保险单的能力。因为卖出的新保险单会增加保险人的费用,从短期来看,会降低保险公司的偿付能力。但是从长期来看,如果新保险单所产生的保险费超过了损失和费用的支付,新保险单会增加保险公司的偿付能力。因此,有计划地增加新保险单的销售,能够保障保险公司承保能力稳定而有序地增长。

保险人保证承保能力的主要途径有三个:一是保持风险分散。只有通过风险分析与评估,保险人才能确定承保责任范围,明确对所承担的风险应负的赔偿责任。二是用特殊的承保技术和经验满足某些险种的承保要求。一般来说,对于常规风险,保险人通常按照基本条款予以承保;对于一些具有特殊风险的保险标的,保险人需要与投保人充分协商保险条件、免赔额、责任免除和附加条款等内容后特约承保。特约承保是根据保险合同当事人的特殊需要,在保险合同中增加一些特别约定,满足被保险人的特殊需要,并以加收保险费为条件适当扩展保险责任;或者是在基本条款上附加限制条款,限制保险责任。通过特殊的承保控制,将使保险人所支付的保险赔偿额与其预期损失额十分接近。三是安排再保险。通过再保险,保险公司可以将保险风险转移给再保险人来增加承保新保险单的数量。可见,再保险对保险公司的承保能力有直接的影响。

3. 分析风险因素

从承保的角度来看,避免和防止逆选择和控制承保能力是保险人控制承保风险的常用手段。但是,保险人对实质风险、道德风险、心理风险和法律风险,在承保时也要作出具体的分析。保险人在承保时必须评估以下四种风险因素。

1) 实质风险因素

在评估投保单时,保险人会考虑各种实质风险因素,如建筑物的结构、占用性质、防火措施、外部环境等。

2) 道德风险因素

道德风险是指人们以不诚实或故意欺诈的行为促使保险事故发生或夸大索赔金额,以便从保险中获得额外利益的风险因素。投保人产生道德风险的原因主要有两点:

一是丧失道德观念,二是遭遇财务上的困难。从承保的观点来看,保险人控制道德风险发生的有效方法就是将保险金额控制在适当额度内。因此,保险人在承保时要注意投保金额是否适当,尽量避免超额承保。

在人寿保险的承保中,如果投保人为他人购买保险,而指定自己为受益人时,也应注意保险金额的大小是否与投保人的财务状况相一致。例如,一个月收入为 3 000 元的投保人,为他人购买了保险金额为 100 万元的人寿保险,除了要查清投保人与被保险人之间是否具有保险利益外,其保险金额还应征得被保险人书面同意,并且还要对投保人收入来源和以往的保险史进行调查,保险人才能决定是否承保。

3) 心理风险因素

心理风险也称行为风险或态度风险,是指由于人们的粗心大意和漠不关心,以致增加了风险事故发生的机会并扩大损失程度的风险因素。例如投保了财产保险,就不再小心火烛;投保了盗窃险,就不再谨慎防盗。从某种意义上说,心理风险是比道德风险更难以控制的问题。任何国家的法律对道德风险都有惩罚的办法,而且保险人对道德风险还可在保险条款中规定,凡被保险人故意造成的损失不予赔偿。但心理风险既非法律上的犯罪行为,在保险条款上又难以制定适当的规定限制它。因此,保险人在承保时常采用的控制手段有:第一,实行限额承保。即对某些风险,采用低额或不足额的保险方式,规定被保险人自己承担一部分风险。保险标的如果发生全部损失,被保险人最多只能获得保险金额的赔偿;如果发生部分损失,被保险人只按保险金额与保险标的的实际价值的比例获得赔偿。第二,规定免赔额(率)。免赔额有绝对免赔额和相对免赔额之分。前者是指在计算赔偿金额时,不论损失大小,保险人均扣除约定的免赔额。后者是指损失在免赔额以内,保险人不予赔偿,损失超过免赔额时,保险人不仅要赔超过部分,而且还要赔免额以内的损失。这两种方法都是为了激励被保险人克服心理风险因素,主动防范损失的发生。

4) 法律风险因素

法律风险是指影响保险人收取与损失风险相称的保险费的法律环境或监管环境。法律风险主要表现有:主管当局强制保险人使用一种过低的保险费标准;要求保险人提供责任范围广的保险;限制保险人使用可撤销保险单和不予续保的权利;法院可能作出有利于被保险人的判决等。

13.3.4 保险承保工作的程序

承保决定是在审核投保申请、适当控制保险责任和分析评估保险风险的基础上作出的。承保的程序包括接受投保申请、审核验险、接受业务、缮制单证等步骤。

1. 接受投保申请

投保人购买保险,首先要提出投保申请,即填写投保单,交给保险人。投保单是投保人向保险人申请订立保险合同的依据,也是保险人签发保险单的凭证。

2. 审核验险

审核是指保险人收到投保单后,对其进行的审定和核实。审核投保单的内容包括保险标的及其存放地址、运输工具行驶区域、保险期限、投保明细表、对特殊要求的申请等。验险是对保险标的风险进行查验,以便对其存在的风险进行分类。验险的内容,因保险标的的不同而有差异。

1) 财产保险的验险

财产保险的验险内容包括查验投保财产所处的环境;查验投保财产的主要危险隐患和重要防护部位及防护措施状况;查验有无正处在危险状态中的财产;查验各种安全管理制度的制定和落实情况;健全的安全管理制度是预防和降低风险发生的重要保障等。

2) 人身保险的验险

人身保险的验险包括医务检验和事务检验。

医务检验的内容包括被保险人的健康状况、个人病史、家族病史等。

事务检验的内容包括被保险人的年龄、性别、财务状况、职业、吸烟情况、酗酒和吸毒情况、居住环境等。

3. 接受业务

保险核保人按照规定的业务范围和承保权限,在审核验险之后,有权作出拒保或承保的决定。当投保金额或标的风险超出了保险核保人的承保权限时,核保人只能向上一级主管部门提出建议,而无权决定是否承保。

4. 缮制单证

缮制单证是在接受业务后,填制保险单或保险凭证等手续的过程。保险单或保险凭证是载明保险合同双方当事人权利和义务的书面凭证,是被保险人向保险人索赔的主要依据。因此,保险单质量的好坏,往往影响保险合同能否顺利履行。填写保险单的要求有以下几点:

1) 单证相符

要把投保单、验险报告作为原始凭证,填制保险单。所谓单证相符是指投保单、保险单、保险凭证、财产清单、人身保险的体检报告及其他单证都要符合制单要求,其重要内容如保险标的名称、数量、地址等。

2) 保险合同要素明确

合同的要素是指保险合同的主体、客体和内容。保险合同的主体包括当事人和关系人,即保险人、投保人、被保险人和受益人等,他们是合同中权利的分享者和义务的承担者。因此,保险单中要正确填写被保险人的姓名、单位名称和负责人姓名及详细地址。若是人身保险合同,还需填上受益人姓名、地址及其与被保险人的关系。保险合同的客体是保险合同中权利义务所指向的对象,即保险标的的保险利益。因此,保险单中应标明保险标的的范围及地址、保险利益内容。保险合同的内容包括保险责任、保险金额、保险期限、保险费、被保险义务,以及其他特约事项。总之,明确保险合同要素是保证保险单质量的依据,否则将影响保险合同的法律效力和保险人的信誉,损害保险合同双方当事人的合法权益。

3) 数字准确

填制保险单时,每一个数字都代表着保险人和被保险人的利益。在这些数字上的微小疏忽,都可能给保险合同双方当事人造成重大损失,或导致不该发生的纠纷。

4）复核签章，手续齐备

保险人签发的保险单是保险合同成立的依据，其他单证也是保险合同的重要组成部分。因此，每一种单证都应要求复核签章，如投保单上必须有投保人的签章；风险查勘报告上必须有承办业务员的签章；保险单上必须有承保人、保险公司及负责人的签章；保险费收据上必须有财务部门及负责人的签章；批单上必须有制单人与复核人的签章等。

13.4 保险防灾防损

防灾防损和展业、承保、理赔一样，是保险经营的重要环节，是保险服务的重要内容之一。实施防灾防损，有利于维护人民生命和财产安全，减少社会财富损失，是保险经营的基本目标之一，也是提高保险经济效益和社会效益的重要途径。

13.4.1 保险防灾防损的概念

保险防灾防损，是指保险人与被保险人采取各种组织措施和技术措施，预防和减少保险标的发生灾害事故，以及在灾害事故发生后，尽可能地减轻保险标的的损失。

防灾防损是一项社会性活动，同时又具有较强的技术性。因此，在组织形式上，既要有专业部门负责，又要有群众参加配合。这种以专业部门负责、群众配合的防灾防损活动，习惯上称之为社会防灾防损。

13.4.2 保险防灾防损与社会防灾防损的区别

保险防灾防损是社会防灾防损工作的一部分，但两者有显著的区别。

① 社会防灾防损的主体是有关职能部门、专业机构及全体社会成员，而保险防灾防损的主体只限于保险人和被保险人。

② 社会防灾防损的保护范围包括所有社会财富及全体社会成员的生命财产，而保险防灾防损的保护范围只限于保险标的。

③ 社会防灾防损的对象是各种灾害事故，而保险防灾防损的对象通常只限于保险事故。

④ 社会防灾防损可以由各级政府主管部门根据国家法令和有关规定，对单位和个人防灾防损工作进行督促检查，而保险防灾防损则只能根据保险合同规定的权利和义务来开展工作。显然，保险防灾防损是社会防灾防损系统中的一个子系统，处于参与、配合、组织推动的地位。

13.4.3 保险防灾防损工作的内容

1. 加强同各防灾部门的联系和合作

保险企业作为社会防灾防损组织体系中的重要一员，必须加强同各防灾部门的联系与合作，并根据企业的主客观条件，积极派人参加各专业防灾防损部门的活动，如参与配合消防、防汛、防台风，以及交通安全部门开展防灾宣传、安全检查、组织安全竞赛等活动，积极配合和推动社会防灾防损工作的开展。社会防灾防损部门专业性、技术性较强，经验丰富，而且提出的建议具有法律的、指令的性质，约束力强。保险防灾防损和社会防灾防损相结合，能取得行政权力机构的支持，易于做好平时及突击性的防灾防损工作，取得更好的防灾防损效果。

2. 经常开展防灾防损宣传

在我国，人们的防灾防损意识比较淡薄，保险企业应运用多种宣传形式，向保户宣传防灾防损的重要性，提高安全意识，普及防灾防损知识。宣传的主要内容包括：保险必须与防灾防损相结合的意义，消防条例和其他法令法规，防灾防损的基本常识等。

3. 进行防灾防损检查

防灾防损检查是一项带有经常性和普遍性的工作，是对被保险人进行安全服务的具体体现。检查的方式主要有：配合防灾防损专业部门检查，配合企业的主管部门进行系统性的防灾防损检查，聘请专家和技术人员重点检查，有条件的保险企业可单独对承保企业进行防灾防损检查等。

4. 参与抢险救灾

参与抢险救灾不仅可以抢救所承保的保险标的，减少保险赔款，而且可以提高保险企业的声誉，加深与保户之间的关系，扩大保险的社会影响。因此，参与抢险救灾是保险防灾防损的一项十分重要的工作。抢险救灾主要包括两个方面：一是灾害正在蔓延时，同被保险人一道组织抢救保险财产，防止灾害蔓延；二是在灾害发生之后，与被保险人一起，对受灾财产进行整理、保护，并妥善处理残余物资。为了做好抢险救灾工作，保险企业要对全体员工进行抢险救灾技术培训，使其掌握在风险环境中的各种救灾技术，并且能够在救灾过程中有效地保护各种财产和个人生命安全，减少不必要的人员伤亡。

5. 及时处理不安全因素和事故隐患

在防火、防洪、防爆和防风等检查中，发现不安全因素和隐患后，保险企业要及时向被保险人提出改正意见，并在技术上予以指导和帮助，及时消除各种隐患。

6. 拨付防灾防损费用

保险企业每年从保费收入中提取一定比例作为防灾防损基金，并将其中的一部分拨给地方防灾部门使用。例如，为飞机、火车、轮船等增设保险箱，向地方消防部门赠送消防车辆或消防器械，在交通事故高发地点设立警告标牌，以及资助有关防灾防损活动与科研项目等。这是保险企业支持和参与社会防灾防损工作的具体体现。防灾防损经费要保证专款专用。

7. 开展灾情调查，积累灾情资料

在保险防灾防损工作中，无论是制订防灾防损计划，还是开展防灾防损宣传，都离不开真实、系统的灾情资料。而且，完备的灾情资料也是制定保险费率、进行保险理论研究和业务开拓的重要依据。因此，保险防灾防损工作的一项重要内容，就是要广泛地开展灾情调查，认真地、实事求是地收集、整理灾情资料并妥善保管。为了使积累的灾情资料更加全面和具有代表性，保险企业应主动与社会防灾防损部门合作，并建立持久的资料交换关系。

13.4.4 保险防灾防损工作的方法

1. 法律方法

通过国家颁布有关的法律来实施保险防灾防损管理。如，我国《保险法》第五十一条规定："投保人、被保险人未按照约定履行其对保险标的的安全应尽责任的，保险人有权要求增加保险费或者解除合同"。

2. 经济方法

保险人通过调整保险费率来促进投保人重视防灾防损活动。对于那些防灾防损措施完备的投保人采用优惠费率，即少收取保费，以示鼓励；反之，对于那些懈怠防灾，缺乏必要防灾防损设施的投保人则采用较高的费率，即多收保费，促使其加强防灾。

3. 技术方法

保险防灾防损的技术方法可以从两个角度来理解：一是通过制定保险条款和保险责任等技术来体现保险防灾防损的精神。例如，在设计保险条款时定明被保险人防灾防损的义务；在保险责任的制定上，列明防止道德风险的规定；在保险理赔上提出抢救和保护受损财产的要求等。二是运用科学技术成果从事保险防灾防损活动。例如，设立专门从事防灾防损技术研究的部门，研制各种防灾防损技术和设备、制定有关的安全技术标准等。

13.5 保险理赔

保险理赔是指在保险标的发生风险事故后，对被保险人提出的索赔请求进行处理的行为。在保险经营活动中，理赔是防灾防损的继续，也是保险经济补偿功能的体现。通过保险理赔，可以检验承保工作的质量，发现防灾防损工作中的漏洞和问题，为改进工作提供依据。因此，理赔在保险业务经营中占有重要地位。

13.5.1 保险理赔的原则

1. 重合同、守信用的原则

保险经济关系是由保险双方通过订立保险合同建立起来的。保险合同明确规定了保险双方的权利和义务，在处理赔案时，要重合同、守信用，严格按照保险合同中的条款办事，既不能滥赔，也不能惜赔。这关系到保险职能的充分发挥，也关系到被保险人的正当权益和保险业的信誉。

2. 实事求是的原则

保险合同条款虽然对赔偿责任作了原则规定，但实际发生的案情是千变万化的，保险合同不可能面面俱到地把所有情况都包括进去。因此，在理赔工作中，一方面要坚持按保险合同办事，另一方面也要具体情况具体分析，根据条款精神，实事求是地按照具体情况，恰当运用条款，处理具体问题，做到合情合理。尤其是对一些重大疑难案件，要慎重处理，不能机械地死抠条款，贸然地笼统拒赔。

3. 主动、迅速、准确、合理的原则

这一原则是衡量和检验保险理赔工作质量的标准，是保险企业信誉的集中表现，它是我国保险业在长期理赔实践中总结出来的经验，称为理赔工作的"八字方针"。所谓"主动"，就是要求理赔人员办理出险索赔案件要满腔热情，积极主动受理，不推诿；"迅速"就是办理赔案要快，不拖延时间，赔付及时；"准确"就是要求理赔人员对损失案件查勘、定责定损以至赔款计算等，力求准确无误，不发生错赔或滥赔现象；"合理"是指理赔人员根据保险合同规定和实事求是的原则，分清责任，合理定损，合情合理地处理赔案。"八字方针"是一个辩证的统一整体，它们紧密联系，相互影响，其核心是"准确"，离开"准确"，其他都谈不上。

13.5.2 保险理赔的程序

保险理赔的程序，一般包括以下五个环节。

1. 登记立案

保险事故发生后，被保险人（或受益人）应立即或尽快地通知保险人，这是保险条款规定的被保险人（或受益人）应尽的义务。这样规定的目的是为了便于保险人及时派员到现场进行调查检验，并采取施救措施，避免损失继续扩大，同时也有利于防止或识破道德风险。

一般保险公司都设有 24 小时的理赔服务专线，专门接受被保险人的出险通知，接线人员登记出险情况。出险通知一般采用书面形式，也可以先以口头或函电形式通知，然后补交书面通知。出险通知的内容一般包括被保险人的姓名、地址、保单号码、出险日期、出险原因、受损财产项目和金额等。

被保险人或受益人在损失通知后，应该向保险人提供索赔必需的各种单证。所需单证因险种不同而不同，须根据合同中的约定提供。

2. 审核各项单证

保险公司在接到被保险人或受益人的损失通知和索赔单证后，保险内勤人员要立即进行单证的审核，以决定是否有必要全面开展理赔工作。单证的审核包括以下几方面内容。

① 审查保险单的有效性。保险事故是否发生在保险单的有效期限内，这是继续处理赔案的关键。如果保险单是无效的，就不需要继续处理。

② 审核有关单证的有效性，除保险单等有关单证需首先审查以外，对其他有关单证也必须予以审核，如查勘报告、损失证明、所有权证明、账册、商业单据、运输单证。通过相关单证有效性的审核，一方面确定索赔人对保险标的是否具有保险利益，以查核索赔人员是否有权取得赔偿；另一方面确定损失的财产是否为保险财产，以便据此来决定是否赔偿；还可以确定损失原因是否属于保险责任范围，从而决定是否赔偿。

3. 现场查勘

现场查勘是理赔工作的重要环节之一，是了解出险情况、掌握第一手资料、处理赔案的重要依据。查勘工作质量的好坏，对准确合理定损和赔付起着关键性的作用。现场查勘的主要内容包括：查明出险的时间、地点、原因与经过，施救整理受损财产，妥善处理损余物资，索取出险证明及核实损失数额等。

4. 核定损失，计算赔款

核定损失是指在现场查勘的基础上，根据被保险人提供的损失清单及施救费用清单，对照有关的账册、报表、单据等，逐项核实受损保险标的的品种、数量、价值、损失程度和损失金额等，还要查清修理费用和施救整理费用等是否合理，为计算赔款提供真实依据。

对于保险赔款的计算，不同的险种、不同的保险合同有不同的规定，应严格按照合同的规定进行计算。有损余物资的可作价折给被保险人，并从赔款中扣除，也可由保险人收回自行处理。

5. 赔付结案

保险人经过审核、查勘、定损、计算赔款，就赔付金额与被保险人或受益人达成协议后，应及时支付赔款或给付保险金。若被保险人对赔付金额有异议，应协商处理；不能达成一致意见时，可通过仲裁或诉讼解决。然后，被保险人应把对第三方追偿的权利转交给保险人，并协助保险人向第三方追偿。

6. 代位追偿

如果保险事故是由第三者的过失或非法行为引起的，第三者对被保险人的损失负有赔偿责任。保险人可按合同约定或法律规定先赔偿被保险人的损失。

13.5.3 保险赔款的计算方式

1. 财产保险损失赔款的计算

1) 比例赔偿方式

不定值保险单因为在投保时，只列明保险金额作为赔偿的最高限额，而不列明保险财产的实际价值，到出险时如果保险金额低于损失发生时财产的实际价值，就构成了不足额保险。在不足额保险下发生部分损失，保险公司按保险金额与出险时保险财产实际价值的比例来计算赔偿金额的，其计算公式为

$$保险赔款 = 损失金额 \times \frac{保险金额}{出险时保险财产的实际价值}$$

例如，某保户投保财产保险，保险金额为 15 万元，发生保险事故损失 12 万元，出险时财产的实际价值为 20 万元，按照比例赔偿方式计算，其赔偿金额为

$$赔偿金额 = 12 \times \frac{15}{20} = 9(万元)$$

对于被保险人在损失发生时对保险标的进行施救而支出的合理而必要的施救费用，按相同的比例计算其赔偿额。

比例赔偿方式适用于不足额保险，其目的是为了鼓励投保人尽量按财产的实际价值投保，以获得充分的、全面的补偿。

2) 第一损失赔偿方式

它是将财产的实际价值按保额分为两部分，低于保额的部分为第一损失，高于保额的部分为第二损失。保险人仅在第一损失内按实际损失赔偿，超过第一损失的第二损失，保险人不予赔偿，由被保险人自我承担。在上例中，若按第一损失赔偿方式应赔 12 万元，因为其损失金额在第一损失之内。

第一损失赔偿方式的特点是：赔偿金额一般等于损失金额，但以不超过保额为限，即损失金额低于或相当于保额时，赔付损失额；损失金额高于保额时，最多赔付保额。

第一损失赔偿方式比较适用于信誉好的投保人，或是保险公司的老客户。它可以避免烦琐的计算，对投保人也更为有利，但其费率较高，且易违背权利与义务的对等关系，因此，第一损失赔偿方式一般都有一定的限制条件，或与比例赔偿方式结合起来加以运用。例如，英国火灾保险中的特别分摊条款规定，如保险金额低于保险财产实际价值的 75% 时，适用比例赔偿方式；高于 75% 时，适用第一损失赔偿方式，这样就使得保险赔款的计算更为合理。我国家庭财产保险为了避免烦琐的计算，提高办事效率，通常采用这种赔偿方式。

3) 限额赔偿方式

① 免责限度赔偿方式。它是指保险人与被保险人双方事先约定一个免责限度，在此限度以内的损失，由被保险人自己承担，超过此限度，保险人才负责赔偿，这种限度是保险人享受的免责权。免责限度又分为相对免责限度和绝对免责限度。

相对免责限度赔偿方式是指保险财产的受损程度超过规定的免责限度时，保险人才赔偿被保险人的全部损失；不超过该免责限度，不予赔偿。计算公式为

$$赔偿金额 = 保险金额 \times 损失率（损失率大于免赔率）$$

例如，某公司投保一批仪器，共 5 箱，每箱价值 2 000 元，加保破碎险。约定相对免赔率为 2%。提货时发现，除第一箱无损失外其余 4 箱中都有不同程度的损失，第二箱为 2%，第三箱为 5%，第四箱为 4%，第五箱为 3%。保险人只对第三、四、五箱的损失给予全部赔偿，即

$$赔偿金额 = 2\,000 \times 5\% + 2\,000 \times 4\% + 2\,000 \times 3\% = 240（元）$$

绝对免责限度赔偿方式是指财产损失超过免责限度时，只赔付超过部分的损失。计算公式为

$$赔偿金额 = 保险金额 \times （损失率 - 免赔率）$$

例如，某公司投保一批玻璃器皿，共 10 件，每件价值 5 000 元，加保玻璃破碎险。约定绝对免赔率为 3%。提货时发现 1 件损失 10%，4 件损失 2%，其余 5 件无损失。则保险人只对其中一件负赔偿责任。即

$$赔偿金额 = 5\,000 \times （10\% - 3\%） = 350（元）$$

采用免责限度赔偿方式，是为了减少或避免因处理大量小额赔款案件所带来的一系列理赔手续和费用，还可控制保险标的必然发生的自然损耗，同时促使被保险人增强防灾防损的意识，加强对保险标的的责任心，从而有利于保险事业的发展。

② 固定责任赔偿方式。它是由保险双方约定一个限额，在约定的责任限额内发生损失时，由保险公司负责赔偿，如超过约定的限额就不予赔偿。这种赔偿方式普遍适用于农作物收获保险，在这种保险中，只能赔偿被保险人产量不足的损失，如果产量达到或超过限额标准，即使遭受了自然灾害，保险人也不再负赔偿责任。计算公式为

$$赔偿金额 = 限额 - 实际额度（实际额度 < 限额）$$

例如，在棉花保险中，常年平均收获量为 150 千克，保险人按 60% 即 90 千克来约定承保限额，当因自然灾害颗粒无收时，保险人赔偿 90 千克；当因自然灾害实收 50 千克时，保险人赔偿其差额 40 千克；当因自然灾害实收 90 千克或以上时，保险人无赔偿责任。

4) 定值保险赔偿方式

这是指在签订保险合同时，对保险金额的确定以双方约定的保险价值为基础。当发生保险事故造成损失时，如全部损失，按保险金额全数赔偿；如部分损失，只需确定损失程度，按损失程度的比例赔偿，不再估算受损财产的实际价值。这种赔偿方式适用于海洋运输货物保险、船舶保险和无法鉴定价值的高档工艺品、古玩、珠宝等特约保险。

2. 人身保险金给付

一般来说，人身保险合同多采取定额给付的方式承保，故保险事故发生时，保险人按双方事先约定的金额给付，与财产保险相比相对简单。下面简单介绍一下人寿保险业务和人身意外伤害保险业务的赔款计算。

1) 人寿保险业务

对于传统的人寿保险业务，保险事故造成被保险人死亡或保险期满时被保险人继续生存，保险人按保险合同中约定的保险金额给付。

对于投资型的人寿保险业务，保险事故造成被保险人死亡，保险人按投资收益的多少决定保险金的给付，但最低不低于保单中规定的基本保额。

2) 人身意外伤害保险业务

按照人身意外伤害保险条款规定，因意外事故造成被保险人死亡或全残的，给付全部保险金额；因意外事故造成被保险人残疾的，可以按照丧失劳动能力和伤残程度给付全部或部分保险金，残疾程度用百分率表示，具体数额按照"意外伤害保险金额给付表"和"意外伤害残废给付标准"来确定，故

$$残疾保险金 = 保险金额 \times 伤残程度百分率$$

当一次意外事故造成被保险人多处伤残时，按总和的伤残程度百分率来计算残疾保险金。当被保险人身体各部位伤残程度百分率合计超过100%时，只能按全部保险金额给付保险金。如果被保险人在保险期内多次遭受意外伤害，则每次意外伤害保险人都必须按合同规定给付，但累计的保险金给付不超过保险金额。

值得注意的是，人寿保险中的死亡保险金给付和人身意外伤害保险中的残疾保险金的给付不存在重复保险问题，也不存在代位追偿问题。被保险人拥有数份保险单，保险事故发生时，任何一家公司都必须按约定的保险金额给付，不得有所增减。如果是第三者的责任造成被保险人死亡和残疾的，保险公司给付后不得行使代位追偿权。

13.6 保险投资

随着社会经济的发展，保险公司传统的承保业务竞争日益激烈，业务经营艰难，仅仅依靠承保业务已不能适应保险业进一步发展的需要；而且，保险公司所拥有的保险基金不断积聚，需要寻找出路，增加资金收益。因此，从当今各国保险业的发展趋势来看，保险公司已从单纯的经济补偿机构逐步变成既有补偿职能又有融资职能的综合性金融企业。投资业务与承保业务并驾齐驱，已成为现代保险业发展的重要特征。国外保险公司的资金运用渠道广泛，资金运用成为主要利润来源。随着发达国家保险公司资金运用的发展，其保险业务逐渐

成为一种拓宽资金来源的渠道,承保利润微薄,投资业务成为主要盈利途径。有的国家保险市场竞争激烈,保险业务盈利很小,甚至出现了承保亏损,但由于这些国家保险公司资金运用能力强,投资收益成为其主要的盈利来源,这样不仅弥补了保险业务的亏损,而且成为保险业务发展的动力,给社会提供了更为有力的保险保障。

13.6.1 保险投资的概念

1. 保险投资的概念

保险投资是指保险公司将其暂时闲置的保险基金进行合理运用,使其达到增值目的的过程。一般的投资着眼于现实资本存量的增加并与扩大再生产相联系,而保险投资的着眼点并不是直接增加保险公司资本存量,形成生产性资产,而是增加保险公司债权或金融资产,从中盈利,以增强保险公司的经济补偿能力与市场竞争能力。但是,保险投资也会间接地增加公司的资本存量,形成一定的固定资产和流动资产。

2. 保险投资与保险资金运用的区别

保险投资往往是指保险资金的运用,但从严格意义上说,这两个概念是有区别的。在会计上,资金运用专指企业资金占用和使用的情况,它既包括企业拥有的各种财产,也包括企业的各种债权。而保险投资是指增加企业债权或金融资产的活动,它只是资金运用的一种主要形式,因而其范围要小于保险资金运用。

3. 保险投资的形式

从投资形式看,保险投资分为直接投资和间接投资两类。直接投资就是将资金投向生产经营过程,参与生产经营活动,其主要形式有合资入股、直接经商办厂、购置不动产等。由于这种投资风险较大、变现能力差,它在保险资产总额中所占的比重不大,通常在5%～10%之间。间接投资就是购买政府、银行、企业等发行的债券和股票及向企业、个人发放贷款,其投资收益的形式是利息、股息等。由于间接投资方式的流动性、盈利性较高,保险公司一般都非常注重间接投资。

13.6.2 保险投资的资金来源

保险公司的资金来源较多,但可用于投资的资金来源主要包括以下几项。

1. 权益资产

权益资产,即资本金、公积金、公益金和未分配利润等保险公司的自有资金。

资本金是保险公司的开业资金,也是备用资金。各国保险法为了促进保险人开业初期业务的开展,保证其经营的稳定性,均对保险人的开业资本金规定了最低限额。例如,日本规定国内保险企业的最低限度资本金不得少于3 000万日元;法国规定保险股份有限公司的最低限度资本为500万法郎,相互保险公司的最低限度资本是250万法郎;加拿大按经营业务的不同而分别规定,经营非寿险业务的保险公司的开业资本要求为150万加元,经营寿险业务的保险公司则为200万加元;我国《保险法》第六十九条规定:"设立保险公司,其注册资本的最低限额为人民币二亿元。保险公司的注册资本必须为实缴货币资本。"

此外，还要求保险人将其实收资本金的一定比例缴存保证金。由于资本金是保险人的自有资金，没有特定的责任对应，只有在发生特大自然灾害事故或经营不善以致偿付能力不足时才需动用。所以，资本金除去缴存的保证金外，一般可用于长期投资。我国《保险法》第九十七条规定："保险公司应当按照其注册资本总额的百分之二十提取保证金，存入国务院保险监督管理机构指定的银行，除公司清算时用于清偿债务外，不得动用。"

公积金、公益金和未分配利润在未使用或分配前，一直处于闲置状态，因而是一种可运用的资金。公积金分为资本公积金和法定公积金，前者主要形成于资本溢价、资本盘盈、接受捐赠和汇兑收益等，后者是保险公司从税后利润中提取积累的公积金。公积金的用途一般限于弥补公司亏损、扩大公司经营规模和转增公司资本。公益金与法定公积金不一样，是从保险公司税后利润中提取的，用于职工集体福利。未分配利润是保险公司在经营中形成的，尚未被股东分配或转为资本金的利润。

2. 责任准备金

为了保证保险公司履行经济补偿或给付的义务，确保保险公司的偿付能力，以保障被保险人的利益，保险公司应按规定从收取的保费中按一定的比例提存责任准备金。根据保险公司经营管理的要求，责任准备金有多种形态，从投资角度看，大体上可划分为以下四种。

1) 未到期责任准备金

未到期责任准备金又称未满期保费准备金。因为当年承保的业务中，由于保险期限跨越会计决算年度，在下年度中仍有未了的保险责任，因而，应将未到期部分的保险费提存出来，转作下年度未到期责任的赔偿之用，由此提存的保险费即为未到期责任准备金。

2) 未决赔款准备金

由于存在当年已经发生并且属于本年度支付而未支付的未决赔款，保险公司为了正确计算年度的损益，根据这些未决赔款从当年保费中估算提存的准备金就是未决赔款准备金。未决赔款准备金是保险人可运用的资金来源之一，而且随着保险人保险业务的开展，保费收入的增加，其规模也不断扩大。其估算一般有逐案估算和赔案平均估算两种方法。

3) 寿险责任准备金

它是指经营寿险业务的保险人，为了保证未来时期的经济给付责任而提取的准备金，世界各国的通行做法是按寿险保单的全部净值提取。这种准备金虽然属于保险公司的负债，却始终或长期停留在保险人手中，是可运用资金的主要来源。

4) 总准备金

它属于保险人的自有资金，通常从公司的税后利润中提取，用于特大灾害事故的赔款支出，故又称为巨灾准备金。在正常情况下，总准备金是长期沉淀的，是保险公司长期投资的一项主要资金来源。

3. 其他资金

在保险公司经营过程中，还存在其他可用于投资的资金来源，如结算中形成的短期负债保险储金，这些资金虽然数额不大，而且须在短期内归还，但却可作为一种补充的资金来源。此外，在一定时期内，因保费收入的形成相对集中，而赔款支出断续发生，这部分"时间差"所形成的资金，在年终决算形成利税和盈余上交或分配前，也是一种资金来源。

13.6.3 保险投资资金的特点

保险投资资金具有返还性、分散性、长期性和增值性的特点。

1. 返还性

保险投资资金的主体是各类准备金，而这些准备金大多属于保险公司的负债，需要在将来某一时刻返还给被保险人或受益人。因此，返还性是保险投资资金最重要的一个性质。正是基于保险投资资金返还性的特点，决定了保险投资活动必须始终把安全性放在首位。

2. 分散性

从保险投资资金的构成看，无论是自有资本金，还是各种责任准备金，其来源都十分分散。保险投资资金的来源既可以是自然人，又可以是各类法人。在地域分布上，这些法人、自然人可能来自不同的区域甚至国家。从保险费的收取看，保险资金在空间和时间上也具有充分的分散性。因此，保险投资资金具有分散性的特点。

3. 长期性

保险投资资金中的资本金、公积金属于所有者权益，除非企业破产清算，否则一般是不会要求偿还的，因此这部分资金具有长期稳定的特点。对于寿险公司而言，中长期保单所形成的责任准备金，也是十分稳定的。这意味着相对于其他金融机构的资金而言，保险投资资金的期限可能更长，资金量也更为稳定。

4. 增值性

保险投资资金是一种经营性的资金。这种经营性决定了其自身的增值性。许多人寿保险是在当年投保，几年、几十年后给付，给付大于保费的差额大多属于保险资金增值的部分。此外，有些险种或险别本身就具有投资性质（如投资连结型保险），客户投保的目的就是获得投资收益。因此，保险资金必须投资并增值，满足这种要求。

13.6.4 保险投资的原则

从投资的一般要求看，投资原则包括安全性、盈利性、流动性、公共性等。由于保险经营具有特殊性，保险投资的资金中绝大部分具有负债性，保险投资原则的确定不仅要符合投资的一般要求，而且要符合保险经营的特殊性要求。这种特殊性要求就是要把投资安全作为保险投资的第一原则，以确保保险公司随时承担保险责任。

目前，普遍为人们所接受的保险投资原则主要包括以下原则。

1. 安全性原则

安全性原则是保险投资最基本的原则。这是因为，保险投资的资金既不完全是保险企业的盈余，也不是可以无限期流出保险企业的闲散资金。这种资金的绝大部分在保险企业的会计账上列为负债项目，即对被保险人未来赔付的负债。因此，对这种资金的运用必须保证其安全。不难设想，如果不顾保险投资的安全性，一味地为了获取厚利而搞冒险投资，就可能产生资金无法回收、无力向被保险人支付赔款或给付保险金的局面，使保险经营陷入困境。当然，安全性原则是从投资总体而言的，如果要求各种投资项目都绝对安全，从时间来看绝非易事，也无必要。因为投资就存在风险，而风险越大，收益越大。所以在投资总额中，用一部分资金投入风险较大的项目，即使发生投资损失，但在总体上确保投资收益，无损于安全性原则。

2. 盈利性原则

投资获得盈利是保险投资的目的。投资盈利即投资收入大于投资成本。也就是说，投资收益的最小期望值应大于相应资金存入银行所获的利益与相应投资费用的总和。在多种投资方式条件下，保险投资应追求不同的盈利水平，而不能让各种投资方式都受制于安全性要求。保险投资应在总体上符合安全性要求的前提下，尽可能提高投资收益水平。

3. 流动性原则

流动性是指保险投资的项目应具有变现能力。保险公司在投资后，如果随时可以抽回资金，用以补偿被保险人的经济损失，就表明该项目具有流动性。流动性作为保险投资的原则，也是由保险经营的特点所决定的，尤其对财产保险来说更是如此。当然，对于流动性也不能片面理解，要求每一个投资项目都具有流动性。坚持流动性原则，主要应使投资结构合理，可将一部分资金投入到变现能力强的项目上去，另一部分资金投入到变现能力相对较弱的项目上去，并根据投资的资金来源分类投放，从而保证总体上具有流动性。

流动性原则与安全性原则一致，而与盈利性原则成反比。一般来说，变现能力较强的投资品种，其盈利性相对较低，如银行存款。股票的变现性较强，其盈利性也较高，所以股票投资是保险投资中的重要项目。因寿险业务与财险业务的差别，寿险投资与财险投资对于流动性的要求是不同的。例如，不动产投资在寿险公司投资结构中所占比重与在财险公司投资结构中所占比重就不一样，前者大于后者。

4. 公共性原则

保险投资的资金主要是保险责任准备金，它来源于众多的保险客户，具有广泛的社会性，这要求保险投资还要注意公共性原则。公共性原则要求保险投资既要注意经济效益，还要注意社会效益，增加公共福利，扩大保险的社会影响和提高保险业的声誉。例如，购买市政建设债券和发放不动产抵押贷款等直接或间接有利于被保险人的项目。

13.6.5 保险投资的方式

不同国家对保险投资的方式有不同的规定。但一般来说，有五种主要的投资方式。

1. 银行存款

保险公司承担的赔付责任有很大的随机性，所以必须有一部分资金存入国家指定的银行账户，其中有长期存款，也有短期存款。这种投资方式，具有较强的安全性和流动性，但利息率较低，特别是在通货膨胀的情况下，货币难以保值和增值。所以，银行存款应该保持适当比例，所占比重不能太大，以保证经营性随时提款的需要为宜。

2. 有价证券投资

1) 债券投资

购买债券包括购买国债、金融债券和企业债券等。一般来说，债券的最大特点是利率固定、期限长、变现能力较强，尤其是国债，风险最小，安全性最高。购买企业债券，其安全性虽次于国债,但却是安全性、盈利性和流动性都比较适中的一种债券。尽管各种债券的投资在安全性及利率固定上各有长处,但在通货膨胀时期,都难免蒙受货币贬值的影响。此外,债券的流动性取决于债券市场的发达程度。债券市场不十分发达时,债券的流动性会受到影响。

2）股票投资

股票投资也是保险投资的一种方式。一般情况下,在经济景气时期,股票投资的回报率高于债券利息和存款利率,故历来被认为是预期收益最大的投资。另外,股票投资的普通股持有人有权参与企业经营决策,并且股息优厚,且股票可以随时转让,流动性很强,这对在通货膨胀时期进行保值极为有利。保险公司投资于普通股不仅可以取得较高的收益,而且通过对企业经营决策及整个过程的参与,可以直接服务于保险企业的理赔各环节。不过,股票市场受政治、经济及国际、国内各种因素的影响较大,其安全性比其他投资方式低,风险较大。保险企业进行股票投资时,必须从证券市场情况出发,经过专家缜密的调查研究和分析,谨慎地作出选择。

3）基金投资

基金具有内在的风险平衡机制,专家理财和分散化投资使其在风险和收益的配比方面能够满足投资者的需求。是保险投资的重要投资工具,保险公司已经成为基金最大的机构投资者。保险公司通过在一、二级市场上对基金进行投资可以有效弥补缺乏投资人才和投资经验的不足,降低投资风险。

3. 不动产投资

不动产投资是指保险公司把资金投向购买房地产业,如建造大型宾馆、公共娱乐场所和住宅等。不动产投资特别适于寿险资金。一般来说,不动产投资是保险公司直接占有财产,安全性较高。但不动产的投资期限长,风险较大,在国际已有因不动产投资太多致使保险企业倒闭的先例。因此,不动产投资要慎重,一般采取限额投资,以免风险集中。

4. 贷款

保险人发放的贷款一般是以不动产为抵押的贷款和以有价证券或寿险保单为质押的贷款。不动产价格风险小,抵押贷款保障程度较高。有价证券抵押贷款风险的大小,取决于有价证券本身有无担保。以无担保的有价证券为抵押的贷款,其风险类似于对有价证券本身的投资;以有担保的有价证券为抵押的贷款类似于不动产抵押贷款,风险较小。可见,这种贷款十分安全,因而在西方国家的保险投资中所占的比重也比较大。

5. 资金拆借

资金拆借包括资金拆入和资金拆出。作为保险公司投资渠道的资金拆借是指资金拆出,即资金有余的保险公司向资金需求者借出资金,收取利息。保险公司是同业拆借市场交易主体的重要参与者之一。资金拆出的风险较小,收益高于银行存款利息。

此外,根据我国有关法律法规的规定,保险公司的投资方式还包括股权投资、项目投资、境外投资等方式。国外保险公司还推出了一些新的投资渠道,如期货和期权交易、租赁、信托、担保、资产并购和转让等。

本章小结

1. 保险经营的特征：保险经营活动是一种特殊的劳务活动；经营资产具有负债性；经营成本和利润计算具有特殊性；投资在保险经营中占有重要地位；保险经营具有分散性和广泛性。保险公司经营必须树立市场理念、竞争理念、效益理念、信息理念和营销理念。保险经营的特征决定了保险经营除了要贯彻经济核算、随行就市、薄利多销等一般商品经营原则，还应遵循一些特殊的经营原则，包括风险大量原则、风险选择原则、风险分散原则等。

2. 保险展业是指通过保险展业人员的宣传和引导使有保险需求的人参加保险的行为，也是为投保人提供投保服务的行为。保险展业由保险宣传和销售保险单两种行为构成。保险展业可分为直接展业、代理人展业和经纪人展业。保险展业的步骤和方法包括展业前的准备工作、设计展业计划和保险方案、与客户谈判。

3. 保险承保，简单地说，就是保险合同的签订过程。保险承保的必要性主要体现在：是保证业务质量的必然要求；是保证公司经营稳定性的内在要求；是实现利润最大化的本质要求。保险承保的内容包括审核投保申请、控制保险责任和分析风险因素。保险承保工作的程序一般有接受投保申请、审检验险、接受业务和缮制单证四个步骤。

4. 保险防灾防损，是指保险人与被保险人采取各种组织措施和技术措施，预防和减少保险标的发生灾害事故，以及在灾害事故发生后，尽可能地减轻保险标的的损失。保险防灾防损与社会防灾防损有许多方面的区别。保险防灾防损工作的内容包括加强同各防灾部门的联系和合作、经常开展防灾防损宣传、进行防灾防损检查、参与抢险救灾、及时处理不安全因素和事故隐患、拨付防灾防损费用、开展灾情调查，积累灾情资料。保险防灾防损包括法律方法、经济方法和技术方法。

5. 保险理赔是指在保险标的发生风险事故后，对被保险人提出的索赔请求进行处理的行为。保险理赔应遵循重合同、守信用的原则，实事求是的原则，主动、迅速、准确、合理的原则。保险理赔的程序，一般包括登记立案；审核各项单证；现场查勘；核定损失，计算赔款；赔付结案；代位追偿六个环节。财产保险损失赔款的计算一般采用比例赔偿方式、第一损失赔偿方式、限额赔偿方式、定值保险赔偿方式。人身保险合同多采取定额给付的方式承保，故保险事故发生时，保险人按双方事先约定的金额给付，相对财产保险比较简单。

6. 保险投资是指保险公司将其暂时闲置的保险基金进行合理运用，使其达到增值目的的过程。保险投资与保险资金运用是有区别的：资金运用专指企业资金占用和使用的情况；而保险投资是指增加企业债权或金融资产的活动，它只是资金运用的一种主要形式。从投资形式看，保险投资分为直接投资和间接投资两大类。保险公司的资金来源较多，但可用于投资的资金来源主要包括：权益资产；责任准备金，包括未到期责任准备金、未决赔款准备金、寿险责任准备金、总准备金和其他资金。保险投资资金具有返还性、分散性、长期和增值性四个特点。目前，普遍为人们所接受的保险投资原则主要包括安全性原则、盈利性原则、流动性原则、公共性原则。不同国家对保险投资的方式有不同的规定。但一般来说，主要的投资方式有银行存款、有价证券投资、不动产投资、贷款、资金拆借等。

复习思考题

1. 保险经营的特征和原则有哪些？
2. 简述保险展业的渠道、步骤和方法。
3. 简述保险防灾防损的意义和基本要求。
4. 试比较财产保险赔款计算四种方法的特点。
5. 试述保险展业、承保、防灾防损、理赔工作之间的相互关系。
6. 保险投资应遵循哪些原则？采用哪些投资方式？

第 14 章 保险市场

学习目标

理解保险市场的概念、要素和特征；了解保险市场的类型与模式；掌握影响保险供给和保险需求的因素；识别保险供给弹性和保险需求弹性的表现。

14.1 保险市场概述

14.1.1 保险市场的概念

保险市场是保险商品交换关系的总和或是保险商品供给与需求关系的总和。它既可以是有形、固定的交易场所如保险交易所，也可以是无形、非固定的交易方式如网络保险。在保险市场上，交易的对象是保险人为保险消费者所面临的风险提供的各种保险保障及其他保险服务。

14.1.2 保险市场的构成要素

理论上说，完善的保险市场是由不同的要素构成的。从现代各国保险市场看，无论保险市场的模式属于何种市场结构类型，保险市场都应具备以下要素。

1. 保险市场的主体

保险市场的主体是指保险市场交易活动的参与者，包括保险商品供给方、保险商品的需求方及充当供需双方媒介的中介方。保险市场就是由这些参与者缔结的各种交换关系的总和。

1）保险商品的供给方

保险商品的供给方是指在保险市场上，提供各类保险商品，承担、分散和转移他人风险的各类保险人。它们以各类保险组织形式出现在保险市场上，如国有保险人、私营保险人、合营保险人、合作保险人等。通常它们必须是经过国家有关部门审查认可并获准专门经营保险业务的法人组织。根据我国《保险法》的规定，保险人的组织形式只能是法人组织，不允许个人经营保险。因而在我国提供各类保险商品的是各类保险公司，它们构成我国保险市场的供给方。目前，世界上唯一一家经营保险业务的自然人保险组织，就是英国伦敦的"劳合社"承保人。

2）保险商品的需求方

保险商品的需求方是指保险市场上所有现实的和潜在的保险商品的购买者，即各类投保人。他们有各自独特的保险保障需求，也有各自特有的消费行为。根据保险消费者不同的需求特征，可以把保险商品需求方划分为个人投保人、团体投保人、农村投保人、城市投保人等。根据保险需求的层次还可以将其划分为当前投保人与未来的投保人等。

3）保险市场的中介方

保险市场的中介方既包括活动于保险人与投保人之间、充当保险供需双方的媒介、把保险人和投保人联系起来并建立保险合同关系的人，也包括独立于保险人与投保人之外，以第三者身份处理保险合同当事人委托办理的，有关保险业务的公证、鉴定、理算、精算等事项的人。具体来讲，保险市场的中介方包括保险代理人或保险代理公司、保险经纪人或保险经纪公司、保险公证人（行）或保险公估人（行）、保险律师、保险理算师、保险精算师等。

2. 保险市场的客体

保险市场的客体是指保险市场上供求双方具体交易的对象，即保险公司提供的多种多样的保险商品。保险商品既不同于普通消费品，也不同于一般投资品具有一定的特殊性。其特殊如下：

① 保险商品是无形商品。保险企业经营的是看不见摸不着的风险，以风险为经营对象的保险商品必然是一种无形商品。保险商品体现为对被保险人的一纸承诺，而且这种承诺只有在保险合同约定的保险事故发生或保险期限届满时方能履行。保险商品实际上是一种服务，是对未来提供服务的一种承诺。

② 保险商品是"非渴求商品"。所谓非渴求商品，是指消费者一般不会主动想要去购买的商品。因为保险产品是对风险事故发生后产生的经济损失的赔偿，风险虽然是客观存在的，但是风险事故的发生与否是不确定的，而人们总是在风险事故发生前存在侥幸心理。相对于普通消费品而言，主动购买保险商品的人要少得多，除非是法律强制性的规定。

③ 保险商品具有灾难的联想性。保险商品总是与未来可能发生的不幸相联系，通常是在被保险人发生如疾病、伤残、死亡等不幸事件时，才能得到保险金。因此，向保险人申请理赔往往表明被保险人正在经历着痛苦或者财务上的压力，这使得消费保险品似乎也成为一种不愉快的经历。

④ 保险商品是隐性消费商品。保险消费者购买保险商品缴付保费后，得到的是保单，在消费保险商品的过程中，没有像其他有形物质商品那样的直观感觉，只有当风险事故发生，遭受经济损失获得赔偿时，才能真正体会到保险商品的存在。

保险商品的这些特性，使得"保险必须靠推销"。只有依靠富有想象力和创造力的推销方法、行之有效的广告宣传，才能吸引保险消费者，才能更好地完成保险市场的交易活动。

3. 保险市场的交易价格

保险商品价格即保费，是保险人履行赔偿或给付义务而向投保人收取的费用，通常由净保费和附加保费两部分组成。保费是一个非常敏感的因素，深刻影响着市场供求双方，具有很好的调节市场的功能，是保险市场的晴雨表。

4. 保险监督管理者

由于保险经营涉及众多被保险人和社会公众的利益，而且保险经营中的交易方式是一种特殊的交易方式，所以，在完善的保险市场中，应设立保险监管部门，并作为保险市场的要素之一。虽然各国保险监管方式不同，保险监管部门设立在不同的部门。但具有保险监管职能的机构是必须建立和存在的。在我国，保险监管部门是指中国保险监督管理委员会，简称保监会。保险监管部门的主要目的是为了维护保险市场的秩序，保护被保险人和社会公众的利益。

需要指出的是，在我国，保监会虽是保险市场的直接监管者，但在保险市场上还有一些政府监管机构也对保险市场实施监督管理，如工商管理部门、劳动管理机构、税务管理部门等。但是这些政府部门不是保险监督管理部门，它们对保险公司的监管不属于保险监管。此外，保险监督管理部门与其他政府管理部门对保险市场的监管重点也应是不同的。例如，工商管理部门进行的是综合性执法，其工作重点是对保险机构的资质审查和执行有关法律法规上的审查。当然，保险监督管理部门应与其他政府管理部门合作，从而形成保险市场监管的合力。

14.1.3 保险市场的特征

1. 保险市场是直接的风险市场

这里所说的直接风险市场，是就交易对象与风险的关系而言的。尽管任何市场都存在风险，交易双方都可能因市场风险的存在而遭受经济上的损失，但是，一般商品市场所交易的对象，其本身并不与风险联系，而保险市场所交易的对象是保险保障，即对投保人转嫁于保险人的各类风险提供保险保障，所以本身就直接与风险相关联。保险商品的交易过程，本质上就是保险人聚集与分散风险的过程。风险的客观存在和发展是保险市场形成和发展的基础和前提。"无风险，无保险"，也就是说，没有风险，投保人或者被保险人就没有通过保险市场购买保险保障的必要。所以，保险市场是一个直接的风险市场。

2. 保险市场是非即时清结市场

所谓即时清结的市场，是指市场交易一旦结束，供需双方立刻就能够确切知道交易结果的市场。无论是一般的商品市场，还是金融市场，都属于即时清结的市场。而保险交易活动，因风险的不确定性和保险的射幸性使得交易双方都不可能确切知道交易结果，因此，不能立刻清结。相反，还必须通过订立保险合同，来确立双方当事人的保险关系，并且依据保险合同履行各自的权利与义务。因而，保险单的签发，看似保险交易的完成，实则是保险保障的开始，最终的交易结果则要看双方约定的保险事故是否发生。所以，保险市场是非即时清结市场。

3. 保险市场是特殊的"期货"交易市场

由于保险的射幸性，保险市场所达成的任何一笔交易，都是保险人对未来风险事件发生所致经济损失进行补偿的承诺。而保险人是否履约即是否对某一特定的对象进行经济补偿，则取决于保险合同约定时间内是否发生约定的风险事故及这种风险事故造成的损失是否达到保险合同约定的补偿条件。只有在保险合同所约定的未来时间内发生保险事故，并导致经济损失，保险人才可能对被保险人进行经济补偿。保险市场可以理解为是一种特殊的"期货"市场。

4. 保险市场是无形市场

现代的保险经济活动，基本上是通过电脑设施随时进行的。这种没有固定场所和时间，通过现代化技术手段进行的交易行为，即为无形市场。现代市场经济，特别是金融市场绝大多数为无形市场；保险这一金融活动包括展业、投保、签单、索赔、理赔、追偿等环节，都可以通过现代化通信手段进行，不受固定场所和时间的限制，因此保险市场从空间概念来说是无形市场。

14.1.4 保险市场的模式

保险市场模式，也叫市场结构，它所反映的是竞争程度不同的市场状态。保险市场模式所涉及的因素包括保险企业的规模及规模的分布、市场进入障碍和进入条件、产品差异和政府管制的程度。由于各国和地区涉及保险市场模式的因素不同，所以保险市场的内部结构就不会一样。

1. 完全竞争模式

完全竞争型保险市场，是指一个保险市场上有数量众多的保险公司，任何公司都可以自由进出市场。在自由竞争模式下，保险市场处于不受任何阻碍和干扰的状态中，同时由于大量保险人的存在，且每个保险人在保险市场上所占份额都很小，因而任何一个保险人都不能够单独左右市场价格，而由保险市场自发地调节保险商品价格。在这种市场模式中，保险资本可以自由流动，价值规律和供求规律充分发挥作用。国家保险管理机构对保险企业管理相对宽松，保险同业公会在市场管理中发挥着重要作用。

一般认为完全竞争是一种理想的市场模式，它能最充分、最适度、最有效地利用生产资源。因而，保险业发展较早的西方发达国家多为该种类型。但是，自由竞争发展的结果，必然导致垄断。自垄断资本主义以后，完全竞争已无现实性。现实中存在的竞争往往是一种不完全的竞争。

2. 完全垄断模式

完全垄断型保险市场，是指保险市场完全由一家保险公司操纵，这家公司的性质既可以是国营的，也可以是私营的。在完全垄断的保险市场上，价值规律、供求规律和竞争规律受到极大的限制，市场上没有竞争，没有可替代产品，没有可供选择的保险人。因而，这家保险公司可凭借其垄断地位获得超额利润。完全垄断模式还有两种变通形式：一种是专业型完全垄断模式，即在一个保险市场上同时存在两家或两家以上的保险公司，它们各垄断某类保险业务，相互间业务不交叉，从而保持完全垄断模式的基本性质；另一种是地区型完全垄断模式，是指在一国保险市场上，同时存在两家或两家以上的保险公司，各垄断某一地区的保险业务，相互间业务没有交叉。

3. 垄断竞争模式

垄断竞争模式下的保险市场，大小保险公司并存，少数大保险公司在市场上取得垄断地位。竞争的特点表现为：同业竞争在大垄断公司之间、垄断公司与非垄断公司之间、非垄断公司彼此之间激烈展开。

4. 寡头垄断模式

寡头垄断型保险市场，是指在一个保险市场上只存在少数相互竞争的保险公司。在这种模式的市场中,保险业经营依然以市场为基础,但保险市场具有较高的垄断程度,保险市场上的竞争是国内保险垄断企业之间的竞争,形成相对封闭的国内保险市场。存在寡头垄断模式市场的国家既有发展中国家,也有发达国家。

14.1.5 保险市场的机制

在市场经济条件下,保险市场的内涵实质上就是市场机制。若一个国家或一个地区的保险市场存在供求双方,也存在交易的对象,但缺乏市场机制,或市场机制不完善,就不是真正意义上的保险市场。在我国,发展和培育我国保险市场,在某种意义上就是建立和完善保险市场机制。而在发达国家和地区的保险市场上,相对完善的市场机制发挥着重要的作用。

所谓市场机制,是指在市场经济运行中形成的以价格、供求和竞争三位一体的互动关系为基础的经济运行和调节的机制。市场机制的构成要素包括价格机制、供求机制和竞争机制。

价格机制是市场机制中最基本的机制。按照马克思劳动价值论,价格是商品价值的货币表现,而价值是生产商品所花费的社会必要劳动量。在现实生活中,价格的高低除决定于价值之外,还受市场供求的影响。需求大于供给,价格趋于上升;反之,需求小于供给,价格趋于下降。也就是说,价格水平上升,既会增加供给,又会抑制需求;价格水平下降,则会增加需求,同时减少供给。但是价格机制的实现或作用的发挥,又必须以市场竞争为条件。价格影响供给,要以生产者的相互竞争为条件,价格影响需求,也要以消费者的相互竞争为条件。所以,在市场机制中,价格处于核心的地位。从这个意义上讲,市场机制的作用也可以归结为价格机制的作用。

供求机制是与价格机制紧密联系、共同发挥作用的机制,主要体现于供给、需求及价格之间的关系。供求机制的基本作用是促使商品生产者适应市场需求的变化,引导生产要素的合理流向,提高资源配置效率。

竞争机制是市场机制中的又一个重要机制。市场经济在本质上是一种竞争型经济。市场竞争主要包括供给者之间的竞争和消费者之间的竞争。在价格机制和供求机制作用下,必然是优胜劣汰。也就是说,竞争的结果,使长期获利的生产者生存,长期亏损的生产者将被淘汰。竞争机制的基本作用是促使商品生产者之间在适应市场和提高效率上展开竞争,并推动整个社会资源的配置和使用效益上的不断提高。

14.2 保险市场的供求与均衡

在保险市场的运行中,保险的需求与供给是其最重要的因素。两者对保险市场的发展,对改善保险企业的经营管理,对保险经济的发展都具有决定性的意义。

14.2.1 保险市场的供给

1. 保险市场供给的概念

保险市场的供给是指在一定的费率水平上,保险市场上各家保险企业愿意并且能够提供的保险商品的数量。保险市场供给可以用保险市场的承保能力来表示,它是各个保险企业承保能力的总和。

保险供给的形式有两种:一种是有形的经济保障,即保险人对遭受损失和损害的被保险人按照保险合同规定给予一定数量的经济补偿或给付,体现在物质方面,是保险供给的有形形态;另一种是无形的经济保障,即保险人对所有投保人提供心理上的安全保障,体现在精神方面。对投保人来说,购买保险后发生保险责任范围的事故,可以得到补偿和给付,这或多或少地给投保人减轻了心理上的压力,使他们将更多的精力投入到事业中去,而这种心理上的安全感是通过保险组织提供保险商品实现的。

保险供给的内容包括质和量两个方面。保险供给的质是指保险供给者提供的各种不同的保险险种,如财产保险、人身保险、责任保险、信用保证保险等具体险种,也包括每一具体的保险险种质量的高低;保险供给的量既包括保险企业为某一保险险种提供的经济保障额度,也包括保险企业为全体社会提供的所有保险商品的经济保障总额。

2. 影响保险市场供给的主要因素

保险供给是适应保险需求产生的,保险需求是制约保险供给的最基本因素,在保险需求既定的情况下,保险供给的增大或减少主要受以下六种因素的制约。

1) 保险费率

在市场经济条件下,决定保险供给的因素主要是保险费率,保险供给与保险费率成正相关关系。保险费率上升,会使保险供给增加;反之,保险供给则会减少。

2) 偿付能力

由于保险经营的特殊性,各国法律对保险企业都有最低偿付能力标准的规定,因而保险供给会受到偿付能力的制约。另外,保险企业的业务容量比率也制约着企业不能随意、随时扩大供给。

3) 保险技术

保险业的经营管理是科学技术性、专业性很强的业务活动,即在风险管理、险种设计、费率厘定、业务选择、准备金提存及人事管理、法律知识等方面都需要一定的技术,其中任何一项技术的高低,都会影响保险的供给。

4) 市场的规范程度

竞争无序的市场会抑制保险需求,从而减少保险供给;而竞争有序,行为规范,则使保险市场信誉提高,从而刺激保险需求,扩大保险供给。因而,规范的保险市场会促进保险供给扩大,而不成熟不规范的市场则使保险供给受到抑制。

5) 政府的监管

政府的监管政策在很大程度上决定了保险业的发展,决定了保险市场竞争的性质,也决定了保险经营企业的发展方向。各国政府监管程度不一,有宽松的,也有严格的。因而,即使有潜在的保险需求,保险费率上升,而由于监管过严,保险供给也难以扩大。

6) 保险供给者的数量和素质

保险供给者的数量越多,保险供给量就越大;反之,保险的供给量就会减少。在现代社会中,保险供给不但讲求数量,还讲求质量,质量提高的关键是保险供给者的素质。保险供给者素质越高,新险种就越容易开发、推广,从而扩大了保险供给。

此外,影响保险供给的因素还包括市场预期、保险业资本量、保险利润率以及互补品和替品的价格等。

3. 保险商品供给弹性

1) 保险商品供给弹性的概念

保险商品供给弹性通常是指保险商品供给的费率弹性,即保险费率变动所引起的保险商品供给量变动,保险商品供给与保险费率成正相关关系(见图 14-1)。它反映了保险商品供给量对保险费率变动的反应程度,一般用供给弹性系数(E_s)来表示:

$$E_s = \frac{\Delta S/S}{\Delta P/P}$$

式中:S——保险商品供给量;
ΔS——保险商品供给量变动;
P——保险费率;
ΔP——保险费率变动。

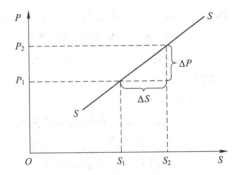

图 14-1 保险商品供给与保险费率的关系

由于保险商品的有机结构、保险对象、设计的难易程度等诸多因素的影响,使得保险商品供给弹性表现出不同情况:

当 $E_s = 0$ 时,供给无弹性,无论保险费率如何变动,保险商品供给量保持不变;
当 $E_s = \infty$ 时,供给无限弹性,即使保险费率不再上升,保险商品供应量也无限增长;
当 $E_s = 1$ 时,供给单位弹性,保险费率变动的比率与其供给量变动的比率相同;
当 $E_s > 1$ 时,供给富于弹性,保险商品供给量变动的比率大于保险费率变动的比率;
当 $E_s < 1$ 时,供给缺乏弹性,保险商品供给量变动的比率小于保险费率变动的比率。

2) 保险商品供给弹性的特殊性

虽然保险商品供给弹性表现出不同的种类,但从保险商品的总体而言,其供给弹性又有其自身的特殊性。

首先,保险商品供给弹性比较稳定。由于保险商品为人类提供的是风险保障,其供给与需求是同时存在的,因而,它不受经济周期的影响,无论繁荣期还是衰退期,保险商品并无显著不同,弹性较为稳定。

其次,保险商品供给弹性较大。由于保险业属于国民经济的第三产业,生产中的固定资产比例较低,供给不必经由调整生产规模就能适应社会需求,因此,保险供给弹性较大。

14.2.2 保险市场的需求

1. 保险市场需求的概念

保险市场的需求就是指在一定的费率水平上,保险消费者从保险市场上愿意并有能力购买的保险商品数量。

保险市场的需求有两种表现形式。一种是在物质方面，是有形的经济保障需求，即自然灾害或意外事故发生后，投保人能获得经济上的补偿或给付；一种是在精神方面，是无形的经济保障需求，即购买保险后，投保人转移了自己面临的风险，而得到了心理上的安全感，从而安心工作和生活，提高了对事业和生活的积极性。

保险需求者的有效需求必须具备三个条件：一是保险需求者对保险这种特殊商品的主观需要；二是保险需求者对想购买的保险商品的经济支付能力，即投保人有能力且有资格履行其义务，支付保险费；三是投保人所投保的标的物符合保险人的经济技术需要，即投保人想投保的险种和保险人设计的险种或愿意设立的险种相吻合。

2. 影响保险市场需求的主要因素

保险市场需求是一个变量，受诸多因素的影响，当这些因素发生变化时，保险市场需求会增大或减少。

1) 风险因素

保险承保的对象是风险，"无风险，无保险"。风险是保险产生、存在和发展的前提条件，保险市场需求总量与风险程度成正比关系。风险程度越大，保险市场需求就越强烈；反之，保险市场的需求总量就越少。

2) 保险费率

保险费率就是保险商品的价格，保险市场需求总量取决于投保人可支付的保险费的数量。只有保险费率合理，保险需求才能实现，投保人总是希望以较少的保险费支出，获得较大的安全保障。保险费率低，有可能刺激保险需求量的增大；反之，就会抑制保险需求量的增大，保险市场需求量与保险费率成反比关系。

3) 国内生产总值和消费者的货币收入

保险是经济发展到一定阶段的产物，当国内生产总值增加时，作为保险商品的消费者，个人的货币收入、企业的利润也会随之增加，缴费能力就会增强，保险市场的需求也就随之扩大；反之，保险市场需求就会降低。

4) 人口文化因素

保险市场的需求在一定意义上受人口因素及文化传统的影响。一个国家的人口总量越大，保险市场的需求总量就越多；一个国家人口结构、人口素质也影响着人们的消费心理、消费习惯和消费偏好。另外，文化传统影响、控制着人们的风险意识和保险意识，从而影响保险市场的需求。

5) 经济体制及强制保险的实施

在市场经济条件下，个人与企业面临着更多的风险，这一切不再由国家包揽解决，保险是对付风险的一项传统而有效的措施，保险市场的需求量也自然增加了。同时由于强制保险的实施，不论投保人是否愿意，必须购买保险，从而人为地扩大了保险市场的需求量。

此外，影响保险需求的因素还包括政策性因素、法制建设、社会信用体系、科学技术以及互补品和替代品价格等。

3. 保险需求弹性

1) 保险需求弹性的概念

保险需求弹性是指保险市场的需求对其诸因素变动的反应程度，通常用需求弹性系数

（E_d）来表示。如前所述，影响保险需求变化的因素很多，一般用保险市场需求的费率弹性表示，保险需求的费率弹性是指由于保险费率的变动引起的保险需求量的变动，保险商品需求与保险费率成负相关关系（见图14-2）。它反映了保险需求对费率变动的反应程度，用公式表示为

$$E_d = \frac{\Delta D/D}{\Delta P/P}$$

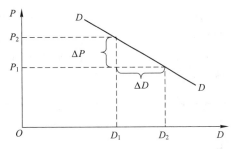

图14-2 保险商品需求与保险费率的关系

式中：D——保险商品需求量；
ΔD——保险商品需求量变动；
P——保险费率；
ΔP——保险费率变动。

由于保险费率与保险需求之间呈负相关关系，所以保险需求的费率弹性为负值，但一般用绝对值表示：

当$|E_d|=0$时，需求完全无弹性，无论保险费率如何变动，保险商品需求量保持不变；
当$|E_d|=\infty$时，需求无限弹性，即使保险费率不再上升，保险商品需求量也无限增长；
当$|E_d|=1$时，需求单位弹性，保险费率变动的比率与其需求量变动的比率相同；
当$|E_d|>1$时，需求富于弹性，保险商品需求量变动的比率大于保险费率变动的比率；
当$|E_d|<1$时，需求缺乏弹性，保险商品需求量变动的比率小于保险费率变动的比率。

2）保险需求弹性的特点

保险需求弹性反映了影响保险需求因素的变化引起的保险需求的变动程度，从而影响保险市场的变化。与其他商品相比，保险需求弹性有其自身的特点。

首先，保险需求弹性比其他商品或劳务的需求弹性大。与一般商品相比，保险商品的使用价值可以被其他商品或劳务所代替，保险费较高，因而保险需求更容易随价格的变动而增减，保险需求的费率弹性就较强。而对强制保险而言，保险需求费率弹性较低，甚至完全缺乏弹性。

其次，经济发展水平不同的国家的保险需求弹性呈现出不同的特点。在经济发展比较落后的国家，保险被认为是奢侈品，以收入的多少来确定是否购买保险，保险需求弹性较高；在经济发达国家，保险作为生活必需品，其弹性相应较低。

14.2.3 保险市场的供求平衡

保险市场供求平衡，是指在一定的费率水平下，保险供给恰好等于保险需求的状态，即保险供给与保险需求达到平衡点。即当费率P不变时，$S=D$。保险市场平衡的状态如图14-3所示，图中E为保险市场供求平衡点。

市场竞争程度决定了保险市场费率水平的

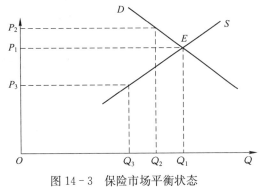

图14-3 保险市场平衡状态

高低。在不同的费率水平下，保险供给与保险需求的平衡状态也是不同的。如果保险市场达到平衡状态以后，市场费率高于平衡费率，则保险需求缩小，迫使保险供给缩小以维系市场平衡；反之，如果市场费率低于平衡费率，则保险供给缩小，而迫使保险需求下降，以实现新的平衡。

本 章 小 结

1. 保险市场是保险商品交换关系的总和或是保险商品供给与需求关系的总和。它既可以是固定的交易场所如保险交易所，也可以是所有实现保险商品让渡的交换关系的总和。保险市场的要素包括主体、客体和保险监管者。主体又包括保险商品供给方——保险人；保险商品需求方——投保人、被保险人；保险中介方——保险代理人、保险经纪人、保险公估人。我国的保险监管者是保监会。保险市场的特征：直接的风险市场、非即时清结市场、特殊的"期货"交易市场。保险市场机制包括价格机制、供求机制和竞争机制。价格机制是保险市场机制中最基本的机制。

2. 保险市场的供给是指在一定的费率水平上，保险市场上各家保险企业愿意并且能够提供的保险商品的数量，主要受保险费率、偿付能力、保险技术、市场的规范程度、政府的监管、保险供给者的数量和素质等因素的影响。保险市场的需求就是指在一定的费率水平上，保险消费者从保险市场上愿意并有能力购买的保险商品数量，主要受风险因素、保险费率、经济体制及强制保险的实施、人口文化因素、国内生产总值和消费者的货币收入等因素的影响。保险市场供求平衡，是指在一定的费率水平下，保险供给恰好等于保险需求的状态，即保险供给与保险需求达到平衡点。

复习思考题

1. 简述保险市场的特点。
2. 简述保险市场的模式。
3. 简述保险市场的构成要素。
4. 影响保险市场供给的因素有哪些？
5. 影响保险市场需求的因素有哪些？
6. 简述保险商品供给的费率弹性。
7. 简述如何达到保险市场的供给与需求平衡。

第 15 章 保险监管

学习目标

理解保险监管的概念及必要性；解释保险监管的目标、方式、方法与手段；了解保险监管体系的构成；掌握保险监管的主要内容。

在现代社会中，随着商品经济的不断发展，保险业的正常运行与发展对于社会经济的运行和人们生活的安定，起着越来越重要的作用。为了促进保险市场的健康发展，国家需要从外部监管和内部控制两方面来构建完整的监管体系，对保险业实施有效的监督和管理。

15.1 保险监管概述

15.1.1 保险监管的概念及必要性

1. 保险监管的概念

监管是监督与管理的总称，保险监管是保险监督与管理的总称。根据监管的实施机构和组织的不同，保险监管有狭义和广义两个概念。狭义的保险监管是指政府部门依据相关法律、法规对保险市场主体及其行为进行的监督管理。广义的保险监管是指政府监管机构、保险行业自律组织、保险机构内部监管部门及社会力量等多主体、多层次、多角度对保险市场及保险主体的组织和经营活动的监督和管理。通常所说的保险监管指的就是狭义的保险监管。

保险监管是一种特殊的监管，是指一个国家的金融主管机关或保险监管执行机关，依据现行法律对保险人和保险市场实行监督和管理，以确保保险人经营的安全且取得利益，维护被保险人的合法权益。纵观世界各国，无论是经济发达国家还是发展中国家，无论是崇尚自由经济的国家还是政府积极干预经济的国家，无不对保险业实施监管。保险监管之所以具有国际普遍性，主要是由保险行业本身的特点所决定的。

2. 保险监管的必要性

1）保险市场存在市场失灵

市场失灵理论是研究政府干预市场的一种经济学理论。市场失灵理论认为，由于存在大量现实和潜在的市场失灵问题，包括市场存在垄断、信息成本过高、负外部效应、搭便车现象等，造成理想状况的竞争性市场难以实现，导致市场公平和效率的损失，因此政府必须干预市场，纠正市场失灵，增进市场的公平和效率。保险市场也存在上述市场失灵问题，现实保险市场通常是垄断竞争型市场，公司之间的竞争并不完全平等，保险公司财务状况和社会保险需求状况等信息透明度不高，因此保险市场需要政府的监管，以最大限度地防止和消除市场失灵产生的非效率和不公正问题。这是政府对保险业实施监管的根本原因。

2）保险业活动涉及公众利益

与银行业类似，保险业对整个社会有极大的影响和渗透作用。从范围上看，一家保险企业涉及众多家庭和企业的安全保障问题；从期限上看，一家保险企业可能涉及投保人的终生生活保障。一旦一家保险企业经营失败，众多的家庭和企业将失去保障，众多被保险人的晚年生活可能失去着落，并造成社会震荡。保险业的这一特点，使之不适应一般工商企业的自由竞争机制，即用市场的力量优胜劣汰，任由保险企业自生自灭。为了维护众多家庭和企业的利益，保证社会稳定，政府应将保险业置于其监管之下，而不是任其破产、倒闭。

3）保险经营具有很强的技术性

保险业的经营有很强的技术性，保单条款的制定、费率的计算都需要专业人员。投保人在投保时，保单的条款和保险费率都是由保险人事先设计好的，投保人可能很难辨别条款和费率是否公正。因而保险监管机构需对保单条款和费率水平进行审核，以保护投保人的利益。

4）保险业活动中存在过度竞争

保险企业的经营一般不需要很多固定资产投入，也不需雇用较多的员工。如果政府不规定市场准入者的标准，则社会上可能有很多资格很差的人（或机构）投资于保险业，造成保险业过度竞争，结果可能造成破产现象频频发生。保险监管机构则应根据市场供求情况，对保险市场的介入者提出一定的资格要求，限制保险业的自由出入。

5）促进民族保险业发展的需要

对保险业实施有效监管是发展本国民族保险业，保证其与国际保险业接轨的需要。虽然我国的民族保险业自恢复以来经历了近40年的发展，但由于我国保险业发展的时间还不是很长，与发达国家的保险业相比，无论是在市场份额还是在保险深度和保险密度方面，还存在较大的差距，这是与我国经济发展的要求不相称的。因此，如何引导我国保险业的发展方向、规范保险业活动、改善保险业的经营管理水平，促进我国民族保险业健康、快速发展，就成了政府保险监管机构要认真应对的事项。

6）保险经营的负债性

保险经营的负债性是指保险公司通过收取保费建立保险基金来履行其赔偿或给付职能，而保险基金中很大一部分是以保险准备金的形式存在的，保险准备金是保险公司的负债。保险公司提取责任准备金而形成的负债是确定的，但其承担义务所形成的负债则因风险事故的随机性而不确定。因此，保险经营本身就是一种负债经营。因此，保险市场需要政府的监管，以便最大限度地防止保险公司陷入经营困境，保护被保险人的合法利益。

7）保险交易过程的长期性

保险公司的生产和销售是同步发生的，现代保险采取的是损失事先分摊的方式，即先收取保险费，建立保险基金，再对发生的自然灾害和意外事故所造成的财产损失和人身伤害承担赔偿责任。保险交易过程的时间较长，财产保险一般为一年，人身保险则可能是几年、几十年，甚至伴随人的一生，这使得保险公司经营的风险具有隐蔽性、积累性和社会性的特征，因而政府对保险业的监管是非常重要的。

15.1.2 保险监管的目标

保险监管的目的是为了保护被保险人的正当权益和促进保险业的健康发展。具体来说，主要有以下五个目标。

1. 保证保险人的偿付能力

这是保险监管的首要目标。所谓偿付能力，是指保险人对被保险人负债的偿还能力。在保险经营中，保险人先收取保费，后对保险事故进行赔付。先收取的保费视为保险人的负债，而赔付则可视为对负债的偿还。偿付能力大小一般用偿付能力额度来表示，它等于保险人的资产减去负债。保险监管机构通过对偿付能力额度进行直接管理，或对影响保险人偿付能力的因素，如费率、投资等进行管理，来达到保护投保人利益的目的。

2. 防止利用保险进行欺诈

保险人利用保险进行欺诈，主要表现在不具备必要的偿付能力及非保险企业非法经营保险业务，还表现在保险人利用拟订保险条款或保险费的机会进行欺诈，如在保险条款中使用容易产生误解的含糊词语来逃避责任等。当然，在保险监管中也要防止投保人的道德风险，防止投保人或被保险人故意隐瞒事实真相或制造保险事故，骗取赔款。

3. 防止保险市场上的不正当竞争，维持合理的价格和公平的保险条件

在保险市场上，保险公司开展业务，应当采取正当的手段，遵循公平竞争的原则，不得从事不正当竞争。政府必须对保险市场的交易条件和价格进行严格的监督管理，防止市场上保险人之间的恶性竞争，如采取费率回扣的办法诱使投保人签订保险合同等，使保险市场维持合理的价格和公平的保险条件，以确保被保险人的利益。

4. 防止经营失败，促进保险业健康发展

当保险企业经营失败较为普遍之时，社会将对保险业失去信心，产生保险危机，人们纷纷退保或拒绝续保，从而造成保险市场失败。保险监管机构通过严格监管，减少保险企业破产的数目，使社会对保险业充满信心，这样可达到促进保险业健康发展的目标。

5. 发挥保险业对社会经济发展的推动作用

现代保险是一种市场化的风险转移机制和社会互助机制，是一种用市场办法从容应对各类灾害事故和突发事件、妥善安排人的生老病死的社会管理机制。在社会主义市场经济条件下，加快我国保险业的发展，对于稳定人们生产和生活，调剂社会资金需求，活跃资本市场，促进国民经济协调发展，构建和谐社会，无疑有着十分重要的意义。

6. 提高经营效率，保护被保险人的利益

商业保险以营利性为经营目标，保险人为了追求更多利润，存在不断扩大经营规模的内在动力，保险人之间也存在恶意竞争的可能，从而容易造成保险资源的不合理配置。保险监管部门通过干预、管理和协调等方式，在全行业内合理引导保险资源流向和配置保险资源，促进保险人适度的规模经营，提高保险经营的效率。只有提高保险人的经营效率，投保人或被保险人才有可能得到合理的、优惠的保险费率，被保险人利益才能得到保护。

15.1.3 保险监管的方式、方法与手段

1. 保险监管的方式

一个国家采取何种方式对保险业实施监管,目前国际上还没有形成固定的、统一的标准,各国根据其不同的经济环境和法律环境,在不同历史时期和不同的市场结构条件下,所采取的监管方式也不一样。通常采取的方式有以下三种。

1) 公告管理方式

公告管理方式,又称公告主义,即国家对保险业的实体不加以任何直接监管,而仅把保险业的资产负债、营业结果及其他有关事项予以公布。至于业务的实质及经营优劣由被保险人及一般公众自己判断。关于保险业的组织、保险合同格式的设计、资本金的运用由保险公司自主决定,政府不作过多干预,这是国家对保险市场最为宽松的一种管理方式。其优点是通过保险业的自由经营,使保险业在自由竞争的环境中得到充分发展;缺点是一般公众对保险企业优劣的评判标准不易准确掌握,对不正当的经营无能为力。英国监管模式的国家较多地采用这种方式,如1956年英国的《保险公司法》即作此类规定。采取这种监管方式的国家必须具备相当的条件:客观上,该国国民经济高度发展,保险机构普遍存在,投保人有选择优劣的可能,保险企业具有一定的自制能力,市场具有平等竞争条件和良好的商业道德;主观上,国民具有较高的文化水准和参与意识,投保人对保险企业的优劣有适当的判断能力和评估标准。随着20世纪六七十年代英国保险公司的破产,政府对保险业的监管有加强的趋势,这一方式目前已很少被采用。

2) 规范管理方式

规范管理方式,又称准则主义。这种管理方式注重保险经营形式上的合法。对于形式上不合法者,主管机关给予处罚,而只要形式上合法,主管机关便不加干预。其做法是由政府制定出一系列有关保险的法律、法规,要求保险企业共同遵守。例如,对最低资本金的要求、资产负债表的审核、资本金的运用、违反法律的处罚等,均作了明确规定。但是,由于保险技术性较强,涉及的事物面较复杂,有关法律、法规难以面面俱到,往往会出现形式上合法而实质上不合法的行为,不能很好地实现政府对保险业的监督管理,因而这种管理方式也渐渐被淘汰。荷兰自1922年以后曾采用过这一方式。

3) 实体管理方式

实体管理方式,又称批准主义。实体管理是指国家制定完善的保险监管规则,政府保险监督管理机关根据法律法规规定赋予的权力,对保险市场,尤其是对保险企业进行全面、有效的监督和管理。保险人的设立,以政府批准为条件;保险企业经营的业务,由法律规范范围;保险企业的停业清算,都需要保险监督管理部门的严格审查。这样,既保证了保险人的合法经营,打击了不法经营者,又提高了保险人在社会上的信誉,被保险人的利益也受到了保护。这是当今大多数国家,如美国、日本、德国等都采用的监管方式,我国也采用这种方式。目前在保险费率监管、保险条款审定、竞争约束、资金运用等方面,许多原来监管严格而市场秩序较好的国家,对此开始有放松监管的趋势。

2. 保险监管的方法

保险监督管理部门对保险监督管理对象进行监督管理的方法主要有现场检查和非现场检

查两种。我国《保险公司管理规定》第五十九条规定："中国保监会对保险机构的监督管理，采取现场监管与非现场监管相结合的方式。"

1）现场检查

现场检查是指保险监督管理机构及其分支机构派出监督管理小组到各保险机构进行实地调查。现场检查有定期检查和临时检查两种，临时检查一般只对某些专项进行检查，定期检查要对被检查机构做出综合评价。现场检查的重点是被检查保险机构内部控制制度和治理结构是否完善，财务统计信息是否真实准确，保险投诉是否确实合理。

为保证现场检查管理的质量，保险监督管理机构要建立清楚的、与检查频率和范围有关的规定，同时制定必要的检查程序和处理方法，以确保工作的严格进行，保证既定指标和检查结果相统一。

现场检查一般分为检查准备、检查实施、报告与处理、执行决定与申诉、后续检查等5个阶段。

2）非现场检查

非现场检查是指保险监督管理机构审查和分析保险机构各种报告和统计报表，依据报告和报表审查保险机构对法律法规和监督管理要求的执行情况。非现场检查能反映保险机构潜在的风险，尤其是现场检查间隔阶段发生风险的可能，从而提前防范风险。由于非现场检查要汇总分析各类报表资料，从中既可以发现个别保险机构存在的问题，也可以把握整个保险系统以及市场体系的总体趋势，还能为保险监督管理机构的业务咨询工作提供依据。为确保非现场检查方式在保险风险监督管理中发挥应有的效力，要求保险公司的报表具有时效性、准确性和真实性。在西方发达国家，非现场检查得到了普遍的重视和应用。而在大多数发展中国家，由于报告的信息资料和数据准确性差，使风险分析和评估缺乏可靠性和科学性。

为有效发挥非现场检查的作用，保险监督管理机构要制定各种各样的标准报表，每个保险公司根据不同的内容分别按月、季、半年、年向监督管理机构报送。一般来说，资产负债表按月报送，反映资产流动性的报表按季报送，反映经营业绩的报表按年报送。保险监督管理机构收到这些报表后，对保险公司的各种风险进行评估，如果发现问题，便责令保险公司立即整改。必要时，聘用外部注册会计师或审计师检查，这是现场检查方式的协同检查，这种检查工作不是由保险监督管理机构来操作，而是由其聘请的注册会计师和审计师来操作，或者由双方共同完成。

现场检查与非现场检查这两种监管方法各有特色。非现场检查限于反映一个时点信息，能够帮助我们有效地确定开展现场检查的范围，调整进行现场监督的频率，增强现场检查的针对性，它的作用的发挥完全依赖于资产负债表等报表的真实性。而现场检查方法可以获得真实和全面的信息，为对被检查单位做出准确评价提供依据。通常情况下，应该把现场检查和非现场检查两种方法结合运用。

3. 保险监管的手段

一般来说，各国对保险市场监管的手段有法律手段、经济手段、行政手段等三种。英国等国家侧重于经济手段，美国等国家侧重于法律手段，而大多数发展中国家更侧重于行政手段。

1）法律手段

作为保险监管手段的法律，一般是指有关经济方面的法律和保险法规。保险法规包括保险法律、规定、法令和条例等多种形式。国家通过保险法规对保险公司的开业资本金、管理人员、经营范围、保险费率、保险条款等根本性问题作出明确规定。《保险法》《公司法》《票据法》《海商法》等是西方《商法》的四个主要部分，保险法包括《保险公司法》和《保险合同法》两个部分，有的国家分别订立，有的国家则合二为一。2015年我国修订实施的《保险法》，采用的是《保险业法》与《保险合同法》合二为一的体例，它是我国保险法律体系的核心部分。2015年修订实施的《保险公司管理规定》、2011年调整后实施的《保险资产管理公司管理暂行规定》等则是与《保险法》相配套的保险法规。

2）经济手段

经济手段就是根据客观经济规律的要求，国家运用财政、税收、信贷等各种经济杠杆，正确处理各种经济关系来管理保险业的方法。用经济手段来管理保险市场，客观上要求做到：尊重经济规律，遵守等价交换原则，充分发挥市场、价格、竞争的作用，讲求经济效益。通过使经营者多得或少得经济利益的办法，来达到鼓励或抑制其经济活动的目的。例如，为了促进农业保险业务的发展，国家可以采取财政补贴或减免税收等倾斜政策予以扶持等。

3）行政手段

行政手段是社会主义国家和许多发展中国家监管保险的又一手段。行政手段就是依靠国家和政府及企业行政领导机构自上而下的行政隶属关系，采用指示、命令、规定等形式强制干预保险活动。市场经济并不排斥国家和政府的行政管理，有时还要凭借这些行政力量为保险经济运行创造良好的外部环境和社会条件，及时纠正干扰保险市场正常秩序的不良倾向。诚然，过分集中化、行政化管理，会阻碍保险业务的拓展和保险经营者积极性的发挥。要使保险市场真正充满生机和活力，就应使保险企业真正成为独立核算、自主经营、自负盈亏，具有自我发展、自我约束能力的企业，尽量减少和弱化行政干预手段。

15.2 保险监管的内容

15.2.1 保险监管的体系

保险监管体系是一个包括监督者、管理者、被监督管理者及其相互作用的完整的、动态的体系。一方面，国家保险监管机关、保险行业自律组织、保险信用评级机构、独立审计机构和社会媒体等作为保险监管的主体，对保险实施监督和管理。在这些主体中，有的既有监督权又有管理权，如国家保险监管机关；有的只有监督权没有管理权，它们只能通过自己的建议和看法来影响国家保险监管机关、保险业本身和社会公众，如保险行业自律组织、保险信用评级机构等。另一方面，各保险公司、保险中介机构（包括保险代理人、经纪人和公估人等）、投保人、被保险人、受益人等作为保险监管的客体，接受各方的监督和管理。

构建完善的保险监管体系将有助于提高保险公司的经营管理水平，防范和化解保险业的整体经营风险，确保监管目标的顺利实现。

保险监管体系一般由以下几个部分组成。

1. 保险监管法规

保险监管法规，又称保险业法，是调整国家对保险业进行管理过程中所形成的权利与义务关系的一种法律规范。其一般以单行法规的形式出现，内容包括两大部分：一是对保险监管对象的规定，二是对保险监管机构授权的规定。

英国是保险立法最为先进的国家之一，自1870年推出《寿险公司法》之后，于1909年将其有关规定扩展到其他险种，推出了《保险公司法》，现行的《保险公司法》是1982年引入欧共体指令后的版本。英国的保险监管法规已形成了一个体系，除上述法律外，还有《保险公司管理条例》《保险公司（财务和报表）管理条例》《保险经纪人法》《被保险人保护法》等。

日本的保险监管法规也自成体系，而且在广度上有所突破。日本现行的是1996年颁布实施的新的《保险业法》，它对原有的法规进行了较大修订，具体包括：放宽限制，促进市场自由化和竞争；撤销和放宽资金运用上限，允许损害保险的费率逐步实现自由化和市场化；正视经营安全，加强预测和防范市场风险；公正运作，切实维护投保人的利益。

美国的保险法规有自己的特色，它的保险监管法由各州自行制定，负责协调各州保险立法的全国保险监督官协会只是定期召开会议，讨论修改各州的保险法规，并拟定样板法律和条例，供各州立法时参考。

我国的保险监管法规起步较晚，但发展较快。1985年颁布了新中国成立以来第一部保险业法规，即《中华人民共和国保险业管理暂行条例》，该条例属于临时性、行政管理措施，法律效力不明显。1995年，颁布了《保险法》，虽然该法是将保险合同法与保险业法合二为一的法律，但对保险监管作出了比较充分的规定。2002年又修订了《保险法》，与之配套的还有《保险代理机构管理规定》《保险经纪公司管理规定》《保险公估机构管理规定》《中华人民共和国外资保险公司管理条例》《保险公司偿付能力额度及监管指标管理规定》。2004年5月，中国保监会颁布了《保险公司管理规定》。2009年重新修订了《保险法》和《保险公司管理规定》，并于同年10月1日颁布实施。2015年4月24日对《保险法》进行了第四次修订，自公布之日起施行；2015年10月19日对《保险公司管理规定》修订并重新实施。可以看出，中国的保险监管法规建设正向规范化、体系化发展。

尽管各国保险监管的法规形式不尽相同，但内容却基本一致，主要包括：保险业务的许可，保险企业的组织形式，最低偿付能力，保险准备金的提取，再保险安排，保险资金的运用，保险企业的资产评估，会计制度，审计制度，财务报表，破产和清算，保险中介人的管理，等等。

2. 保险监管机构

在世界各国，保险监管职能主要由政府依法设立的保险监管机关行使。其形式多样，名称也不一致，不同国家有不同的称谓，同一国家的不同时期也有不同的监管机构。

英国是现代保险的重要发祥地，政府对保险市场的监管机构是贸工部，贸工大臣对合格的保险组织颁发营业许可证，并有权请求法院对有欺诈行为的公司裁决停业。同时，英国的保险人和保险经纪人也成立行业公会。这种社团组织的行业公会对维护保险市场正常秩序、加强行业自律发挥了重要的作用。

美国保险市场的监管主要由各州的州政府负责，一般在州政府内设保险署，保险署是由保险监督官负责的。大多数州的保险监督官由州长任命，个别州由选举产生。由各州监督官组成的全国保险监督官协会，负责协调各州保险立法与监管活动，并有权检查保险公司。

日本保险监管机构是大藏省，在大藏省的银行局设有保险部和保险审议会，前者具体负责对私营保险公司的行政监管工作，后者则是一个咨询机构。1998年，日本成立了金融监察厅，接管了大藏省的部分监管工作。

总之，国外保险监督机构的设置可分为两种：一是设立直属政府的保险监管机构；二是在直属政府的机构下设保险监管机构，它隶属于财政部（法国和澳大利亚）、商业部（泰国）、中央银行（马来西亚）、金融管理局（新加坡）等。

我国的保险监管机构最初是中国人民银行非银行金融机构管理司的保险处，《保险法》颁布后，人民银行内部调整，成立了保险司，专门负责保险市场的监管。1998年底成立了中国保险监督管理委员会，该会是国务院的直属事业单位，是全国商业保险的主管机关，根据国务院的授权履行行政管理职能，依照法律、法规统一监管中国保险市场。

保监会的任务是：拟定商业保险的政策法规和行业规划；依法查处保险企业违法违规威胁，保护被保险人的利益；维护保险市场秩序，培育和发展保险市场；完善保险市场体系，推进保险改革，促进保险企业公平竞争；建立保险业风险的评价和预警系统，防范和化解保险业风险，促进保险企业稳健经营与业务的健康发展。

3. 保险行业自律

保险行业自律组织通常以同业公会或行业协会的面目出现，保险行业协会是保险人或保险中介机构（代理人、经纪人、公估人）自己的社团组织，具有非官方性，它对规范保险市场发挥着政府监管所不具备的协调作用。有效的行业协会既可以避免国家的过分干预，又可以加强各保险机构之间的交流与合作，维护保险市场正常的竞争秩序。各国有很多这类保险行业协会，如英国的火灾保险人协会、人寿保险协会、劳合社承保人协会、伦敦承保人协会等。保险行业公会或协会的职责是：代表协会会员对政府有关保险的立法与管理措施发表意见，反映情况，对政府政策产生直接或间接的影响；协调会员在市场竞争中的行为；在业务方面制定统一的保险条款格式，协调最低保险费率，统一回扣或佣金，为政府监管部门提供专业依据。

保险行业的自律组织虽然在维护保险市场秩序，增强市场活力，弥补政府行为的不足方面发挥着不可忽视的作用，但作用毕竟有限。其原因在于保险行业的自律组织只能出于自愿而不能加以强制；管理范围只是部分而不是全部；成立同业组织的目的在于保障或增加本身的利益，而不是为了被保险人或投保人的利益等。所以，保险监管的主体仍然是国家或政府，行业自律只能是政府监管的一种补充。

我国的保险行业协会于2000年11月16日在北京宣告成立。中国保险行业协会由各个具有法人资格的国有保险公司、股份制保险公司和中外合资保险公司组成。协会还通过了《中国保险行业公约》，要求各会员公司应严格按照中国保监会核定的业务范围和核准的条款及浮动费率的范围经营保险业务，不得以不正当手段争夺业务，不得以任何形式贬低、诋毁其他公司。

4. 社会监督

社会监督包含非常丰富的内容，在此主要介绍以下三种组织的监督。

1) 保险信用评级机构

保险评级是由独立的社会信用评级机构,采用一定的评级办法对保险公司信用等级进行评定,并用一定的符号表示。信用评级机构把保险公司复杂的业务与财务信息转变成一个很容易理解的反映其经济实力的级别符号。这些信用评级机构使用特定的标准评估保险公司,它们挑选决定保险公司财务稳定的因素,并把它们的评判意见转换成以英文字母来代表的等级,每个等级对应于不同的经济实力。其评判的结果不具有强制力。信用评级机构以自身的信用来决定人们对其评定结果的可信度。

保险信用评级机构在世界上有许多家,比较著名的如美国的 A. M. Best 公司、标准·普尔公司、穆迪公司等,它们对评级的认识,以及使用的独特方法和工作都不同,得出的关于评级的概念也不尽相同。尽管如此,它们进行保险信用评级机构的核心都是根据从保险公司得到的报告资料,采用各种办法,对保单的一般偿付能力进行定性分析和定量分析。

评级机构为保险顾客提供了一个非常有用的服务,它们把一个普通消费者很难理解的保险公司财务情况具体细节简化成通俗易懂的信用等级表示符号。对保险业比较了解的消费者是迫使保险公司更有效和更谨慎运行的主要监督力量之一,因此,消费者也起到了对保险市场的监督作用。

但信用评级并不是完美无缺的。因为保险业是经营风险的特殊行业,而风险又是变化莫测的。因此,一个高的信用级别并不能绝对说明这个公司会生存下去,只是指这个公司的安全性很高。相反,相对较低的信用级别,也只是指这个公司倒闭的可能性较大。

2) 独立审计机构

独立审计机构是指依法接受委托,对保险公司的会计报表及相关资料进行独立审计并发表审计意见的注册会计师事务所和审计师事务所。独立审计的目的是对审计单位会计报表的合法性、公允性和会计处理方法的一贯性发表审计意见。由于独立审计机构的客观公正性和审计结果的准确性,各国在对保险公司偿付能力的监管中都比较重视独立审计机构的意见。中国保监会《关于保险公司委托会计师事务所开展审计业务有关问题的通知》规定,保险公司向保险监管机构报送营业报告、财务报告和其他有关报告时,应提交符合条件的会计师事务所出具的审计报告。

此外,中国保监会还同时强调,在对保险公司进行抽查、复核会计师事务所审计的有关报告时,若发现会计师事务所存在违规行为,将通知中国注册会计师协会;对属于保险公司责任的,将依法处罚。

3) 社会媒体

媒体关于保险机构的经营行为、财务状况的披露报道,直接影响着保险公司的企业形象和市场份额,广泛而潜在地引导着消费者的判断和选择,在一定程度上还会引起保险监管机构的关注,影响其政策倾向。因而,社会媒体的宣传监督对保险公司同样具有不可忽视的约束作用。

15.2.2 保险监管的内容

保险监管涉及的内容甚广,不同国家的保险监管各有特点,并各有偏重。但总的来说,可以分为组织监管、业务监管、财务监管、对保险中介机构的监管和公司治理结构监管。

1. 组织监管

国家对保险组织的监管，是指国家对保险业的组织形式、保险企业的设立、停业清算、保险从业人员资格及外资保险企业等方面的监督和管理。

1）组织形式

保险公司是保险市场的主体，保险人以何种组织形式经营，各个国家根据本国国情都有特别的限定。我国《保险法》对设立保险公司必须采取的形式没有明确的规定。有的国家，如美国、日本，除股份公司外，还允许采取相互保险公司等组织形式，英国则有劳合社保险人。

2）设立的审批

各国保险监管制度均规定，设立保险企业必须向保险监管机构申请批准，并经工商行政管理部门注册登记，发给营业执照，方准营业。申请时要提交资本金的证明，以及有关企业的章程、负责人资格、有关条款、费率、营业范围等文件资料。

3）停业清算

保险企业可能因经营不善而破产，也可自行决定解散或与其他保险企业合并。正常解散或合并时应该清偿全部债务或将保险合同全部转让。因经营不善、严重违法或负债过多而停业破产时，除按破产法规定处理外，还有一些特殊的清算程序。保险监管机构可选派清算人员，直接介入清算程序。但一般都尽量帮助保险企业改善经营条件，使其免于破产。

4）对保险从业人员资格的监管

保险行业的专业性和技术性很强，从业人员的资格是否称职，与保险业的经营和发展有着密切的关系。对保险从业人员资格的监管包括两个方面：一方面，高级管理人员和保险公司的主要负责人都要符合监管机关规定的任职资格，在机构设立之前，均须报监管机关审定；另一方面，保险从业人员中从事过保险工作和大专院校保险专业或相关专业的毕业生应占到60%以上。经营寿险业务的全国性保险公司，至少要有3名经中国保监会认可的精算人员；经营寿险业务的区域性保险公司，至少要有1名经中国保监会认可的精算人员。

各国保险法规对此都有严格规定。尤其是对保险企业的高级管理人员和主要负责人，都必须具备一定的资格条件，不符合规定条件的不能担任相应职务。对于其他从业人员，如核保人员在选择风险单位、测定风险程度、推定风险等级和适用保险费率等，理赔人员在认定责任归属、勘查损失、计算赔付金额等，会计人员在财务计算和会计核算等方面，也均有法律规定。

5）对外资保险企业的监管

对外资保险企业的监管，因各国经济制度和体制大不相同，监管的方法也大不相同。英、美等经济发达国家，本国保险业的实力雄厚，对外资保险企业大多采取较为宽松的开放政策；也有少数国家采取严格的限制政策，如日本。而发展中国家均采取保护本国保险业发展的监管措施，以限制外资保险企业进入本国保险市场，有的还禁止本国公民和国内的财产向境外的保险企业投保，或对向外资保险企业投保者课以重税。

2. 业务监管

国家对保险业务的监管，是指国家对保险企业的营业范围、保险条款和费率、再保险业务及保险中介人的监督和管理。

1）营业范围的限制

为了保障广大被保险人的利益，各国一般都规定，禁止非保险企业经营保险或类似保险的业务，禁止保险公司经营保险以外的业务（不包括保险资金运用）。大部分国家还禁止保险公司同时经营寿险和非寿险业务。如我国《保险法》第九十五条规定："保险人不得兼营财产保险业务和人身保险业务；但是，经营财产保险业务的保险公司经国务院保险监督管理机构批准，可以经营短期健康保险业务和意外伤害保险业务。"也有允许寿险、非寿险兼营的（如美国），但寿险业务必须单独核算。唯有英国对保险企业的保险业务经营范围基本上不加限制，每个保险企业都能够自由经营任何一种或数种保险业务。

2）核定保险条款和费率

保险条款是专业性和技术性极强的保险文书。为了保障广大被保险人的合法利益，保证保险条款的公平性、公正性，世界上很多国家的保险监管部门都要依法对保险条款进行审查，以避免保险公司欺骗被保险人及防止保险公司对被保险人作出不合理的保险承诺。保险费率是保险商品的价格，直接关系到保险公司保费收入、保险基金的积累、偿付能力等，对保险公司的财务稳定性和被保险人的利益都有很大影响。因此，许多国家均规定保险费率的制定须报经主管部门核准始为有效。

我国《保险法》第一百三十五条规定："关系社会公众利益的保险险种、依法实行强制保险的险种和新开发的人寿保险险种等的保险条款和保险费率，应当报国务院保险监督管理机构批准。国务院保险监督管理机构审批时，应当遵循保护社会公众利益和防止不正当竞争的原则。其他保险险种的保险条款和保险费率，应当报保险监督管理机构备案。"

3）再保险业务的监管

各国对再保险业务都进行监管，这种监管有利于保险公司分散风险，保持经营稳定，有利于防止保费外流，发展民族保险业。

我国《保险法》第一百零三条规定："保险公司对每一危险单位，即对一次保险事故可能造成的最大损失范围所承担的责任，不得超过其实有资本金加公积金总和的百分之十；超过的部分，应当办理再保险。"第一百零五条还规定："保险公司应当按照国务院保险监督管理机构的规定办理再保险，并审慎选择再保险接受人。"

中国保监会在对再保险的监管过程中，有权限制或者禁止保险公司向中国境外的保险公司办理再保险分出业务或者接受中国境外再保险分入业务，并要求保险公司办理再保险分出业务时优先向中国境内的保险公司办理。

3. 财务监管

保险公司必须建立、健全各项财务制度。财务制度贯穿于保险企业经营活动的整个过程，是保险企业经营管理的综合反映。国家对保险财务的监管包括对资本金和保证金、准备金、偿付能力、保险投资及财务核算的监管。

1）对资本金和保证金的规定

保险公司申请开业必须具备最低数量的资本金，其数额通常都高于一般企业，这与保险业的特点有关，原因有两个。一是由于保险风险发生的偶然性、意外性和不平衡性，有可能在保险公司开业初期，就会发生保险事故需要赔偿或给付，随时要履行赔付的义务。资本金既要用于开业的费用，也要用于开业初期的赔付。二是开业之后，业务量还不是很大，有可能遇到意外事故，以致风险过于集中，使保险公司难于应付，此时也需要有相当的资本金。

我国《保险公司管理规定》要求，设立保险公司注册资本最低限额为人民币2亿元，注册资本应当为实缴货币资本。保险公司成立后应当按照其注册资本总额的20%提取保证金，存入保险监督管理机构指定的银行，除保险公司清算时用于清偿债务外，不得动用。

2）对准备金的监管

各种责任准备金都是保险人为了履行赔偿给付义务而建立的基金，因此，责任准备金管理是财务管理中最为重要的部分。财产保险准备金分为未到期责任准备金、未决赔款准备金和总准备金三个部分。人身保险中保险期限在1年以内的，责任准备金的计算方法与财产保险基本相同；长期人身保险一般都实行均衡保费制，其准备金的计算方法复杂而精确。各国保险监管机构都对不同险种责任准备金的计算方法和提取有明确规定，并有专门的精算师审定。

3）偿付能力监管

保证保险人的偿付能力是保险监管最根本的目的，因此，对保险公司的偿付能力进行监管是保险监管工作的核心。为了保证保险公司具有偿付能力，各国保险法制定了许多专门措施，如保险公司的资本金要求、保证金的提存、保险保障基金的建立、最低偿付能力的确定等。近年来，各国保险监管部门都在探索更为有效的偿付能力监管措施。从目前看，偿付能力监管手段主要有最低资本充足率监管、保险监管信息指标体系监管和保险监管机构组织的现场检查等。这些监管手段往往被保险监管部门综合使用，对保险公司进行系统分析。在偿付能力监管体系中，保险保障基金具有独特的作用。它不是对保险公司偿付能力的分析，也不是对失去偿付能力的保险公司的经济制裁，而是用全行业积累的资金对丧失偿付能力的保险公司的保单持有人的经济损失进行补偿。目前，世界各国基本上都有建立保险保障基金的规定。

我国在《保险公司管理规定》和《保险公司偿付能力额度及监管指标管理规定》中对保险公司的偿付能力作了相应的规定。

4）对保险资金运用的规定

由于保险公司在设计保险产品和确定保险费率时均把资产一定比例的增值考虑在内，同时更由于保险公司与被保险人的权利义务在执行时间上的不对称性，各国保险监管部门都把保险资金运用作为主要监管内容。许多国家，包括我国的保险立法，都对保险资金运用作了比较严格的限制。这些限制措施中，有的是限制使用范围，如我国《保险法》第一百零六条规定："保险公司的资金运用限于下列形式：（一）银行存款；（二）买卖债券、股票、证券投资基金份额等有价证券；（三）投资不动产；（四）国务院规定的其他资金运用形式。"有的国家对保险公司资金在某一项目上的运用作了比例限制。例如，美国纽约州规定保险公司投资在不动产上的资金不得超过该公司认可资产的10%，日本在保险业法中规定购买股票的投资额不得超过总资产的30%。

5）财务核算的监管

为了有效管理保险企业的经营，随时了解和掌握保险企业的营业状况，各国一般都要求保险企业在年终时向监管机构递交年终报告，反映其财务核算状况。这样的规定是为了保证保险企业财务活动的稳定，防止其发生财务危机。

4. 对保险中介机构的监管

对保险中介机构进行监管是保险监管机构对保险业监管的重要组成部分。对保险中介机构的监管主要包括资格监管和业务监管等。

1) 资格监管

保险中介机构开展业务经营必须首先取得资格认证，取得中国保监会颁发的营业许可证。我国的《保险法》《保险代理机构管理规定》《保险经纪机构管理规定》《保险公估机构管理规定》对保险中介机构都有规定：保险代理人、保险经纪人和保险公估人只有通过考试，取得中国保监会颁发的经营保险代理业务许可证、保险经纪业务许可证或保险公估业务许可证，向工商行政管理机关办理登记领取营业执照，并且按注册资本或者出资的20%缴存保证金（保险公估机构是按其注册资本或出资额的5%缴存）或者投保职业责任保险以后，才能开展保险中介服务。我国《保险法》第一百二十三条还规定："保险代理机构、保险经纪人应当有自己的经营场所，设立专门账簿记载保险代理业务、经纪业务的收支情况。"

2) 业务监管

保险中介机构的业务是以提供保险中介服务的形式开展的业务。各国保险法和有关法规条例都对保险中介人的业务有具体管理规定，要求中介人在开展保险业务时不得采用不良手段从事非法经营。我国的有关保险法规规定，保险中介人在开展保险业务时，不得利用行政权力、行业优势地位或者职业便利及其他不正当手段，强迫、引诱或者限制投保人订立保险（公估）合同或者限制其他保险中介机构正当的经营活动。对保险中介人的有效监管是维护保险市场公平竞争、有序经营的重要手段。

5. 公司治理结构监管

公司治理结构监管包括对股权和委托代理关系层面的公司治理监管，以及对公司内部经营风险管控层面的内部控制监管。

1) 公司治理监管

公司治理的关键是明确保险公司内部决策的权利与义务关系。董事会应该对偿付能力或其他监管标准负首要责任，并成为遵守这些标准的第一道防线。为达到这些目的，应该要求董事会和保险公司的管理层在任何时候都谨慎经营，对维护公司的偿付能力和资本充足性以及遵守法律和监管机构的其他要求负责。管理层必须能够承担和规避风险，能够将保险公司的偿付能力保持在高于最低偿付能力标准的水平。董事会和管理层还必须清楚，保险经营的首要问题是保护投保人、被保险人和受益人的利益，而不是保护股东的利益。

强化保险公司的治理结构是对稳健的审慎监管的有效补充，通过对公司治理的强化，可以促进保险公司与监管机构更好地合作。保险公司尊重监管机构，监管机构信赖保险公司的董事会和经理层提供的信息。在良好的公司治理结构框架下，有助于改善保险公司与监管机构关系，有助于增强市场信心。

完善的公司治理能够降低政府的监管成本，使监管机构干预的程度最小化，并使保险监管工作的质量和效率得到提高。

2) 内部控制监管

内部控制是保险公司的一种自律行为，是公司为完成既定工作目标，防范经营风险，对内部各种业务活动实行制度化管理和控制的机制、措施和程序的总称。保险公司的内部控制一般包括组织机构控制、授权经营控制、财务会计控制、资金运用控制、业务流程控制、单证和印鉴管理控制、人事和劳动管理制度、计算机系统控制、稽核监督控制、信息反馈控制、其他重要业务和关键部位控制等。

保险公司内部控制应当能够确保保险公司董事会执行谨慎、稳健的经营方针，能够识别、计量、控制保险业务经营风险和资金运用风险，能够保证公司资产的安全，能够保证各项报表、统计数字的真实，能够保持充足的偿付能力。保险公司内部控制机构设置应严格遵守国家法律、法规和行政规章的规定，坚持合理、精简、高效的原则。内部控制岗位设置应遵循相互监督、相互制约、协调运作的原则，各个部门和业务岗位应明确职责，制定规范的岗位责任制度、考核标准和管理措施。应当制订回避制度和重要岗位轮换制度。

本章小结

1. 保险监管是指一个国家的金融主管机关或保险监管执行机关，依据现行法律对保险人和保险市场实行的监督和管理。需要加强保险监管的原因：保险市场存在市场失灵；保险业涉及公众利益；保险业具有很强的技术性；保险业活动存在过度竞争；促进民族保险业的发展的需要；保险经营的负债性；保险交易过程的长期性。保险监管的目标是保证保险人的偿付能力；防止利用保险进行欺诈；防止保险市场上的不正当竞争，维持合理的价格和公平的保险条件；防止经营失败，促进保险业健康发展；发挥保险业对社会经济发展的推动作用；提高经营效率，保护被保险人利益。各国保险监管主要采用公告管理、规范管理、实体管理三种方式，监管方法包括现场检查和非现场检查监管的手段有法律手段、经济手段和行政手段等。

2. 完整的保险监管体系包括保险监管法规、保险监管机构、保险行业自律和社会监督四个组成部分。保险监管的内容主要包括组织监管、业务监管、财务监管、对保险中介机构的监管和公司治理结构监管。

复习思考题

1. 为什么要进行保险监管？保险监管的目标是什么？
2. 简述保险监管的方式与手段。
3. 一个完整的保险监管体系是由哪几个部分构成的？
4. 什么是保险行业自律组织？它具有哪些功能？
5. 保险监管的内容有哪些？
6. 试述我国对保险公司偿付能力的有关规定。

参考文献

[1] 张洪涛,郑功成. 保险学. 北京:中国人民大学出版社,2002.
[2] 吴定富. 保险原理与实务. 北京:中国财政经济出版社,2010.
[3] 马宜斐,段文军. 保险原理与实务. 北京:中国人民大学出版社,2007.
[4] 徐爱荣. 保险学. 上海:复旦大学出版社,2006.
[5] 张虹,陈迪红. 保险学教程. 北京:中国金融出版社,2005.
[6] 张洪涛,苗力. 银行保险. 北京:中国人民大学出版社,2005.
[7] 欧阳勇,曾志耕. 网络金融概论. 成都:西南财经大学出版社,2004.
[8] 战松. 网络金融实务. 成都:西南财经大学出版社,2006.
[9] 孟春. 中国农业保险试点模式研究. 北京:中国财政经济出版社,2006.
[10] 朱俊生. 中国保险费率市场化论纲. 北京:首都经济贸易大学出版社,2005.
[11] 李洁. 保险概论. 北京:清华大学出版社,2005.
[12] 龙卫洋,唐志刚,米双红. 保险学. 上海:复旦大学出版社,2005.
[13] 石曦. 银行保险学概论. 西安:西北农林科技大学出版社,2006.
[14] 刘愈. 保险学. 北京:科学出版社,2005.
[15] 侯文若,孔泾源. 社会保险. 北京:中国人民大学出版社,2004.
[16] 庹国柱,李军. 农业保险. 北京:中国人民大学出版社,2005.
[17] 魏巧琴. 保险公司经营管理. 上海:上海财经大学出版社,2002.
[18] 郑功成,许飞琼. 财产保险. 北京:中国金融出版社,2005.
[19] 吴定富. 中国保险业发展蓝皮书. 北京:中国广播电视出版社,2006.
[20] 赵苑达. 再保险学. 北京:中国金融出版社,2003.
[21] 吴世亮. 中国金融市场理论与实务. 北京:中国经济出版社,2006.
[22] 周道许. 中国保险业发展若干问题研究. 北京:中国金融出版社,2006.
[23] 刘永刚. 保险学. 北京:人民邮电出版社,2013.
[24] 王海艳. 保险学. 北京:机械工业出版社,2010.
[25] 郭颂平. 赵春梅. 保险学. 北京:高等教育出版社,2014.
[26] 颜卫忠. 保险学. 2版. 西安:西安交通大学出版社,2013.
[27] 邹新阳,谢家智. 保险学. 北京:科学出版社,2013.
[28] 魏丽,李朝峰. 保险学. 2版. 大连:东北财经大学出版社,2015.
[29] 杨忠海. 保险学原理新编. 北京:中国金融出版社,2015.
[30] 蔡皎洁,郭道猛. 网络金融. 北京:机械工业出版社,2016.
[31] 周雷. 互联金融理论与应用. 北京:人民邮电出版社,2016.
[32] 范小云,刘澜飚,袁梦怡. 互联网金融. 北京:人民邮电出版社,2016.
[33] 中国保监会保险教材编写组. 风险管理与保险. 北京:高等教育出版社,2007.